普通高等教育"十一五"国家级规划教材

教育部金融学核心课程规划教材

银行管理学

（第三版）

黄宪　代军勋　赵征　主编

Bank Management

(3rd Edition)

WUHAN UNIVERSITY PRESS
武汉大学出版社

图书在版编目(CIP)数据

银行管理学/黄宪,代军勋,赵征主编.—3版.—武汉:武汉大学出版社,2020.8

普通高等教育"十一五"国家级规划教材

教育部金融学核心课程规划教材

ISBN 978-7-307-21682-2

Ⅰ.银… Ⅱ.①黄… ②代… ③赵… Ⅲ.银行管理—高等学校—教材 Ⅳ.F830.2

中国版本图书馆CIP数据核字(2020)第138426号

责任编辑:范绪泉　　责任校对:李孟潇　　版式设计:马　佳

出版发行:**武汉大学出版社**　(430072　武昌　珞珈山)

(电子邮箱:cbs22@whu.edu.cn 网址:www.wdp.com.cn)

印刷:湖北睿智印务有限公司

开本:787×1092　1/16　印张:22.25　字数:514千字　插页:1

版次:2004年2月第1版　2011年4月第2版

2020年8月第3版　2020年8月第3版第1次印刷

ISBN 978-7-307-21682-2　定价:49.00元

黄宪，经济学博士，武汉大学经济与管理学院金融系教授，博士生导师，享受国务院政府津贴；曾分别于1990-1991年、2000-2001年、2011年和2013年在美国西东大学、英国诺森堡大学纽卡斯尔商学院研修，美国西东大学和耶鲁大学学术访问，1996-1997年为中国香港浸会大学讲座教授；研究领域为货币金融学、金融中介理论和银行风险管理；主持国家社会科学基金重大项目1项、面上项目1项，国家自然科学基金国际合作（重点）项目1项、面上项目3项；获得教育部全国高校人文社会科学研究优秀成果奖二等奖1次、三等奖2次，国家教育部优秀教材二等奖1次，以及获湖北省政府社会科学优秀成果二等奖和三等奖多次；出版专著4部、教材2部，发表学术论文80余篇；担任中国金融学会和中国国际金融学会常务理事、湖北省金融学会副会长。

代军勋，经济学博士，武汉大学经济与管理学院金融系副教授，硕士生导师；曾于2013-2014年在美国加州大学圣地亚哥分校访学；研究领域为货币金融学、金融中介和银行风险管理；主持国家社会科学基金面上项目1项，参与国家社会科学基金重大项目和国家自然科学基金国际合作（重点）项目各1项，以及5项国家级课题的研究，主持多项横向研究课题；获得湖北省和武汉市社会科学优秀成果奖各1次；出版专著4部和教材3部，发表学术论文20余篇。

赵征，经济学博士，武汉大学经济与管理学院金融系副教授，硕士生导师；曾于2004年在澳大利亚阿德莱德大学研修；研究领域为货币金融学和银行管理，重点从事银行经营、风险管理的研究；主持教育部人文社会科学基金面上项目1项、湖北省社会科学基金项目1项和多项横向课题，参与多项国家社会科学基金重大项目和国家自然科学基金项目研究；获得教育部全国高校人文社会科学研究优秀成果三等奖1次、武汉市社会科学优秀成果奖2次、湖北省高等学校教学成果奖三等奖1次，获得全国金融专业学位教学案例大赛优秀案例奖。出版专著1部和教材3部，发表学术论文20余篇。

PREFACE 第三版前言

现代金融体系由金融市场和金融中介构成，社会资金的优化配置依靠它们来共同实现。金融中介以商业银行为代表。在现代市场经济中，厂商的经营和人们的日常生活与商业银行最为息息相关。尽管英美的资本市场在20世纪70年代得到快速发展，在金融配置资源上出现了“银行导向型”和“资本市场导向型”为主的两类模式，但在世界各国以商业银行为代表的各国金融中介机构仍然在资金配置的总体格局中占着压倒性地位。自从21世纪以来，全球化经济的快速发展、互联网对商业环境的改变，对传统商业银行经营业态产生了巨大的影响和挑战。为了适应巨变市场环境之下的生存，世界各国的银行业经历了痛苦但似乎是成功的整体转型，使银行业逐步变成一种水平多样化、垂直专业化、以信息技术为纽带的“功能观”新型金融机构。2008—2010年的全球金融危机，给转型后的银行业带来了沉重打击，“华尔街金融理念和模式”受到高度质疑，各国在反思这场金融危机中所暴露出来的银行业“脱离为实体经济服务，过度追求自我利益发展”的问题。2016年美国新一届政府推行的“反经济全球化”和“美国利益优先”的“新政”让世界各国错愕，金融业和银行业的发展模式再次引起学术界和实务界的重视和讨论，同时也对商业银行管理的理念、策略和金融技术手段进行反思，试图重新定位它们存在的本源价值、配置资源的角色以及竞争优势。

21世纪后，国际经济格局所发生的巨大变化已经清晰展现，在中国作为全球第二大经济体已经成为国际共识后，中国经济各领域参与经济全球化的进程不断加速，开放国内市场，特别是开放国内金融市场的国际竞争会加剧，中国银行业必将面临一场全面而深刻的内涵式的巨大变革。如何科学合理地总结和借鉴发达国家银行业先进的管理理论、经营管理经验，扬弃那些不符合中国国情的理念和所谓先进技术，如何看待当前经济全球化下的银行业与实体经济的关系，如何发挥银行在国民经济可持续发展中的作用，配合实现我国从经济大国走向经济强国的“中国梦”，是我国银行业亟待从理论上和实践上加以研究和解决的现实需要。

本次修订版教材是在吸收了当前国际银行业大量经营与管理的研究和实践的成果的基础上完成的。它对当代商业银行的重要的经营理念和最新理论作了较为深刻的探讨，对现代银行经营管理模型、方法和金融技术也作了比较全面的阐述，同时结合了一些经典的案例分析，理论联系实际，可以强化读者对相关知识的领悟和掌握。本书力求紧扣现代银行业发展的脉搏，其框架的安排有较严密的逻辑性，内容的安排在保证前沿性和科学性的前提下，尽量做到循序渐进，由浅入深，以便于读者学习。

全书分八编，共十八章。其逻辑安排、基本内容以及主要修订和调整是：

第一编银行业概述从框架的角度讨论银行一般行为，包括金融中介存在的经济学解释、银行的性质、主要功能和经营原则。本编修订和增加较多的是结合2008—2010年全球金融危机，讨论了发达国家银行业的调整与可能的发展趋势。

第二编银行资金来源管理讨论了银行各类负债和资本金的构成和功能，以及融资计划。修订较多的是在本轮金融危机后2010年出台的新巴塞尔协议Ⅲ，包括对新巴塞尔协议草案框架下的银行的资本充足度的理解和计算、银行的资本计划与资本来源，以及负债来源从传统的存款管理向现代财富管理转变的理念、背景和方法。

第三编主要讨论银行资金运用管理。这编在形式上与传统的教科书似无大的差别，但由于国际银行业经营管理理念和方法及金融技术的变化，本教材在这编的内容上用足够的篇幅反映了这些新内容。主要内容除了包括银行贷款业务管理程序、信用分析技术、贷款定价，银行证券投资的风险和收益分析及投资策略之外，增补了微金融理论，以及微金融与金融科技结合的实践和发展趋势。

第四编讨论银行表外业务及其他业务。作为转型后的新型银行，表外业务中产生的收入已经成为银行利润的新增长点和主要来源，甚至成为判断银行是否已经现代化和摆脱传统陈旧模式的标准之一。本编的内容主要对表外业务的含义与发展，以及各类传统的表外业务和创新的表外业务进行了详细介绍，同时还介绍了各国银行在转型中普遍开展的其他主要中间业务。尽管在2008年的金融危机中，金融衍生品所起到的破坏作用引起人们对它们的质疑，但我们认为，基础性的金融衍生品是人类智慧的结晶，是金融业的历史进步，包括基础性的资产证券化。所以，在这部分我们强调介绍基础衍生金融产品和在银行业的运用，而对过于复杂的衍生品给予了删除和简化。

第五编主要讨论银行流动性管理和资产负债管理，这一编既相对独立，又与后面的风险管理的内容有适当交叉。鉴于中国利率市场化的提速和存款保险公司的创立，对于中国的金融专业学生和金融机构的从业人员，这一部分不仅变得很重要，并且非常务实。对于银行而言，流动性风险和利率风险主要是通过流动性管理和资产负债管理来解决。流动性管理除了风险考虑之外，更重要的还包括了如何科学地控制头寸方面的大量的管理方法和技术，而资产负债管理除了被用于控制利率风险之外，还包括如何科学地优化配置资金，以降低成本和扩大盈利能力的经营策略和方法。这编对流动性管理和资产负债管理的理论和策略发展、科学管理技术，以及如何运用各种模型和策略来规避风险和扩大盈利进行了详细的讨论。

第六编主要讨论银行风险管理。基于2008—2010年爆发的银行业危机，新版教材对这一部分进行了较大篇幅的修改。这一部分在介绍银行风险的含义、产生、分类的基础上，全面讨论了对银行各类风险的度量和管理，包括信用风险的评估与管理、流动性风险的评估与管理、利率风险的评估与管理、市场风险的评估与管理，以及操作风险的评估与管理。结合本轮金融危机和巴塞尔协议Ⅲ的新精神，全面和有机地介绍了银行各类风险的相对独立性和联系性，介绍了各种风险度量的模型和管理的方式。

第七编系统深入地讨论了如何评判银行经营的绩效，其主要内容包括银行的财务报表分析、银行绩效评估的方法、风险和利润指标在银行管理中的分解、银行绩效评估中的风险因素修正等。配合银行绩效管理自身深刻的变化，这次修订用较大篇幅介绍了基于经济资本的绩效考核，以及与之配套的内部资金转移定价方面的内容。

“银行经营管理学”作为武汉大学金融学科的必修课开设于1990年，而《银行管理学》第一版教材的出版则在2003年，它是主讲教师们在该领域13年的教学沉淀和在国外的多次学术进修以及对国外金融机构的考察，对现代银行的经营管理有了较深的体会基础上的心血。该教材出版后就在社会上产生了较大反响，不少高校将其作为指定教材或参考书。在该教材出版后这16年内，不少学者和学生以及实务工作者在对教材肯定的同时，也提出了不少积极和重要的修改建议。该教材在2011年修订后发行第二版。近十年来，世界经济和金融格局发生了巨大变化，整个社会都在反思金融业和银行业以及它们与实体经济的关系，很多内容必须修订了。经过近两年的时间，我们以极为认真的态度完成了本教材的修订版。然而我们深知，任何学术领域的研究都没有止境，尽管我们努力了，本教材中的错误和遗漏却在所难免，这种感觉是基于我们对学术的敬畏。我们真诚地希望读者在阅读该教材的修订版后，给我们提出宝贵的批评和建议，我们将表示深深的谢意。

本书适用于作为金融学科本科生、金融专业硕士和工商管理硕士研究生(MBA)的教材，也可作为金融机构从业人员了解商业银行经营管理的参考书。

在本教材编写中的分工是：

黄　宪：第一编、第三编(第八章)、第五编

赵　征：第二编、第三编(第七章)、第四编、第六编(第十四章)

代军勋：第六编(第十三章、十五章、十六章)、第七编

本书的出版，得到了武汉大学出版社的支持。我们对此表示由衷的感谢。

黄　宪

2020年5月18日

CONTENTS 目录

第二编　银行资金来源管理

第三编　银行资金运用管理

第四编　银行表外业务

第五编　银行流动性管理和资产负债管理

第六编　银行风险管理

第七编　银行绩效评估

第一编

银行业概述

金融在任何国家经济体系中的地位都举足轻重，实体经济的运行必须借助资金的循环流动来实现。从运营的方式和特点来看，金融可以划分为直接融资(direct finance)和间接融资(indirect finance)两大类。前者以证券市场为代表，后者以金融中介为代表。它们以各自的特点和形式，通过汇聚、疏通、引导资金的流动，实现和促进了资金资源在经济中的优化配置，提高了全社会经济运行的效率。

金融中介有多种机构形态，但商业银行最具有代表性。本编主要以商业银行为代表讨论金融中介的产生和基本功能、银行存在的经济学解释、银行业和银行内部的组织结构、银行经营的目标和原则，以及国际、国内银行业的转型和发展趋势。

第一章　银行的性质、经营原则和存在的经济学

第一节　银行的产生和功能

一、银行的产生

金融中介（financial intermediation）是资金盈余者与资金需求者之间融通资金的媒介体。金融上判断直接融资还是间接融资的主要标准，不在于融资过程中是否存在中间机构，而在于融资或资金配置是以何种契约方式来实现。比如，间接融资至少以两个，甚至更多的契约方式来完成。以商业银行为例，它们首先以存款契约形成资金来源，然后再将这些资金以贷款契约投向企业和其他经济实体，实现资源配置。

从历史上看，银行(bank)一词被认为来源于近代意大利。从12世纪中期开始，欧洲许多城市流通着种类繁多的货币，随着商业的发展，不同地区之间多种货币用作媒介的商品交易日益困难。于是，意大利人在威尼斯等地，犹太人则在伦巴特等地，沿街摆摊，专门从事鉴定、兑换各种货币的业务。他们有时也接受存款，从事高利贷放款。由于这些经营货币的商人多坐在长板凳上从事业务，意大利人便把他们称为Banco，即长板凳。英语的bank和法语中的banguc由此演变而来。

近代银行的出现，是在中世纪的欧洲，当时欧洲的贸易已很发达。最早的银行是意大利的威尼斯银行，建于1171年，随后又有于1407年设立的热亚那银行、1609年在荷兰成立的阿姆斯特丹银行，接着1619年德国成立汉堡银行。英国从16世纪到17世纪，也有许多从事金银生意的金店，做存款贷款业务。这些早期的银行具有高利贷性质。随着资本主义生产关系的确立和资本主义商品经济的发展，高利贷性质的银行业已不能适应资本扩张的需要。因为资本的本质是要获取尽可能高的利润，利息率只能是社

会平均利润率的一部分，同时资本主义经济工业化的过程需要资金雄厚的现代银行为其后盾，高利贷性质的货币经营业已成为资本主义经济发展的障碍。

现代资本主义银行主要通过两条途径产生：一条途径是旧高利贷业转变为资本主义银行，另一条较典型的途径是以股份公司的形式建立的新型股份制银行。1694 年英国成立的英格兰银行是第一个具有现代公司制度的股份制银行，它是现代银行的标志，由此开始，股份制银行在各国得以普遍成立。这些股份制银行资本雄厚、业务全面、利率较低，在社会上建立了规范的信用制度和信用货币制度，极大地促进了工业革命的进程，同时也使它们自己成为现代金融业的主体。

二、金融中介的主要功能

以银行为代表的金融中介为现代经济的有机构成部分，银行所提供的存款、贷款、清算与支付、各类中间或表外金融服务，已成为经济正常运行的基本保证。它们在市场经济中的主要功能有：

(一)作为资金融通的媒介，实现资金跨时、跨域的有效转化

银行最基本的功能之一就是作为资金融通的中介。在社会中，所有经济单位按资金供求状态可以划分为平衡单位、盈余单位和赤字单位。如果各类经济单位都只能根据自己的资金状态来消费或投资，社会效率将极为低下。金融中介机构通过独特的存款融资渠道和信贷投放渠道，将无数小额单笔资金汇聚，资金从盈余单位转向赤字单位，有效地实现了具有规模经济的资金跨时、跨域的有效转化。早期的银行以货币经营为主，负责货币执行其基本职能过程中所必需的技术性业务，如货币保管、货币汇兑等。在市场经济的信用关系高度发展起来后，货币经营业务就仅成为银行业务的一个次要部分，而吸收存款与经营放款等信用业务则成为银行的主体业务，银行成了引导资金从盈余单位流向赤字单位的中介，商业银行的性质因此而发生重要变化，融资中介和资金跨时、跨域的有效转化成了银行的最基本职能。

(二)为全社会经济运行提供支付系统

银行的另一个基本功能是为社会提供支付系统。与金融市场相比，银行，特别是大银行有着数量庞大的物理性分支机构网点，加上中央银行作为所有银行资金联接和转划的中心，整个银行体系构成了一个支撑世界各国政府机构、厂商和家户的资金支付系统，能够快速对实体经济中与物资流、服务流所需求的资金流，进行准确和高效的匹配。银行这项强大的功能作用不仅在国内经济交往中得以体现，甚至在国际经济交往中更加凸显。目前，随着互联网在世界各国的快速发展，银行作为支付体系的功能有了进一步提升，除了各银行依托以国际大额清算支付体系 SWIFT 和国际个人支付系统(维萨、万事达、美国运通和中国银联)为转接和清算平台的银行卡大量发行外，21 世纪以来银行纷纷创立的、以互联网为基础的“网银支付”“手机支付”和“电子货币”等新的支付手段如雨后春笋，银行作为社会支付系统这一功能的意义更加重要。

(三)通过独特的机制和技术，缓解信息不对称，降低交易成本，扩大融资对象

资本市场提供的股票和债券等投融资契约都是标准化的，二级市场具有很好的流动性，这是金融市场的特点和优点。公众投资人购买这些金融产品必须认同投资盈亏自负的规则，为了对公众投资者负起码的责任，各国监管当局对上市公司和发行融资工具的信息披露的质量要求很高。有部分公司经营状况可能不是好的，但信息披露必须是准确的，这才能构成投资盈亏自负的前提。为了对广大公众投资人负责，公司上市和发行债券还是需要较高的门槛，这就使得在任何国家可以在资本市场上融资的企业是少数，绝大多数企业，特别是中小企业，还是依赖银行贷款。商业银行对潜在客户进行贷款调查所得信息，属于银行“私人拥有”，不必对外公布，银行依据所掌握的信息进行筛选和评估，对于可控风险企业贷款给予风险溢价的定价，再辅之以抵押担保，可以内部风险管理的方式保证对绝大多数企业的贷款能按期收回，也不担心信息外溢而强化企业的忠诚度。由于一家银行可以面对众多的贷款客户，规模经济发挥作用，无论贷款的事前甄别和事后监督，其交易成本都大大降低，扩大了融资对象，提高了金融资效率。

(四)创造货币，扩张信用

人类社会的商业交易以通货(从金属货币发展到纯信用货币)作为流通手段和支付手段。银行最初创造的信用工具是银行券，执行货币支付手段和流通手段职能。在中央银行独揽货币发行权后，纸币由中央银行发行。而后，银行所创造的支票又一度成为现代经济社会最主要的支付工具，在欧美等国家，其经济交易约90%曾是以支票为支付工具的。银行吸收的存款，在根据日常经验留足备付准备金和法定准备金后，银行基于盈利的动机，利用超额准备金进行贷款或投资。此项过程在银行系统内的不断延伸，不但扩展了信用，也创造了派生存款。除了商业银行以外，储蓄机构和其他金融机构也会开办有息支票存款业务，因此也具有了创造存款和信用的能力。由于商业银行接受存款和提供金融服务的能力远远超过其他金融机构，所以在创造存款、扩张信用等方面，商业银行起着主要作用。①

(五)提供广泛的金融服务

市场经济的高度发展和社会生活多样化，使得工业、商业、银行业甚至家庭生活都对金融业提出了更多更高的服务需求，如代理支付、消费转账结算、信息服务、个人理财、企业全面现金管理、风险规避和咨询服务等，银行也通过开展广泛的金融服务来扩展自己的业务。

随着市场经济不断发展，社会金融资产累积程度迅速提高，以及金融服务需求的急剧增长，传统的商业银行业务很难满足金融服务需求者的广泛要求，银行的“全能型”

---

① 出于对货币经济学基本原理“官定货币是以政府信用背书的一般购买力代表”的尊重，在中国学术界“先有存款还是先有贷款”的争论中，我们认为银行体系第一笔存款来自中央银行的现钞投放。

服务模式和相应的金融控股组织结构，已经成为银行业发展的国际大趋势。

第二节　银行的经营目标和原则

一、经营目标

如果给予简洁定义，商业银行是从事货币和资金经营的特殊企业。这个定义把商业银行首先看作一个企业。就经济学意义而言，它强调了商业银行符合“经济人”假设，也就是说，从经济学和经营的角度讨论银行一般行为，银行是以追求它自身利益的最大化为目标。现代经济制度中的银行以股份制为基本的产权结构，股东作为商业银行的最终所有者，他们所考虑的是股东财富最大化。股东财富最大化是一个比较抽象的概念，它既反映股东的短期目标，也反映长期目标；既反映理性银行短期行为，也反映长期行为，内涵十分丰富。在现实中，作为银行更为直接，或可测量的指标，在金融学上，也往往把利润最大化作为商业银行经营目标的近似表达。在这里，对利润最大化的理解也应该是全面的。例如，一家小银行在发展之初，可能把扩张存款和贷款的市场份额以及网点的布局，放在经营工作的首位，有些大银行从经营多元化战略的角度，可能会斥巨资兼并其他金融机构。这些行为会暂时减少银行的利润或降低股东的分红，然而这些长期行为的结果，又会在将来进一步扩大银行利润，或增加股东的财富。

二、经营原则

正如前面所述，银行是符合“经济人”假设的企业，把股东财富最大化或利润最大化作为经营目标是对银行作为企业性质的高度概括。然而，银行又是一种特殊企业，这些特殊性是一般的企业所不具备的。因此，银行股东财富最大化或利润最大化的最终目标只能是银行经营工作围绕的核心，而不可能作为银行日常经营的原则。

银行作为特殊企业的“特殊性”表现在以下几个方面：第一，高杠率和资产负债的不匹配。在所有的行业中，只有银行业是经营货币资金的，因此，其负债率是最高的，普遍高于90%。而且，银行的资产负债期限结构不匹配，“借短贷长”是银行资金配置的特征。这个特征对银行的流动性管理要求特别高。第二，银行能够创造货币。在所有金融机构中，只有商业银行才能够合法吸收活期存款，因此，在一定的法定准备金制度下，商业银行的存贷款活动在实质上参与了这个国家的货币创造。这个特征也对银行的流动性管理提出要求。第三，银行也是高风险行业。如前所述，银行的信贷交易面临着典型的“信息不对称”，充满逆向选择和道德风险。这个特征对银行的资产运作提出了较高的安全性要求。第四，银行业是外部经济性极强的行业。一般工商企业的经营不善和倒闭，一般只是影响到该企业的上游或下游相关企业。银行的资金来源于社会上千家万户和广泛的渠道，再加上银行又是社会清算和支付中心，一家银行的倒闭会对社会产生广泛的影响，甚至导致银行业出现系统性风险。

银行的上述特征决定了商业银行在日常经营活动中必须始终贯穿三个经营原则：

(一)流动性原则

流动性原则是指银行在经营中必须随时保持一定的支付能力，以保障客户提取存款、合理贷款和支付的要求。由于银行高杠率和资产负债的不匹配，负债方面始终存在着流动性需求的压力，除此之外，优质客户的信贷要求如果不能满足，可能会导致优质客户的流失。因此，银行必须以特定的方式保持对外支付能力。在发达国家过去金融市场不发达阶段和现在一些金融市场不发达的国家，银行主要是通过在资产负债表的资产方保留部分现金资产和维持部分二线准备金(高度可变现短期证券)来满足流动性要求，但是在金融市场发达的情况下，银行开始更多地从负债方来获取流动性，这样可以降低非盈利的现金资产，扩大盈利性资金的运用。在过去没有存款保险制度的市场经济国家，市场上对银行的流动性十分敏感，银行流动性管理不善而出现支付问题，极易引发对银行的挤兑。挤兑对银行来讲是一件可怕的事情，最严重的结果会导致一家银行的倒闭。这也是流动性原则被银行视为经营中第一原则的原因。在许多国家纷纷建立存款保险制度的今天，流动性危机对银行仍然具有很大的杀伤力，因为存款保险制度的设计主要是保护中小存款人，而不保护大额存款人。在存在存款保险制度下，挤兑银行同样发生，其形式是大客户通过支票转账转移资金，数额巨大，然而却是静悄悄地发生。所以，银行在任何情况下都不能够将资金全部用于盈利性投资，而是要时刻关注自身的流动性状况，从资产负债表的资产方和负债方都为流动性的提供做好准备。

(二)安全性原则

安全性原则是指银行在日常经营中，应该特别注重资产运用的质量，运用科学和严格的管理程序以及有效的管理手段，尽可能降低风险，增加盈利。与此同时，银行还应该保持适度的资本充足率，以便对存款人提供最大限度的保护。

我们已经指出过，银行是高风险行业，银行的高风险表现在：(1)信息不对称问题在信用交易中特别突出，由此引出的交易发生前的“逆向选择”和交易发生后的“道德风险”时时处处存在，判断这些风险需要很强的专业知识和责任心；(2)在金融市场化和自由化的环境下，各种衍生金融工具和交易不断涌现，银行业务的操作和管理越来越复杂，除了传统的信用风险和流动性风险外，银行又面临着新的利率风险、市场风险和操作风险等多种风险；(3)银行的大部分业务是与资金打交道，对于银行从业人员来讲，有太多的机会面对各种诱惑，所以很容易从内部产生风险；(4)银行是高杠率企业，自有资金较低，银行对资产运用方面损失的承受能力有限。鉴于此，银行作为高风险的企业，在经营中必须把安全性放在十分突出的地位。

作为一种经营原则，银行在贯彻安全性时应该特别注重两个方面：第一，注重对各种业务建立科学和严格的管理流程，特别是对那些内含风险较高的业务，要有完善的、体现权力制衡的内控机制。在银行业有一句流行的行语："制度才是永远可信赖的。"在对各种业务建立科学和严格的管理流程时，要强调在制度中设计鼓励风险揭示的机制，而不仅仅是强调风险事后的处理，因为银行的经验和教训告诉我们，风险发现得越早，银行处理的方式越多，损失的程度越低。第二，银行要保持一定的资本充足率。银行自有资本是风险的"缓冲垫"，是维持存款人信心的保障。由于银行是高风险企业，要完全消除银行风险是不可能和不现实的，因此，银行在资本金中除了包括抵补预期损失的一般准备金外，还要包括抵补非预期损失的部分。

在各国纷纷实施巴塞尔协议后，监管当局按照资本金与风险资产对应关系建立最低资本充足率，是银行贯彻安全性原则的另一重要要素。

（三）盈利性原则

股东财富最大化或利润最大化是商业银行经营总目标。因此，在考虑了流动性原则和安全性原则的基础上，银行要尽可能追求利润，扩大盈利。银行是高负债企业，负债有较高的利息成本，而且银行在处理各种业务中还要涉及各种费用，如果没有一定的盈利能力，银行难以抵补较高的利息费用和非利息费用，更谈不上股东的利益。所以，在经营中，追求利润和盈利自然是一项基本原则。

市场经济中厂商也应承担一定的社会责任成为国际共识。银行业是具有较高公共品属性的行业，商业银行，特别是大型银行应该承担更多的社会责任，这是毋庸置疑的。然而，商业银行承担社会责任可以建立在对利润的减让上，但其社会责任的行为不可以对自身带来损失为前提，因为商业银行的资金来源是大众存款，以社会责任为由的行为若给银行带来资产损失，无论在商业规则和商业伦理上都不可被接受。

三、经营原则之间的关系

由于银行的特殊性，银行的经营原则有别于其他工商企业。这三项经营原则对银行来讲都十分重要，应贯穿并指导银行的日常经营。然而，这三项基本经营原则相互之间不是孤立的，它们相互依存、相互作用。如果不考虑流动性，银行就可能随时面临头寸紧张的问题，严重时会引发挤兑，导致严重后果。如果银行不注重安全性，没有严格和科学的管理程序和制度，各种风险就极易出现，资产的损失不可避免。这样的状况也就谈不上银行的盈利性。但是，如果银行只是注重流动性和安全性，也同样会导致银行经营出现很大的问题，甚至带来风险。例如，如果银行在日常持有过多的现金资产以保持流动性，会极大地降低银行的盈利水平。如果银行在业务开拓中过分地看重风险的方面，可能会拒绝许多有潜力的客户，盈利的水平也会下降。在竞争日益激烈的环境中，任何银行想在穷尽风险的前提下开展业务，那它的商机也就没有了。因此，对于管理水平卓越的银行而言，在经营中不会去单纯地强调某一经营原则，而是会审时度势地追求三项经营原则的最佳组合。

第三节　银行业存在的经济学解释

在经济学的解释中，以银行为主的金融中介机构之所以能够存在和发展，是因为这种间接融资与资本市场的直接融资相比，有着它自身的相对竞争优势。

一、处理信息问题的竞争优势

根据当代经济学的理解，银行经营的性质，从某种角度可以理解为“信息的生产”。经济中对这种信息的需要来自信用交易中广泛存在的“信息不对称”现象(information asymmetry)和交易成本(transaction cost)。①

信息不对称在经济学中泛指买卖双方对交易对象质量掌握的信息是不对等的，卖者始终处在优势地位，比买者知道的信息多，且更准确。信息不对称会导致两种普遍的现象，即逆向选择和道德风险。逆向选择(adverse selection)是交易前各种隐藏信息对交易对手可能带来的风险，它发生在当事人签约之前。阿克洛夫(Akerloff)对“二手车”市场上因买卖双方信息不对称而导致市场交易出现“柠檬问题”的研究，开创了对逆向选择问题的理论研究②。阿克洛夫认为，在“二手车”市场上，只有卖者才知道旧车的真实状况，买者只知道旧车的平均质量，并且只愿意根据旧车平均质量支付价款。其结果，在“二手车”市场上，质量高的旧车的车主会逐渐退出交易，市场上剩下的只是低质量的旧车交易，并最终有可能导致交易完全不发生的“市场锁闭现象”。道德风险(moral hazard)是交易后各种隐藏行动可能对交易对手带来的风险，它发生在当事人签约之后。

在金融交易中，信息不对称问题指借款人和债务人处在信息优势地位，对自己的经营现状、财务状况和未来发展方面的信息，比贷款人或债权人知道得更多、更准确。在信用交易中，逆向选择风险出现在金融交易以前，表现为那些最可能造成不利结果(违约风险)的借款人，往往最为积极地寻求贷款。道德风险出现在金融交易发生之后，表现为借款人在借款后有可能违背契约，从事更具风险，同时潜在的收益更高的项目投资和业务。这种现象之所以普遍，是因为作为资金盈余的贷款人和作为资金短缺的借款人，对于投资结果权益分享的不对称性。在金融交易后，借款人的投资项目无论获得多高的成功回报，债权人只能获取契约规定的本金和利息，而项目成功的高额回报的绝大部分，却可以为作为借款人的业主带来巨额利润，然而，即使借款人转移的投资项目失败，对于借款人的最大的损失是可控制的，即股权投资部分，而债权人利息和本金则可能全部损失。

由于信息不对称，金融交易中存在着巨大的交易成本。概括而言，在任何金融交易

---

① Coace R H. The Nature of the Firm. Economics UK, 1937 Novernber.

② Akerlof G. The Market for ‘Lemons’: Qualitative Uncertainty and Market Mechanism. Quarterly Journal of Economics, 1970, Vol. 89: 488-500.

中有四类信息成本：(1)寻觅成本(search cost)。它指借贷双方相互寻找，获取有关信息，挑选适当的交易对手，就交易合约进行谈判所花费的成本。(2)甄别成本(verification cost)。资金盈余者在贷款契约签约前，必须甄别借款人所提供信息的可靠性和完整性。(3)监督成本(monitoring cost)。贷款一旦发放，贷款人必须按照契约的事先约定，对借款人的行为和资金的流向进行监督。(4)执行成本(enforcement cost)。它涉及一旦发现借款人违背承诺或财务状况恶化等发生，贷款人必须立刻采取挽救性行动和相关对策。这四类信息成本在任何信用或金融交易中都存在。就民间一对一的个别交易来讲，这些成本是巨大的，在金融市场上，投资者的高度分散，使每一个持有少量债权或股权的投资者都感到监督和管理融资人的成本与回报极不成比例，这不可避免地会使债权人和投资者产生“搭便车”的意愿。

然而，银行学理论认为，金融中介或银行能够以巨大的相对竞争优势比金融市场更有效地解决上述信息不对称风险问题。

(一)信息揭示优势

信息揭示优势(information revealing advantage)是传统商业银行在解决信息不对称问题中的重要优势之一，指银行在规模经济的基础上，可以利用自己的人才优势和技术优势，对借款人的诚信和资信进行较为准确的分析和判断。一般的资金盈余贷款者很难获取与借款人有关的经营信息和财务信息，特别是那些中小企业借款人。但是，无论哪类企业都在银行开有账户。具有规模经济的银行可以雇用大量财务专家进行信用分析，通过对存款账户所发生的现金流的观察和剖析，把财务数据转化成为有价值的信息，银行可以及时和准确地掌握借款人的收入、支出、财富、经营和投资策略，从而使银行可以比一般贷款人更为准确地了解借款人的内部信息和信用风险。

(二)信息监督优势

信息监督优势(information monitoring advantage)是指，由于贷款契约非标准化和低流动性(这里暂不涉及贷款证券化)，使银行可以对借款人行为进行长期监督，降低道德风险。由于对借款人行为监督的成本太高，大多数资金盈余贷款者把监督活动委托给银行处理。银行拥有各类借款人的存款账户和贷款账户，而且银行是“一对多”的监督方式，这毫无疑问会极大地降低监督成本。因此，在持续观察和监督债务人的事后行为方面，银行比个人和金融市场处在更有利的位置。

(三)信用风险的控制和管理优势

信用风险的控制和管理优势(credit risk controlling advantage)指通过专业化的机制，银行在解决贷款的“道德风险”问题上具有相对优势。第一，银行可以设计适当的契约来解决借贷双方利益背向的问题。最常用的方法就是在贷款契约中设计一系列限制性条款来制约借款人随意的经营和转移性投资。第二，银行在贷款中往往要求有抵押或担保，这可以强化借款人与银行的同向利益，形成激励相容。第三，在有些国家，法律允许银行可以在借款企业中持有股权，如日本和德国的“主银行制”(main bank system)；

或者允许银行通过控股的基金或股票存托制度，集合并代表社会分散股权在借款企业董事会上行使表决权，从而享有在企业重大事务中的知情权和决策权，如在德国的“代理投票权”(proxy)。

金融中介机构在处理信息不对称问题上所具有的相对优势，源于它们在信息生产过程中的规模经济。银行在信用分析、监督和风险控制中以大量的贷款为基础，换而言之，由少量的贷款人或专家管理着大量的借款人会极大地降低在处理信息不对称问题中的费用。因此，以银行间接融资为特征的资金融通和资源配置，在经济学中被认为是低成本、高效率的融资方式之一，这一点在信息不对称环境下特别突出。

对银行学理论颇有研究的经济学家戴蒙德①对信息不对称、交易成本与银行的相对竞争优势之间的关系进行了系统的研究和详尽的表述。

二、业务分销和支付系统的效率优势

金融中介的另一个传统竞争力是其高效的业务分销和支付系统(delivery and payment advantage)。这个系统基于它们庞大和昂贵的分支机构基础体系，从而形成有效的进入壁垒。任何在传统上实行分支机构体制的银行，构建分支机构基础体系的耗费是惊人的，一个分行数千万或上亿美元的投资并不罕见，即便对一个网点投入百万美元也是常见的。一旦分支机构网络形成，银行就可以通过星罗棋布的分支行网点来销售由总行“生产”的各种标准化的金融服务和金融产品。分支机构体制的银行还有一个外部性很强的重要业务，即所提供的资金结算和支付。由商业银行和中央银行的结算支付机制所构成的支付体系在国民经济中占有十分重要的地位，它使得资金支付在任何地方都可以安全和便捷地进行，从而极大地提高了国民经济的运行效率，它是资金流通的“大动脉”。银行支付体系的建设成本是耗时耗力的昂贵投资，并非一般投资者可为。然而，银行对提供支付服务所收取的费用并不高，这是因为银行从提供多种金融产品和服务中可以对支付业务实行交叉补贴。这种巨大的竞争优势是直接融资很难形成的。

三、风险转换和缓释优势

风险转换(bank as risk transformer)是银行业长期存在并发展的另一个重要优势。在这个过程中，银行至少有效地实现了两种转换。

(一)流动性风险转换

盈余-贷款者经常在机会成本和流动性风险之间面临两难选择。他们希望将盈余资金投资出去以增加收益，同时又希望保持随时运用资金的权利。但是，个体的小额资金很难实现两者的有效组合。通过集聚大量存款，金融中介机构可以预测资金需求的规

① Diamond D W. Financial Intermediation and Delegated Monitering. Review of Economic Studies, 1984, 51: 393-414.

律，从而能以最低成本的方式来满足存户的流动性需求，实现较高的投资收益。例如，在正常情况下，银行的存款中，即使是流动性最高的活期存款，有相当大的比率不可能是同时提款的，或者在部分存款被提取后，马上又有新的存款补充进来。这意味着银行在期限上是可以“错配”其资产负债表，或称“借短贷长”的。将低收益的现金资产控制在最低水平，而将大部分资金投资于收益率高的贷款项目上，银行这种转换为盈余-贷款者提供了集聚-分散流动性风险，即跨地、跨时转移经济资源的机制(在银行经济学上也被称为“非保险的保险”功能)。

(二)信用风险转换或缓释

信用风险转换也称信用风险缓释。银行的资产组合中以贷款为主，贷款契约违约的风险较高，而银行对发行的存款契约违约的风险却微乎其微，从而对大量厌恶风险的盈余-贷款人具有很强的吸引力。银行之所以能把潜在高收益资产的高风险进行转换和控制，从而使存款契约违约率大大下降，并能获取适当收益，主要是通过特有的风险管理技术和机制，如信贷组合分散风险、大数法则稀释风险、抵押和担保贷款的风险缓释、风险溢价的定价补偿机制、专业化流程管理的风险控制，以及通过持有足够的呆账准备金来抵消预期损失等。

四、有效配置资源优势

由于银行存在规模经济，在此基础上，银行可以雇用大量专家，通过对产品、企业、市场的综合分析，判断出经济中具有最高投资价值的项目，将汇聚的资金大规模地投向高效率的项目。由于资金来源的性质主要是负债，因此银行的经营理念是以稳健为主的。银行投资的项目成功率比较高，且一般都是经济效益较好的项目，这样的资源配置和转移方式，会提高社会资金资源利用的平均效率。

五、保护性金融管制的优势

直到20世纪80年代以前，各国金融管理当局，包括发达国家的，一直对银行业实行金融管制。尽管从表面上来看，对银行的金融管制措施是严厉的，但其核心理念却是对银行业的保护性管制。从两个方面的管制措施可以证明：第一，从20世纪30年代到80年代，各国对银行业内部一直限制价格竞争，各种存贷款利率由各国金融管理当局统一制定和调整；第二，大多数国家对银行业实施比其他行业更为严格的市场准入政策，即规定严格的最低资本金规模、从业人员资格的苛刻要求，除此之外，还实行限量发行营业执照制度。日本、德国、美国、英国都在这段时期对银行业实施过保护性金融管制。

长期以来，各国金融管理当局对银行业实施保护性金融管制，是基于一个原则和两个假设前提。对银行业实施金融管制的原则是“公共利益优先”，两个假设前提是：(1)大银行在清算和支付上比小银行有着更高的效率，而高效率的清算和支付系统有助于提高国民经济的运行效率；(2)由于银行有较强的外部经济性，过度的竞争会增加银行体系的系统性风险，因此，银行业不应该过分强调竞争(Llewellyn，1986)①。在保护性的金融管制之下，新的竞争者很难进入银行业，绝大多数国家的银行业相比较其他行业而言，都呈现出较高的集中度，所以它们可以拥有较高的垄断利润，从而维持较高的经营成本，形成竞争优势。

◎小　结

1. 金融中介机构(financial intermediation)是资金盈余者与资金需求者之间融通资金的信用中介。之所以称金融中介所进行的融资为间接融资，主要是它们以发行间接契约(存款凭证)的方式形成资金来源，然后再把这些资金按一定原则提供间接投资(贷款契约)给企业或购买其他金融证券。金融中介机构有多种形态，但作为有效融通资金从盈余单位流向赤字单位，实现资源有效转移和配置的金融中介机构，银行最具有代表性。

2. 现代资本主义银行主要通过两条途径产生：一条途径是旧高利贷业转变为资本主义银行，另一条较典型的途径是以股份公司的形式建立的新型股份制银行。1694年英国成立的英格兰银行是第一个具有现代公司制度的股份制银行，它是现代商业银行的标志，自此开始，内含现代化公司治理机制的股份制银行在各国得以普遍成立。

3. 从经济学和经营的角度讨论银行是以追求它自身利益的最大化为目标。现代经济制度中的银行以股份制为基本的产权结构，股东作为商业银行的最终所有者，他们所考虑的是股东财富最大化。股东财富最大化是一个比较抽象的概念，它既反映股东的短期目标，也反映长期目标。在现实中，作为银行经营目标更直接、且可测量的指标，往往把利润最大化最为近似表达。

4. 银行作为特殊企业的主要功能有：作为融通资金的媒介有效配置资源，创造货币和扩张信用，以及提供全面的金融服务等。银行的“特殊性”表现：第一，高杠率和资产负债的不匹配，是高风险行业；第二，银行能够以派生存款方式创造货币；第三，银行业的外部性极强。这些特殊性决定了银行在日常经营中必须坚持流动性、安全性、盈利性的原则。然而，这三项基本经营原则相互之间不是孤立的，它们相互依存、相互作用。

5. 在传统经济学的解释中，以银行为主的金融中介之所以能够存在和发展，是因为这种间接融资的存在方式与直接融资相比，有着它自身的相对竞争优势。主要体现在：(1)处理信息不对称问题的优势；(2)业务分销和支付系统的效率优势；(3)风险转换和缓释优势；(4)有效配置资源优势；(5)保护性金融管制的优势。

① Llewellyn D T. Regulation and Supervision of Financial Institutions. Institute of Bankers. London, 1986.

◎重要概念

金融中介　商业银行　直接融资　间接融资　交易成本　信息不对称　逆向选择　道德风险

第二章　银行业的市场结构

商业银行的基本功能具有一致性，但是，各国银行业的市场组织结构模式、各商业银行的内部结构模式之间却有很大差异。任何国家的银行业的市场组织模式并非人为设计，而是在不同的历史背景、市场条件、文化和法律框架下，各国通过不断探索和实践逐步形成的，并与本国经济结构和运行特征相协调。单个商业银行在本身的发展过程中，内部组织结构也同样是随着市场环境和竞争战略的变化而动态调整。经济学则往往是在事后将这些模式形成的合理性抽象为理论。然而，作为教科书的表述逻辑，则往往需要将相关的理论铺垫在前。本章对世界典型国家银行业的市场组织结构和商业银行的内部组织结构进行介绍和阐述。

第一节　解释银行业结构模式的基本理论

一、规模效率

(一)银行规模效率的含义

在银行业市场组织结构理论中，规模效率，也称规模经济(economy of scale)，研究银行的适度规模，进而引出一国银行业一般应以何等规模的银行为主才是最有效率的讨论。

在厂商理论中，规模经济研究厂商在产量为何种规模时，其边际成本曲线与平均成本曲线相交，从而达到成本最低的经济规模。对银行而言，规模经济讨论银行在扩张负债或资产时，何时达到在最低成本下提供产出的状态。在表述上，如果产出的增长率高于成本的增长率，该银行正处在规模经济状态中，即银行通过扩大规模，提高产出水平可以更有效率地经营；如果产出的增长率低于成本的增长率，或者说，产出的降低将导致成本更快的降低，该银行处在规模无经济状态中；如果产出的扩张所引起成本的增加没有变化，该银行处在常数态规模或适度规模上。

在有规模经济的产出水平上，产出的增加会降低平均经营成本，产生这一状态有两个主要原因：第一，银行经营一般需要较多的技术装备和设施投资，从而带来较多的固定成本。随着规模的扩张，银行主要增加可变成本，而固定成本相对稳定，使单位平均成本下降。例如，一台大型计算机处理1万个账户和处理10万个账户的成本可能是相同的。第二，银行技术专业化分工，可以提高经营效率，而专业化分工建立在银行一定的经营规模基础上。然而，规模经济有一定范围，银行会发现在某一个产出水平上，经营的平均成本停止下降并逐步上升，这表示规模效率已被耗尽。

（二）学术界对银行业规模效率的研究

1. 从成本角度的规模效率研究

阿赫德夫（Alhadeff）是最早系统研究银行规模与效率关系的学者之一。他对美国加利福尼亚州的210家银行进行了分析采样，选取这些银行1938年至1950年的数据，其中四家为大规模的、有分支机构的银行，其余的为单一银行。在研究中，阿赫德夫把信贷和投资等收益资产作为产出，以反映银行的经营能力，把总费用/信贷和投资的比率作为平均成本指标，以反映银行的成本费用，并且把费用按总费用、工资、定期存款利息、其他费用进行了分类。阿赫德夫在研究中发现，就每一货币单位的资金来源而言，分支行制大银行比单一制小银行有更大的产出，而小银行的成本几乎是大银行的两倍。归纳起来，银行业存在递增的产出规模效率和递减的成本规模效率。将信贷和投资作为产出来衡量银行效率有一个缺陷，即其他资产如信托经营等未包括在内，这种遗漏可能会导致估算偏差，使大银行的单位平均成本的反映不准确，成本曲线的变化状态不清晰。1961年斯科威基和麦济（Schweiger and McGee）利用总资产作为产出，对美国6 233家银行的费用成本状况进行了研究，其结果表明，大城市中单一制银行的费用成本随着存款规模的扩大而逐步下降，当存款规模达到2亿美元后，成本费用急剧下降。相比之下，在同一市场上分支行制银行的成本费用较高，而且随着规模的扩大，成本费用规模效率不明显。

20世纪60年代中期，格林鲍恩对竞争效率与银行业最佳社会结构的关系进行了大量研究。他提出，社会中最佳银行业组织结构应该是产出效率最高，资源配置功能中性（即银行结构不会破坏社会资金从储蓄向投资的自然流动），避免对消费者和银行客户的剥夺，同时能促进银行业对市场变化和技术变化作出反应的状态①。他在研究中发现，总存款低于1 000万美元的银行几乎是全面无效率，这个规模以下的银行，其人工费用的单位成本高，专业化程度不足，资金转移成本高，产品和业务的多元化十分有

① Greenbaun S I. Competition and Efficiency in the Banking System：Empirical Research and Its Policy Implications. Journal of Political Economy，461-481.

限。这些缺陷表明，如果不是法律保护，小银行会被逐步兼并或改组成分支行制。格林鲍恩指出，国际经验表明，如果将银行业的进入门槛提高，经银行间的相互合并后，美国有可能出现 100 家银行左右的银行体系，这会使美国银行业更接近市场最佳组织结构状态。1969 年，贝尔和摩西(Bell and Muephy)再次对美国 283 家银行的成本弹性进行了研究，结果证明，回归系数(regression coefficient)的值域在 0.86~0.96 之间，这项研究支持了成本递减(或收益递增)的银行规模经济。他们强调指出，大银行的规模效率来自劳动力的专业化分工。在大银行中，较低技能的职工与较多资本可以匹配，从而使劳动成本下降①。

2. 从单一行制与分支行制比较角度的规模效率研究

对银行规模效率另一项引人注目的研究是从对比单一银行制效率与分支行银行制效率的角度进行的。1981 年，经济学家本斯顿(Benston)、汉威科(Hanweck)和哈姆佛雷(Humphrey)运用“可分离多重指数”(divisive multilateral index)作为新的产出测量指标来检验银行规模经济(简称 BHH 研究)。简单来说，可分离多重指数是各类产出账户数量的加权平均值，权数由各项产出的经营成本占总经营成本的比例决定。这项研究运用了转换对数(translog)模型。有五项业务被看作是产出，活期存款、定期和储蓄存款、不动产贷款、分期偿还贷款和商业贷款。而工资，即有形资产等因素的价格被看作是投入。除此之外，该研究还考虑了银行持股公司、分支机构、平均账户规模等条件。BHH 研究的结果认为，分支行制银行可以通过设立分支机构来增加账户的数量，在获客成本上具有优势，而单一银行在增加新客户时成本要大得多，银行的平均经营成本曲线呈 U 形向上倾斜，最低或最优的成本规模经济确实存在。后期的银行规模效率研究基本上都证实了同样的结论，即银行的平均成本曲线呈现出相对平坦的 U 形状态，中等规模银行在规模效率上要优于巨型银行和小银行。各项实证研究都证明银行规模经济的存在，分歧仅在于 U 形平均成本线底部出现在什么规模点上。

二、范围效率

范围效率，也称范围经济(economy of scope)，是指银行是否提供了最节省投入成本的业务组合。在给定产出水平上，如果经营多种业务银行的成本低于专业经营银行的成本，那么多种经营银行存在着业务范围经济。如果多种经营银行的成本高于专业经营银行，则存在着经营业务范围的不经济。

银行产生业务范围效率的主要原因是各种投入和业务对同一固定资产和信息资源、人力资源的分享。例如，同一部门的出纳可以既处理支票，又可以处理储蓄账户。对客户所做的资信评估既可以用于不动产抵押贷款，也可以用于工商流动资金贷款。因此，那些同时经营多种业务的银行其成本可能比处理单一业务的银行要低些。除了表内项目外，银行还可以提供信用证、贷款承诺、证券承销、保险、衍生交易等许多表外业务，

① Bell F W, Murphy N B. Economics of Scale and Division of Labor in Commercial Lending. National Banking Review, 1969(10): 131-139.

它们都可以在投入成本不增加或仅有较小的增加时给银行带来更多的收益。然而，在某一产出点上，多种经营的银行成本的上升会高于产出的上升，此时出现业务范围无效率的原因可能是更为繁杂的官僚管理结构使成本太大，也可能是繁琐的规则大大降低了效率。值得指出的是，在银行规模经济和业务范围经济之间往往存在相互联系。例如，银行可以用计算机处理各种贷款，也可以利用计算机提高处理速度，增加业务规模。

（一）银行范围效率的假说

经济学家鲍莫（Baumol）、潘泽（Panzar）、贝利（Bailey）和弗里兰德（Friedlaender）在1982年提出了假说，认为从事多种业务经营的银行可以享受到成本降低或多种供给的利益①。他们认为，银行通过提供多种业务产出而可以带来成本节约和增加收益的原因是：（1）固定成本分摊。银行现有建筑大楼、计算机、其他设施、出纳和信贷员的成本，可以在银行不增加投入而扩展业务种类时，分摊这些固定成本。（2）信息经济。银行在从事存款和贷款业务时，可以从客户那里获取和储存各种信息。当银行对这些客户推出其他金融服务时，可以重复利用已有信息，从而在进行信用分析时节约成本。（3）降低风险。银行资产分散和资产与负债期限配平可以降低组合风险和利率风险，银行通过扩展业务种类可以在不增加额外成本的情况下降低风险。（4）客户成本经济。银行客户在运用活期存款、储蓄存款和贷款业务组合时，可以降低由客户对外转移资金引致的银行成本，这是由于银行内部账户的资金转移可以带来成本节约。银行在满足这些组合服务时，还可以通过收取服务费来增加收入，增加市场份额。

（二）银行业务范围效率研究的难点和尝试

对于这些假设，经济学家们必须通过实证分析才能确定其真伪。然而，在分析中，研究人员发现对银行业务范围效率的实证比对银行规模效率的实证更为困难。困扰研究人员的问题主要有两个：第一个难点是缺乏专业性银行的数据。在市场经济国家的银行业，几乎所有的银行都提供多种产品和业务，分业经营对于银行而言只是一个程度问题。因此，业务范围效率难以比较。第二个难点是，在对银行进行业务范围效率分析时，如果所用数据不是位于生产可能性边界线上，这就极易与银行的X-无效率或称技术无效率发生混淆。在经济学分析中，业务范围效率一般被假定为处在生产可能性边界线上，即在给定产出水平上，再来比较单一产品银行与多产品银行成本支出的情况。因此，银行范围经济与X-效率在实证分析中有时难以区分。

1987年，克拉里·詹姆斯（Kolari，James W.）尝试运用“聚类分析方法”（cluster analysis approach）来解决一个国家内银行业务同质性的矛盾，以克服研究银行业务范围经济中的困难。② 克拉里首先对美国约600家银行进行业务倾向的相对分类，即根据各

---

① Berger，Hanweck，Humphrey. Competitive Viability in Banking：Scale，Scope and Product Mix Economics. Journal of Monetary Economics，1987：502.

② Kolari J W. The Cost Economics of Banks with Different Product Mixes. Bank Costs，Structure and Performance，1987：127-179.

类业务占比状况，将样本银行分为四个组别：组别(1)为农村类银行，该组别银行的业务量20%以上集中在农业贷款上，而其他组别仅有不到2%的业务为农业贷款；组别(2)为城市类银行，该组别银行的工商业贷款比重很高；组别(3)被称为批发业务类银行，这类银行资产业务主体从货币市场上的批发性借款比例较高；组别(4)为零售业务类银行，该组别银行贷款种类比较多且分散，而且证券投资业务比重也较高，这一组从负债方面来看，银行资金来源以定期存款和活期存款为主。接着，克拉里进行了假设，他认为，在不同业务为主的银行组别之间，其业务范围经济的特征应不同。例如，农村银行由于主营农业信贷，较少进行证券投资，那么，其成本在信贷与证券之间的分担程度就比较低。城市银行购买了大量的市政债券，证券业务占比大，因此，它们的经营成本在贷款与证券业务之间的分摊程度应比农村银行高。克拉里还假设，业务范围经济很可能与银行规模有关，以城市类大银行为例，为了充分利用固定资产的成本，就需要较高的产出水平，银行需要以多种业务服务吸引客户。克拉里为此设立了“双产品业务范围效率程度比较模型”(model for degree of scope efficiency for two outputs)，该模型基本表达式为：

$$SE = \frac{[C(Q_1,\ 0) + C(0,\ Q_2) - C(Q_1,\ Q_2)]}{C(Q_1,\ Q_2)} \tag{2-1}$$

在式中，SE 表示银行业务范围效率的程度①；

$C(Q_1,\ 0)$表示假设仅有业务 Q_1 时银行所支付的成本；

$C(0,\ Q_2)$表示仅有业务 Q_2 时银行所支付的成本；

$C(Q_1,\ Q_2)$表示同时经营 Q_1 和 Q_2 两种业务时银行所支付的成本。

克拉里运用SE模型，分别按定期存款与活期存款、证券与贷款、总存款与总贷款两两组合，对四类组别的银行进行了业务范围效率假设检验，结论如下：第一，银行同时提供活期存款和定期存款与银行单独提供活期存款或定期存款相比，其成本要节省30%至70%，这一现象在农村类银行组别(1)中特别明显。第二，银行同时提供证券业务和信贷业务与银行单独提供其中一种业务相比，在1979年和1980年，存款规模超过4亿美元的大银行呈现出较高的业务范围经济，而在其他年份和其他规模的银行，同时经营证券和信贷业务银行的成本节约程度并不明显。第三，银行同时提供存款和贷款与银行仅提供存款或贷款相比较的成本节约状态明显。农村银行在提供存贷款整体服务时表现出较高的业务范围经济，而且小规模农村银行在提供存贷款整体服务时，其成本节约程度比大规模农村银行更为突出。概括起来，不管哪一组别的银行，经营组合业务都比经营单一业务会带来降低成本的业务范围经济。相对于经营单一业务而言，大银行经营多种业务带来的业务范围效率是明显的，由于实力的差异，大银行更倾向于开办尽可能多的业务。

1993年，伯杰(Berger)等提出了一个综合性的银行业务范围经济新概念——优化业

① 这是一个比率，在经济含义上表示多种经营与单一经营相比时，银行对成本的节约程度。其值越高，表明多种业务经营效率越高。

务范围效率(optimal scope economy)。[1] 这种范围经济基于利润函数和成本函数。伯杰认为，业务范围经济应该既包括产出组合的收入效应，又包括投入组合的成本效应，可以定义为产出效率和投入效率(output efficiency and input efficiency)同时存在的状态。利用优化业务范围经济的概念，可以考察一家银行在给定价格和其他外部因素条件下，是否可以最优的方式提供一系列完整的产出。伯杰等提出的范围效率的新测算方法，从理论上讲更加科学，但由于它所需要的假设太多，所以金融界还未有详尽的实证运用分析，但这种思路是值得继续探讨的。

三、管理效率或 X 效率

(一)银行 X 效率的含义

银行 X 效率主要指由于银行内部管理能力和水平提高所产生的经济效益。它又可被分解为技术效率与配置效率：技术效率反映给定投入的情况下，企业或银行获取最大产出的能力；配置效率价格则反映给定投入价格时，企业或银行以适当比例使用各项投入以使总成本最小的能力。X 效率是由美国经济学家雷本斯滕(Leibenstein，1966)在研究企业微观层面上的效率时提出的一个概念，最初用来解释企业经营中不能被规模经济和范围经济所解释的部分，他认为企业的 X 效率与内部管理水平密切相关，可被用来分析资源配置不变的情况下企业内部成员努力程度、管理水平、技术创新、人力资本、学习效应、激励机制以及组织架构等诸多因素对效率的影响。目前，X 效率也在银行业被普遍用来分析内部管理和组织结构的效率。

(二)银行 X 效率研究的主要方法

前沿效率分析法(frontier efficiency analysis)是目前研究 x 效率普遍采用的方法，它可分为非参数法和参数法两大类：非参数法有两种——数据包络分析法(data envelopment analysis，DEA)和无界分析法(free disposal hull，FDH)；参数法则包括随机前沿法(stochastic frontier approach，SFA)、自由分布法(distribution-free approach，DFA)与厚前沿法(thick frontier approach，TFA)三种。

(三)学术界运用 X 效率研究银行的进展

Fried、Lovell、Schmidt 和 Yaisawarng 的研究(2002)指出，企业的低效率既可能与规模效率、范围效率和外部环境有关，也可能是由于内部管理不善或组织结构不合理造成的。前面的因素是外生的，后面的因素是内生的。二阶段法并不能很好地剥离外生因素对效率值的影响，因此所得到的效率值并不完全反映企业的管理效率。为此，Fried et al 提出了一种新的效率评价模型——DEA 三阶段法。该方法最大的特点是能够将非经

---

① Berger, Huncock, Humphrey. Bank Efficiency Derived from the Profit Function. Journal of Banking and Finance, 1993: 317-347.

营的因素对效率的影响去除，使得所计算出来的效率值能更加真实地反映企业的内部管理和组织结构的效率。黄台心和陈盈秀(2004)运用 Fried et al 2002 年提出的 DEA 三阶段法对中国台湾地区 49 家商业银行的纯技术效率、配置效率进行了研究。随后杨永列等(2005)运用该方法对 2000 年中国台湾地区 35 家上市上柜银行进行了效率测算，并分析了银行效率与一些宏观金融指标的关系。黄宪、余丹、杨柳等(2008)运用 DEA 三阶段模型，对中国 13 家商业银行 1998 年至 2005 年的 X 效率进行的实证分析发现，样本期间我国商业银行的 X 效率整体呈现上升趋势，但 X 效率的提高主要源于资源配置效率的贡献，而纯技术效率贡献度较小。①

四、行业特殊性的理论

银行业比较特殊，它们以高杠率的财务结构形成的内部脆弱性、在信息不对称下形成系统性风险的高发性以及资金来源以负债为主形成的强外部性的行业特征，形成了与一般工商行业不一致的行业特殊性。因此，在分析和判断一个国家银行业市场组织结构的合理性时，以下理论经常被涉及。

(一)外部性与竞争的适度性

银行的资金来源主体是社会上千家万户的储蓄和厂商存款，再加上银行又是社会清算和支付中心，银行之间同业往来的资金批发交易频繁且数量巨大。如果一家银行管理不善而出现支付问题，极易产生对该银行的挤兑，甚至引发银行系统内的挤兑风潮，导致银行倒闭。与企业倒闭不一样，银行倒闭对社会的影响来讲是巨大的，因为即使在存款保险制度下，一家银行，特别是大银行的倒闭，都会使社会经济体遭受重创。银行业这种极强外部性的性质，使得在讨论银行业市场结构竞争强度的设计时，一直存在争议。

学术界在分析行业的竞争状态的评判标准时，往往以行业集中度和赫芬达(Herfindahl-Hirschman index)指数来衡量②：前者一般以该行业前三大或前四大厂商所占的总体市场份额来表示，反映大公司的对本行业内的影响程度；赫芬达指数的表达公式为，该行业内各厂商市场份额的平方之和乘以 10 000，该指标反映市场竞争的均衡状态。举例说明，设某一经济社会内仅有三家银行，第一种情形，市场份额分别为 50%，25%，25%，赫芬达指数为$(10\,000)[(0.5)^2+(0.25)^2+(0.25)^2]=3\,750$；第二种情形，市场份额分别为 33%，33%，33%，赫芬达指数计算则为 3 267。很显然，在银行业市

① 黄宪，余丹，杨柳．我国商业银行 X 效率研究——基于 DEA 三阶段模型的实证分析．数量经济与技术经济研究，2008(7).

② 1985 年，Pepsico 和 Coca-Cola 两家公司合占市场集中率的 66%，赫芬达指数为 2 362 点。1986 年 Pepsico 计划收购 7-Up 饮料公司，而 Coca-Cola 公司准备收购 Dr. Pepper 饮料公司。如果这两项收购发生，软饮料行业的赫芬达指数将高达 3 528 点，大大超过联邦政府确定的 1 800 点的警示点。这两项兼并很自然被美国联邦政府否决了。

场集中度相同时，第二种情形的竞争度要激烈。

对于一般行业而言，评价行业内是否存在垄断，或竞争是否均衡，往往分别取市场集中率和赫芬达指数的临界点值为50%和1 200点。然而，由于银行的外部性特征，大多数国家并不鼓励银行业内的过度竞争。1996年，美国迈阿密大学金融系教授劳伦斯G. 哥德伯格(Lawrence G. Goldberg)和纽约赫夫斯特拉大学银行金融系教授阿努帕·莱(Anoop Rai)对欧洲11国银行业集中程度进行了比较研究，这项大型研究运用前三家银行市场占有率和赫芬达指数对欧洲各国银行业的集中度和竞争状态进行了分析①。该研究表明，大多数欧洲国家银行业市场结构的集中度高于一般行业，其中芬兰和丹麦两国前三家银行存款市场份额分别高达91%和85%，集中度很明显，赫芬达指数分别高达2 900点和3 000点，仅有德国、奥地利、意大利和西班牙4国银行业集中度低于一般性行业标准。这充分说明在判断银行业集中度和竞争均衡度的标准上，不能简单地以一般性行业标准来划分。

中国改革开放以来，银行业从计划体制下绝对垄断状态(长期以来中国事实上仅存在一家银行)已经发展到目前竞争相对均衡的状态。我们以1984年开始的中国人民银行独立行使中央银行职能为划分历史阶段的标志，理论上认为那是中国现代银行业开始起步的起点，并假定银行业那个时点的市场集中度和竞争度分别为100%和10 000点。经过近35年的快速发展，我国银行业环境发生了巨大的变化，商业银行体系中除了工、农、中、建、交五大国有控股商业银行和近十几家上市的全国性股份制商业银行外，还有100多家城市商业银行、数百家外国银行和分支机构。2018年底，中国银行业前四大银行的存款市场占有率和赫芬达指数分别为45.0%和800点。以评价银行业是否垄断或竞争是否足够的国际一般状态来看，这些指标反映中国银行业在技术层面早已不是垄断行业，甚至竞争强度高于许多欧洲国家。当然，这些指标是否能客观反映以国有制为特征的中国式的银行业垄断，那是另一类性质问题的讨论。

(二)范围经济与利益冲突和风险“隔火墙”

混业经营和分业经营在银行学理论中被描述为两种市场组织结构模式的典型代表。然而，从各国银行业发展史看，混业经营与分业经营似乎处在不断的轮回中，它并非简单地重复，而是螺旋式地上升。自现代银行业诞生，直到2008—2010年全球金融危机基本结束后的各国相关法律和制度调整为止，绝大多数发达国家的银行业市场组织结构事实上都经历了混业—分业—再混业—再分业的螺旋式轮回。

1929—1933年的世界经济大危机以前，绝大多数国家的金融机构是混业经营，范围经济是支持银行混业经营的强力理论，但这场危机给全球的金融和经济带来了灾难性后果，整个资本主义世界工业生产下降了40%，美国的工业生产更是下降了56.6%。这场大危机源于资本主义基本矛盾，发端于美国，但引发的却是美国银行业市场组织结构的问题。

---

① Goldberg L G, Rai A. The Structure Relationship for European Banking. Journal of Banking and Finance, 1996: 745-771.

在这一危难时刻，弗兰克林·罗斯福就任美国总统，他的第一个重大行动就是宣布全国银行休假，作为阻止银行历史性崩溃的措施。与此同时，美国朝野强烈要求认真反思金融业发展中的问题。从1931—1933年，美国国会举行了四次听证会(congressional hearings)，这些是具有历史意义的会议。从听证会表面反映的情况来看，这场危机的产生似乎是在近似疯狂的金融交易中，一些最有声望和权势的银行家、商界巨子卷入了肮脏交易，搅乱了金融秩序，但许多议员和政府官员对前期金融制度所隐含的高风险表示出了极大的担忧和恐惧。国会参议员格拉斯和部分其他议员提出修订相应的法律和制度，重新构造美国金融体制和银行体制的强烈愿望或理由。经济学家克夫曼·乔治(Kaufman George)将这些理由概括为三条，它们被认为是导致"格拉斯-斯蒂哥尔法案"通过的基本理论依据①：

1. 商业银行应回归本源业务，以保护商业银行的安全和健康，从而恢复公众对商业银行体制的信心。参议员格拉斯②认为，因为银行深深地卷入股票业务而应对银行体系的崩溃负责任。这位"联储之父"指出，造成银行混乱和经济大衰退的原因是银行业放弃了"真实票据论"或"商业贷款理论"，如果商业银行把贷款限制在自偿性的商业贷款方面，银行就不会遇到流动性问题。

2. 防止银行资金从正当的商业性使用转向投机性使用。参议员格拉斯认为银行参与股票证券交易会削弱银行业体系，把银行参与股票交易和投资行为均视为赌博。参议院银行和货币委员会成员鲍尔克里(Bulkley)在长篇讲话中指出，当银行，特别是所有大银行在股票证券市场上竞争时，社会上不可能有理智的存在，应考虑市场的吸收能力和维护市场平衡的条件，商业银行在巨额利润的引诱下会把大量资金转向股票证券抵押贷款，从而使银行业务走上歧途。因此，银行应固守银行业务而非在证券市场上去获取额外利润。

3. 消除"利益冲突"的根源，界定银行的业务范围。在所有支持商业银行与投资银行分业经营的观点中，最有力的莫过于对"利益冲突"(conflicts of interest)的论证，故"利益冲突"在分析金融业市场结构和金融监管中已经成为一个极为重要的理论。该理论概括为，当商业银行有权利可以同时经营银行业务和股票承销业务时，在追求利润最大化下，出于对自身利益的考虑，极有可能引发"利益冲突"，即银行会滥用混业的权力，从而可能严重损害消费者利益。参议员鲍尔克里的论点最具有代表性，他在发言中强调，证券承销对银行来讲不是一个合适的业务，银行的证券承销业务除了应对证券市场过度的扩张负责之外，还会影响资本市场的运行质量。他当时以反问的语调提出质疑："当已知被推荐的股票和证券有较好的成长性，并且可以在交易中迅速获取高额利

---

① George K. The US Financial System：Money Markets and Institution. 6th ed. Prentice Hall，1995：392-396.

② 参议员卡特·格拉斯是美国一位有很高声望的，对银行事务极有研究的政治家。在他还是众议院议员时，就是联邦储备体系法案的发起人，在第一次世界大战期间，他曾担任过财政部秘书。1920年后，他成为弗吉尼亚州的参议员，并分管参议院银行委员会。1931年和1932年格拉斯主持了重要国会听证会"联邦储备体系听证会"，是《1933年银行法》的发起人之一。另一位发起人是亚拉巴马的众议员亨利·B. 斯蒂哥尔。

润时，或者当知道自己购买的证券质量下降，存在价格下降压力时，有哪一位银行家可以公平和公正地从事证券承销业务呢？……银行必然存在对借款人施加压力的企图，劝诱借款人到银行掌控的信托基金去购买银行难以销售的新股票和债券”①。在讨论利益冲突时，商业银行与其客户在业务关系中普遍存在的“信息不对称”是关键所在。银行是信息生产的企业，具有信息的规模经济，但这一特征对银行客户来讲是一把双刃剑：从好的方面看，银行可以为证券投资的客户提供正确的市场定位，比单纯的投资银行提供更好的投资分析；另一方面，当市场情形不好时，银行对企业和市场的预知优势，使之有可能将潜在损失尽快转移给客户和金融市场的一般投资者。

在经过大量听证和辩论之后，美国国会通过了《1933 年银行法》，也称《格拉斯-斯蒂哥尔法》，确定了通过将银行业务与股票承销和交易业务分开，分别由商业银行和投资银行来承担的原则。商业银行不得进行代理证券发行、股票证券承销、证券经纪等属于投资银行的经营活动。同时，任何从事证券投资业务的银行，也不得在经营证券业务的同时开办存贷款等属于商业银行的活动。1933 年美国的银行法被称为格拉斯-斯蒂哥尔风险“隔火墙”(fire wall)，隔火墙的设立是美国在经历了惨痛教训后对如何重构金融体制的理性思考。

“利益冲突”理论和风险“隔火墙”原则从此成为世界各国金融监管当局在设计和确定本国金融业市场组织结构和制度时的标杆，它具有里程碑式的伟大意义。尽管 20 世纪 70 年代开始的“金融创新”导致 80 年代英美开始“放松金融管制”，银行业开始了“混业经营”的历程，然而2008 年由美国次贷危机引发的全球金融危机，使得这些理论和原则再度引起各国学术界和金融监管部门的深刻思考。

第二节　主要国家银行业市场结构模式

各国银行业的市场结构千差万别，但以金融发达国家作为典型来进行模式划分，美国、英国、德国和日本具有代表性。每个国家的银行业市场结构都有特点，它们与本国的经济发展阶段、法律体系、历史环境，甚至文化都息息相关。但是从大类上划分，比较公认的是以美英为代表的“市场导向型”(market oriented style)和以德日为代表的“银行导向型”(bank oriented style)模式。市场导向型模式下的国家，资本市场比较发达，直接融资对银行业的竞争压力较大，银行业以分业经营和分业监管、不允许银行对工商企业直接持股为主要特征。银行导向型模式下的国家，资本市场相对较弱，银行业市场权力较大，银行业以允许银行对工商企业直接持股为主要特征。在经历了 20 世纪中期至 21 世纪初的银行业转型和混业经营大趋势，以及 2008 年由美国引发的全球金融危机后，各国都在对本国金融业和银行业的市场结构进行深刻反思，各类模式之间的特征和界限不再那么清晰，它们相互吸收对方优点，走向趋同。

---

① Congressional Record of United States 1932：911-915.

一、美国模式

美国是最年轻的发达国家，其经济和金融实力为世界之冠。美国社会崇尚充分竞争和市场制衡机制的设定，从 1782 年美国第一家银行北美银行的建立至 1914 年联邦储备体系的诞生以及后来法律的重大调整，使得处于特定的民族、历史和社会经济条件下的美国银行体制在构建银行效率环境、协调银行与经济良性互动关系上形成了自己鲜明的特点。

(一)众多独立银行和追求竞争效应的市场结构

与世界各国相比，美国商业银行家数最多。20 世纪 20 年代末和 30 年代初，美国商业银行创纪录地达 3. 1 万多家，经济大危机后长期稳定在 1. 4 万家左右，一直到 1978 年仍维持在14 411家。1994 年 9 月克林顿总统签署了《1994 年里格尔・尼尔跨州银行分支机构效率法》，该法规定从 1997 年 6 月 1 日起允许银行全方位跨州经营业务，它意味着美国承认所谓众多银行的充分竞争并非带来高效率，而规模效率和与此相关的业务范围效率可以给银行业带来更多的优势，特别在国际竞争中更是如此。该法的通过使得美国商业银行市场组织结构快速变化，除了中小银行变成大银行收购或兼并的对象之外，大银行之间的并购也频频发生。20 世纪 90 年代中期以来，银行并购浪潮席卷全球，其出现的频率之高，涉及的资产规模之大，并购的跨度之广，对全球金融和经济的影响之深远都堪称空前。自此，美国银行跨州兼并迅猛，独立商业银行开始快速减少，2018 年独立商业银行已降至不足5 000家，但它仍然是独立商业银行最多的国家。

从大多数研究结论来看，这种现象被认为是由美国国情所决定的，有两个主要原因：第一，历史上美国地域广阔，人口众多，地理情况复杂，南北和东西各地经济结构和发展水平差别较大，地方政府在财经管理上有相当大的独立性。因此，遍布全国各地的银行，特别是中小银行适应了美国众多中小工商企业和南部、西部农业和畜牧业的发展。第二，美国的双线管理体制也是造成众多银行的主因。双线银行管理制度是指美国联邦和各州有关当局都有权分别接受银行注册登记并监督管理银行的制度。由于历史的原因，美国州立银行的建立和发展较早，联邦政府直至“美国第一银行”的建立后才开始这一工作，从而开创了美国双线银行体制的历史。1863 年，联邦政府通过了《国民银行法》，希望州银行迅速转入国民银行，杜绝州银行滥发银行券的现象，但由于国民银行法比州银行法更严格，主动要求转注册的州银行寥寥无几。针对这一局面，国会在银行法修改中，把对州银行发行银行券的征税率从 2%提高到 10%，同时放宽国民银行设立的条件，最低资本额从 5 万美元降到 2. 5 万美元。于是，规模较小的国民银行纷纷建立，国民银行数目 1914 年比 1900 年增长了一倍，达7 518家，但是，州银行发展却更为迅速，从 1896 年的7 785家猛增到 1914 年的近 2 万家，其主要原因是当时支票开始盛行，使州银行不依赖发钞，仅利用吸收活期存款也能生存，再加上各州对州银行的管理要松得多，从而形成国民银行与州银行并存的局面。

当透过表面原因对这一现象进行更为深入的研究时，我们发现美国众多商业银行这一特征与弥漫并支配着美国经济社会的管理哲理有密切的关系。美国是最崇尚自由市场经济的国家之一，认为市场机制可以导致资源的最佳分配。尽管美国也认为存在“市场失灵”，但他们认为市场失灵的首要原因是市场缺乏充分竞争，如果竞争不充分，社会的产出就可能向其生产可能性边缘的内部移动，效率就会下降。这一管理哲理在美国银行业中同样得到了体现。如何理解美国众多的商业银行、双线银行管理体制和多头联邦金融管理机构？这里用美国金融学家劳伦斯·里特的表述来作为回答：“在现实中，竞争的条件意味着顾客可以有选择地随意购买。例如，是否存在着各种可供选择的机会，足以使存款者在存款条件和收益率上有多种选择，以便于他们挑选那些最适合于其特殊需要的银行呢？同理，借款人在被拒绝从某家银行得到贷款后，他们是否还有其他选择转向其他银行呢？银行是否通过提供比竞争对手更多的服务和更优惠的条件来积极寻求客户——存款人和借款人呢？——双线银行制度的显著特点是被管理者可以选择管理者，通过这种制度，银行可以去寻求注册和开业的便利，从而促进变革和创新。倘若把联邦银行业所有的权力都集中在一个机构里，那么，创新和变革将会是乏力的”①。

在实践中，美国的反托拉斯法是举世闻名的。如前所述，联邦贸易委员会经常运用市场集中率和赫芬达指数作为执法的测量指标。在美国银行业内，体现反垄断和鼓励竞争的法律也多有展现。1837年，美国密执安州议会通过了《自由银行条例》(*Free Banking Regulation*)，这在美国银行制度发展史上是一个意义重大的事件，该条例规定，任何个人或集团只要有充分的资本，并按法案规定履行义务，都可以取得银行的执照，而不必州议会再行逐个审议。1838年纽约州议会也通过了类似法案，此后不久，美国大多数州都实行了这一制度，全国兴起投资建立银行的热潮。因此，可以相对自由地设立独立银行的制度一方面可以看作是美国州权主义同联邦主义斗争的结果，另一方面也是美国经济社会崇尚自由竞争在银行业的体现。

制度模式的设计与其发展的结果往往事与愿违。在经历了百余年历史后，美国终于发现，过度的竞争未必能提高效率，适度的垄断又未尝不能提高效率。从20世纪80年代开始，国际银行业发生了很大变化，在世界最大银行前100名的排行表中，美国银行的位次不断下滑。造成美国银行业在国际银行业地位下落的原因很多，其中《麦克法登法案》和各州反分支机构法造就了美国数以万计的中小规模银行，无法形成规模效率是重要原因之一。

在反思落后的原因后，美国开始着手进行银行业市场组织结构的调整和变革。1994年9月《跨州银行法》的通过意义重大，它意味着美国承认所谓众多银行的充分竞争并非带来高效率，而规模效率和与此相关的业务范围效率可以给银行业带来更多的优势，在国际竞争中更是如此。

该法的通过使得美国商业银行市场组织结构快速变化，除了中小银行变成大银行收购或兼并的对象之外，大银行之间的并购也频频发生。1995年9月，位于纽约的大通曼哈顿银行和化学银行宣布合并成为全美最大的银行，这是当时美国历史上规模最大的

---

① Ritter L S, Silber W L. The Principles of Money Banking and Financial Markets, Chapter 18. Basic Books Publishers, 2000.

银行合并案，新的大通曼哈顿银行资产 3 040 亿美元，其业务遍及 52 个国家和地区。1995 年 11 月 6 日，美国第一州际银行宣布与第一银行合并，由此产生美国第九大银行，该兼并案总额为 103 亿美元，合并后固定资产总值达 924 亿美元。之后仅隔一天，即 1995 年 11 月 7 日，美联储(即美国联邦储备银行，后同)宣布批准底特律国民银行与第一芝加哥银行合并，合并后成为当时美国第七大银行，资产总额为 1 234 亿美元。1998 年 4 月 6 日，美国花旗银行和旅行者公司合并，创建了具有全球营运能力和7 000 亿美元资产的超级金融服务集团，号称"世纪合并"。1998 年 10 月，美国第五大银行美国银行与美国第三大银行国民银行合并，合并后的新银行仍称美国银行，成为全美最大的银行。2000 年 9 月 13 日，大通曼哈顿银行正式宣布与 JP 摩根银行达成了兼并协议，新公司的收入将超过 520 亿美元，利润高达 75 亿美元，拥有 9 万员工，6 600 亿美元总资产，成为位于花旗集团、美国银行之后的全美第三大银行集团。尽管并购风潮使美国独立银行的数量快速下降，分支机构数快速增加，但美国独立银行的总数仍然是全世界最多的。2009 年底，美国的独立银行仍然为 5 000 余家。

可以断言，美国银行之间的兼并和并购会持续下去，数目众多的单一银行体制将会逐步转向分支机构银行体制，银行业的集中度会进一步提高。必须指出的是，美国监管当局仍然会把银行业竞争和垄断之间的平衡控制作为管理的重点。因此，美国银行业的集中度在短期内不会出现其他欧洲国家那样的状况。

(二)混业—分业—再混业—重新定位

美国的商业银行曾经历了混业—分业—再混业的过程，但是长期以来，美国商业银行在经营模式上属于分业经营的典型代表，其表现是比较成熟和完善的分业经营的法律和理论，以及在此框架下的银行业市场组织结构。然而，在遭遇了 2008—2010 年的金融大危机之后，美国痛定思痛，对造成危机的原因进行深刻反思，并由奥巴马政府起草了新的金融监管改革法案，企图修正无约束的金融混业给消费者和一般投资者带来的巨大潜在风险。尽管这项法律草案公布后立即遭到华尔街利益集团的游说和强烈反对，但该法案仍然于 2010 年 6 月 25 日在众议院得到高票通过，并于 7 月 15 日在参议院通过。这部被称为《多德-弗兰克法案》①的法律体现了"沃克尔规则"，这项规则是以美联储前主席保罗 · 沃克尔名字命名的，旨在通过适度修正和界定各类金融机构的业务边界，遏制金融机构过度投机行为，为金融消费者权益提供必要的制度保障。

1. 从传统分业到模糊混业

美国银行业最初从事比较纯粹的商业银行业务，即接受存款、发放贷款、开办相关结算和汇兑类中间性业务。这种状态一方面是早期的法律禁止银行从事风险类证券投资，如《1864 年国民银行法》不允许国民银行进行普通股票的承销和交易，《1913 年联邦储备法》对成员银行作了类似的限制(但允许它们可经营公司债)。另一方面是银行与非银行金融机构的竞争并不激烈，银行的生存条件比较宽松。从 20 世纪 20 年代起，非银行金融机构大量涌现，来自银行外部的竞争明显加强。面对经济高涨带来的股票和公

---

① 该法案以参议院银行委员会主席多德和众议院金融服务委员会主席弗兰克的名字命名。

司债的价格飙升以及证券承销、自营和代理交易业务产生的丰厚利润，银行业快速进入证券业。银行从事证券业务主要有两个方式：一是通过银行内部证券部掌管的信托基金去购买股票和债券；二是银行建立一个控股或独资的子公司进行证券承销和交易。这些子公司在新业务中利用了母公司的名称，享受了母公司的商誉。如，美国1922年仅有10家国民银行通过组建新的所属机构来从事证券交易，1930年这个数字达到192家。在这段期间，国民银行利用内部证券部信托基金从事证券经营的家数也从62家增加到123家，州银行以两种方式进入证券业的家数则从356家增加到1 929家，可想而知美国商业银行当时进入证券业的速度是非常快的。当时经济学界支持商业银行进入证券业的理由是"业务范围经济"，即银行利用已有机构和设施开展新业务可以降低成本，拓宽获利渠道。需要指出的是，这时美国金融的混业是在法律不完善、存在大量模糊领域的条件下发生的，而且在理论界和实务界当时只是理解到对业务范围拓宽的层面，混业还没有成为一个特定的专业术语。换言之，此时的混业在理论和现实运作中都是模糊的。

2. 从模糊混业到理性分业

1929—1933年的经济大危机给美国银行业重创，而大危机引发的直接原因却是美国银行业将证券业引入银行业务范围的逻辑必然。1929年10月24日"黑色的星期四"，美国纽约证券交易所价格狂跌，引发了美国银行业倒闭的"多米诺骨牌效应"。从1930年到1933年，美国商业银行倒闭每年超过2 000起！1920年所存在的近3万家银行到1933年只剩下不到1.5万家，全国公众对商业银行体系已失去信心。美国朝野强烈要求认真反思金融业发展的历史轨迹，并制定相应的法律和制度，希望重新构造美国金融体制和银行体制。1933年美国银行法和相应的制度改革的贡献是，在理论、法理和制度上，理性地选择和形成了金融业分业经营的模式。在这个理性模式的制度安排下，美国商业银行、投资银行、保险业各自形成业务领域，确定业务边界、匹配建立相应监管机构和法律体系，在金融业构建了风险"隔火墙"，再加上联邦存款保险公司的成立，使美国社会公众逐步恢复了对商业银行的信心，整个金融体系在新的秩序环境中运转。

3. 从理性分业到追随性混业

美国是金融市场最发达的国家，直接融资向来十分活跃和便利。20世纪70年代以来，商业银行明显地感到来自银行外部竞争的压力。这种新型竞争来自非银行金融机构，主要是证券机构和保险公司，这些机构主要以两种方式侵入了商业银行的领域：第一种方式是业务创新，例如，美国最大的投资银行美林公司1977年开设了现金管理账户(CMA)，它由一组金融业务构成，包括信用卡、即时贷款、签发支票、在货币市场互助基金的投资以及全部财务记录的保管。再如，各类共同基金是银行存款的一种极好替代品。第二种方式是由非银行金融机构购买并拥有"商业银行"。例如，普鲁登斯-贝奇公司、美林公司和德赖法斯基金都已经拥有了自己的银行，这种融合是钻了法律的空子。从法律理论来讲，商业银行被定义为接受存款和发放商业贷款的机构，这几家证券公司所做的就是，停止它们自己新获取的银行这两种职能中的任何一种，新获取的这家银行从法律上说就再也不是商业银行了。于是，美国金融界产生了一个奇怪的称呼——"非银行性的银行(non-banking banks)"。

在新的竞争环境中，商业银行认为它们受到了《格拉斯-斯蒂哥尔法》的歧视，其资产市场份额持续迅速下滑，反观投资银行和各种共同基金的市场份额却越来越大，有超过商业银行的势头，甚至商业银行在美国一度被认为是“夕阳行业”。面对严峻的形势，商业银行业不断向政府呼吁和施压，要求重新审视《格拉斯-斯蒂哥尔法》，进入金融市场领域，提高银行业务范围效率，重振银行业。商业银行界的呼声通过在国会两院中的利益代言人得到了表达，随之在国会出现了一系列相关提案，这些提案反映了银行业集团的利益，同时，美国商业银行在生存压力下，也纷纷尝试向传统法律挑战，越来越多的银行通过兼并或控股公司的方式进入其他金融领域，1998 年美国金融监管当局默认的花旗银行与从事保险和投资为主的旅行者公司的合并最为典型。必须指出，在这一历史时刻，欧洲的商业银行也遇到类似的窘境，但它们早在美国银行业前面开始进行混业的转型，并获得成功，混业经营成为国际银行业的大趋势。1999 年美国国会通过了《金融现代服务法案》，它既是对美国金融业内已经混业现实的承认，也是对银行业转型国际大趋势的追随。

然而，美国金融业是否能彻底改变分业经营的模式并非欧洲那么简单。首先，与德国的全能性银行制度不一样，美国自 20 世纪 30 年代以来实施的分业经营模式已经在金融业内形成了若干强大的利益集团。任何利益集团在业务界限已相对明确划分的现实中拓展自身的业务范围，势必遭到其他利益集团的抵制或针对性的经营战略的博弈。其次，美国的金融分业是一套完整的体系，除了经营机构分业外，还对应着众多的金融监管机构和支持这套体制的庞大且繁杂的法规体系，混业程度的深化过程必然带来变革成本和阻力的不断上升。最后，即使在混业过程中，美国比其他发达国家更强调金融规制。作为金融高度发达、金融品种和交易不断高技术化和复杂化的美国，混业经营带来的银行业效率提高与金融业内“隔火墙”对风险的控制效果之间始终会存在一个得失权衡的问题，毫无疑问的是，如果两者的矛盾和冲突一旦激化，美国一定会做出法律和制度的调整，将金融体系稳定的总体利益放在高于提高银行效率利益的地位。

4. 从追随性混业到重新定位

对于这场由 2007 年美国银行次贷危机引发的美国和全球的金融危机，理论界已经给出了很多分析和解释，大到以美元为核心的国际货币体系的弊端、中美经济增长模式的不可持续性和全球经济的失衡，小到结构性金融衍生品的泛滥，它们都可以部分解释这场危机。然而，从金融体系安排的角度，这场危机的必然性要追索到 1999 年美国对《格拉斯-斯蒂哥尔法》的撤销。正是 1999 年美国的《金融现代服务法案》，废除了分业经营模式，使美国商业银行与投资银行的界限变得非常模糊，像花旗银行这样的商业银行楷模，居然也为各类资产抵押债券担保，甚至参与交易。两个不同性质金融行业的联手，带来了一场金融业的“证券化革命”。这场“证券化革命”不仅使以金融资产为抵押的证券以几何速度达到天文数字，更为可怕的是它使推向金融市场的产品极度复杂、难以判别风险，违背了在市场上交易的金融产品应该具备“标准化、透明度高”的原则。

2006 年美国房价普遍开始下跌，2007 年一季度次级房贷的违约率已经高达 13.71%，7 月份年中报表显示美国大银行出现巨额亏损，次贷危机正式爆发。2008 年美国第五大投资银行贝尔斯登难以维系被摩根斯坦利兼并，同年 9 月，有着 150 年历史的雷曼兄弟投资银行倒闭和紧随其后美国第三大投资银行美林证券的倒闭震惊世界，全球金融市场陷入恐慌性流动性危机。随后美国政府大规模向市场注入流动性，宣布7 000亿美元救市计划，并由财政部斥巨资收购美国国际集团(AIG)，高盛和摩根斯坦利两家投资银行巨头紧急申报转为商业银行控股公司并迅速获批(受联邦存款保险公司保护)。至此，美国才避免了国家金融体系崩溃的厄运，但这场华尔街的金融风暴也将全球金融和经济拖入危机之中。

经过世界各国的共同努力，花了近三年的时间，这场由美国引发的全球金融和经济危机渡过了难关。然而，这场华尔街引发的金融危机使得美国21世纪以来的金融变革模式受到了全世界的质疑，美国自身也在深度反思并重新定位自己的金融体系。由美国奥巴马政府起草，并于2010年7月在国会通过的新的金融监管改革法案已经部分反映了美国金融业调整的目标和定位。该法案主要内容有四条：第一，参加联邦存款保险公司的任何成员银行或机构，不得以存款参与高风险投资(这意味着高盛和摩根斯坦利必须分离本公司的证券和衍生品的自营业务)；第二，银行在对冲基金和私募基金的投资不能超过一只基金总资本的3%，其他类投资总规模也不能超过银行有形股权的3%；第三，银行将专注金融衍生品的交易，而将一些商品性的衍生品交易业务，包括金属、能源、大宗商品等分离出去；第四，实施这项法案高达约200亿美元的费用，将由那些高风险经营的银行和金融机构以"银行税"的形式支付。这项法案的核心思想可以解读为，通过规制约束过度投机的行为，降低银行的风险，部分回归"分业经营和监管"的规制。2016年特朗普总统上任后，在华尔街利益集团的强力游说下，共和党政府又否认了前任的金融改革法案，美国金融体系的格局处在利益集团博弈的调整期。

二、英国模式

英国是发达国家之一，也是最早进行工业革命的资本主义国家。英国金融中介的发展错综复杂，并在发展中创造了丰富的经验，其银行制度颇具特色，至今许多方面仍被英联邦国家和其他国家视为构造银行制度的基本参照。

(一)自然构造的规模经济组织结构

英国的银行制度犹如它的经济体制，带有较少人为干预的自然构造的特征，这个自然构造的过程经历了近300年的历史演变。英国经济社会同样崇尚自由竞争，但不刻意追求人为设计制衡机制，虽有政府干预，但属于最低限度的政策引导和法律规范。由于英国银行制度比较复杂，而且有关银行法律定义出现的较晚，在分析英国银行市场组织模式的特征以前，有必要对其分类并加以说明。

英国的金融体系发展最早，许多做法国际上没有先例，因此银行尽管是最先发展的金融中介，但在《1979年银行法》公布以前，没有任何法律给予银行明确的定义，传统的商业银行就是指存款银行或清算银行。《1979年银行法》对于接受存款的金融机构按两级认可标准划分为获准银行(recognized banks)和执牌存款机构(licensed deposit-taker)。随后，英格兰银行主要为统计目的，将接受存款的机构归类为"英国银行部门"

(banking sector)，包括伦敦清算银行、苏格兰清算银行、北爱尔兰银行、英格兰银行的银行部、贴现所、国民汇划银行、商人银行、其他英国银行和海外银行。1981 年，英国实行新的货币控制，英格兰银行又对“英国银行部门”重新作了定义，扩大了定义范围，并定名为“英国货币部门”，将银行划分几个主要层次：(1)零售性银行(retail banks)，包括在英国有广泛分支行网络的银行；(2)商人银行；(3)其他英国银行，包括所有在英国注册的其他银行机构；(4)美国银行与日本银行，包括美国、日本的银行分行及其子公司；(5)其他外国银行；(6)国际财团银行；(7)贴现所；(8)信托储蓄银行和财务所。除此之外，英国还有大量非存款性金融机构。英国银行业的市场结构区别于欧洲大陆模式和美国模式，具有较强的独特性。

英国银行业的市场结构模式可以概述为规模经济型的市场组织结构，具有集中程度高和分支机构发达的特点。这个模式几乎完全是自然形成的，在国际银行业中享有很高声誉。英国的大银行在全球范围内快速、便捷、安全转移资金的能力和提供多种金融服务的能力给工商界深刻的印象。如表 2-2 中所示，英国商业银行(不含外国银行)前三家银行存款市场集中率高达 60%，赫芬达指数为 1 500。英国最大的几家商业银行如巴克莱银行、劳合-TSB 银行、国民·西敏寺银行和汇丰银行在国内外拥有的分支机构均在千家以上。国际银行学家普遍认为，英国银行业的高集中率和众多分支机构体系体现了规模经济的优越性，它至少有三个方面的好处：(1)大银行能享受规模经济和业务多元化的利益；(2)大银行的资金实力可以使银行较易度过经济衰退困难和分散风险；(3)发达的分支行制可以在全国乃至全世界范围内利用内部网络系统转移和配置资金，提高资金运用效率。

英国银行业的市场结构模式可以概述为规模经济型的市场组织结构，具有集中程度高和分支机构发达的特点，这个模式完全是自然形成的。英国的大银行在全球范围内快速、便捷、安全转移资金的能力和提供多种金融服务的能力给工商界深刻的印象。英国商业银行(不含外国银行)前三家银行存款市场集中率高达 60%，赫芬达指数为1 500。英国最大的几家商业银行如巴克莱银行、劳合-TSB 银行、国民·西敏寺银行和汇丰银行在国内外拥有的分支机构均在千家以上。国际银行学家普遍认为，英国银行业的高集中率和众多分支机构体系体现了规模经济的优越性，它至少有三个方面的好处：(1)大银行能享受规模经济和业务多元化的利益；(2)大银行的资金实力可以使银行较易度过经济衰退困难和分散风险；(3)发达的分支行制可以在国内外范围内利用内部网络系统转移和配置资金。英国银行业不仅运行效率高，而且凭借悠久的国际金融中心地位，在国际银行业中享有很高声誉。

与德国和日本主要通过国家法律促进和政府鼓励银行业集中不同，也与美国那种人为反对金融垄断和限制银行合并不同，英国银行业的集中是伴随商品经济发展不同阶段，通过在竞争中的不断兼并而实现的。在 19 世纪中叶以前，英国数百家银行分布全国各地，其主要组织形式是独资和合伙公司制。随着股份制银行的出现和 19 世纪 70 年代开始的兼并浪潮，英国商业银行数目锐减，从 1865 年的 250 多家减为 1900 年的 98 家，1913 年再减为 61 家。英格兰和威尔士大多数银行业务已被当时十几家清算银行所控制。1920 年，清算银行的数字已减至 11 家，被称为“五大”银行和“六小”银行，即巴克莱、劳合、米兰、国民地方和西敏寺银行为“五大”银行，而库茨、地区、格林·米尔斯、国民、威廉·迪肯斯和马丁银行为“六小”银行。在此后约50年再没有发生进一步的兼并。进入20世纪70年代，随着经济环境变化，英国银行界认为较大银行集团有助于适应电脑化趋势，以适应国际银行业竞争，银行合并或兼并出现高潮，而且这种合并更多地出现在较大的银行之间，较少敌意并购。如20世纪70年代中，西敏寺银行和国民地方银行合并为国民·西敏寺银行、威廉·迪肯斯银行、格林·米尔斯银行与国民银行合并为威廉·格林银行，1982年皇家银行与苏格兰皇家银行合并等。1999年11月，苏格兰银行敌意收购国民·西敏寺银行，将其收购价提高了至少22.7%，达到276亿英镑(按当时汇率合计约为445亿美元)，希望吞并比它大两倍多的国民·西敏寺银行，而国民·西敏寺银行则努力抵挡苏格兰银行的收购企图，后来这项敌意收购由于另一更大规模的苏格兰皇家银行的介入而失败。

这些兼并和合并使英国银行数量从1988年的244家下降到2008年的100余家，清算银行业从11个减至5个(巴克莱集团、劳合-TSB集团、汇丰集团、国民·西敏寺银行集团和苏格兰皇家银行集团等)。与这一状态符合的另一特征便是英国银行业实行全国性甚至世界性的总分支行制。英国大银行均有众多国内外分支机构，目前仅伦敦的分支机构就有近万个。尽管英国国土地域不大，但其经济发达，是老牌的殖民帝国，机构网络遍布全球，高集中度和发达的分支机构特征与英国的国情相吻合。

(二)银行业的高度国际化

伦敦作为国际银行业中心的历史悠久，除了与英国是最早工业化和最大的海运大国的地位有关外，还有三个重要的特征优势：一是金融管制富有弹性。英国对金融业的市场准入较少限制，采取不敌视金融创新的税收政策，较低的法定存款准备金率，1979年取消了外汇管制。二是时区特征。伦敦处于西部时区和东部时区的中间，每日的金融交易必然在纽约、东京和伦敦之间流转。三是语言优势。英语既是英国母语，又是金融业的母语。这项优势是欧洲其他国家难以取代的。

根据国际银行业中心按照“跨境银行贷款额”排名的标准①，20世纪80年代初，伦敦银行业的国际贷款占国际银行业贷款总额的27%，排名第一。到20世纪80年代末，日本短暂超过英国，该比率分别为21.5%和19%。然而，20世纪90年代初随着日本经济的衰退，国际银行业中心的排名开始变化，到了2001年，英国跨境银行贷款额达20.9%，大于德国与法国之和，又成为世界第一，美国的份额为11.5%，在国际银行业排名上升为第二，而日本仅为5%，排名降为第三，到2015年英国跨境银行贷款额保持在21.%，仍为世界第一。

还有一个现象是世界各国公认伦敦作为国际银行业中心，那就是在伦敦的外国银行数量巨大，它已构成英国银行业市场结构的重要部分，这些外国分支机构大多数只做资金批发交易，它们与伦敦的各金融中心相连，俗称“伦敦城”。各国的银行都热衷于在

① 迈克·巴克尔，等．英国金融体系．第四版．陈敏强．译．北京：中国金融出版社，2005：130-133.

伦敦设立分行，其主要目的不是这里的盈利机会大，而是看中伦敦作为国际金融中心汇聚了价值无限的金融信息和市场信息。如：伦敦是全球最大的外汇市场，占全球外汇交易的31%；尽管伦敦只是全球第三大股票市场，但在伦敦交易所上市的外国公司数和外国股票交易量为全球之首；伦敦是国际再保险中心，欧洲最大债券交易中心和基金管理中心，以及全球场外(OTC)金融衍生品的最大交易地。这些金融中心活跃的交易所带来的市场信息和金融趋势是各国银行最看重的。1990年末，在伦敦开业的外国银行分支机构就高达200余家，2008年在英国授权开展业务的银行数量总数为332家，而外资银行就占252家。尽管近十年英国的金融帝国地位被美国取代，但是它的独特地理区位、稳定的经济环境和法律的适用性，在伦敦经营的各类外国银行一直居世界各国之首。

然而，英国"脱欧"这一重大事件将必然使得英国经济和银行业以及国际金融中心地位都要受到强烈冲击，甚至丧失具有悠久历史的国际金融中心的地位。2016年由英国保守党政府发起的"脱欧"全民公投以极为微弱的优势勉强通过，但这个行为如此轻率，连保守党政府自己都没有想到。当这个结果公布时，英国和整个欧盟无异于被扔下一颗"聚爆炸弹"，不仅欧盟，就连英国自身也朝野大为惊愕，不知所措。谁都明白，归属于欧盟与不归属于欧盟，对英国经济、金融、社会的影响是全方位的。在冷静下来后，尽管国内要求重新公投的呼声很强，但对于这么重大的国家发展模式走向所采取的简单全民公投的结果，尽管是极为微弱的多数通过，发起者也不敢推翻。英国保守党政府开始了与欧盟讨论全面"脱欧"的复杂、艰苦且充满痛苦的谈判。截至2018年3月，英国与欧盟"脱欧"的谈判毫无进展，很可能面临无协议的"硬脱欧"。如果是这个结果，毋庸置疑，对于英国银行业和国际金融中心的影响都是负面的。前述所有的英国金融的优势都可能消失殆尽。

(三)从自律性的分业经营转向追求范围经济的混业经营

1. 历史上形成的自律性短期资金融通、专业分工的经营模式

从历史上看，英国金融制度有明显分工。英国商业银行传统上以短期资金融通为主，其资产业务多集中发放基于商业行为而能自动清偿的自偿性贷款。英国商业银行的类别相对较多，比较典型的有这样三种：存款银行是商业银行的主要形式，其负债业务是存款，资产业务以短期贷款为主。凡是在英国清算委员会中获得席位的存款银行又称清算银行，它们往往是特大银行，那些没有席位的银行只有通过一家清算银行作为代理人。目前英格兰和苏格兰仅有5家存款银行作为清算银行。贴现所是专门从事票据贴现业务的金融机构，作为存款银行与工商企业之间以及存款银行与英格兰银行之间的中介人。一般的情况是当工商企业需要资金时，它们便把自己持有的未到期的票据向贴现所要求贴现。若贴现所资金短缺，它们就用这些票据向存款银行要求贴现。若存款银行资金短缺，贴现所可以向英格兰银行要求再贴现。承兑公司专门从事汇票承兑，为国内外商人进行资金融通提供付款承诺，汇票经承兑公司承兑以后极易向贴现公司进行贴现。这样就形成了一类机构做承兑，一类机构做贴现，另一类机构专司存贷款的商业银行系统。这样的安排使短期业务专业化，分散了风险，又避免了众多机构围绕短期资金融通

提供同样业务时而产生摩擦和矛盾。

英国商业银行这种业务特征与英国历史长期处于世界工业强国、国际贸易大国和拥有众多殖民地的地位有联系。英国资本原始积累相当充分，企业自有资金率高，不需要向银行筹集长期资金。英国国际贸易、海运、结算和国际货币中心的地位也促成其商业银行短期和专业分工的经营特征。英国商业银行之间这种相互分工、流畅衔接的业务合作方式已经历了很长历史。令人感兴趣的是，英国商业银行业组织结构模式不是法律强制的结果，而是银行通过自身进行自律性业务限制(self-imposed restriction on the range of business)和中央银行道义说服的结果。在世界各国中，英国的银行法规数量最少，直至1979年才有一个较为全面和正规的银行法。英格兰银行对各金融机构之间关系的调节，使用较多也是最有效的方法是道义说服和君子协定。这表明英国银行界各方对彼此相互影响和依赖的整体性有深刻认识，监管者和被监管者能够做到彼此信任、理解和合作，这是长期以来英国自律性银行体制能有效运作的基础。然而，无法律制衡的稳定状态必须处在相对稳定的外部环境中，一旦外部环境发生大的变化，无法律制约的银行业市场组织结构会变革得更为剧烈。

2. 在竞争中从专业分工经营走向混业经营

从20世纪80年代中期开始，短短几年时间里，英国金融业明晰的专业分工界线被突破了，金融行业呈现出混业经营的状态，最突出的表现是银行业进入了证券业和保险业的领域。

(1)英国商业银行对证券业的进入

英国金融体制的巨变以1986年10月27日伦敦证券交易所进行大规模改革为转折点，这次事件也被称为“金融大震”(Big Bang)。这次改革的主要内容有：第一，取消证券经纪商和自营商分设经营的限制，将两者合二为一；第二，取消固定最低佣金制，改为协商定价的方法；第三，允许英国银行和外国银行以全资购买伦敦证券交易所会员公司的方式进入证券交易领域。“金融大震”以后，大批英国银行和外国银行以证券批发商的身份进入了证券业的领域，资产组合也发生了很大变化，银行的国债组合投资大幅度上升，一些最大的清算银行甚至开始放弃部分传统业务领域的优势地位而发展证券业务。巴克莱银行和国民·西敏寺银行等采取兼并或合并的方式建立了各自的投资银行业务网。例如，1996年国民·西敏寺银行分别以4.66亿和3.85亿英镑收购了擅长于政府证券交易的卡特摩尔公司和擅长于房产抵押贷款业务的格林威治资本持股公司。

伦敦证券交易所的改革起因，在其与纽约证券交易所和东京证券交易所的竞争中，英国感到了巨大的压力。为了维持和扩大在国际金融市场竞争中的地位，有助于更多资金流入本国，英国决定放宽限制。然而，英国金融业历史上形成的自律性管理和无严格法律制衡的体制环境，却在客观上促成了银行向混业经营的快速发展。既然没有综合的法律架构和管理机构对银行业进入其他业务领域做出限制，在竞争环境大变化中，银行自然会进行自我利益最大化的调整。

(2)英国商业银行对保险业的进入

20世纪80年代末和90年代初以来，英国清算银行迅速进入了保险业的零售业务领域。目前银行提供保险业务的种类非常多，水平也高。可以说，除了一般保险的批发业务以外，商业银行不仅分销保险产品，甚至还成了保险品种的“制造商”，来自保险业务的利润成了商业银行利润的重要构成部分。

第一，银行进入保险业的表现和特征。由于没有法律限制，英国商业银行涉及保险业务比涉及证券业务时间更长。大约在20世纪60年代末，几家大清算银行已开始小规模地从事保险业务，主要方式是作为保险公司的代理进行保险分销。20世纪90年代开始，商业银行不仅大规模进行保险代理，分销保险公司的保险产品，关键是银行开始“生产或制造”自己的保险品种。大商业银行还纷纷建立起自己的人寿保险公司分支机构。

第二，银行进入保险业的原因。商业银行迅速进入保险业领域除了英国法律架构在历史上没有对银行业务范围进行明晰界定外，政府有关管理政策的改变被认为起到了催化剂的作用：首先，20世纪80年代中期，英格兰银行和英国贸易工业部达成非正式协议，不再限制银行与保险公司相互控股。其次，1986年的《住宅建筑协会法》扩展了协会的权限，允许将住宅建筑协会①的业务扩大到保险领域。20世纪90年代后，英国住宅建筑协会加快向银行转化，由1997年4月份阿利安斯-莱斯特住宅建筑协会领先，紧接着6月份哈利法斯(Hlifax)住宅建筑协会、7月份乌利治、10月份北方岩石(Northern Rock)住宅建筑协会也先后转换成银行。至1998年底，通过一系列的转型和兼并，10大住宅建筑协会中的5家转换成银行。这些大型住宅建筑协会在全英拥有分支机构，并在福利基金、保险和消费信贷等业务领域进行大规模的扩张。最后，1987年政府就银行参与保险产品的分销实施了分离的要求，根据这项要求，银行不能同时作为几家保险公司的业务代理，但银行有两种情况可以选择。一类情形，一家银行可以选择单一保险公司确定联系代理关系，为其出售保险，也可以出售银行自身所开发的单一保险；另一类情形，银行可以选择作为独立金融顾问，就客户对所有保险公司的各种保险品种提出购买建议。结果大银行都选择了前者，并以建立保险分支机构的形式来开发和推销自己的保险产品。

英国宽松的法律环境使银行可以比较方便地进入保险领域，但英国银行业为什么积极将业务领域扩展到保险领域呢？英国学术界对这一现象有大量的研究。从纯理论的角度分析，部分学者们认为银行业务与保险业务具有潜在的替代性和互补性，某些险种，如人寿保险几乎演化成与银行储蓄业务相类似的业务，相互竞争。另一些保险业务，如抵押保险(mortgages insurance)和家庭财产保险成为银行信贷业务的互补品。对于银行来讲，提供这两类业务既可以获得新的业务，又可以增强对银行现有业务的吸引力。

3. 银行业混业转型后的金融监管创新

在英国自律性金融分业时代，金融监管也是分业实施的。银行业、保险业、证券业和住宅建筑协会(也称住房抵押贷款互助会)都分别有各自的监管机构。英格兰银行作

① 住宅建筑协会(Building Societies)原来为规模很小的地方性互助组织。1960年英国住宅建筑协会共有2 286个，均为独立法人，每个协会平均拥有会员256人，资产2.6万英镑。随后不断合并，1990年协会数为124个，平均每个协会拥有会员40万人，资产16亿英镑，前5家巨头占总资产50%以上。

为中央银行也肩负对银行和银行集团实施金融监管的职责。然而，在银行业混业和国际化程度加深后，金融业务之间的风险边界变得模糊，金融风险市场传递带来的危害超出金融分业监管的控制能力。1995年英国巴林银行的倒闭极具典型意义。巴林银行是一家以投资银行为主的银行集团，该集团在新加坡一家子公司的交易员未经批准进行金融衍生品大规模交易，招致巨额亏损，亏损额高达8.6亿英镑，超过了巴林银行的资本金。巴林银行倒闭的直接原因看起来是该集团内部缺乏风险控制，但却暴露出作为监管者的英格兰银行面对交织风险的无奈，以及缺乏对各类风险清晰判断的能力。面对由分业转向混业后的新问题，英国在原实行金融分业经营和监管的国家率先创新金融监管模式，即实施统一金融机构下的功能性监管。英国1997年成立了金融服务管理局(FSA)，接替了证券与投资委员会(SIB)的职责，1998年又接管了英格兰银行原监管银行业的职责，并逐步将其他原来的金融监管部门撤销或剥离出来，将各种金融监管职能统一在这个独立机构下。从范围经济考察的角度，单一监管机构的最大优越性是，监管者是以站在金融全行业的视野来判断、分析和处理混业下各类金融机构的风险，不容易留下监管盲点，协调成本低。

在2000年之后英国经济逐渐进入良性发展时期，其建立的统一的金融监管体系逐渐成为各国效仿的范本。但在2007年底爆发的世界金融危机中，英国同样损失惨重，统一的金融监管体系没有在此次危机中发挥出预期作用，并且同时却暴露出了一些未曾预料到的缺陷。例如由于经营行为监管具有政治敏感性，统一的金融监管体系容易“过于重视经营行为监管而牺牲审慎监管”(Taylor，2009)，这种缺陷在北岩银行挤兑事件中得到充分体现。

政党交替在英国金融监管制度改革中发挥了重要作用。2010年5月保守党赢得英国大选。2010年7月，新一届的英国保守党政府以此为基础，发布了金融监管改革征求意见稿《金融监管新方法：判断、焦点与稳定》，进行公开咨询。2011年2月又发布了《金融监管新方案：建立强大的系统》征求意见稿，提出了更加详细的改革方案。2011年6月16日，英国政府正式发布了《金融监管新方法：改革蓝图》的白皮书，其中包括《金融服务法2012》，对金融监管体系再次进行了重大变革。从此，英格兰银行获得了货币政策制定、实施和金融监管的双重职能，英国针对金融混业所开创的金融监管高度统一，并与货币政策当局隔离的制度也随之结束，进入尝试货币政策与金融监管新型组合的新模式，也称“一体双峰模式”。这个模式设计的宗旨是为了发挥“目标性”监管①的优点，同时扬弃将货币政策与金融监管这两类既有区别又高度相关的宏观金融调控机构绝对分开的缺陷。英国监管模式的改变再次引起全世界学界和实务界的高度关注，它这种带有某种程度自我否定的调整，是理性思考和痛苦选择的结合，值得关注和总结。

---

①　为避免“机构性”监管和“功能性”监管的不足，Taylor和Goodhart等提出了根据监管目标设计监管体制(regulation and supervision by objectives)的思路，见Taylor. Twin Peaks：A Regulatory Structure for the New Century；Goodhart，et al. Financial Regulation：Why，How and Where?.

三、德国模式

德国是后起的资本主义国家，也是民族特性较强的国家。第一次世界大战前，德国银行业务的发展程度和银行制度的发达程度均远在英国之后。19 世纪中叶，随着工业化发展和巨大的资金需要，德国银行业迅速发展，并在长期的经济和政治的变化中形成了独具风格的银行制度。第二次世界大战后，德国被划分为东和西两个部分，实行不同的社会制度，1990 年 10 月 3 日，双方正式合并为一个统一的德国。双方统一后，原联邦德国正在为重建原民主德国付出巨大的代价，原民主德国在经济转型中承受巨大痛苦。目前原民主德国与原联邦德国的统一在经济与政治方面已经达到实质性的融合。

(一)规模经济和适度竞争并存的组织结构

德国近代经济和银行业的发展要比英国晚约 100 年。为了跻身于资本主义强国之列，德国采取了适度的金融超前发展战略，它突出表现在两个方面：一是从 1870 年开始，政府对股份有限公司的设立采用标准化原则，大力促进独资或合伙私人小银行转化为股份制大银行，其方式主要是通过吞并和资本参与，如德意志银行在第一次世界大战前夕，通过股份参与已不同程度地控制了 87 家银行，成为当时欧洲资本最雄厚的银行集团之一，1909 年以德意志银行为首的柏林 9 大银行集团的资本占全国银行总资本的 83%。二是推行全能型或综合性业务金融机构。一般国家都是先设立经营短期资金融通业务的商业银行，再建立长期信用银行和证券机构。德国在 1848—1870 年即自觉推行综合性银行，银行同时兼营投资和信用业务。在第二次世界大战中，德国的货币和金融体系完全崩溃，盟国在原联邦德国建立了一个新的仿效美国联邦储备体系的两级中央银行体制。为防止金融垄断资本对政治的影响，在占领当局的管制下，原联邦德国三大商业银行，即德意志银行、德累斯顿银行和商业银行被分成 30 个银行，并分别被限制在一个州的地域内进行业务活动。然而，德国是一个民族特性较强的国家，国土面积和人口适中，地区间经济水平相对均衡，人口素质高，具有极大的发展潜力。德国在战后尽管形成财政经济和政治相对分散的联邦制，但传统上它具有的特色，证明原联邦德国实行适当集中的总分行制银行与一定数量相对独立的地方银行共存的混合型银行制度是适宜的，银行业的这种结构既体现了规模经济的优势，又保证了银行之间有效的竞争和灵活性。20 世纪 50 年代以后，被拆散的三家银行又逐步合并，并于 1956 年重新建立。德国的商业银行业市场结构逐步构成了三个层次，即以德意志银行、德累斯顿银行和商业银行三大银行为核心的大银行，从事地方金融业务为主的地区性银行和独立小银行。从 20 世纪 50 年代起，大银行分支行数目快速增加，地方银行数目变化不大，独立小银行家数显著减少，但银行业的分支机构数也有所增加。

尽管德国实行总分支行银行制，追求规模效率，但德国商业银行市场集中程度并不是很高。1994 年的商业银行资产业务市场占有率分布中，大银行市场份额为 36%，地区银行为 53. 9%，独立小银行为 4. 9%，外国银行分行为 5. 2%。1994 年德国商业银行前三大银行市场集中率为 31%，赫芬达指数为 600，在世界各国银行业中属于市场集中度和竞争度比较适度的。

德国商业银行市场组织结构一方面通过实行全国总分支机构大银行制，发挥了银行规模经济的优越性，为国民经济运行提供高效支付系统，可以为大工商企业发展提供巨额资金和全方位的服务。另一方面，德国维持较多中型银行和小银行与大银行并存的格局，保持银行业市场适度的竞争强度和氛围，也为地方经济、社区经济和中小企业的发展提供灵活和针对性强的金融服务。

(二)具有典型范围经济特征的全能银行制度

全能业务是德国银行体制最突出，也是最重要的特征。全能型银行(universal banks)也称全能服务银行(full service banks)。在这种制度安排下的银行具有很强的业务渗透功能，它们不仅开办传统的存贷款业务，还从事证券承销和金融租赁、信托业务，甚至还可以进行不动产投资和保险业务。德国的全能型银行分三大类：商业银行、合作银行和公营储蓄银行，这三类银行业务量很大，约占全部金融机构业务总量的 75% 以上。

德国银行具有全能型或综合性的特征，并不是德国银行业有意识追求范围经济的效率的结果，而是与德国工业经济的发展历程有关。19 世纪 30 年代，当德国刚开始进入工业革命时，英国的工业革命已经基本完成。19 世纪 70 年代后，德国工业化进程十分迅速，建成许多大股份制企业。大工业的迅速发展，一方面对资金产生大量需求，另一方面社会资金积累虚弱，证券市场落后，缺乏私人大规模投资基础，工商业自有资金率低，客观上形成了对银行和政府在资金上的严重依赖性。政府面对国际竞争环境的巨大压力，以及所怀有的奋起直追的强烈愿望，鼓励银行向工商业提供长短期资金和全方位服务。这使得德国现代银行一开始就没有余地作为传统意义上的商业银行发展，走的是长短期业务并重、银行业务与证券业务兼营的经营模式。

然而，全能型银行在德国经济工业化阶段起到了极大的促进作用。1929—1933 年的世界性经济金融大危机和第二次世界大战中，德国的金融危机暴露出综合性银行的弱点，即由于业务过宽，银行流动性和资本金的管理和控制十分困难，特别在经济急速衰退时极易造成严重后果。在这次大危机中，一大批实力较弱的综合性银行，由于企业破产而倒闭。当时，世界许多国家的银行制度纷纷改为采用严格的金融分业经营制度，对银行业、证券业和保险业实行分业经营和管理。然而，德国并没有简单地否定综合性银行制度，认为这种银行制度也有其适应性强、业务范围经济明显、方便客户等优越性，同时考虑到德国历史上形成的习惯。面对出现的困境和矛盾，德国政府和银行业分别采取了一些制度性的措施和调整：一方面，政府采取了严格的金融监管措施，例如，加强银行资本充足性管理，加强对证券发行和交易的监管，督促各银行对企业加强信用风险分析和经济形势的分析等，以便把综合银行的负面效果控制在尽可能小的范围内；另一方面，商业银行没有单纯采取让处于困境的企业破产清偿的方式，而是采取债权转投资或股权的方式，即银行挑选一部分基础较好的企业，将其无法偿还的贷款转化为银行的投资或控股权。用这种方式，德国银行业在 20 世纪 30 年代大危机中挽救了许多濒临倒闭的企业。[①] 在第二次世界大战后，德国银行又以大量长期贷款和直接投资的方式协助工业复兴，在德国经济发展中功不可没，同时也使银行与工业企业的关系进一步密切。

全能型银行制度一直是银行理论和实践中长期争论的问题，德国在坚持该制度的同时，也在长期研究和分析其利弊以及对德国经济的影响。20 世纪 80 年代以来，随着经济环境的变化，原来采取业务分离主义银行制度的美国、英国，甚至日本均出现了商业银行、投资银行和保险公司相互渗透的趋势。面对这种变动，德国坚持全能型或综合性银行制度的信心和决心更强了，但也加快了本国证券市场发展和国际化的步伐。例如，德累斯顿银行 1995 年以 22 亿马克高价购买了伦敦一家证券公司。德意志银行将投资证券业务总部移往伦敦，股票调研部门也全部改由伦敦的子公司负责，1996 年其证券业务收益达 7.7 亿马克，比 1995 年增长 32%。德国商业银行在 1996 年特设了专营证券的投资银行部，同时还收购了伦敦的一家证券交易商。德国金融格局(股市/信贷)的比重从 1995 年的 20%上升到 2015 年的 50%[②]。

(三)分业监管与全能银行制度长期并存及其监管转型

尽管德国是全能银行制度的典型，但德国长期以来实行的却是金融分业监管。然而，全能银行制度在各类业务的无所不能与分业监管的不协调，以及全世界金融混业经营和统一监管的趋势，也使得德国试图提高监管的有效性和银行的竞争力。2002 年 4 月 22 日德国通过《统一金融服务监管法》(*FinDAG*)，在合并原来银行监督局(BAKred)、保险监督局(BAV)、证券监督局(BA We)三家机构基础上，于同年 5 月 1 日正式组建成为德国金融监管局(BaFin)，负责统一监管当时 2 700 家银行、800 家金融服务机构和超过 700 家的保险企业。德国金融监管采取的是专业化的分业监管与统一协调监管相结合的模式。金融监管局设置了三个专业部门，分别监管银行、保险、证券业务，同时还设置了三个交叉业务部门，负责专门处理交叉领域的风险问题，这也充分说明金融分业制度的确有它的优越性。鉴于德国中央银行在欧元区的特殊地位以及国际金融市场交易的复杂性，特别是 2008—2010 年美国华尔街引发的全球金融和经济危机，德国对跨境交易的金融市场风险高度重视。德国政府在 2009 年 10 月签署的联合政府协定中，建议以德国中央银行为主参与对金融市场的监管，这就会使得德国中央银行和德国金融监管局(Bafin)均拥有对金融市场的监管权。很显然，这个变化并非那么简单，德国中央银行与金融监管局之间除了需要厘清非常复杂的法律关系外，还要确定在实施监管中的监管边界和协调问题。

(四)德国银行业全能化经营与英国银行业的混业经营的区别

英国银行制度从传统专业分工体制很快就进入混业经营状态，这个过程显得比较简单是由于英国历史上没有金融分业法律限制的约束，管理的弹性较大。因此，英国银行制度的变化被看作是对竞争环境变化的自然反应和自然演化的结果。金融理论界普遍认

① 饶余庆．现代货币银行学．北京：中国社会科学出版社，1982：47-48.

② 根据 GFDD 数据库、WDI 数据库的数据整理。

为，目前英国银行混业经营与德国全能型或综合性银行制度有本质差别。首先，德国的全能银行制度模式对公司客户和私人客户均提供全方位金融服务，而英国仅对个人提供；其次，德国在法律和实践中从未存在真正意义上的金融分业，而英国在传统上分业或分工是较严的，尽管其模式是自律性管理；最后，也是最为重要的，两国银行业制度设计不一样，德国银行可以，并且实际控制了大量公司客户的股权，形成银企相互持股的格局，而英国则几乎不存在这类现象。因此，英国金融理论界认为英国模式更准确的表述是，金融混业模式或称金融联合大企业模式(financial conglomerates model)，它不同于德国式全能银行模式(universal banking model)。

历史事实与理论似乎开了个玩笑，美国和世界各国由饱受金融混业之痛后理性选择金融分业经营的模式，到经济环境变化后各国金融业再度混业，试图通过范围经济以求生存。银行业这种理性选择的国际趋势演变和轮回的结果，在德国却在100年前就确定，并一直坚持着。然而，这些都是表面现象。分业经营模式作为建立在实实在在的银行业惨痛历史上的人类的理性选择，其历史地位功不可没，它至少在制度上保障了许多国家数十年经济发展与金融稳定的共存。德国模式的成功和21世纪初美国金融危机只能再次证明，各国金融业市场结构模式的形成或选择，在其共性的后面，也有着各国自身更多的历史、经济、法律的特殊性。

四、日本模式

(一)集中与竞争并存，纵向与横向并存的市场结构

日本是一个发展较晚而后来居上的发达国家。1868年日本明治维新是一次不彻底的资产阶级革命，明治维新后，日本采取了银行超前发展战略，迅速推动了经济发展，再加上从1894—1895年中日甲午战争中获得2亿3千万两白银的赔款，很快跻身于资本主义强国之列。日本金融和银行体制从1868年至21世纪头10年，经历了140年的发展历史，以第二次世界大战结束和1984年5月大藏省发表《金融自由化与日元国际化的现状与展望》为标志，日本银行业市场结构的演变可划分为战前、战后、金融自由化和银行长期危机四个阶段。在政府强烈干预下，日本吸收西方银行的优点，又融进本民族的特色，形成了一套极富个性的银行体制，促进了日本经济的起飞和经济奇迹。

日本银行业市场结构模式的特点是人为重构专业分工前提下的垄断竞争型市场组织结构。第二次世界大战后，日本银行业经历了整顿和重构两个阶段。1945年9月，美国占领军下令关闭和清理战时变成军需金融机构的特殊金融机构，把它们部分转化为商业银行(称普通银行)和债券发行银行。1947年前后，随着国际形势的急剧变化，美国对日政策由限制改为扶植和利用，日本政府立即着手恢复了以城市银行为中心的金融中枢，并成立了“金融制度调查会”，由金融界、学者、产业代表18人组成，着手调查和设计日本金融制度。在学习欧美先进银行制度的同时，日本根据本民族的历史传统和特点，很快重建了一个相对完整并适应日本经济发展需要的银行市场组织体系。从规模经济的角度来讲，日本银行业市场组织结构的特点是：

1. 鼓励分工范围内的竞争

第二次世界大战后日本急需巨额资金恢复和发展经济，日本选择了按不同产业和信贷条件分门别类设定各有业务范围、服务于不同对象的专业化银行制度。第二次世界大战后日本人为构造的专业银行组织结构分工之细，举世罕见。然而，这里特别要指出的是，日本在设计专业分工银行制度时，并没有忽略保留竞争机制，在每类专业分工领域内都有一定数量的金融机构，以维护自觉提高经营效率的竞争环境。银行体制强调分工领域内的竞争，既保证专业分工的金融技术效率，又保持竞争效率。

2. 具有规模效率的大银行和区域性灵活发展的地方银行并存

日本银行业的集中程度较高，我们以三类商业银行的机构分布和业务占比指标来看，1998 年在全国 154 家商业银行中，13 家城市银行的平均网点达 235 个，资本比重达63.7%，存款占比为 58.1%，贷款达 62.0%。但日本银行业的垄断并不是自然形成的，它带有很强的人为干预色彩，政府不断运用法规和措施限制全国大银行的兼并。二战期间，日本政府就确定了“一县一行”的方针。另外，地方经济在日本经济的高速发展中的作用十分突出，第二次世界大战后，日本采用地方分权制，建立了地方自治的行政体制，地方财政比较重要，地方金融活跃，地方银行与地方企业和公共团体关系十分密切，从而加大了地方金融机构的意义。日本很多地方银行作为地方公共团体的指定金融机构，在全国 47 个都、道、府、县中，有 41 个县的金融事业掌握于地方银行，而以城市银行为指定金融机构的只有 6 个县。这样就形成了全国性的、众多分支机构的、具有规模经济的大城市银行与众多区域性的、灵活性很强、地方色彩较浓的地方银行并存的格局。

(二)历史形成的主银行制与范围经济

日本银企关系以其“主银行制”(the main bank system)而闻名于世，它指日本银行与企业通过产权联系形成的一种机制安排。在传统上，日本许多企业会与某家银行有密切联系，银行往往是一家企业的股东，同时也是这家企业的最大贷款人，为其提供资金转划和清算等金融服务，甚至派人在企业担任领导。日本的主银行制曾被认为是一种成功的机制安排，它在促进日本经济增长的同时，也扩大了银行业务范围，并保障了银行效率的质量。它被日本经济学家概括为四种功能①：

1. 内含保障作用(implicit insurance)

这一假设由 Nakatani 于 1984 年提出。他的研究发现，有主银行的企业的经济指标波动性比较低，如利润率、销售率等。由于主办银行根据销售波动周期调整贷款利率，把对联系企业贷款的利率与信贷资金成本波动相隔离，使企业的利润稳定，从而也保障了银行的本息偿还稳定。

2. 缓解信息不对称问题(alleviation of information asymmetric problem)

这一假设由 Myers 和 Majluf 于 1984 年提出。他们认为银企之间疏远的关系会由于

① Hoshi T. Back to the Future：Universal Banking in Japan. Universal Banking. IRWIN Professional Publishing，1996：210-215.

信息揭示问题而同时降低银行和企业的效率。主银行制有助于降低银企之间信息不对称的负面效应。

3. 降低困境中企业的成本(reduction of the cost of firm's financial distress)

企业的生存与外部融资条件有密切联系，企业在财务出现问题时，会本能地淡化困难程度，以取得银行贷款。主银行制度可以使银行了解企业财务真实信息，及早采取措施，从而可以降低企业财务进一步陷入严重经济危机时给银行带来较高的挽救成本。主银行制还可以使银行在其他方面减少企业财务困境的成本，其中最重要的是合作行动的问题，如债务重组、债务本息的部分减免、援救工作等。由于主银行往往是最大的债权人，并着眼于长远利益，故最有威望充当协调人，使众多债权人以最有利的方案合作行动。有统计表明，从第二次世界大战后企业陷入财务困境后的恢复情况来看，有主银行的企业状况要好得多，倒闭率较低。主银行在帮助有联系企业的同时也为自己争取到了将来稳定、忠诚度好的客户。

4. 有效和低成本的公司监督(effective and costless monitoring)

银行对工商企业客户的信贷监督是要付出成本的，银行对企业贷款质量的保障不能指望信用合同，更重要的是对借款企业经营状态的密切监督，因为企业的信用状态和经营状态是动态变化的。日本银行与企业的相互持股，使监督的利益相关度提高，因此，信贷监督的成本下降。日本银行往往派人在联系企业参与董事会，出席企业重要的管理会议，参与重大决策，了解真实情况，这种内外结合的监督的效率和准确性被证明是很高的。

(三)主银行制的优劣之争

日本主银行制所建立的长期稳定银企关系不仅使银行获利，而且也给工商企业带来巨大利益。20 世纪 80 年代以前日本经济高速增长和经济、金融体制长期稳定并存的奇迹，其中包含着日本主银行制所产生的效应。著名日本经济研究学者在其著作《日本主银行体制》中给出了三点正面评价：第一，日本的主银行体系在许多方面，尤其为大型企业有效配置资源是成功的典范。这种模式特别适合许多发展中市场经济国家和转轨中的社会主义经济国家。第二，日本银行的模式是微观性的。有鉴于现实市场是不完全的，也不可能是完全竞争的，因此该模式是一种低成本、有效率的解决不对称信息问题的制度性安排。第三，日本的主银行制最突出的特点是它将对陷入困境的大型企业进行重组作为自己的核心功能，这为银行带来可观的成本，已被证实是一种低成本有效的重组机制"。[①] 但 20 世纪 80 年代以来，日本大企业开始大幅度降低对主银行的借款依赖强度，而同时增加对外发行证券融资。这种现象提出一个问题，如果日本的银企关系对双方都有利无弊，企业显然不会改变融资结构。日本经济学家 Hoshi，Kashyap 和 Scharfstein 的归纳性研究提出假设，日本现代主办制式的银企关系对企业构成了一些隐

① 青木昌彦，休·帕特里特. 日本主银行制度. 北京：中国金融出版社，1998：489-493.

含的成本①：第一，监控成本。联系企业时常感觉到，向主办银行融资受到了太多的监控，远不如发行公司债自在，在没有银行监督情况下，公司信息处理的空间更大。第二，目标成本。企业经理感觉到，银行往往要求企业过多地按银行的目标行事，而较少考虑企业自己的目标。第三，债权人和股东的利益冲突成本。日本一些企业家抱怨，当主办银行影响力太大时，联系企业的管理人员就可能把工作重心更多地放在满足债权人的利益上，而较少注重股东的利益。例如，银行联系企业的财务结构可能较多呈现向银行借款而不是成本最小的组合。有主银行的企业在投资决策上会过分谨慎或保守，极少涉及较高风险但回报潜力极大的投资项目，因而利润率会低于其他企业。任何理论假设都需实证证明，日本经济学家 Nakatani 于 1984 年对比了有主银行的企业与没有主银行的企业，两组企业的利润没有发现明显区别。1994 年经济学家 Weinstein 和 Yafeh 的研究再次证明两者的利润率无大差别②。在任何社会中，权利和责任相辅相成，企业有向主办银行随时获取贷款的权利，就有接受银行真实和严格监督的责任。企业作为债务人逃避监督属于本能的利益趋向，但日本的主银行制的严格监督有效起到了制约作用，不仅保障了银行效率的质量和社会存款人的利益，从长远来讲也是保护了借款企业的利益。

日本经济从 20 世纪 70 年代高速起飞，创造了举世瞩目的经济奇迹，但日本经济的过度扩展和房产业、股市上的巨大资产泡沫，也为日本经济大衰退埋下了伏笔。20 世纪 90 年代日本经济泡沫的破灭立刻带来了银行业的灾难。1997 年 11 月，排名日本城市银行第 20 名的北海道拓殖银行因巨额不良贷款宣告破产，几乎同时，日本最大的投资银行山一证券被美林兼并。这两家巨头的倒闭在日本引起金融恐慌，信奉了 50 多年的"银行不倒"的神话就此终结。日本政府和金融界猛然惊醒，开始解决银行业巨额不良贷款，但为时已晚，且给经济"雪上加霜"。银行普遍"惜贷"，中小企业纷纷倒闭，失业增加，不良贷款继续增加，整个信用体系步入恶性循环。1998 年 5 月，日本长期信用银行(简称长银，在日本当时排名第 19 位)处于破产边缘，在政府救助后仍难维系，8 月破产。为了避免大型银行倒闭的连锁反应，政府连续公布了《金融健全化法案》和《金融再生关联法案》，其目的在于通过宣布对困难银行的存款者利益实施保护和对陷入财务困境银行实施国有化来稳定市场信心，遏制金融危机势头。1998 年 11 月日本三大长期信用公司中有两家被收归国有。至此，日本银行业与日本经济一道一蹶不振，陷入长达十几年的低迷状态。

一度对日本经济高速发展做出巨大贡献，被许多发展中国家，特别是亚洲国家视为楷模的日本银行业陷入如此窘境，人们开始了对日本经济发展模式和银行业模式的质疑

① Hoshi, Takeo, Kashyap A. The Choice between Public and Private Debt: An Analysis of Post-Deregulation Corporate Finance in Japan. Universal Banking. IRWIN Professional Publishing, 1996: 214-215.

② Hoshi, Takeo, Kashyap A. The Choice between Public and Private Debt: An Analysis of Post-Deregulation Corporate Finance in Japan. Universal Banking. IRWIN Professional Publishing, 1996: 214-215.

和“拷问”。有人将20世纪90年代日本泡沫经济的破灭归罪于日本银行与企业密切的股权联系，但这种观点过于简单。日本20世纪90年代经济危机原因很多，从银行方面来讲，是由于其宽松的抵押政策和投资失误，在资产价格全面下跌时，作为贷款担保的抵押品的价格同时下降，借入者无法偿还借款，抵押品的缩水顿时使银行贷款变为坏账，并导致全国性债务紧缩。然而，这仅仅是问题之一。在总体经济发展上，导致日本泡沫经济破灭的一个非常重要的因素是没有控制好房地产和股票等资产价格的疯涨，结果当房价和股价大幅度下降时，日本的银行为了防范风险，不得不全面收缩信用，从而进一步导致全面经济萎缩。另外，20世纪80年代中期后日本没有控制力下的金融自由化、长期低利率、泡沫经济、国内进出口贸易和经济结构失衡、对金融业的过度保护等，都应该对银行业这场灾难负责。

日本经济从20世纪90年代到2010年，国内市场长期低迷，整体发展缓慢，经济增长疲弱，陷入了“失去的20年”。2009年至2017年，日本经济有所回暖，实际GDP年均增长0.88%，占GDP约60%的私人消费年均增长0.53%，投资年均增长0.24%，贸易出口年均增速为1.93%。但2008年至2018年，由美国次贷危机所引发的全球金融和经济危机爆发，使得刚有起色的日本经济再次遭遇困境。为了刺激经济，避免再次陷入困境，日本中央银行推行量化宽松政策，国内存贷款息差极低。特别是2016年1月开始实施的负利率政策，使得银行业短期利率、中长期利率乃至长期和超长期利率都大幅下降。2016财年日本银行业长期和短期新发生贷款年化利率已分别降至0.68%和0.73%，日本大型银行平均利差已下降到1%以下。但是，发生在20世纪90年代的日本经济崩盘时各商业银行对企业极为严苛的“慎贷行为”，使日本企业至今仍谈虎色变，不相信银行，普遍流行“现金为王”的资金管理理念和做法，自有资金持有比率很高，不愿向银行借款。日本央行所释放的流动性也就未进入实体经济中，各大银行只得将资金以超额准备金的形式存放在日本央行账户上。

由于日本属于“银行导向型”经济模式，资本市场并不发达，上市企业并不太多，交易规模一度很大也是因为日元大幅升值所致。然而，日本却出现了过度银行化。日本法律允许实体企业投资设立银行子公司，造成日本金融机构密度过高，呈现“过度银行化”特征。据统计，2015财年日本每万平方千米的金融机构网点数接近3000个，在主要发达国家中居首位。由于当地市场竞争十分激烈，外资银行本地化程度普遍较低。目前除了部分中资金融机构外，绝大部分在日的外资银行均已退出零售业务。

面对激烈的国内经济环境，日本三大金融集团只得向海外发展，尤其是2008年金融危机以后，欧美大行海外业务收缩，日资银行则抓住机遇向海外拓展，其在全球银行业国际授信中的份额直线上升。2016财年日本三大金融集团的海外业务收入平均贡献度已接近总收入的1/3。

五、中国模式

1979年以前，我国银行业是一个绝对垄断的系统，全国基本上只有一家特大银行——中国人民银行，垄断一切金融业务。中国现代银行制度的建立应以1983年9月

17日国务院发布《关于中国人民银行专门执行中央银行职能的决定》为标志，该项决定明确中国人民银行是国务院领导和管理全国金融事业的国家机关，不对企业和个人办理信贷业务，集中力量研究和做好金融调控和银行监管。这项决定隐含这样一种市场秩序安排，一般银行是经营性实体，具有追求自我利益的内在冲动和广泛的经营自主权，中国人民银行则超然于经营性银行之上，行使维护金融秩序的职能。从此以后，中国银行业的内部才开始萌生市场经济的成分，导入市场化机制。

(一)体现国家集中资源配置的垄断竞争性行业特征

1983年9月国务院决定中国人民银行专门行使中央银行职能，并分设几家国有专业银行后，中国银行业开始植入市场竞争的因子，其方式和内容都体现了渐进和不断强化的过程。中国银行业的竞争始于专业银行的业务领域拓宽和业务交叉，深化于众多新型股份制银行的出现。目前中国银行业的竞争程度已达到对经营方式和效率产生影响的程度。下面用表2-1说明我国银行业竞争强度的变化状态，表中运用市场集中率、赫芬达指数两项指标。

表2-1　**中国银行业市场竞争强度指标**

项目＼年份	1980	1990	2000	2010	2018
赫芬达指数(HHI)	10000	2255	1188	1210	760
五大银行存款市场集中率(%)	100.0	89.0	67.4	73.0	58.0

注：1. 根据中国银行业数据库(武汉大学)、《中国金融年鉴》和《中国人民银行统计季报》各期整理得出。由于这三种统计报告口径有偏差，该计算结果较为粗略；2. 存款市场集中率指我国五大银行存款合计占我国存款性机构存款额总计的比重；3. 我们的统计计算口径包括五大国有控股银行、12家全国性股份制银行和132家城市商业银行、242家农村商业银行；4. 外资银行和政策性银行不包括在内。

第一，表2-1显示在短短20多年中，我国银行业从高度垄断体制迅速转向垄断竞争性体制，银行家数从1980年的1家、1988年的五大家、1990年的11家，发展到2017年的近400家左右(我们的统计计算口径包括五大国有控股银行、12家全国性股份制银行和近400家城商行和农商行，不包括城乡信用合作社、外资银行和政策性银行，它们在银行业中的功能和竞争性质不具备可比较性)。前五家最大银行的人民币存款市场占有率从1990年的89.0%下降到2000年的67.4 %、2018年的58.0%，中国银行业集中度数年持续下降。判断中国银行业在国内是否竞争充分还有一个重要指标，即赫芬达指数。这个指标的经济含义能更为准确地表达竞争状态，我们看到，该指标从1990年的2255点降至2010年的1210点，到2018年为760点左右。如果按照产业经济学的衡量标准，中国银行业早已不是垄断性行业，它的集中度甚至远远低于不少西方发达国家银行业的类似指标水平。

第二，至于学术界所论及的我国五大国有控股银行和绝大多数股份制银行中的国有股权和政府对任何银行高层领导的任命权，从而证明中国银行业的“国有垄断性质”，则是另外的研究领域，适用于其他经济学理论和政治经济学的解释。

第三，中国经济发展速度较高，但经济体制的改革是渐进性的，五大国有控股银行作为体现中央集中配置资源的工具的功能，还会存在相当长一段时间，特别是考虑到我国银行业还未启动市场退出机制，这使得我国商业银行的竞争既有激烈到甚至不计成本的一面，也有在面对消费者时存在容易合谋的一面。

总体概括，我们可以这样认为，中国银行业目前的竞争格局已基本形成，竞争强度已给银行业产生了较大的压力，银行业是垄断行业的提法在国际学术界通行的对银行业垄断的学术衡量标准上不再成立。目前中国金融管理当局需要注重的是引导竞争的方式，改善竞争的内容。

(二)运用金融控股集团的形式追求范围经济

我国金融业在法律上一直实施的是分业经营和分业监管。然而，在国际金融业混业的大趋势下，以及出于竞争的需要，我国银行业的分业经营和监管实际上仅仅是名义上的，其实质上已经转变为在金融控股集团下的混业经营。

中国的金融分业制度正式始于1995年颁布的商业银行法，并在随后的证券法等其他相关法规中得以加强。我国正式确定金融分业制度，是为了整顿1993年后混乱的金融秩序，加强风险防范与控制，确保对银行业、证券业、保险业的监管执行力度。然而，实施金融分业经营制度仅过了几年的平静期，我国金融机构又开始以业务合作的方式相互参与和渗透到对方的领域，在金融分业法律制度的框架内，以独特的方式追求范围经济。这种现象在2000年以来达到高潮，并成为我国金融机构的普遍行为。从21世纪开始，以五大国有控股银行为代表的我国银行业，实际进入了以金融控股集团形式实施混业经营的时代。我国银行在追求范围经济效率上，从业务合作到金融控股集团下的混业经营，有以下几类主要形式：

1. 互为客户型

互为客户型的合作，指银证保三业之间，一方视另一方为服务对象，利用自己的传统业务优势，把竞争对手作为新客户来开发，实现自我经济利益。这种类型的业务包括：银行为证券公司、保险公司和基金公司提供托管、资金结算，利用日益增加的个人金融服务需求，大规模地为证券、保险、基金提供大范围的产品代销，对券商和保险公司提供质押贷款；保险公司为银行的住宅贷款和汽车贷款提供保险，其中有些甚至已成为自己重要的利润来源。

2. 围绕共同客户型

这种合作类型指银行、证券、保险三者将对方已经成熟的业务与自己的客户资源相结合，通过重新进行市场细分、开发新型客户群体来扩大市场，重新分割利益。它既包括各金融机构现有业务之间的合作，如相互进行业务委托代理，也包括新产品和销售方式的创新性合作，如银证转账、银证通、客户理财、银行保险、投资型保险新品种等。

3. 金融控股集团型

这是一种较高层次的合作方式，指通过控股公司来组成银行、券商、保险公司、信托相融合的金融集团，其启发思想来源于市场经济发达国家的金融控股公司模式。21世纪初，国内除了国有银行和股份制银行外，证券、保险、资产管理公司都纷纷构建金融控股集团，甚至工商企业也都涉足对金融机构的参股和控股。

我国金融业出现的业务合作和金融控股公司涌现的潮流，不是由国家层面推动的，基本上是由下而上的自发行为，其快速发展反映出中国的金融业不再单纯地考虑规模扩张，而是在理性地尝试多元化经营，追求范围经济。这同时也表明我国银行和其他金融机构生存意识和商业化意识的加强，以及对法律理念与创新理念两者之间关系的深刻理解，是我国金融业的巨大进步。当然，2008—2010 年全球金融危机的深刻教训提醒我们，在国家金融基础不扎实、法制不健全、风险防范和控制水平不高、对金融服务和产品的复杂性解读能力十分有限的情况下，对不同金融机构业务之间的高度交融以及在金融控股集团内的关联交易所带来的潜在风险，要保持足够清醒的认识和对系统风险的准备。

(三)互联网金融在中国的发展

21 世纪以来，随着互联网的广泛普及和互联网思维对传统领域的深度介入，互联网金融在中国市场上遍地开花。最开始有以支付宝为代表的第三方支付平台的兴起和发展，进而又诞生了余额宝等互联网金融货币基金。2012 年后随着宜信、人人贷、君融贷等网络金融借贷平台的兴起，网上贷款曾一度成为了互联网金融的一种重要形式。广义的互联网金融不限于第三方支付，还包括在线理财产品、信用评价审核、金融信息中介、金融电子商务等模式，其中最有代表性的是以“银行”命名的互联网法人金融机构。2014 年银行监管当局先后批准了由腾讯公司及百业源、立业集团等知名民营企业发起设立，总部位于深圳的国内首家民营银行和互联网银行“深圳前海微众银行”，以及浙江阿里巴巴电子商务有限公司的子公司——蚂蚁金融服务集团，简称“蚂蚁金服”。

1. 互联网金融的优势

中国式互联网金融的风起云涌发端于电商平台。由于在互联网基础上发展的电商有强大的搜索引擎、大数据、数据挖掘、社交网络和云计算能力，电商将消费与金融结合，产生了某些独特的优势。比较典型的是，电商除了可以利用这个平台作为第三方代为行使小额款项的支付功能外，还可以有效地利用消费者支付金额在账面停留的时间差，甚至鼓励消费者以预付金方式缴纳部分资金，然后电商将这些资金委托金融机构(货币基金)投资，电商则可向消费者承诺提供有较高收益但又可以随时消费的“类金融产品”(如余额宝)。更为重要的是，电商们敏锐地发现大数据中的商业价值，它们可以从海量的消费交易数据中挖掘商品和服务以及消费者的大量信息，然后将这些信息进行科学处理，不仅大大降低了信息不对称程度，而且可以在此基础上细分消费者群体，为不同消费者群体设计出所需的金融产品。因此，电商巨头快速地直接创建自己的货币基金和其他金融机构。大数据和云计算结合的巨大优越性，使得中国以电商巨头为背景的互联网金融一出现，便对传统商业银行的零售金融业务产生了巨大的竞争压力，网点优势和柜面人工服务优势不再凸显，不少银行已经开始压缩网点和减少柜面员工，以降低成本。

2. 中国互联网金融的隐患

中国越来越多的行业和企业加入互联网金融领域中来，不仅极大地丰富了互联网金融的内涵，同时也促进了互联网金融发展的包容性和新奇性，有助于形成多元、多维、充分竞争的金融业态。然而，中国的互联网金融在发展初期并没有将其作为严格意义上的金融机构来对待，过于放纵、打着互联网金融旗号的机构比比皆是，几乎没有准入门槛，同时相应的金融监管严重缺位，导致互联网金融业变得混乱，这个行业良莠不齐。然而，互联网金融并不是万灵丹，大部分普通投资人仅关注到新型互联网金融产品和服务所带来的高收益和便利性，却忽略了金融业最核心的风险管理。从2013年起，P2P公司违约和各类支付宝的安全事件问题屡见不鲜，但由于都是单体小额事件，没引起社会高度关注，直到2015年P2P公司倒闭了1000余家，众多投资者损失惨重，特别是2016年1月"e租宝"公司非法集资案爆发，才引起中国监管部门高度关注，这原本就是一个并不高明的"庞氏骗局"，但它身披的互联网金融的"外衣"却蒙骗了不少投资者，不仅使得互联网金融的声誉受到极大负面影响，而且给国家金融秩序的稳定带来严重破坏。

面对这些乱象，中国金融管理当局开始着手考虑对互联网金融进行系统性的监管。2016年3月25日成立了"中国互联网金融协会"，这是一个有约束力的行业自律组织，其目的是在整治中国互联网金融乱象的同时，仍保持它的市场活力。2016年8月中国人民银行颁布《网络借贷信息中介机构业务活动管理暂行办法》条例，该条例对网上金融机构的借贷行为进行了规范，并对向个人借款人发放贷款的额度设置了上限标准。

◎小　结

1. 商业银行的基本功能具有一致性，但是，各国银行业的市场组织结构却有很大的差异。在不同的历史背景、市场条件、文化和法律框架下，各国形成了与本国经济结构相协调的银行业市场组织结构。银行业市场组织结构往往从规模经济、范围经济和银企关系的角度来进行分析。

2. 规模经济在银行业组织结构中讨论银行的规模在什么程度上是恰当的，从而引申出对一国银行业的一般状态应该是以什么样规模的银行为主，才是有效率的组织结构的讨论。从国际经济学界的研究结论来看，银行存在着明显的规模经济效应，但在哪一点上是最佳规模，或成本最低没有定论。从世界各国银行业的现状来看，除了美国等少数国家的银行业表现出银行数量众多外，大多数国家的银行业结构都表现出一种集中度较高或垄断竞争型的状态。它反映了银行业的行业特征。

3. 范围经济在银行业组织结构中讨论银行是否提供了最节省投入成本的业务组合。在给定产出水平上，如果经营多种业务银行的成本低于专业经营银行的成本，那么，多种经营银行存在着业务范围经济，否则，则存在着经营业务范围的不经济。银行出现产生业务范围经济的主要原因是各种投入和业务对同一固定资产和信息资源的分享。在经济学的研究上，范围经济在金融机构明显存在，但是，在历史上出现的重大银行业危机，曾经普遍被认为是由于银行业经营范围太宽，造成风险失控而引起的，即银行追求范围经济带来的风险大于混业经营所引起的效益。因此，除了德国等少数国家坚持全能银行制度外，绝大多数国家长期以来采取分业经营模式。然而，随着环境的变化和金融业竞争的加剧，20 世纪末以来，各国银行业存在向混业经营发展的趋势。

4. X 效率主要指由于银行内部管理能力和水平提高所产生的经济效益。它又可被分解为技术效率与配置效率：技术效率反映给定投入的情况下，企业或银行获取最大产出的能力；配置效率价格则反映给定投入价格时，企业或银行以适当比例使用各项投入以使总成本最小的能力。目前，X 效率也在银行业被普遍用来分析内部管理和组织结构的效率。

5. 银行业具有与一般工商行业不一致的行业特殊性。因此，在分析和判断一个国家银行业市场组织结构的合理性时，以下银行业特殊性的争论和解释经常被涉及：(1)外部性与竞争的适度性问题。与企业倒闭不一样，银行倒闭对社会的影响来讲是巨大的，银行，特别是大银行的倒闭，都会使社会经济体遭受重创。银行业这种极强外部性的性质，使得在讨论银行业的竞争强度的理论设计时一直存在争议。学术界在分析行业的竞争状态的评判标准时，往往以行业集中度和赫芬达(Herfindahl-Hirschman index)指数来衡量，前者一般以该行业前三大或前四大厂商所占的总体市场份额来表示，反映大公司对本行业的影响程度，而赫芬达指数反映市场竞争的均衡状态。对于一般行业而言，评价行业内竞争是否足够或均衡，往往分别取市场集中率和赫芬达指数的临界点值为50%和1 200点。然而，由于银行的外部性特征，大多数国家并不鼓励银行业内的过度竞争，其取值要高于一般行业。(2)范围经济与利益冲突和风险“隔火墙”。该理论认为，银行追求范围经济的结果会导致混业经营，尽管混业经营可以提高银行经营效率，但最大的问题是容易导致银行的“利益冲突”，在一定条件下极易给社会带来巨大的灾难，最好的解决方式，就是从法律和制度对金融业要求分业经营，从而在行业细分上形成风险“隔火墙”。自现代银行业诞生，直到 2008 年全球金融危机后各国相关法律和制度的调整，绝大多数发达国家金融业的市场结构事实上都经历了混业—分业—再混业—再分业的螺旋式轮回。

6. 各国银行业的市场结构千差万别，但以金融发达国家作为典型来进行模式划分，美国、英国、德国和日本具有代表性。每个国家的银行业市场结构都有特点，它们与本国的经济发展阶段、法律体系、历史环境，甚至文化都息息相关。但是，从大类上划分，比较公认的是以美英为代表的“市场导向型”和以德日为代表的“银行导向型”模式。前者模式下的国家，资本市场比较发达，直接融资对银行业的竞争压力较大，银行业以分业经营和分业监管、不允许银行对工商企业直接持股为主要特征。后者模式下的国家，资本市场相对较弱，银行业市场权力较大，银行业以允许银行对工商企业直接持股为主要特征。在经历了开始的银行业转型和混业经营大趋势，以及 2008 年由美国引发的全球金融危机后，各国都在对本国金融业和银行业的市场结构进行深刻反思，各类模式之间的特征和界限不再那么清晰，它们相互吸收对方优点，走向趋同。

7. 中国现代市场经济意义上的银行业出现在1985年前后，经过不到30多年的发展，中国已经形成了具有中国特征的银行业市场组织，即国有控股银行为主体的银行系统，银行业不再是垄断性行业，而是体现了国家集中资源配置的垄断竞争性行业特征。中国金融业在法律上一直实施的是分业经营和分业监管。然而，在国际金融业混业的大趋势下，以及出于竞争的需要，我国银行业实质上已经转变为在金融控股集团下的混业经营。21世纪以来，随着互联网的广泛普及和互联网思维对传统领域的深度介入，互联网金融在中国市场上遍地开花，它的出现对传统金融行业带来冲击，竞争增加了社会福利。然而，互联网金融巨大的正负能量没有被国家金融监管部门意识到，这个行业一出现便发展迅猛，但良莠不齐，公众投资者的大量损失不仅使得互联网金融的声誉受到极大负面影响，而且给国家金融秩序的稳定带来严重破坏。中国监管部门开始对其进入门槛和风险进行严格监管。

◎重要概念

市场组织结构　规模经济　范围经济　X效率　利益冲突　市场集中度　赫芬达指数　分业经营　混业经营　主办银行制　互联网金融

第三章　银行内部组织结构

内部组织结构(organizational structure)指商业银行作为企业，用来协调组织内部各利益主体的机制设计和对业务如何分工、协作和执行的制度安排。现代商业银行大多是按照公司法组建的股份制银行，它们的内部组织结构可分成两大类：第一类是公司治理结构层面的，指银行协调内部各利益主体的机制设计，其基本内容和框架是一致的；第二类是业务运行和管理层面的，指银行管理层对于业务如何分工、协调与合作，以加强管理执行力的制度安排。这类组织结构依据银行的规模、经营领域的覆盖面以及经营地域的跨度范围不同，则有着很大的差异。

第一节　银行公司治理结构

银行公司治理层面的组织结构一般分为四个层次：决策层、执行层、监督层和经营管理层。

一、决策层

商业银行的决策层次主要由股东大会和董事会，以及下设的各种委员会构成。

(一)股东大会

股东大会是商业银行的最高权力机构。与公司股东一样，银行股东也分为普通股股东和优先股股东。普通股股东在法律上为银行的所有者，但有权参加股东大会，即有权参与银行对管理的决策。银行每年至少召开一次股东大会，股东们有权听取和审议银行管理层对经营状况的汇报和重大事务的议案，有权提出质询，并有权对银行的经营方针、管理决策和各种重大议案进行表决。由于各国国情不一样，股东大会的权利和对管理层的影响力迥然不同。欧美国家的银行股权比较分散，大股东是相对意义上的。股权高度分散下的小股东们对股东大会不感兴趣，干脆不参加股东大会，因此对股东大会的决策也无多大影响。所以，欧美国家银行，特别是大银行的高级管理层比较稳定，“内部人控制”现象普遍。但是，银行在资本市场上控股权的更替比较频繁，兼并与被兼并事件经常发生。在德国和日本，机构投资者和财团往往是稳定的大股东，控股权比较稳定，但是对经理层的考核比较严格。

(二)董事会

商业银行董事会是由股东大会选举产生的决策机构，对银行经营的大政方针、发展战略和重大投资进行决策和表决。各银行董事会的人数依银行规模大小不同而定，小银行的董事有时5人就可以了，大银行则可达20余人。董事的任期一般为2~5年不等，可连选连任。在大多数情况下，董事在银行中并无具体经营职务，也不能在银行领取薪金，但银行给予董事的费用补贴较高。很多国家对当选商业银行董事都规定了一些条件。近年来，各国越来越强调公司治理结构的健全，特别是强调对中小股东的保护，因此，各国金融管理当局要求在董事会中必须设立独立董事。独立董事一般由与公司没有利益关系，同时有一定专长和较强独立人格的人来担任。由于股东大会每年召开次数极为有限，且人多分歧大，效率低，银行的决策机构实际上是董事会。银行定期和不定期地由董事长召集董事会，对经营战略、策略和经营管理的各项重大议案进行议政和决策。商业银行董事长由董事会决定。由于董事长在银行中处于举足轻重的地位，所以这一职位通常由那些具有较强的判断能力、决策能力和交际能力，并与社会各界有较密切关系的人士担任，以便为银行的发展提供有利条件。

二、执行层

商业银行的执行和管理层通常被称为高级管理人员，由行长(总裁)、副行长(副总裁)和董事会秘书组成：行长(总裁)是银行的行政首脑，其职责是执行董事会制定的经营方针和投资策略，对重大的经营性工作进行判断和决策，组织和实施银行日常业务活动的经营管理；副行长(副总裁)的职责是协助银行总裁分管主要部门的业务；董事会秘书在较大规模的银行里属于高管层，他直接对董事会负责，保障董事会的决策能得到准确和切实的执行。

三、监督层

商业银行的监督系统由股东大会选举产生的监事会及银行的稽核部门组成。

监事会由监事组成。银行监事分内部监事和外部监事。当选为银行内部监事的一般都是具有丰富的银行管理经验的人员，他们熟悉银行业务的各个环节，能及时发现银行经营活动中存在的问题。外部监事则由那些与银行无利益关系、品行端正，熟悉银行基本业务和管理的人士担任。监事会的职责是对银行的一切经营活动进行监督和检查。作为公司治理结构一环的监事会的检查报告，在理论上比银行内部稽核委员会的检查报告更具有客观性和权威性，它除了检查银行执行部门的业务经营和管理之外，还要对董事会制定的重大决策、各项规制被执行的情况进行检查，一旦发现问题，可以直接向有关部门提出限期改进的要求。

对董事会进行监督是公司治理结构中一个重要的权力制衡机制，然而在实际机构设计中，各国模式还是有较大差别。我们可以概括为英美模式和德日模式。在英美模式下一般没有设立监事会，由董事会中的外部董事行使监事职能，而德日模式下则设立监事会，其地位一般高于董事会，由监事会选聘董事，董事会再选聘经理层。

四、经营管理层

经营管理层主要由银行内各业务职能部门经理和下一级分支机构的经理组成。以一个中型银行为例，在其内部可设置公司金融业务、个人金融业务、清算与结算、资金交易、金融工程、财务管理、人力资源、运营和公共关系及研究和开发等部门。银行总行以下可再设二级或三级分支机构。一般来讲，商业银行的所有经营和工作都是以客户为中心，以市场为导向，但是在具体分工上，往往把公司金融业务、个人金融业务、清算与结算和资金交易等经营部门称为前台部门，它们直接面对客户。金融工程、财务管理、运营、公共关系和电脑等部门称为中台部门，专门为前台服务。商业银行的人力资源、后勤、行政等部门称为后台部门，主要负责内部管理，协助业务部门开展经营活动。

第二节 银行公司治理结构与目标冲突

在产权明晰的股份制银行里，所有权和经营权是相分离的，股东和管理者在公司治理结构中是一种委托-代理关系。股东作为最终所有者的代表，雇用专业管理人员，并委托管理人员代表股东的利益经营银行，因此，股东们希望经理层所追求的经营目标与他们一致，即股东财富最大化。然而，股东和经理阶层在公司治理结构中是两个不同的利益集团，现代经济学越来越多地发现，银行，特别是大银行的高层管理人员在日常经营中所追求的目标与股东常常是不一致的，这种状态严重时可以对银行经营绩效产生很大的影响。

一、股东与管理者之间的目标冲突

如前所述，商业银行，特别在英美股权分散的大银行，高层管理人员在日常经营中所追求的目标与股东常常是不一致的。例如，高层管理人员更倾向于扩大银行的规模而不是利润，因为银行的规模和高层经理的权力与其社会地位有着密切的关系。在银行，相当多的高层管理者希望自己的"隐含补贴"最大化，他们希望乘坐豪华轿车，享受富丽堂皇的办公室，能支配巨额的职务消费。甚至还有相当部分的银行高层管理人员为了自己的利益而随意调整风险偏好，导致经营行为的极端化，他们或者为了维护自己的职位，而不愿意承担银行发展必要的风险，在发展中往往选择最为保守的项目和经营策略，或者为了在短期内攫取巨额绩效奖励而铤而走险，在产品设计和资金投向上，追求高回报和高风险的项目。2008—2010 年的金融危机就充分暴露了所谓华尔街"金融精英"缺乏起码的职业道德的行为对银行的破坏力。

从表面上看这个问题不难解决，如果银行高层管理人员不能最大程度地代表股东利益经营，将他们解雇就可以了。但是，在现实中对这个问题的解决比表面上看起来要困难得多，问题的根源还是在于"信息不对称"：第一，信息不对称使所有者很难监督和判断高层管理人员的行为是使银行利益最大化还是使他们个人利益最大化。例如，有些银行在某一阶段超常规地快速发展是有利于银行的长远利益还是自我的短期利益？乘坐豪华轿车、旅差下榻总统套房是有助于提高银行商誉还是贪图个人享受？如何在投资项目和经营策略的选择上，在必要的可承受的风险与安全性之间划一条明晰的界限？这些都是很难判断的。第二，从常理上来讲，作为所有者的股东理应积极地监督管理层的经营业绩，缓解信息不对称对银行带来的损害，但是，对于股权分散的银行，有着成千上万的股东，就任何单一股东来讲，都存在一个对银行监督激励所付成本与回报之间取舍的问题。每个小股东都会感觉监督一个大银行所付的成本与所获得的回报不成比例，在以国有控股为主要股权结构特征的中国商业银行，高管人员行政化和最终所有者处于"虚拟"或缺位的状态，使监督的成本更高。于是，让别人去监督，自己"搭便车"是理性的选择。全体个别股东理性选择集合的结果，必然是股东利益集团整体丧失了对高层管理者的有效监督。毫无疑问，股东与高管层的目标冲突，必然对银行绩效，特别是长期绩效产生重要影响。

二、对目标冲突问题的解决

银行股东和管理者在经营目标上冲突的解决在各国有不同的模式。在银行导向型经济体制的国家，这类问题主要是通过大股东和机构投资者实行股权联盟（ownership consolidation）从而实现对银行控制权和决策影响力的目标。在德国和日本以及北欧有些国家，大股东和机构投资者对银行的股份往往占到相当高的比重，可以影响到控制权（在日本主要是财团控制，在德国主要是机构投资者控制）。由于占有较高的股权，这些大股东财团和机构投资者既有内在的激励去监督银行管理层的行为，也有能力去处理那些不称职的，或者经营行为与股东利益集团有重大偏离的高层管理者。

例如，德国的商业银行通过相互交叉持股的股权结构，使银行在公司治理结构上更有利于对管理层的控制。表 3-1 中的数据表明，1994 年德国五大商业银行的大股东通过交叉持股，在股东大会上占的份额分别为：德意志银行 32.07%，德累斯顿银行 44.19%，商业银行 18.49%，巴伐利亚·弗林斯布银行 32.19%，巴伐利亚·海帕银行 23.87%。这种结构使银行的大股东之间结成隐含的控制同盟，在股东大会上相互支持。

表3-1中清楚表明，这种方式集合的投票权，在五家银行都超过了50%，最高者达到64%，这足以对高级管理层形成巨大的监督和控制压力，使高层管理人员的行为偏好必须服从银行的经营总目标。

在市场导向的国家里，由于股权相当分散，难以形成股权联盟，单个股东很难有内在激励去监督银行管理层。在这些国家如英国、美国和北美国家，对不称职和行为有重大偏离的高级管理层的处理，是通过公司并购的市场机制来实现的。我们把这种机制称为外部压力型的公司治理机制。当一家银行经营不善，股价下跌或被认为股价被高估的情况下就会由另一家银行或者一组私人投资者将这家银行兼并，然后替换那些不称职的管理人员，确保银行管理层能按照股东的意愿经营。为了使管理层与股东的利益能够更好地协调，在两种市场经济体制下，特别是在市场导向体制中，目前十分流行对高层管理实行长期利益的补偿机制。在这种机制下，董事为银行管理人员配给本银行的股票期权，这些股票期权将在5年或10年后才能开始行权，在市场上按市价出售。银行通过这种机制，试图把银行股东和银行管理人员的利益在更高层面上协调起来，形成激励相容。

表3-1　**1994年德国最大五家银行在股东大会上表决权分布(%)**

银行名称	德意志银行	德累斯顿银行	商业银行	巴伐利亚·费林斯布银行	巴伐利亚·海帕银行	总计
德意志银行	32.07	14.14	3.03	2.75	2.83	54.82
德累斯顿银行	4.72	44.19	4.75	5.45	5.04	64.15
商业银行	13.43	16.35	18.49	3.78	3.65	55.70
巴伐利亚·费林斯布银行	8.80	10.28	3.42	32.19	3.42	58.11
巴伐利亚·海帕银行	5.90	10.19	5.72	10.74	23.87	56.42

*包括银行持股和附属投资公司持股。

资料来源：Baums，Fraune. Institutionelle Anleger und Publikumsgesellschaft，Die Aktiengesellschaft，1995(3)：106.

第三节　银行内部管理的组织结构设计

银行组织结构还可以从业务运行和内部管理的角度来划分和设计。此时的组织结构是指银行为实现组织目标，对优化配置组织要素，提高组织运行效率的结构和制度安排。简言之，它是银行对内部各要素优化组合的一种组织形态和整个管理系统的“框架”。

一、组织结构设计的性质

客观来讲，商业银行作为经营资金的特殊企业，在经营管理层面没有自身的组织结构设计的理论，它主要还是取自厂商理论或管理学。在管理学理论中，设计组织结构要考虑五个最重要的组织元素，即工作设计、工作组合、职位间的报告关系、职权的分配和协调。所以，组织结构设计可以概括为配置整个组织结构要素间关系的总合，而它逻辑的起点是为组织内的人员进行工作设计①。另外，现有技术、环境、规模和战略也是影响组织结构设计的重要因素。

银行进行组织结构设计的目的是为了实施战略与规划，加强管理的执行力，以实现银行的经营目标。

二、组织结构的基本形式

世界各国商业银行组织结构的形式很多，但在大的类别上可以归为五类：

（一）总分行科层制

总分行科层制是20世纪60年代以前世界各国大多数银行的传统组织结构设计，也是20世纪中期到21世纪初，我国四大国有商业银行和大型股份制银行的内部管理组织结构形式。在我国，该组织结构典型形式是以纵向（条）职能部门化与横向（块）行政区域部门化结合的“条块”组合为主要特征。除此之外，我国的科层制组织结构还有以下特点：第一，总行一层按照主要业务进行部门化的机构设置，银行在全国按照行政区划设置分支机构和网点；第二，各省和直辖市的一级分行实行财务独立核算，财务报表和绩效考核主要是块状结构，即按照总行、分行和支行的层级进行；第三，各一级分行在分行行长的直接领导下，分行内再设立各职能部门对应着总行的职能部门。然而，这种划分是粗线条的，这些大银行之间的组织结构又有不少差异和不断的变化，如，根据管理和控制幅度的需要，它们又可划分为高大的组织和扁平的组织。再如，中国银行的境外业务具有传统优势，在国外有大量分支机构，它组织结构设计上就添加了矩阵式的内容。21世纪以来，随着金融业务领域的不断扩宽，国内四大银行和大中型股份制银行都逐步转变为金融控股公司，各银行的组织结构形态也呈现出多元化变化。

（二）功能部门化结构

功能部门化结构（functional departmentalization structure）是根据银行业务的职能来实行部门化的组织结构的设计。在这类组织结构设计中，人员和单位根据银行最核心的业务首先进行部门化的分类和配置。

功能部门化结构的主要优点有四个：（1）每个部门由专业人士组成，从而银行可以

① 里基·W. 格里芬．管理学．第九版．刘伟，译．北京：中国市场出版社，2008：279-298.

在各职能部门上有效地实行专业化管理；(2)主管的管理工作比较方便，分管行长或经理只要熟悉相对较少的专业技能和管理；(3)部门内部的工作协调比较容易；(4)有利于实施集权化管理，银行总裁(CEO)可以方便地监督和协调组织内的全部活动。然而，随着规模的扩大，这种组织结构的缺陷就会逐步凸现出来。例如，银行CEO的全面管理和协调会变得越来越困难。决策速度可能变慢，组织官僚化。员工和部门领导变得只关注本部门而忽视了银行整体的需要。对责任和绩效的监督和分解也会变得越来越困难等。上述特点使得这类组织结构比较适用于那些小型银行。

(三)事业部结构

事业部结构也称M型结构(multidivisional structure)，是对银行内部相关多元化业务进行组合的结构设计，其战略理念是实现相关业务多元化下的高效率。

在事业部组织结构下，银行根据自身所能提供的主要产品或服务对象的不同，进行事业部划分，总行将某些业务分权给各事业部，事业部由各自的总经理负责，他们拥有相当大的权限。在银行内部，事业部有着较完整的职能部门，相对独立制定经营计划和预算，从而形成管理会计意义上的“利润中心”。事业部结构设计的最大优点是优化内部竞争，即通过在银行内部的事业部之间对资源的健康竞争和专业化处理，对所专注的业务有着较高管理效率，从而提高银行整体运作效率。该组织结构的不足是，它对跨事业部之间的交叉业务的协调以及业绩的分解存在难度，不利于较大规模银行多品种经营“范围经济”的实现。

事业部结构最早是由美国通用汽车公司总裁斯隆于1924年提出的，故有“斯隆模型”之称，也叫“联邦分权化”。当时，通用汽车公司合并收购了许多小公司，企业规模急剧扩大，产品种类和经营项目增多，而内部管理却适应不了这种急剧的发展而显得十分混乱。时任通用汽车公司常务副总经理的斯隆参考了杜邦化学公司的经验，以事业部制的形式于1924年完成了对原有组织的改组，使通用汽车公司的整合与发展获得了较大成功，成为实行事业部制的典型。

(四)矩阵结构

矩阵结构(matrix structure)的设计是可以基本概括为由至少两类以上组织结构叠加而成的组织形态。典型的矩阵结构，首先是设计一组职能部门，然而再将其他产品部门叠加在职能部门上。

矩阵结构是企业为了解决经营管理的高度和宽度都同时增加时如何提高效率而设计的一种组织形态。该组织结构常常出现在银行面临以下环境状态时：第一，激烈的外部竞争要求营销部门形成强大的营销冲击，而产品线的多元化又需要银行围绕客户需求进行产品设计；第二，经营宽度和高度的增加，需要银行极大地提高处理信息的能力；第三，银行内部各部门之间和上下级机构之间对分享信息有较高的要求；第四，当银行经营跨境，变为国际组织时，管理的半径过长以及东道国环境和金融监管的特殊性，对分支机构提出了明确的分权要求。

矩阵结构有以下主要优点：(1)组织富有弹性，可以随时组建、重组、甚至撤销；

(2)方块团队中的成员有较高的决策权，其激励作用较大，从而对银行经营计划的承诺水平也较高；(3)方块团队成员保留了职能部门的身份，从而在银行职能部门与方块团队之间维系了沟通渠道，减少了信息损耗；(4)对于大型银行，矩阵结构是一种有效的分权工具，它除了可充分调动尽可能多员工的积极性外，还将日常运营分离出去，最高层总裁可以有更多时间从事长期规划和战略工作。当然，矩阵结构也有其不足，最主要的问题有两个：第一，下级管理人员和员工对职位间的报告关系有时会感到迷茫，特别是他们面临同时需要向上级职能主管和横向团队主管同时报告时；第二，在复杂的矩阵组织中，群体比个人需要更长的时间才能做出决策，这种状况有时带来混乱，如安排和控制不恰当，要么会出现过度分权独裁，要么出现多方的过度妥协。因此，矩阵组织在决策前协调所花费的时间往往是最长的。

(五)混合结构

有些银行组织采取上述两种和更多组织形式的混合形态。例如，将总分行科层制与事业部结构组合，或者将功能部门化结构与矩阵结构结合。在现实中，很少有哪家银行是上述纯粹意义的某类形式，其做法都是选择一种基本组织结构作为运营的基础形式，再在实践中不断根据自身需要对各种组织结构元素进行增减或调整。例如花旗银行集团(简称花旗)组织结构，就是随着业务品种创新的飞速发展和经营区域的迅速扩大一直在不断调整，以适应外部竞争的需要。在20世纪80年代之前，花旗长期设有三个业务职能部门，即机构银行业务部、个人银行业务部和投资银行业务部，两个服务部门，即金融与信息服务组和法律与外部事务组，还有若干公司委员会，下面设置分支机构和网点，在组织结构上属于功能部门化结构与总分行科层制的结合。到20世纪90年代初，随着国际化业务的快速扩展，花旗开始改组原来的组织结构为以矩阵结构为主，并实行了扁平化管理幅度，减少组织内的决策层次，设立了15人的高管层，后来又削减为12人。2002年6月，花旗再次对原矩阵结构进行重组，调整为以战略业务单位(SBU)为基础的矩阵组织结构，其核心内容是细分市场，在全球范围内围绕客户寻求产品与地域之间的平衡，目标是向全球客户提供具有花旗品质的商誉品牌——“国际化的本地银行”，确保花旗在全球各区域市场都能够占据领先位置。

以上银行内部组织结构的划分是非常粗略的，在现实中，银行内部组织结构存在许多复杂和细微的差异，这些差异是各银行根据自身的需要增添或修正的。因此，在讨论银行设计组织结构模式时，有三点要特别加以强调：首先，各国国情不一样，组织结构的设计在形式上相同，并不代表其内容和管理方法的一致性；其次，任何银行的组织结构设计是动态的，它会随着银行自身条件、经营环境的变化而不断调整；最后，越是大型的银行，其组织结构的设计越复杂，其中包括许多明显的差别和不断的变化。

三、组织结构的发展趋势和面临的问题

20世纪70年代金融危机前，当时的银行业在资金市场上处于卖方市场，基本上是客户上门，其组织结构的基本形态是按照银行业务种类或产品设置部门，是一种比较简

单的科层制结构。20世纪80年代以来，西方国家资本市场获得极大的发展，金融管制的放松使得非银行金融机构的经营边界变得模糊，信息技术下的虚拟银行纷纷出现，金融创新层出不穷，金融业的竞争日益加剧，商业银行业曾作为金融业内极具市场垄断力行业的时代已不复存在。面对巨大的生存压力，西方商业银行通过拓宽业务领域和混业经营进行着长期且艰苦的转型，但在转型的同时，许多银行，特别是大银行深深感到其内部管理结构与面对外部竞争所需的战略和业务决策的高效率、信息的高度分享、环境的快速适应，以及单位元素设立和撤销的弹性等格格不入。银行纷纷借鉴发达国家企业组织结构变革所取得的成功经验，开始了银行业探索与自身业务发展战略相匹配的管理组织结构模式的道路。

从上述介绍的银行现代组织结构基本模式来看，各类组织结构模式各有利弊，没有绝对的优势与劣势，它们分别与各银行的规模、业务范围、市场定位和长期发展战略密切相关，而且组织结构模式并非静态的，各银行在其发展过程中还会不断调整，即使是一类模式里，也存在许多元素的差别。总之，银行管理组织结构如何设立不是一门追求最优的科学，而是充满人类智慧、追求实际效果、因势而变的一门艺术。

在银行组织结构的设计中，面对快速变化的经营模式和日益激烈的竞争环境，如何实现银行资源的有效配置，各类银行组织结构的模式都面临着三大趋势和所涉及的问题：

第一，扁平化的组织结构

近几年来，银行业比较流行扁平化的管理组织结构。在管理学上，扁平化属于管理幅度的设计要求。管理幅度包含管理的高度和宽度，管理的高度指自上而下的垂直管理链条的环节数量和长度，管理的宽度则指直接管理的下属单位。较多的研究表明，扁平化的结构有着更高的生产效率，有利于提高员工的士气，而高大的结构由于环节多、链条长，信息损耗大，因而管理成本更高。目前复杂的银行业务范围和集团结构使传统的职位间的报告关系受到挑战，因此银行尝试扁平化的组织结构已经形成趋势。事实证明，扁平化的组织结构由银行总行直接管理更多的下属机构和部门业务，权力更多地集中到总行，这对降低信息损耗、集中配置资源、提高直管部门员工的士气是有效的。

然而，凡事不可绝对，扁平化的有效性与组织内职位间的报告关系效率密切相关。各银行规模和经营范围不一样，为了提高管理效率，银行内组织结构的设计要有利于信息的有效流动和明确职位间的报告关系。组织内职位间报告关系的原则是：必须有着明确的指挥链和恰当的管理幅度。明确的指挥链强调指挥的统一性，即本组织内任何一个人都必须明确地向一位上级并且只向一位上级报告，而且报告路径应该是一条清晰的自下而上的阶梯链。恰当的管理幅度指组织内高层的直管下属单位的数量，应该限制在直管单位增加所导致管理复杂性的可控制范围之内。管理学原理告诉我们，在任何组织内，一位管理者与下属单位的关系至少包括三种，即直接关系、交叉关系和群组关系，每增加一名直管下属单位，所导致关系复杂性的程度总是会大大超过前一名下属单位带来的，直管下属单位从3位增到4位，与从6位增到8位是完全不同的。而且，超过管理者能力的直管单位数量的增加，必然会提高计划和控制的难度，容易形成官僚主义，导致部门职责不清，相互扯皮，不利于整体战略的实施。所以这里强调，尽管IT技术使得组织通信网络获得改善，但是扁平化银行组织结构的幅度是有限度的，过高宽的幅度会导致高管层经理行政责任和监督责任的增加，一旦超出能力所限，组织的效率反而会下降，银行的损失甚至会增加。

第二，金融国际化下的组织结构

在经济和金融全球化下，各国银行无论出于"跟随性服务战略"或者"主动性扩张战略"，都涉及其业务的国际化或在国外设立分支机构，这成为21世纪各国银行的大趋势。以我国为例，随着中国作为经济大国的崛起和"世界加工厂"的地位，不仅仅大中型银行，甚至城市商业银行都大力发展国际业务。由此带来了组织结构的设计如何考虑面对国际市场竞争的问题。

一般来讲，小型银行多采取拥有权力较大的国际业务部，通过与国外众多银行建立代理行关系的组织结构，向客户提供国际金融业务的服务。部分中型银行则采取在金融最发达国家设立分支机构和与国外银行建立代理行关系相结合的组织结构，这些分支机构主要从事资金批发交易，了解国际金融市场信息和国际银行业最新动态。金融发达国家的大银行和发展中国家的个别大银行则采取大型跨国企业的最常用的形式，即将国际化的战略布局放入组织设计框架内，其组织结构多为矩阵结构与事业部结构的混合形式。在中国，仅仅中国银行集团可以算作这一类，而国际银行典型的组织结构则以花旗银行集团为代表。

第三，虚拟银行业务的组织结构

以网络和高速运转大型计算机相结合所创造的虚拟银行或网上银行(on-line bank)，曾经对传统商业银行带来生死考验，并迫使传统商业银行进行了痛苦却成功的转型。虚拟银行的发展和变化可分为三个阶段：第一阶段，真正的虚拟银行诞生(20世纪90年代前后)。第一家虚拟银行(Virtual Bank)是美国1998年创立的"第一安全银行"(WingspanBank.com)，它仅花了6个月时间就从一个纯概念变成一家能够实际运作的网络银行。法律意义实体的虚拟银行出现后，美国天才软件巨头比尔·盖茨曾断言：随着信息技术的发展，银行业已经步入"恐龙时代"，随着鼠标的不断点击，建立在以"水泥和砖头"为基础的传统商业银行，将在21世纪头10年就会被虚拟银行淘汰。法人虚拟银行出现的初期，确实给传统商业银行业带来了恐慌心理和巨大的压力。第二阶段，商业银行网银业务击败法人虚拟银行(20世纪90年代后期至21世纪初)。面对法人虚拟银行的出现，传统银行业迅速做出了反应和战略调整，它们纷纷组建了自己的网络银行和电子商务平台，在传统银行原有的物理分支机构的架构上增添网上银行业务系统，这种结合具有物理性机构的可信度和声誉，以及各类传统业务在网上交易的便捷和高效率的综合优势。商业银行家骄傲地称其为虚拟银行业务(virtual banking)以与虚拟银行区别。叠加在传统商业银行母体上的虚拟银行业务从而一举击败了仅有成本和效率优势，但缺乏声誉和安全性的纯虚拟银行。第三阶段，虚拟银行业务从低端客户向高端客户发展(2010年前后)。随着使用网络的高收入群体增加和在年轻人群体中的普及化，银行尝试扩大虚拟银行业务的范围，不仅仅有网络银行，它将几乎所有经过网络处理的银行电子业务都包括其中，如银行卡业务、电话银行业务以及各类客服中心等，并且银行集团都将这些业务在集团内外部打通，对客户将银行业、保险业和证券基金业联为一体，银行服务甚至扩大到各类消费性商业服务。在这个背景下，银行主动将以网银为主的虚拟银行业务从低端客户向高端客户推广，并获得成功。

传统商业银行引入虚拟银行业务的成功，也带了相应的组织结构设计问题。银行虚拟业务的团队或组织有很大的特殊性。在很多情况下，虚拟业务的组织非常独立，由于它们具有科技含量高、业务技术含量低的特征，这类虚拟业务的组织内通常只有少数几个永久性雇员和规模很小的行政总部，大量地聘用临时工，甚至整体招聘都采取外包形式。在这种组织结构下，其优点是银行的绩效考核简单，人力成本可以极大地降低，在对不合格员工的解聘时关系复杂性大大降低。但是，这种组织结构的缺陷也很突出，银行虚拟业务相应团队职员的流动性很大，更谈不上对银行的忠诚度，责任心、主动服务和金融风险的意识都极为淡漠。这种现象已经引起了不少银行的关注，并在这类组织结构内开始进行职工行为长期化的机制设计。

21 世纪中国式互联网金融的风起云涌发端于电商平台。在互联网基础上发展的电商有强大的搜索引擎、大数据、数据挖掘、社交网络和云计算能力，使得电商将消费与金融结合，产生了某些独特的优势，从而产生了服务于普通消费者的互联网虚拟金融机构。与此同时，一批金融科技(Fintech)公司诞生，它们对小微企业模糊信息处理的优势与大中型银行结合在一起时，使得金融科技处理模糊信息的专业性与大中型银行雄厚资金优势互补，为普惠金融或微金融服务提高了效率。

◎小　结

1. 现代的银行大都是按照公司法组建的股份制银行，它们的内部组织结构可分成两大类：第一类是公司治理结构层面的，指银行协调内部各利益主体的机制设计，其基本内容和框架是一致的；第二类是业务运行和管理层面的，指银行管理层对于业务如何分工、协调与合作，以加强管理执行力的制度安排。这类组织结构依据银行的规模、经营领域的覆盖面以及经营地域的跨度范围不同，则有着很大的差异。

2. 在产权明晰的股份制银行里，所有权和经营权是相分离的，股东和管理者在公司治理结构中是一种委托-代理关系。然而，股东和经理阶层在公司治理结构中是两个不同的利益集团，银行的高层管理人员在日常经营中所追求的目标与股东常常不一致。

3. 银行股东和管理者在经营目标上冲突的解决在各国有不同的模式。在银行导向型经济体制的国家，这类问题的解决主要是通过大股东和机构投资者实行股权联盟，从而达到对银行控制权和决策的影响力。在市场导向的国家里，由于股权相当分散，难以形成股权联盟，单个股东很难有内在激励去监督银行管理层。在这些国家解决这类问题主要是通过公司并购的市场机制来实现，这种机制也被称为外部压力型的公司治理机制。

4. 银行的内部组织结构是指银行为实现组织目标，对优化配置组织要素、提高组织运行效率的结构和制度的安排。世界各国商业银行组织结构的形式很多，但在大的类别上可以归为五大类，即总分行科层制、功能部门化结构、事业部结构、矩阵结构和混合结构。在讨论银行设计组织结构模式时有三点需要注意：首先，各国国情不一样，组织结构的设计在形式上的相同，并不代表其内容和管理方法的一致性；其次，任何银行的组织结构设计都是动态的，它会随着银行自身条件、经营环境的变化而不断调整；最后，越是大型的银行，其组织结构的设计越复杂，其中包括许多明显的差别和不断的变化。

5. 在银行组织结构的设计中，面对快速变化的经营和竞争环境，如何实现组织内资源的有效配置，各类银行组织结构模式都面临着三大趋势和所涉及问题：一是扁平化的组织结构的流行和它的局限性，二是在金融国际化下银行对如何处理国际业务的组织结构布局和设计的合理性，三是虚拟银行业务在经历了三次转型，发展到目前的为高端客户服务的阶段时，其相应的组织结构变得富有弹性和灵活性，但是所造成的员工行为短期化、缺乏组织归属感等缺陷是值得重视和改善的。

6. 21世纪中国式互联网金融的风起云涌产生了服务于普通消费者的互联网虚拟金融机构。与此同时，一批金融科技(Fintech)公司诞生，它们对小微企业模糊信息处理的优势，使得金融科技处理模糊信息的专业性与大中型银行雄厚资金优势互补，为普惠金融或微金融服务提高了效率。

◎重要概念

管理组织结构　公司治理　委托代理　激励约束机制　总分行科层制　功能部门化结构　事业部结构　矩阵结构　扁平化结构　虚拟银行　虚拟银行业务　互联网金融

第二编

银行资金来源管理

第四章 银行资本管理

资本是商业银行资金来源的基础部分，银行的设立和经营活动的开展都要以一定数量的资本金为前提，更重要的是，资本是银行稳健经营的基石，银行资本的充足程度事关债权人和社会公众对银行的信心。因此，资本管理对于商业银行具有特殊意义，在银行的风险与收益的权衡中扮演着关键角色。银行资本管理主要涉及如何确定资本的适度规模、合理安排资本结构，以及选择适当的资本来源渠道。

第一节 银行资本的构成与功能

一、银行资本的含义与构成

(一)银行资本的含义

银行资本是一个较为复杂，且不断发展的概念。银行资本可以从会计资本(book capital)、经济资本(economic capital)和监管资本(regulatory capital)三个层面加以理解和定义。根据会计学定义，银行资本是银行总资产与总负债账面价值的差额，即银行的资产净值，代表银行股东的所有者权益。因此，会计意义上的银行资本项目与一般工商企业的资本项目并无显著差异。经济资本指银行内部根据自身承担的实际风险水平计算出的，用以弥补银行非预期损失的所需资本①。监管资本则是金融监管当局要求银行持有

---

① 银行的经营损失根据其程度不同可分为三个层次：(1)预期损失(expected loss)，指银行在一定时期内可能遭受的平均损失，银行从收入中提取损失准备金予以抵补；(2)非预期损失(unexpected loss)，指给定置信度上银行可能发生的最大损失超过预期损失的部分；(3)极端损失(catastrophic loss)。

的最低资本量，用于抵补银行的预期损失和非预期损失。当一国监管当局以法律的形式来定义监管资本项目时，监管资本也被称为法定资本。监管部门对银行资本的定义不同于会计资本，形成这种差异的主要原因是：会计学对资本的界定强调产权性质，而监管者对银行资本构成的规定反映了监管者对银行资本功能的理解。监管者认为，银行资本的主要功能在于吸收和消化银行损失，尽可能保障存款者的利益，因此，监管资本的外延宽于会计资本。损失准备金是银行提取的用于备抵银行贷款、租赁和证券损失的储备，可列入资本范畴。银行的某些形式的债务具有长期性和后偿性，可以缓解银行及时兑现存款的压力，故也被认为具有资本的作用。

(二)银行资本的构成

按照监管意义上的资本界定，银行资本主要包括：

1. 权益资本

股份制银行的自有资本也称股东权益，由普通股、优先股、资本盈余、未分配利润组成。普通股和优先股采用账面价值标准，即以发行股数乘以每股面值计算。资本盈余(capital surplus)主要包括资本溢价，即银行溢价发行股票所获得的筹资额(实收资本)大于股票面值的部分，还包括银行资产市场价值重估的增值和由于捐赠而增加的资本等。未分配利润(undivided profit)又称留存盈余(retained earning)，是银行税后利润未以股息和红利的形式分配给股东的保留部分，可以分为以前年度累计留存和本年留存。

2. 损失准备金与资本准备金

银行为应付意外事件，通常会在已实现的收入中按一定比例提取准备金。贷款与租赁损失准备金以及证券损失准备金分别用于弥补贷款、租赁业务和证券投资损失。资本准备金(equity reserves)则用于未来回购股票、支付可能的法律诉讼费用、延期税收支付或偿付其他意外债务等项目。多数国家允许银行从税前利润中提留准备金，银行由此可得到免税优惠。但是，准备金的提留规模有一定限制，一方面是来自政府的限制，另一方面则是银行的自我控制，以避免提留过多准备金影响当年的利润分配，使银行的股票价格受到负面影响。

3. 债务资本

商业银行可以发行长期次级债务工具(long-term subordinated Debt)作为资本的补充来源，其持有者对银行收益和资产的要求权优先于优先股和普通股，但次于存款人和其他债权人，又称附属债务。附属债务可以采取多种形式，如资本票据(capital notes)和资本债券(capital debentures)，前者是期限7到15年的固定利率小面额证券，后者是期限长且发行面额较大的固定利率或浮动利率债券。此外，银行还可以发行具有债务和股本双重性质的混合资本工具(hybrid capital instruments)，如可转换债券、长期优先股、累积永久性优先股等。

二、银行资本的功能

与一般企业相比，银行资本在其全部资金来源中的相对比重较低，但意义十分重大，这与资本在银行经营活动中的特殊作用有关。银行资本具有三种基本功能。

(一) 保护功能

保护功能是银行资本的首要功能，即保护存款人的利益，避免银行经营不善或意外事件的冲击给存款人造成损失。资本的保护职能具体体现在以下方面：

一是作为银行日常经营中的风险缓冲器。当银行业务遭受损失时，若银行当年收益不足以抵补损失，则需以资本冲销营业损失，故资本对银行的运营中的暂时性亏损起着缓冲和吸收作用，使存款安全得到更多的保障。①

二是在银行破产的情况下对存户的权益起保障作用。若银行发生危机以致破产清理，存户可以优先于股东和次级债务持有者获得偿付，因而可以在资本耗尽前得到适当补偿。虽然目前许多国家建立了存款保险制度，但这些国家大多是限额保险，对于不受存款保险保护的大额存款来说，资本仍然具有补偿性保护作用。

三是起到抑制银行经理人员从事高风险投资行为的作用。由于存款保险制度的存在，银行经理可能更具有将存款资金投资于高风险资产的倾向，而且存款保险制度的实施，使存款人也不会密切关注银行经营。若资本在银行资金来源中占一定比重，则银行股东就有压力监督银行经理层的行为，以保护自身利益，从而避免银行经营活动承载过高的风险。

(二) 管理功能

资本为监管当局提供了控制银行风险的管理杠杆。金融监管当局要求银行的资产扩张必须有规定比例的、昂贵的资本作为支撑，不允许完全运用负债资金从事经营，从而具有限制银行片面谋求发展而盲目扩张经营规模的作用。

(三) 经营功能

资本是任何银行创立之初开展经营活动的启动资金，用它来购置土地、建筑物、设备等必需的物质条件。银行成长壮大后，还可以通过追加资本为增设分支机构、添置和改善办公设施、扩大营业场地等提供资金支持。同时，资本也是银行在日常经营活动中树立公众信心和市场声誉的必要前提。资本雄厚的银行往往在客户中享有较高的声誉，吸收公众存款和拓展其他业务就会比较顺利。即使遭遇意外事件而出现暂时流动性不足，银行凭借其充足的资本，也可以维持公众信心，避免出现挤提现象，从而得以平稳运营。

---

① 资本各组成部分吸收损失的能力并不相同。贷款损失准备金只能覆盖预期内贷款损失，超过预期损失的意外损失要由权益资本吸纳。长期债务不能用来吸纳日常经营损失，除非对倒闭的银行进行清算时，才能发挥保障存款人利益的作用，因而吸纳损失的功能有限。

第二节　银行资本充足率标准的确定

一、确定资本充足率标准的基本原则

确定银行资本充足率标准的目的是使银行资本规模适度且结构合理，既与银行的总体风险状况匹配，也与银行谋求利润最大化的经营目标相协调。

资本充足率是商业银行在市场竞争环境下自我约束的一项指标。银行资本的核心功能是抵御风险，资本充足率能够反映商业银行应付金融风险的能力。同时，资本充足率也是监管当局对商业银行施加外部约束的一个重要工具。监管当局对银行资本充足度进行监管的假定前提是由于信息不完全等原因，因而，市场不能精确地判断银行的资本水平是否适度。监管者要求银行维持一定的资本水平，不仅资本总量要能够支撑银行风险，而且在资本构成中风险承受力较强的资本项目也要占一定比重，并以此限制银行承担的风险规模，有利于督促银行谨慎经营。

不过，从经营运作的角度看，银行资本也不宜过多。银行是典型的负债经营的金融中介机构，过高的资本水平将限制银行发挥财务杠杆作用，影响银行资本回报率，而且也会增加银行筹集资金的成本。对股东而言，最优资本规模是银行在可承受的风险范围内创造最大收益的资本量。

由此可见，确定商业银行的资本充足率水平需要考虑两方面因素：首先要保证资本发挥其风险保护功能与管理功能，同时也要兼顾银行股东利益最大化的要求。

二、国际银行业资本充足率的统一标准

(一)资本充足率衡量方法的早期演变

资本充足率的衡量标准经历了一个逐步演进的过程，在此过程中，资本充足率的衡量方法随着银行界和监管者对资本充足度认识的深化不断改良，为最终向巴塞尔委员会制定的国际统一标准过渡奠定了基础。

1. 资本与存款比率

20 世纪初，由于存款挤提是银行业面临的主要威胁，各国普遍将银行资本与存款总额的比率作为衡量银行资本量是否充足的尺度。1914 年，美国通货监理署正式建议将该比率作为衡量国民银行资本充足度的指标。该指标忽视了银行的潜在损失与风险性贷款和证券投资的密切关系，而后者才是使银行遭受意外损失而丧失清偿力的主要原因。

2. 资本与总资产比率

银行家和监管当局逐渐认识到银行资本主要是抵御资产运用所带来的损失，只有资

产损失得到弥补，存款人的利益才可能得到保障。20 世纪 40 年代，美国监管当局放弃资本/存款比率，使用资本对总资产比率作为判断银行资本是否充足的标准。然而，银行各项资产的风险程度不同，该比率未能反映各银行资产的风险结构对资本需要量的影响。

3. 资本与风险资产比率

美国商业银行在二战期间为帮助联邦政府筹资购买了大量公债。由于银行资产结构发生变化，银行监管的重点相应转向考察资本与风险性资产的比率。1948 年，美国监管当局采用银行资本与风险资产总额的比率作为资本充足度标准。该指标将银行资产区分为无风险与有风险资产，但没有将风险资产进行细分。

4. 资本与分类资产比率

美国纽约联邦储备银行于 1952 年设计了一个更为细致地分析资本需要量的公式，即“纽约资本充足度公式”，将银行资产按其流动性和风险的高低划分为 6 类：无风险资产、风险较小资产、普通风险资产、风险较大资产、有问题资产、亏损资产和固定资产，分别确定其不同的资本比率。该公式的意义在于对不同风险类别的资产赋予不同的资本要求，为 1988 年巴塞尔委员会设置国际银行资本标准提供了重要的参考依据。不过，纽约公式的资产分组还不够精确，而且对银行没有设置统一的总体资本充足率标准。

5. 综合分析法

在实践中，银行的资本需要量受多种因素的影响，除了资产规模及其风险程度外，还有银行的经营管理水平、盈利状况、资产与负债结构、股东状况等。鉴于此，美国银行监管机构又在 20 世纪 50 年代末提出了综合分析法，基于反映银行经营状况和市场环境的 8 项因素，综合评估银行应保持的资本水平。综合分析法为判定资本充足度提供了更为全面的依据，但属于定性分析法，不能精确确定银行所需资本量，一般与资本/风险资产比率结合使用。

(二)《巴塞尔协议 I》

20 世纪 70 年代以来，在金融自由化和全球化的热潮中，跨国银行加速扩展业务范围，国际银行业的系统性风险随之加大，单凭一国的监管力量难以控制，而各国监管管辖权范围不明确、银行监管制度差异较大等问题也日渐凸显，不仅增加了监管跨国银行的难度，也导致国际银行业的不公平竞争。在此背景下，建立统一的国际银行监管原则和风险管理框架的要求被提上议事日程。1974 年，西方银行业遭遇第二次世界大战后的首次严重危机，一系列国际银行倒闭事件震惊全球，进一步加快了银行监管国际合作的进程。

1975 年，在国际清算银行发起和主持下，英美法等十国集团及瑞士、卢森堡在巴塞尔成立“国际清算银行关于银行管理和监督事务常设委员会”，后改称“巴塞尔银行监督委员会”，作为监督国际银行活动的联合代表机构和协调机构。委员会旨在促进国际金融监管合作，并就国际银行业的监管问题制定统一的标准与纲领，帮助各国提高银行监管质量。

巴塞尔委员会成立后，首先就经济全球化条件下银行监管的基本原则展开讨论。1983 年，委员会达成《对银行国外机构的监督原则》①，确定了跨国银行的东道国与母国监管当局之间分配监管权力的原则，被誉为国际银行业监管的“神圣条约”。其后，巴塞尔委员会相继发布了多项文件，提出了一系列准则和建议，其阶段性成果成为国际银行监管框架和风险管理原则发展与演变的重要标志。

促使 1988 年巴塞尔协议出台的原因主要是国际银行业风险的持续加大和各国监管当局对资本充足度要求的不平衡。20 世纪 80 年代初拉美国家爆发债务危机，对国际银行业造成巨大冲击，以资产规模为实力象征的传统观念受到挑战，新型监管理念转向重视资产质量和银行资本，以增强银行抵御风险的能力。与此同时，各国监管者对本国银行的资本要求存在较大差别。1983 年，美国金融监管部门规定所有银行总资本与总资产的最低比率为 6%②，然而，其他国家如日本、德国的银行则以比美国标准低得多的资本比率经营业务，从而得以较低的资金成本和较强的增长潜力获得比美国银行更大的竞争优势。

为了确保银行拥有充足的资本水平，维护国际银行体系的安全稳健，同时消除各国银行资本监管规则不同而产生的国际银行间不平等竞争，巴塞尔委员会于 1988 年 7 月颁布《关于统一国际银行的资本衡量和资本标准的协议》，简称《巴塞尔协议 I》(*The Basle Accord I*)，为各国监管部门提供了关于银行资本的界定和资本充足率标准的统一监管框架③。该协议的主要内容可分为四个部分：

1. 资本的组成

1988 年巴塞尔协议统一了对银行资本构成的认识，将银行资本分为两级。

(1)核心资本

核心资本(core capital)，又称一级资本(tier 1 capital 或 primary capital)，是银行资本中最重要的组成部分，其特点是价值相对比较稳定，对风险的承受力较强，并且反映在公开的账目中，是市场判断银行资本充足度的基础。核心资本由以下项目构成：

①股本(equity)：包括已发行的完全缴足的普通股和非累积永久性优先股。

②公开储备(disclosed reserve)：是通过留存收益或其他盈余的方式在资产负债表上明确反映的储备，例如资本公积、未分配利润等。

就综合账户而言，核心资本还包括银行在合并列账的附属机构中的少数股东权益。

无形资产应从核心资本中扣除，其中主要是商誉(goodwill)④。

(2)附属资本

附属资本(supplementary capital)，又称二级资本(tier 2 capital 或 secondary capital)，包括以下项目：

---

① 此项“巴塞尔协定”是在委员会 1975 年发布的《对银行国外机构的监督报告》的基础上修订而成。

② 美国自 1981 年起不再根据银行内外部环境评估其资本状况，而是开始实行客观资本监管方法，1983 年对各类银行提出统一的资本要求。

③ 这里的国际银行特指国际活跃银行，即以国际业务为主体、机构遍布世界各地的大型银行。

④ 商誉是企业资产的市场价格与其账面价值的差额。

①非公开储备(undisclosed reserve)：可以根据各国不同的法律和会计制度以不同方式组成，但只包括虽未公开，但已反映在损益表上并为银行监管机构所接受的储备。虽然非公开储备的内在质量可能与公开的留存收益相同，但缺乏透明度，且有些国家不承认它是可接受的会计概念，也不承认它是资本的合法成分，故不列入核心资本。

②重估储备(revaluation reserve)，有些国家按照本国监管和会计条例，允许银行对某些资产进行重估，以便反映其市场价值，并将重估储备计入资本。重估储备可以通过两种形式生成：一种是反映在资产负债表上的银行自有房产的正式重估；另一种是隐蔽价值或潜在的重估储备，是银行持有的证券的市场价值相对于历史成本的名义增值。因为这种潜在收益尚未实现，证券市价和历史成本价的差额一般打55%的折扣后才能计入附属资本。

③普通准备金或普通呆账准备金(general provision/general loan loss reserve)：用于弥补未来不可预见的损失，对已确认的损失或针对某项特别资产价值明显下降而设立的准备金不应包括在内。普通准备金可以用于弥补贷款和租赁损失，也可包括证券损失准备金。

④混合债务资本工具(hybrid debt capital instrument)：具有债务和股本的双重性质，其具体范围因国别而定，但应符合下列要求：是从属的、无担保的和缴足金额的；不可由持有者主动赎回，未经监管当局同意，也不得赎回；除非银行停止交易，否则它们得用于分担损失；虽然附有利息支付的责任，且不能削减或延期，但当银行盈利不敷支付时，应允许推迟付息。具有上述特征的累积优先股可包括在此范畴中。此类融资工具还有强制性可转换债务工具、长期优先股、参与证券与从属证券、循环从属债务等。

⑤次级长期债务(subordinated & term debt)：包括普通的、无担保的、初始期限最少5年以上的次级债务资本工具和不许购回的优先股。与债务资本工具不同，这类工具有固定期限，且通常不用于分担继续从事交易的银行的损失，因而风险吸收能力有限。

2. 风险权重

《巴塞尔协议I》对银行风险的资本要求主要集中于信用风险和国家风险，按风险程度将银行资产负债表内的资产项目分为5个类别，每一类确定了不同的风险权重，见表4-1。

表4-1 **表内资产的风险权重**

风险权重系数	资 产 项 目
0%	①现金 ②以本币计值并以本币对中央政府和中央银行提供融资的债权 ③对OECD国家的中央政府和中央银行的其他债权① ④用现金或用OECD国家中央政府债券作担保，或由OECD国家中央政府提供担保的债权
0%、10%、20%或50%(各国自定)	对本国公共部门机构(不包括中央政府)的债权或由这些机构提供担保的贷款

① OECD国家指经济合作与发展组织的成员国。

续表

风险权重系数	资产项目
20%	①对多边发展银行(世界银行或其他地区性国际开发银行)的债权以及由这类银行提供担保或以其发行的债券作为抵押的债权 ②对OECD国家的注册银行的债权及由其担保的贷款 ③对非OECD国家的注册银行余期在一年内的贷款 ④对非本国的OECD国家的公共部门机构(不包括中央政府)的债权及由其担保的债权 ⑤托收中的现金
50%	以居住用途的房产作抵押的贷款
100%	①对私人机构的债权 ②对非OECD国家的银行余期在一年以上的债权 ③对非OECD国家中央政府的债权(以本币计值和融资的除外) ④对公共部门所属商业公司的债权 ⑤房屋设备及其他固定资产 ⑥不动产和其他投资 ⑦其他银行发行的资本工具 ⑧所有其他资产

巴塞尔委员会认为银行表外业务同样包含一定风险，因而应将表外项目包括在衡量资本充足度的架构之中。由于表外项目风险测度相对困难，可以把表外项目乘以信用转换系数使之转换为对等的表内信贷额，再进行风险加权，以衡量其信用风险。《巴塞尔协议I》将表外项目分为5类，前4类设定信用转换系数①，见表4-2。

表4-2 **表外项目的信用转换系数**

信用转换系数	表外项目
100%	①直接信贷的替代工具，如一般性债务保证和承兑 ②销售和回购协议以及有追索权的资产销售 ③远期资产购买、超远期存款等项目
50%	①某些与交易相关的或有项目，如投标保证书、履约担保书、认股权证、为某些特定交易开出的备用信用证 ②票据发行融资和循环包销便利 ③其他初始期限在1年以上的承诺(如包销承诺、商业信贷额度等)
20%	有自行清偿能力的与贸易有关的或有项目(如有优先索偿权的装运货物作抵押的跟单信用证)
0%	类似初始期限在1年以内，或可以在任何时候无条件取消的承诺

① 第5类因与利率和汇率有关，需要作特别处理。对于此类或有项目(如利率和汇率互换、期货、期权业务)，若交易对手不履行合约，商业银行面临的损失仅是重新安排和调度现金流的替换成本(replace cost)，而非合约全部面值所代表的信用风险，巴塞尔委员会建议用现时风险暴露法或更为简便的初始风险暴露法进行特殊处理，估算表外利率与汇率合约的信用风险。

3. 目标标准比率

《巴塞尔协议Ⅰ》将银行的表内资产项目与表外项目根据其风险权数进行加权，以反映银行的信用风险敞口：

$$\text{表内风险加权资产} = \sum \text{表内资产数额} \times \text{风险权重}$$

$$\text{表外风险加权资产} = \sum \text{表外项目金额} \times \text{信用转换系数} \times \text{表内相同性质资产的风险权重}$$

$$\text{风险加权资产} = \text{表内风险加权资产} + \text{表外风险加权资产}$$

在此基础上，计算资本与风险加权资产的比率：

$$\text{资本与风险加权资产比率} = \frac{\text{核心资本} + \text{附属资本}}{\text{风险加权资产}} \times 100\%$$

$$\text{核心资本比率} = \frac{\text{核心资本}}{\text{风险加权资产}} \times 100\%$$

巴塞尔委员会规定，资本对风险加权资产的比率不应低于8%，核心资本比率不应低于4%，附属资本不得超过核心资本，同时对附属资本的成分也提出了限制，如普通准备金不能超过风险加权资产的1.25%，次级债务资本不得超过核心资本的50%。

4. 过渡与实施安排

《巴塞尔协议Ⅰ》自公布之日起到1992年底为过渡期，以便银行在过渡期内提高资本比率并努力达到最终目标标准，同时也便于在各国监管体系中逐步实施新的资本充足度要求。

《巴塞尔协议Ⅰ》首次提出以资本充足率为核心对银行进行监管，并建立了国际通用的基于风险的资本充足度衡量标准，确立了统一的最低资本充足率要求，在推进全球银行监管协调合作和提升银行业风险管理水平方面具有划时代的意义。虽然巴塞尔委员会不具备凌驾于国家之上的跨国监管特权，其文件并无法律效力，但1988年巴塞尔协议发表后即产生了广泛的国际影响，不仅在十国集团内得到执行，而且也为非十国集团国家和地区的金融监管当局所认可和接受，国际银行业也将银行的资本规模及资本充足率作为衡量银行实力与信誉的重要尺度①。

(三)《巴塞尔协议Ⅱ》

1988年《巴塞尔协议Ⅰ》提出的资本监管框架侧重于控制银行业承担的信用风险。然而，20世纪90年代以后，银行业对金融衍生工具交易的参与不断增加，金融市场的波动对银行的影响日益显著，英国巴林银行、日本大和银行等发生的一系列恶性事件和巨大损失都与银行对市场风险和操作风险的管理不力有关，单纯从信用风险的角度衡量银行资本充足度显然已不适应银行业务范围的变化。巴塞尔委员会开始着手对银行资本监管架构进行修改。1996年，巴塞尔委员会发布《资本协议关于市场风险的修正案》，

① 1988年巴塞尔协议在发布后成为国际银行业的"公约"，但并非绝对准则，而是为银行资本充足度监管提供了一个有弹性的基本框架，为了确保该协议的精神被尽可能多的国家接受，协议框架允许各国在应用和解释时的有自由决定权。在实践中，8%的最低资本充足率标准得到普遍认同，但各国可能根据自身的实际情况对银行的资本构成以及资产风险权数在具体规定上有所差别。

要求银行量化市场风险并计算资本要求。银行业务被分为两类：一类是银行账户，即存款、贷款等传统银行业务，主要面临信用风险；另一类是交易账户，也即债券、股票、外汇、商品交易以及与之关联的衍生产品，主要面临市场风险。银行所需的最低资本为银行账户信用风险所需资本和交易账户市场风险所需资本之和。随着国际银行业的经营环境发生变化，单纯依靠资本充足率监管已不能充分防范银行风险。1997 年，巴塞尔委员会发布《有效银行监管的核心原则》，除最低资本要求之外，强调对银行进行全方位、多角度的系统性监管，从 7 个方面制定了有效银行监管的 25 条基本原则。

在将市场风险纳入资本监管的同时，银行业内人士和学术界也指出《巴塞尔协议Ⅰ》对信用风险的度量存在不足：其一，风险资产类别的划分比较粗略，未考虑债务人不同信用等级的差异，风险权重对风险程度不敏感；其二，风险权重的设置缺乏严密的风险度量方法作为支撑；其三，国家风险权重的处理过于简单化，将是否 OECD 成员国作为判定主权风险的唯一依据不够科学，且对非 OECD 成员国有一定的歧视色彩。《巴塞尔协议Ⅰ》也没有充分考虑信用风险缓释技术(担保、信用衍生工具等)的运用，并且未涉及银行资产组合的风险分散化。由于《巴塞尔协议Ⅰ》的风险衡量方法不能准确反映银行的实际风险状况，银行计算得出的经济资本和监管资本往往不一致，由此诱发了银行从事“监管资本套利”的行为。而且，《巴塞尔协议Ⅰ》没有建立鼓励银行风险管理技术创新的激励机制。采用统一的风险权重固然简便易行，但忽视了不同银行风险管理水平的差异，不利于促进风险管理技术的进步。除此之外，虽然 1996 年修正案扩充了资本监管覆盖的风险范围，但未考虑日益困扰银行的操作风险。

监管当局和国际银行业逐步认识到需要重新修订巴塞尔协议。在多国博弈的环境下，经过深入讨论和反复修改，巴塞尔委员会先后于 1999 年、2001 年、2003 年三次公布征求意见稿，并于 2004 年 6 月正式公布《新巴塞尔资本协议》(*The New Basel Capital Accord*)，简称《巴塞尔协议Ⅱ》。新资本协议将最低资本要求、监管当局的监督检查、基于信息披露的市场约束作为现代银行监管体制的三大支柱，并提出了衡量资本充足率的新理念和新方法：

1. 将操作风险纳入监管资本的风险覆盖范围

《巴塞尔协议Ⅱ》维持 8%的最低资本充足率要求，并仍然沿用资本充足率公式的基本架构，但补充了对操作风险的资本要求。

$$资本充足率=\frac{总资本}{信用风险加权资产+(市场风险资本要求+操作风险资本要求)\times 12.5}$$

2. 修改风险权重的计量方法

《巴塞尔协议Ⅱ》对风险权重计量的标准法加以改进，并允许符合条件的银行运用风险的内部评估方法，以期提高资本计量的风险敏感度。

(1)信用风险

信用风险有两种度量方法可供选择——标准法(standardised approach)和内部评级法(internal rating-based approach，简称 IRB 法)。

①标准法

标准法规定，银行既可使用固定的风险权重，也可使用外部评级机构对交易对手的资信评级确定风险权重，原则上凡有外部评级的均应使用外部评级。监管当局负责认定外部评级机构是否符合标准。巴塞尔委员会以标准普尔的评级符号为例，提出了有外部评级以及无评级情况下风险权重的确定方法，见表 4-3。

表 4-3　　**标准法的风险权重**

评级对象		风险权重(%)					
		$AAA \sim AA^{-}$	$A^{+} \sim A^{-}$	$BBB^{+} \sim BBB^{-}$	$BB^{+} \sim B^{-}$	低于 B^{-}	未评级
主权国家		0	20	50	100	150	100
银行与证券机构	方法 1[(1)]	20	50	100	100	150	100
	方法 2[(2)]（长期）	20	50	50	100	150	50
	方法 2[(3)]（短期）	20	20	20	50	150	20
其他公司（包括保险公司）		$AAA \sim AA^{-}$	$A^{+} \sim A^{-}$	$BBB^{+} \sim BBB^{-}$	低于 BB^{-}		未评级
		20	50	100	150		100

（1）方法 1 使用金融机构所在国家的评级来确定风险权重，但金融机构的评级不能超过国家主权评级。

（2）方法 2 使用对金融机构本身的评级确定风险权重。

（3）短期是到期时间小于或等于 3 个月的资产。

从该表可以看到，标准法改进了《巴塞尔协议 Ⅰ》确定风险权重的方法。其一，取消了对非 OECD 国家的显性歧视，依据外部评级确定主权风险权重；其二，原有方法将企业风险权重一概设为 100%，标准法降低了高信用等级企业的风险权重，提高了低信用等级企业的风险权重，以便鼓励银行与资信良好的企业交易；其三，标准法对银行和企业一视同仁，均按信用评级确定风险权重。①。

②内部评级法

内部评级法是由银行自行建立信用风险评估体系，测度交易对手的资信状况，并按一定的规则和模型计量风险的方法。IRB 法不仅具有更高的风险敏感度，而且可以建立激励机制，鼓励有条件的大银行开发先进的内部评级系统。

---

① 对银行的债权的风险权重有两种确认方法：方法 1 称为“间接法”，与主权风险相关联，即在 $AAA \sim BBB^{-}$ 的等级区间，对银行的债权风险权重原则上要比银行注册国的主权风险权重高一个等级；方法 2 称为“直接法”，即直接采用评级机构的外部评级确定风险权重，以便对信用级别高于主权国家的金融机构给予优惠待遇。同一家机构可能有多个外部评级，同时还有长期评级和短期评级。协议提出，在多个信用评级中选择两个最高等级作为参考，如果这两个等级不同，则取较低的等级。短期信用评级只能用于短期债权，而长期评级则可用于长期和短期债权。

银行若选择IRB法，首先要将银行账户的风险暴露分为具有不同潜在信用风险特征的5种类型，即公司、主权、银行、零售、股权，分别采用不同的方法处理，但计算方法差别不大。以公司类风险暴露的风险资本计量为例，需要4个输入参数：债务人的违约概率(PD)、违约损失率(LGD)、违约时的风险暴露(EAD)以及债务的剩余到期时间(M)。银行可以选择采用"初级IRB法"或"高级IRB法"，其主要区别是，在初级法中EAD、LGD、M由监管机构确定，而在高级法中采用银行内部评估的结果，不过，PD值均由银行自行测定。进而，将风险参数输入渐进单因子风险模型(ASRF)，计算风险权重。

巴塞尔委员会对内部评级系统制定了若干标准，银行须经监管部门批准才能使用IRB法。监管部门还应对银行内部评级系统进行经常性检查，以保证其符合巴塞尔协议的要求。

(2)市场风险

市场风险的度量方法包括标准法(standardized approach)和内部模型法(internal model approach)。内部模型法主要是指风险价值(VaR)模型，巴塞尔委员会在风险值的计算频率、置信度、历史观察期等方面对模型的设定提出了若干规定，并要求银行对内部模型进行返回检验，以确保模型的准确性。

(3)操作风险

操作风险是指由不完善或有问题的内部程序、人员及系统或外部事件所造成损失的风险。《巴塞尔协议Ⅱ》提出了三种计算操作风险资本的方法，其复杂性和风险敏感度依次上升，银行可以根据自身情况选用。

①基本指标法(basic indicator approach，简称BIA)。用单项指标(银行总收入)作为银行整体操作风险暴露的代表，该指标乘以固定比率(α值)就是对操作风险应持有的资本量。

②标准法(standardized approach，简称SA)。将银行营业活动划分为8个标准化业务类别，将每类业务对应的代表操作风险暴露的指标(总收入)乘以固定比率(β值)，计算每项业务的资本要求，加总之和即为操作风险的总体资本要求。

③高级计量法(advanced measurement approach，简称AMA)。只要银行的内部方法满足相关标准，即可用于评估操作风险，主要有以下方法①：

1)内部度量法(internal measurement approach)，允许满足监管标准的银行依据内部数据确定资本量。首先，在标准法的基础上将每个业务类别划分为7个操作损失的类型。对于每一业务种类与操作损失类型的组合，银行需要估算操作风险暴露(EI)、引起损失的事件发生的概率(PE)和事件发生后的损失(LGE)，三项参数的乘积即为该组合的预期损失。银行将预期损失乘以巴塞尔委员会确定的固定比率(γ值)，即可得到银行应持有的监管资本量。操作风险的总资本要求是各项业务资本要求之和。

2)损失分布法(loss distribution approach)。银行针对每个业务类别/损失类型，估计

① 高级计量法还包括记分卡法、情景分析法、极值法等。

操作风险损失在一定期间内的概率分布，进而估算在给定置信水平下的风险价值(VaR)，每个业务类别/损失类型组合的 VaR 值的加总即为监管资本要求。

(四)《巴塞尔协议 III》

1. 2010 年发布的《巴塞尔协议Ⅲ》的基本框架

2007 年，美国爆发次贷危机，进而酿成波及全球的国际金融危机，暴露出银行监管存在严重的潜在缺陷。巴塞尔委员会在 2009 年提出一系列资本监管和流动性监管的改革方案，并于 2010 年发布第三版巴塞尔协议(*Basel* Ⅲ)的正式文本①。《巴塞尔协议Ⅲ》对作为第一支柱的监管资本框架实施了一系列改革。

(1)提高资本的质量。在国际金融危机中，银行体系因缺乏充足的、高质量的资本而陷入困境，《巴塞尔协议Ⅲ》提出银行风险暴露应由高质量的资本基础作为支撑，核心一级资本(由普通股、资本盈余和留存收益等构成)不得低于风险加权资产的 4.5%，其他一级资本工具必须是次级的、对非累积股息具有完全自主权、没有固定期限或没有赎回激励安排。一级资本和风险加权资产的比率的最低要求提高至 6%。同时，《巴塞尔协议Ⅲ》统一了二级资本的标准。

(2)扩大风险覆盖范围。未充分识别银行表内外的主要风险以及与衍生品相关的风险暴露是次贷危机的深刻教训，因此，除了优化资本基础的质量之外，银行还需确保资本框架覆盖所有重大实质性风险。《巴塞尔协议Ⅲ》提高了对交易账户和复杂资产证券化风险暴露的资本要求，并提出强化交易对手信用风险资本监管的措施。

(3)提出逆周期资本要求。银行的亲周期行为倾向会放大金融危机的冲击，为缓解亲周期性，巴塞尔委员会将宏观审慎监管的理念引入资本框架，要求银行在非压力时期留存超额资本，用于吸收压力时期的损失，增强银行体系的稳健性。银行预留的资本留存缓冲的比例为 2.5%，应由核心一级资本满足。各国监管当局可依据自身情况要求银行预留逆周期资本缓冲，其比例为风险加权资产的 0%~2.5%，取决于监管当局对于系统性风险累积程度的判断。

(4)控制银行之间的关联性引发的系统性风险。系统重要性银行之间的关联性可以将冲击传递到整个金融体系和实体经济，强化对系统性重要银行的监管也是宏观审慎监管的重要组成部分。监管者应制定评估金融机构在全球层面的系统重要程度的指标体系，并对系统重要性银行设置更加严格的监管标准。

(5)引入杠杆率补充风险资本要求。次贷危机的重要特征之一是银行体系表内外杠杆率的过度累积，为此，巴塞尔委员会引入杠杆率要求，作为风险资本比例的补充指标。杠杆率是一级资本与总风险暴露(表内和表外)的比率，不应低于 3%。此举旨在控制银行体系杠杆率累积，同时也可以为资本计量的模型风险和计量错误提供额外保护。

---

① 《第三版巴塞尔协议：更具稳健性的银行和银行体系的全球监管框架》和《第三版巴塞尔协议：流动性风险计量、标准和监测的国际框架》共同构成了巴塞尔委员会的全球资本和流动性监管制度的改革方案的主要内容。巴塞尔委员会还发布了《各国监管当局实施反周期超额资本要求的指导原则》，作为补充文件。

在强化资本要求的同时，巴塞尔委员会认识到银行业建立稳健的流动性基础同样重要。危机凸显了流动性对于金融市场及银行体系正常运作的意义，在危机爆发之前，融资非常便利且成本很低，市场状况的逆转导致流动性迅速枯竭。为此，《巴塞尔协议Ⅲ》引入全球一致的流动性监管标准，提出流动性覆盖率和净稳定资金比例，以便提升银行的流动性缓冲能力，并降低其融资结构的不稳定性。

巴塞尔委员会还提高了第二支柱下监管当局监督检查的标准，要求加强监管的国际协调和强调对金融控股公司的监管；为强化市场约束，在第三支柱下提出更加严格的信息披露要求，改进资本工具的透明度标准，增强对证券化的信息披露。

2.《巴塞尔协议Ⅲ》最终方案

《巴塞尔协议Ⅲ》发布之后，巴塞尔委员会继续推进相关规则的制订和完善①。经过多方讨论和谈判，2017 年 12 月，委员会发布《巴塞尔协议Ⅲ：后危机改革的最终方案》，对“2010 年版巴塞尔协议Ⅲ”进行修订和补充，主要包括以下内容：

(1)重构风险权重的计量框架

次贷危机引发了对《巴塞尔协议Ⅱ》构建的风险加权资产计量框架的质疑：风险权重的计量方法过于复杂；使用内部评级法的各家银行的风险权重计量结果缺乏可比性；内部模型可能低估银行资产组合的风险等。为实现风险计量框架的风险敏感性、简单性和可比性的平衡，最终方案进行了一系列改革。

其一，修改信用风险度量的标准法。提高标准法的风险敏感度，对信用风险暴露进行更为细致的分类，增加“房地产风险暴露”，并细化各项风险暴露的子类；增加风险权重的档次；按照不同类型风险暴露的特征选择对应的风险驱动因子，并设定风险权重。同时，降低对外部评级的依赖，要求银行加强尽职调查。

其二，修改信用风险度量的内部评级法。为减少监管套利，防止银行利用内部评级法减少资本计提，委员会对银行自行估算的风险参数设置了最低输入值(input floor)，并设定了银行使用内部评级法计量的风险加权资产的最低测算值(output floor)，不得低于标准法计量的风险加权资产的 72.5%。限制内部评级法的适用范围，不允许对大型企业和金融机构的风险暴露使用高级内部评级法，股权风险暴露不再使用内部评级法。

其三，修改操作风险的资本计量方法。简化计量方法的种类，取消高级计量法(AMA)，银行将统一采用修订后的“新标准法”(revised standardized approach)。操作风险的资本要求＝业务指标×边际资本系数×内部损失乘数。其中，业务指标(business indicator)包括利息净收入、服务收入和交易收入。业务指标按其规模分为 3 档，分别对应各档的边际资本系数，二者的乘积为业务规模参数(business indicator component)。内部损失乘数(internal loss multiplier)取决于损失参数(loss component)和业务规模参数的比例，

---

① 巴塞尔委员会分别于 2011 年和 2012 年发布《全球系统重要性银行：评估方法和额外损失》和《国内系统重要性银行治理框架》；2013 年发布更新后的全球系统重要性银行的评估方法和对其更高的损失吸收要求，并发布修订后的流动性覆盖率标准；2014 年发布《计量和控制大额风险暴露的监管框架》和《交易对手信用风险暴露计量的标准法》；2016 年发布《市场风险资本计量修订方案》和《资产证券化资本计量修订方案》；2017 年发布《第三支柱信息披露：整合和强化框架》。

前者根据银行的内部历史损失数据计算而得，LC/BIC 的比例越高，则 ILM 越高。

其四，修改市场风险的资本计量方法。修订市场风险计量的标准法，基于敏感性方法计算资本要求，将流动性期限引入风险权重的设定。同时，修订市场风险计量的内部模型法，采用预期损失(E S)模型替代 VaR 模型。

(2)调整杠杆率的监管框架

最终方案调整了风险暴露的计算方法，并对全球系统重要性银行提出附加杠杆率要求。巴塞尔委员会在 2011 年将全球系统重要性银行分为 A~E 5 档，根据其系统重要性等级在一级资本中额外计提 1%~3.5%的附加资本。与此相应，最终方案 设定“全球系统重要性银行的杠杆率最低要求=一般银行杠杆率最低要求+50%×系统重要性银行附加资本要求”，即各档对应的附加杠杆率监管要求为 0.5%~1.75%。

(五)中国银行业的资本充足率监管

中国银行业的资本监管跟随国际标准的发展而演进。1994 年，人民银行发布《商业银行资产负债比例管理暂行监控指标》和《关于资本成分和资产风险权数的暂行规定》，规定银行金融资产的分类和风险权数，并要求银行资本充足率达到巴塞尔协议的规定。1995 年出台的《中华人民共和国商业银行法》明确规定银行资本充足率不得低于 8%。2004 年，银监会发布《商业银行资本充足率管理办法》，修改资本充足率计算方法，对资产风险权重的确定采取更加审慎的态度，扩大风险覆盖面，并提出详细的信息披露要求。为推动中国银行业实施《巴塞尔协议Ⅱ》，2007 年，银监会发布《中国银行业新资本协议实施指导意见》，并于 2008 年至 2010 年发布了一系列实施新资本协议的监管指引。2012 年，银监会发布《商业银行资本管理办法(试行)》，建立与《巴塞尔协议 III》接轨的资本监管制度，引入协议 III 的资本质量标准和资本监管的新要求。2015 年，银监会发布《商业银行杠杆率管理办法(修订)》。

三、银行满足资本充足率要求的策略

要达到巴塞尔协议提出的最低资本要求，银行有两种基本策略：

一是分子策略，即银行针对巴塞尔协议的资本界定，增加资本总量或调整资本结构。银行可以通过增加留存收益、发行股票扩充核心资本，还可以通过增加弥补风险的准备金，对现有房地产、证券等资产按市值重估，发行银行资本债券或混合资本工具等方式增加附属资本。银行使用分子策略对资本来源的选择取决于各种来源的优点、成本及其面临的限制条件。

二是分母策略，即银行减少风险暴露，以提高资本充足率。银行可以通过压缩风险资产规模或优化资产结构减少表内资产的风险暴露。在各类资产中，证券投资与贷款的调整空间较大，如果银行资本不足，可以考虑以贷款出售、证券化等方式减少对低信用等级客户的信用暴露，同时购买政府债券或高等级企业债券，从而降低资产组合的风险度。同时，银行也可加强表外业务管理，选择转换系数及对应的风险权数较小的表外业务。根据新巴塞尔协议草案中市场风险修正案的精神，银行资本应足以支撑多种风险，仅着眼于控制信用风险并不能保证银行达到资本要求，银行还应该采取措施，约束高风险的市场交易活动，缩小市场风险敞口，同时强化内部控制机制，减少因系统失灵、操作失误或雇员违规导致的操作风险。

在实践中，银行可以结合自身的经营战略及增加资本和降低风险的难易程度等因素，在两种策略中取其一，或同时采用两种对策来满足资本充足度要求。

第三节　银行的资本计划与资本来源

一、资本计划

银行制定资本计划的过程可以归纳为三个步骤：

第一步，以银行的财务计划和监管部门的资本要求为基础，估算资本需要量。

银行资本管理是银行总体性资产管理与负债管理的自然延伸。当银行确定了与一定风险水平相联系的未来盈利目标时，银行的资产及负债结构将随之进行调整，以保证实现预期的银行收入与支出计划，与此同时，银行资本亦会作相应的安排，以配合银行制定的发展计划。因此，银行的资本计划是其总体财务计划中的有机组成部分。

银行对所需资本量的估算及其结构安排是与银行的资产负债预测和损益预测同步进行的。银行首先要分析历史经营业绩与当前的经营状况以及影响其未来经营的若干重要因素(宏观经济形势、市场竞争格局、银行公信度等)，据此预测未来可取得的存款与非存款资金以及未来持有的资产规模和结构，并估计利息与非利息收入及支出，在编制预计财务报表的基础上，确定银行未来需增加的资本。银行的未来资本金规模原则上等于预期总资产与总负债的差额①，预期资本金与银行现有资本金的差额便是银行的资本需要量。这个环节的关键是制订合理的资产增长目标，资产扩张速度越快，承担的风险越大，所需资本也就越多。

银行的资本计划不仅要适应银行的发展计划，同时必须满足监管者对银行资本的要求。银行的资本水平至少要达到监管当局规定的最低限额，否则，不但可能受到监管制裁，而且会影响公众对银行的资信评价。

第二步，估计银行内部能够生成的资本数量。

银行可以通过增加留存收益来获取所需追加的资本。为此，银行应在预测未来收益增长率的基础上选择适当的红利支付方案，确定留存收益的比例。

第三步，评估各种外源资本渠道，确定筹资计划。

当银行的提留利润不能满足其资本需求时，银行将寻求外部资本来源。银行应该对各种筹资渠道的成本和收益进行评估，选择适宜的筹资方式。

为了演示资本计划编制原理的实际应用，下面给出银行制定资本计划的两则案例。

① 这里所说的资本金是指股东权益。

举例一：银行如何确定下一年度的资本计划。

A 银行 2019 年现有资产5 000万元，股权资本 300 万元，正好满足一级资本对总资产比率为 6%的要求①，股息支付率(股息/净收益)为 40%。A 银行计划 2020 年资产增长率为 10%，即下年资产总额预计为5 500万元，由于既定目标一级资本比率为 6%，故预计股权资本需要量为 330 万元，意味着 A 银行需增加股本 30 万元。A 银行预计下一年资产收益率为 0.5%，若股息支付率保持不变，A 银行通过保留盈余所能形成的内部新增资本为 16.5 万元。A 银行决定发行股票从外部筹集余下的 13.5 万元。

举例二：银行如何根据监管要求、自身的经营战略和市场环境制订长期资本计划。

假设 B 银行出现了利润水平下降、资产质量降低、贷款损失上升的趋势，监管当局要求该银行在 4 年内将核心资本与资产比率从目前的 7%提高到 8.5%。根据这一指令，B 银行需要在 2019 年的基础上编制未来 4 年的预计财务报表，并制定未来 4 年的资本计划，其基本框架见表 4-4。

表 4-4　　**B 银行 2019—2023 年资本计划**

年份	2019（已实现）	2020（计划）	2021（计划）	2022（计划）	2023（计划）
选择 1：保持原有资产增长速度，发放 25 万元股息					
总资产(百万元)	80.00	88.00	96.80	106.48	117.13
净利息差额(%)	4.40	4.40	4.45	4.60	4.70
资产收益率(%)	0.45	0.45	0.60	0.65	0.75
总资本(百万元)	5.60	5.75	6.08	6.52	7.15
总资本与总资产比例(%)	7.00	6.53	6.28	6.12	6.10
选择 2：缩小银行规模，每年减少 100 万元资产，发放 25 万元股息					
总资产(百万元)	80.00	79.00	78.00	77.00	76.00
净利息差额(%)	4.40	4.40	4.50	4.60	4.70
资产收益率(%)	0.45	0.45	0.60	0.65	0.75
总资本(百万元)	5.60	5.71	5.93	6.18	6.50
总资本与总资产比例(%)	7.00	7.22	7.60	8.03	8.55
选择 3：放慢银行发展速度，每年资产增长 200 万元，不分配股息					
总资产(百万元)	80.00	82.00	84.00	86.00	88.00
净利息差额(%)	4.40	4.40	4.45	4.60	4.70
资产收益率(%)	0.45	0.45	0.60	0.65	0.75

① 为简化分析，这里不考虑资产的风险权重，以下同此。

续表

年份	2019（已实现）	2020（计划）	2021（计划）	2022（计划）	2023（计划）
总资本（百万元）	5.60	5.97	6.47	7.03	7.69
总资本与总资产比例（%）	7.00	7.28	7.71	8.17	8.74
选择4：放慢银行发展速度，分配25万元股息，2022年注入80万元外部资本					
总资产（百万元）	80.00	82.00	84.00	86.00	88.00
净利息差额（%）	4.40	4.40	4.45	4.60	4.70
资产收益率（%）	0.45	0.45	0.60	0.65	0.75
总资本（百万元）	5.60	5.72	5.97	7.08	7.49
总资本与总资产比例（%）	7.00	6.97	7.11	8.23	8.51

该银行2019年总资产为8 000万元，由于资产质量低劣，资产利润率只有0.45%。在以前5年中，该行每年对普通股股东发放总计25万元的股息。如果该银行在以后的4年中继续保持10%的资产年增长率，假定其资产利润率上升缓慢，到2023年仅升至0.75%，而银行仍然每年支付25万元的股息，不依靠外部增资，在这些条件下，2023年银行的资本比率将降至6.1%，显然无法实现监管当局的要求。

为满足监管当局的资本要求，该银行可以在下面三种不同的策略中选择：

第一个资本计划方案（表中“选择2”）是银行收缩资产规模，每年将资产减少100万元，但每年的股息支付保持原有水平，没有外部筹资安排。由于银行总资产下降的同时，保留利润也随收益水平的上升而增加，将使总资本与总资产比例逐步上升，因而到2023年资本比率将达到8.55%，可如期实现监管要求。

第二个资本计划方案（表中“选择3”）是银行放慢资产增长速度，每年增加200万元，同时取消股息分配，不安排外部筹资。由于保留利润的增长快于总资产的增加，到2023年资本比率将是8.74%，超过监管部门设定的目标比率。

第三个资本计划方案（表中“选择4”）是银行资产规模以每年增加200万的速度缓慢增长，维持25万元的股息支付水平，同时该银行将于2022年在其盈利状况得到充分改善后发行80万元的普通股。到2023年，该行资本比率将是8.51%，既可以实现监管资本要求，同时也兼顾了股东的利益。

在实践操作中，银行管理者还会考虑其他可供选择的方案，比较每种方案的成本与利益，直到确定最佳资本计划。

二、资本来源

（一）内源资本

如果银行确定下一阶段发展计划以后，发现现有资本不足以支持其资产规模的扩张，银行首先可以增加内源资本(internal capital)，即考虑将留存收益用于充实资本金。

1. 内源融资模型

戴维·贝勒(David Bernon，1978)提出银行资产持续增长模型，对利用内源资本进行融资的各项影响因素进行了概括。

如果银行要将资本水平维持在监管部门要求的最低资本比率，其资产增长率就要与资本增长率保持一致：

$$SG=\frac{\Delta TA}{TA_0}=\frac{\Delta EQ}{EQ_0}$$

式中：$\Delta TA=TA_1-TA_0$；$\Delta EQ=EQ_1-EQ_0$。SG 表示由内源资本支持的银行资产增长率(持续增长率)，TA_0和 TA_1分别是期初和期末银行总资产，EQ_0和 EQ_1分别是期初和期末银行总股本。

如果新增资本全部来自银行内部收益留存，则银行资产持续增长模型表述为：

$$\begin{aligned}SG&=\frac{EQ_1-EQ_0}{EQ_0}\\&=\frac{EQ_0+ROA(1-DR)\times TA_1-EQ_0}{EQ_0}\\&=\frac{ROA(1-DR)}{[EQ_1-ROA(1-DR)\times TA_1]/TA_1}\\&=\frac{ROA(1-DR)}{EQ_1/TA_1-ROA(1-DR)}\end{aligned}$$

式中：ROA 是资产收益率，DR 是红利支付率。

该模型揭示了银行资产持续增长率与银行资产收益率、红利支付率和资本比率的关系。如果银行管理者希望完全利用内源资本来融资，就要考察银行目标资产增长率、银行资产收益率、股东分红压力和法定资本比率间的平衡关系。

2. 内源资本的优点与局限

通过保留收益的形式实现资本化有不少好处。首先，银行不必在资本市场上筹资，因而不需耗费发行资本工具的所需成本；其次，不会影响现有股东对银行的控制权；最后，还避免了对银行股东股权收益的稀释。

然而，内源资本对银行资产规模扩张的支持能力存在局限性，受到银行盈利水平、股东利益集团分红压力和银行自身规模的制约。

(二)外源资本

如果银行的留存盈余不能满足资本需要，银行就要通过外部渠道筹集外源资本(external capital)。如果银行资本同时来自内部保留利润和外部筹资，则可以在上述模型的基础上加入外源资本变量①：

① 该公式也可表达为$\frac{\Delta TA}{TA_0}=\frac{ROA(1-DR)+\Delta EC/TA_1}{EQ_1/TA_1-ROA(1-DR)-\Delta EC/TA_1}$，推导过程从略。

$$\frac{\Delta TA}{TA_0}=\frac{ROA(1-DR)+\Delta EC/TA_0}{EQ_0/TA_0-ROA(1-DR)}$$

上式推导如下：

$$\begin{aligned}\frac{\Delta TA}{TA_0}&=\frac{\Delta EQ}{EQ_0}\\&=\frac{TA_1\times ROA(1-DR)+\Delta EC}{EQ_0}\\&=\frac{[TA_1\times ROA(1-DR)]/TA_0+\Delta EC/TA_0}{EQ_0/TA_0}\\&=\frac{(1+\frac{\Delta TA}{TA_0})\times ROA(1-DR)+\Delta EC/TA_0}{EQ_0/TA_0}\\&\Rightarrow\frac{\Delta TA}{TA_0}[EQ_0/TA_0-ROA(1-DR)]=ROA(1-DR)+\Delta EC/TA_0\\&\Rightarrow\frac{\Delta TA}{TA_0}=\frac{ROA(1-DR)+\Delta EC/TA_0}{EQ_0/TA_0-ROA(1-DR)}\end{aligned}$$

其中：ΔEC 是新增外源资本。

假设某银行希望将明年的资产增长率维持在 12%，仍然保持 40%的红利支付率，但是由于该银行资产收益率仅为 0.69%，难以通过内源融资来满足银行资产增长，此时银行就应该考虑通过外源资本来筹措资本。

银行有多种外部筹资方式可供选择，每种资本来源渠道都各有利弊。

1. 普通股

银行发行普通股筹资有诸多好处：可获得永久使用的资金，无需还本；没有固定的利息负担，分红派息视实际经营状况灵活确定；新增股本计入核心资本，能够对债权人提供充分的保障，有利于提高银行的公信度。然而，发行普通股也存在一些不利之处：普通股发行通常受到监管部门的严格管理，手续繁多，发行成本较高；股东分红是对银行税后利润的索取权，故而资金成本也较高，无法产生扣减银行应纳税所得额的“税盾”效应；增发新股可能会削弱原股东的控制权；新股发行所增加的资本并不能立即带动利润总额的同步增长，可能导致每股收益下降，从而影响银行股票的市场价格；当股市低迷时，发行股票计划可能受阻，或只能低价发售。

2. 优先股

银行发行优先股的好处主要有：第一，既能筹集到稳定的资金，又可避免影响原股东的控制权；第二，由于股息固定，可以使银行获得财务杠杆效应。如果银行按低于投资收益率的股息率发行优先股，就能够提高资本收益率，当经营不佳，未能创造利润时，银行当期可不必支付股利①，从而不至于使银行陷入财务困境；第三，若银行破产清算时无剩余资产，可以不必对股东进行补偿。优先股的缺点在于股息率一般高于债券

① 累积优先股股东有权要求在下期支付股息。

利率，而且股息固定，在银行盈利不多时回旋空间较小，而且股息不能作为费用在税前支付。

3. 次级长期债券

资本票据、资本债券这类次级长期债券的优点体现在：债券投资者不能参与银行经营决策，故银行股东不必顾虑控制权转移的可能性；监管者对次级债券的发行限制较股票宽松，手续简便，发行成本较低；利息固定，债权人不能与股东分享银行的价值增值，而且利息可在税前作为费用列支，因而税后资金成本较低；如果债券契约中有赎回条款，银行可以根据业务发展和管理当局对资本结构要求的变化调整次级债券在总资本中的比例。次级债券的缺点主要是不能吸纳日常经营损失，只能在银行倒闭清算时对存款人提款压力起到延缓作用；债务利息固定，缺乏灵活性，在银行盈利减少的情况下会对股东收益产生不利影响；属于非永久性资金来源，银行通常要建立相应的偿债基金，从而增加了流动性压力。

4. 可转换债券

可转换债券一般附有换股期权，为投资者提供了潜在的获利机会，因而发行可转换债券筹集资本的有利之处是票面利率可以低于普通的不可转换债券，降低筹资成本。另外，可转换债券是延期的股权融资，可以使新股发行对当期每股收益的稀释作用得以延迟，从而避免立即对银行股价产生冲击。不过，发行可转换债券具有一定的融资风险。发行可转债(即可转换债券)的适当时机是利率高企而股市相对低迷，发行银行相信未来利率下降而股价回升，投资者可以行使其转换权利并从中获益时候。但是，如果银行发行时机把握不当，对股市未来形势预期过于乐观，可能会导致转换失败，不仅投资者会遭受利息损失，而且银行将面临到期偿债的沉重压力。

银行对外部增资途径的选择应综合考虑多种因素：每种增资方式的相对成本，每种增资方式对股东收益的影响，对股东在目前和未来的所有权和控制权的影响，每种增资方式的相对风险，每种增资方式对银行后续筹资能力的影响，相关法规，以及银行最佳资本结构等。银行应进行缜密的分析和比较，以便选择最为有利的筹资方式。

如果我们将讨论集中于比较各种筹资方式对银行普通股每股收益的影响程度，可采用以下案例。假设某银行拥有总资产计 25 亿元，自有资本1 500万元，由面值为 50 元的 20 万股普通股和 500 万元的资本盈余和未分配利润组成，资产收益率①为 1.2%，边际所得税率为 50%。该银行计划从外部筹集 300 万元的追加资本，假设有几种方案可供选择：方案一，发行 6 万股普通股，每股面值 50 元(不考虑股票溢价)；方案二，发行 3 万股优先股，每股面值 100 元，股息率 10%；方案三，发行面值为 100 元的资本票据 3 万张，利率 10%；方案四，发行可转换债券，利率 8%，转换价格 60 元(溢价率 20%)。表 4-5 列出了各种外部筹资方式对银行每股收益的影响。

① 为简化分析过程，这里假定银行的资产收益中已经扣减了除新增附属资本以外的其他资金来源的利息成本和银行的经营成本。

表 4-5　　各种外部筹资方式对银行每股收益的影响　　单位：元

	初始状态	增发普通股	增发优先股	增发资本票据	增发可转债
资产收益	3 000 000	3 036 000	3 036 000	3 036 000	3 036 000
利息支出	—	—	—	300 000	240 000
税前净收入	3 000 000	3 036 000	3 036 000	2 736 000	2 796 000
应纳税收入	1 500 000	1 518 000	1 518 000	1 368 000	1 398 000
税后净收入	1 500 000	1 518 000	1 518 000	1 368 000	1 398 000
优先股股利	—	—	300 000	—	—
普通股收益总额	1 500 000	1 518 000	1 218 000	1 368 000	1 398 000
普通股每股收益	7.5	5.84	6.09	6.84	6.99

表 4-5 显示，未追加资本前，银行的普通股每股收益是 7.5 元，采用发行普通股、优先股、资本票据、可转换债券筹集新增资本后，每股收益依次为 5.84 元、6.09 元、6.84 元、6.99 元。从这些数据可以看出，在追加资本后，新发行的普通股立即会对每股收益产生很强的稀释作用，而资本票据和可转换债券则不会对每股收益影响过大①。虽然从稀释效应的角度看，债务筹资优势明显，但银行必须同时考虑其他因素，而不能将稀释效应作为筹资决策的唯一依据。

◎小　结

1. 银行资本可以从会计资本、经济资本和监管资本(或法定资本)三个层面上加以界定。会计意义上的银行资本是银行总资产与总负债账面价值的差额。经济资本指银行在财务困难时可用来吸收损失的最低所需资本，用以应付银行的非预期损失。监管资本是监管当局要求银行持有的最低资本量，用于抵补银行预期损失和非预期损失。

2. 银行资本具有保护功能、管理功能和经营功能。

3. 资本充足率是银行在市场竞争环境下自我约束的一项指标，也是监管当局对银行施加外部约束的重要工具。确定银行的资本充足度水平需考虑两方面因素：首先要保证资本发挥其风险保护功能与管理功能，同时也要兼顾银行股东利益最大化的要求。

4. 资本充足率的早期衡量方法有资本与存款比率、资本与总资产比率、资本与风险资产比率、资本与各种分类资产比率、综合分析法等。

5. 为了维护国际银行体系的安全稳健，消除各国银行资本监管规则不同而产生的国际银行间不平等竞争，巴塞尔委员会于 1988 年 7 月颁布《关于统一国际银行的资本衡量和资本标准的协议》(《巴塞尔协议 I》)，确定了银行资本的构成，设定

① 不过，假设未来可转换债券全部转换成功，则银行普通股将增加 5 万股，而每股收益就会下降到 5.592 元。

了表内资产的风险权重和表外项目的信用转换系数，在此基础上，提出了资本对风险加权资产的目标标准比率。

6. 鉴于1988年巴塞尔协议的局限性，巴塞尔委员会先后颁布了一系列文件对其进行修订和补充，其中有代表性的是1996年的《资本协议关于市场风险的修正案》和1997年的《有效银行监管的核心原则》。

7. 巴塞尔委员会于2004年公布《新巴塞尔资本协议》(《巴塞尔协议Ⅱ》)，将最低资本要求、监管当局的监督检查、基于信息披露的市场约束作为现代银行监管体制的三大支柱，并综合考虑了信用风险、市场风险和操作风险的资本要求。《巴塞尔协议Ⅱ》对风险权重计量的标准法加以改进，并允许符合条件的银行运用风险的内部评估法，以期提高资本计量的风险敏感度。

8. 2007年，美国爆发次贷危机，暴露出银行监管存在严重缺陷。巴塞尔委员会于2010年发布《巴塞尔协议Ⅲ》，对监管资本框架实施一系列改革：提高资本的质量；扩大风险覆盖范围；提出逆周期资本要求；控制银行之间的关联性引发的系统性风险；引入杠杆率补充风险资本要求。

9. 2017年12月，巴塞尔委员会发布《巴塞尔协议Ⅲ：后危机改革的最终方案》，重构风险权重的计量框架，提高标准法的风险敏感度，限制信用风险内部评级法的使用；取消操作风险的高级计量法，统一采用“新标准法”；修订市场风险计量的标准法和内部模型法。对全球系统重要性银行提出附加杠杆率要求。

10. 要达到巴塞尔协议提出的最低资本要求，银行有两种基本策略：分子策略和分母策略。

11. 银行制定资本计划的过程包括三个基本步骤：第一步，以银行的财务计划和监管部门的资本要求为基础，估算资本需要量；第二步，估计银行能够生成的内源资本数量；第三步，评价各种外源资本渠道，确定外部筹资计划。

◎重要概念

会计资本　经济资本　监管资本　资本充足率　巴塞尔协议Ⅰ　巴塞尔协议Ⅱ　巴塞尔协议Ⅲ　核心资本　附属资本　风险加权资产　目标标准比率　标准法　IRB法　分子策略 分母策略　内源资本　外源资本

第五章 银行负债业务管理

第一节 存款管理

存款是商业银行最基本的资金来源，是银行生存和发展的基础，存款竞争能力的强弱往往被看做银行是否被社会公众广泛接受的象征。银行存款来自个人、企业、社会团体、政府机构和其他组织以及金融同业。银行存款经营管理的目标是开拓广阔的存款来源、保持稳定的存款规模和合理的存款结构、存款成本控制得当，这些指标同时也是评价一家银行存款经营管理是否有效率的标准。

一、存款业务的品种

发达国家商业银行的存款品种十分丰富，这里重点介绍美国商业银行的主要存款业务。

（一）交易账户

交易账户（transaction accounts）是客户出于交易目的而开立的支票账户，交易账户允许存款人直接提款，或是通过开出支票、汇票以及电话指令等方式进行转账，银行在得到客户或客户指定的第三人的付款要求时立即支付。交易账户包括传统的活期存款账户和各种新型付息支票账户。① 长期以来，美国法律规定银行不能对活期支票存款账户

---

① 美国国会在 1980 年的《存款机构解除管制与货币控制法案》中提出交易账户这一概念，用来描述所有存款机构需要缴纳准备金的存款类型。该法案免除了对所有个人定期存款和储蓄存款的准备金要求，而交易账户仍需提取存款准备金。交易账户包括活期存款、可转让支付指令账户、自动转账账户、股金提款单账户以及其他可以直接用以付款或交易的账户。货币市场存款账户在计算存款准备金时被归入储蓄存款，虽然联邦监管当局未将之列入交易账户，但由于存户有签发支票的权利，故通常仍将其归为交易账户。

支付利息。为了规避利率管制，应对资金市场的激烈竞争，拓宽存款来源，自20世纪70年代以来，美国存款性金融机构开发出一系列既可签发支票，又支付利息的新型存款账户，拓宽了交易存款的范畴。

1. 活期存款账户

活期存款账户(demand deposit accounts)是由个人、企业和政府部门持有的无息支票账户，存款人可随时支取现金或使用支票进行支付，无需事先通知银行。银行允许符合条件的客户超出其存款余额签发支票，即可进行透支。

美国银行业早期也对活期存款付息，而且竞相以抬高利率的办法吸引客户，使存款成本不断上升，许多银行不得不因此从事高风险的贷款与投资活动。为避免恶性价格竞争影响银行安全，1933年，根据《格拉斯——斯蒂格尔法》，美联储颁布《Q条例》，禁止向活期存款支付利息，对使用支票的次数与最低存款余额则无法定限制。《Q条例》不仅规定不得对活期存款付息，对定期存款和储蓄存款也设定了利率上限。1980年的《存款机构解除管制与货币控制法案》规定，到1986年逐步取消利率上限管制。直到2010年，《多德弗兰克华尔街改革和消费者保护法案》才废除对活期存款支付利息的禁令。目前，银行的活期存款大部分来自企业等营利性机构，个人活期存款余额仅占较小比例。

2. 可转让支付指令账户

可转让支付指令账户(negotiable order of withdrawal accounts，简称NOWs)实际上是一种付息的活期存款账户。开立NOW账户的客户可以随时开出支付指令书，支付指令经背书后可转让，银行将满足客户提款或对第三者进行支付的需要，因而该账户实际上具有支票账户的功能，但其存款人可以取得利息收入。

NOW账户由美国马萨诸塞州一家互助储蓄银行首创。1972年，马萨诸塞州法院判定该州互助储蓄银行NOW账户合法。随后几年中，美国国会逐步授权新英格兰地区各州及纽约和新泽西州的存款机构向客户提供该账户。基于监管平等的考虑，美国1980年的金融法规定从1981年起，各州存款机构都有提供该账户的权利。在1986年储蓄存款利率上限取消前，银行对NOW账户规定支付的最高利率。现在每家银行都能根据竞争情况自行为该账户定价。不过，只有个人和非营利性组织才可以持有NOW账户。

3. 超级可转让支付指令账户

1983年，美国联邦监管机构授权银行开办超级可转让支付指令账户(super nOWs)。该账户对签发可支付指令书无限制，法定最低存款余额为2 500美元，存款余额保持在2 500美元以上的账户不受利率管制，但若账户余额降到2 500美元以下，银行只能支付最高5.5%的利率。由于该账户要缴纳法定存款准备金，且可以频繁支付款项，成本较高，因而利率低于货币市场存款账户。超级NOW账户也只能由个人和非营利性机构持有。

4. 货币市场存款账户

货币市场存款账户(money market deposit accounts，简称MMDAs)是美国商业银行为应对来自货币市场基金的竞争而开发出的存款品种。

20世纪70年代，美国创立货币市场基金，通过这种基金，小投资者可以将其零散资金集中起来投资于货币市场工具，共同分享投资所获收益。货币市场基金风险低、流动性好，而且投资者可以签发以其基金账户为基础的支票，因而货币市场基金实际上具有支票存款账户的性质，但又无需缴纳法定存款准备金，也不受利率上限的管制。货币市场基金自其创设以后，对商业银行构成了较大的竞争威胁，银行需要创造新型存款产品与之竞争。1982 年，美国《甘·圣·杰曼法案》授权存款机构可提供货币市场存款账户。MMDA 账户曾经有 2 500 美元的最低余额要求，银行可按货币市场工具的平均收益率确定 MMDA 账户的利率水平。存款人每月可从账户上进行 6 次转账，其中 3 次可以是支票转账。1980 年美国的金融法颁布后，MMDA 账户无需提取法定存款准备金，银行由此能够对 MMDA 账户支付更高的利率以吸引存款资金。目前 MMDA 账户已经没有法定最低存款平均余额限制。MMDA 账户对存户身份无限制。

5. 自动转账服务账户

自动转账服务账户(automatic transfer service accounts，简称 ATS)规定存款人可以在银行开立两个账户，即有息的储蓄账户和无息的支票账户。客户对支票账户上的平均余额有一个授权限额，客户的存款平时放在储蓄账户计收利息，当支票账户出现透支时，银行自动将资金从储蓄账户转移到支票账户上。ATS 账户使客户兼得活期账户和储蓄账户的双重优点，既可以利用活期账户开出支票对外支付，又可以利用储蓄账户获取利息收入。ATS 账户由电话转账服务账户发展而来，1975 年，美国联邦储备体系的会员银行获准开办电话转账服务账户。1978 年，联邦储备委员会和联邦存款保险公司授权商业银行提供 ATS 账户。ATS 刚推出时公众反应热烈，但是相当一部分消费者习惯只使用一个交易账户，加之自动转账服务收费较高，随着 20 世纪 80 年代 MMDA 账户在全国逐步推广，ATS 账户的需求有所下降。

6. 股金提款单账户

股金提款单账户(share draft account，简称 SDA)是由美国信用协会创办的一种可付息的支票账户。信用协会会员的存款作为协会的股金入账，存户可以随时开出股金提款单代替支票用以提现或转账支付。在未支付或提现前，该账户属于储蓄账户，存户按股金分红的形式取得利息收入，需要支付或提现时，就开出提款单通知银行付款。

(二)储蓄存款

储蓄存款(savings deposits)主要是为个人和非营利机构开设的账户，分为活期储蓄存款和定期储蓄存款。活期储蓄存款的持有人能够取得利息收入，但不能签发支票，也不能透支。存款人无须出具提款通知，但存款机构有权要求定期存款人提前 7 天书面告知其提款意向，这样存款人才可提取款项而不损失利息。定期储蓄存款与定期存款的主要区别是，前者以居民和非营利机构为服务对象，后者以厂商为服务对象。传统上储蓄存款以存折作为存款和取现的凭证，由于使用不便，逐渐被银行定期向客户寄送的对账单替代。

个人退休账户(individual retirement account，简称 IRA)是一种可享受减税政策的储蓄存款账户。美国商业银行于 1974 年为不能享受雇主退休金计划的雇员开办专设的 IRA 账户，1981 年，美国国会颁布法律允许向所有的工薪人员提供 IRA 账户。存户每年最多可向该账户存入2 000美元，在取款前产生的存款利息无需交税，也即可延期到提款时才纳税。不享受退休金计划的个人的存款金额可从应纳税收入中扣除，否则一般不能从应纳税收入中扣除。该账户没有利率限制，存期较长，利率略高于一般的储蓄存款。美国1981年取消存款人资格限制后，IRA账户存款余额呈直线上升。后来国会发现一些高收入者利用该账户避税，遂于1987年对该账户设置收入标准限制，除低收入阶层外，其他人的个人退休账户存款不得从当前应纳税所得额中扣除。

（三）定期存款

定期存款（time deposits）是银行与客户事先约定存款期限并支付利息的存款。客户存入款项时，银行一般签发载明存款金额、利率和期限的定期存单，作为客户存款所有权及获取利息的证书，到期时凭此提取存款本息。定期存款也可采用存折形式，可随时续存。定期存款期限最短是7天，通常是3个月、6个月、1年，也有3年、5年甚至更长时期的。如果存款人在约定期限到期前提取，银行会处以罚息。定期存单分为小额和大额两类，小额存款单多由个人持有，通常不能流通，而大额定期存单主要向机构投资者发行，可以是非流通的，也可以是可转让的，投资者更欢迎能在二级市场出售的大额可转让存单。

由于金融发展水平、监管环境、银行体制等因素的差异，目前我国与发达国家相比，存款分类有所不同。发达国家多按支取方式和账户功能对存款分类，而我国则首先以存款人身份作为分类标准，将存款分为对公存款和居民储蓄存款。对公存款是企业、事业单位、机关、团体在银行的存款，包括单位活期存款、定期存款、协定存款、协议存款、通知存款等品种；个人储蓄存款包括活期、整存整取、零存整取、整存零取、存本取息、定活两便、通知存款、教育储蓄存款等。随着银行制度改革、利率市场化的推进，我国商业银行的存款创新意识有所增强，监管部门也逐步放宽银行自主开发存款品种的政策空间。2002年，国内银行推出嵌入金融衍生工具的结构性存款，以存款合约为基础，嵌入金融衍生产品，通过与利率、汇率、指数等的波动挂钩或者与某实体的信用情况挂钩，使存款人在承担一定风险的基础上获得相应收益。2015年，国内银行面向个人和企业、机构客户发行大额存单，具有标准化期限、最低投资金额要求和市场化定价。通过人民银行指定第三方交易平台发行的大额存单，可以在该平台二级市场交易。

二、存款管理理念的发展

随着时代的变迁，银行存款经营管理的理念不断变化，可以划分为以下几个阶段。

（一）存款为本管理理念阶段

这一阶段为20世纪30至60年代。1929—1933年的经济萧条和银行业危机后，以美国为代表的西方国家反思危机根源，重新整顿银行业，实施了严格的金融管制，包括分业经营、产品合规性、利率控制和保护性的管制。在此背景下，商业银行在资金来源的竞争中发挥主观能动性的范围十分有限，因而在负债业务上强调“存款为本”的管理理念。该阶段的核心思想和经营手段可概括为：

1. 存款是银行经营最重要的基础。在分业金融管制下，银行的负债渠道高度依赖存款，存款是立行之本，是资产业务的主要资金来源。

2. 存款者处于相对主动的地位，而银行处于相对被动的地位。由于利率和存款品种的合规性受到严格管制，各银行提供的产品和服务具有同质性，对存款的种类、数额和期限的选择主要取决于存款者的意愿，银行主动作为的范围有限。

3. 银行为争取客户存款而采取的主要措施是优化网点布局和设施的便利性，提供良好温馨的服务以及努力维护客户关系。

4. 流动性和稳健性是银行经营管理的内在要求。在以存款为主要资金来源的背景下，虽然一些国家设立了存款保险制度，但其设计理念是保护中小存款人，故而社会公众对银行的流动性状况和是否遵循稳健经营的风格高度敏感，以避免存款损失。

(二) 购买负债管理理念阶段

20 世纪 60—80 年代，银行业提出将负债看作可以主动“购买”的资金来源的新型理念。在银行业受到严格价格管制的同时，各国金融市场得到了充分发展，对银行存款构成竞争压力，而且各国普遍的高通胀率使得银行存款的实际利率为负，导致社会资金出现“脱媒”。为了谋求生存，银行业掀起了“金融创新”的热潮，其产品创新最为突出的取向是，以隐形和显性的方式提高实际利率，突破监管当局对存款的价格限制，变被动为主动。这一行为的普遍性迫使西方各国相继放弃利率管制，实现了以利率放开为主要特征的金融自由化。购买负债的管理理念的核心思想和经营手段可概括如下：

1. 银行在负债资金的获取中并非完全限于被动，可以通过主动性负债获取资金，并以此改变银行资金配置管理的模式，通过购买资金来维持银行的流动性，甚而支持资产的扩张。

2. 银行购买资金的范围十分广泛，公司客户和私人客户的存款均可理解为购买对象。

3. 直接或间接提高各类负债产品的价格是实现购买资金的主要手段。银行为突破或绕过利率管制而推出的创新产品有大额可转让定期存单、可转让支付命令账户等。在利率管制放开后，存款产品要素的创新空间大为扩展，各类提高价格吸引力的新产品层出不穷。

4. 盈利能力和信用风险是银行经营管理的重心。以提高价格和主动购买的方式获取存款，在使银行业摆脱“脱媒”的生存压力的同时，也相应提高了银行业的资金成本。这势必会导致主要依赖利差收入的银行业盈利水平下降，维持盈利能力的压力迫使银行提高贷款利率，而高利率的贷款定价又在客户群的开发中导致更多的“逆选择”行为。与此相应，信用风险管理在银行管理中的重要性得到显著提升。

(三) 负债营销管理理念阶段

在利率自由化和取消保护性管制之后，银行以提高利率争取存款的效果趋于弱化，同业之间的恶性竞争也迫使银行承担了很高的风险，这种粗放式价格战的“红海竞争策略”不再受到银行的追捧。银行业整体回归理性，以奉行科学管理为导向。20 世纪 90 年代中后期，银行业将已在工商业运用成功的市场营销理念和策略引入存款管理，并迅速得到推广。

银行存款营销的核心理念是，通过满足客户多样化和不断变化的需求，向其提供更有针对性的产品和良好的售后服务，以期最大限度地争取客户和资金来源。概括而言，以营销理念为导向的存款管理过程包括以下几个主要环节：

1. 市场机会分析。银行根据自身特点和相对优势，结合宏观经济形势变化、产业调整对银行未来市场的影响，分析存款竞争的市场机会。

2. 市场细分。银行对庞大的客户群体加以细分，个人客户可根据收入、职业、年龄等标准进行分层，企业客户可按行业、规模等划分类别。银行以客户分类识别为基础，研究不同类型客户的特殊或具体需求。

3. 运用 4Ps 营销组合理论，有针对性和高效率地完成对潜在存款人从选择、生产到销售的全过程。(1) Production：有针对性地开发存款产品和服务，套餐型附加服务、灵活的存款期限、便捷的存取方式等均成为存款产品设计的着眼点。(2) Price：对不同类型的客户和存款品种采取与之匹配的定价策略。(3) Place & Distribution：确定高效的渠道和分销方式，将产品和服务的功能及特征有效地传递给客户。(4) Promotion：根据市场定位和客户细分进行产品和服务的促销。

4. 售后服务和信息反馈。银行需要提供良好的售后服务，主动获取并倾听客户的反馈，以便在下一轮营销中不断改善。

在营销管理理念导向下，银行存款管理从简单粗放式向精细化范式转变。

(四) 财富管理理念阶段

自进入 21 世纪以来，财富管理(wealth management)成为金融服务业中成长最快的板块。财富管理理念几乎从根本上颠覆了银行传统的存款管理和运作模式，涵盖并超越了传统个人存款业务的范畴。

学术界和实务界关于财富管理尚未形成统一的定义，其基本认同的广义定义是：“财富管理是为个人及其家庭提供的金融服务”；狭义的定义是：“财富管理是向富裕客户提供的金融服务”。财富管理作为针对个人特定需求而推出的专业化服务，是银行对存款管理内涵的重新诠释。基于这一新型理念，存款不仅是为满足客户的服务需求，也承载着客户的投资需求，大额存款客户具有较高增值的要求，超出一般存款利息的标准。为此，银行推出了具有衍生投资功能的存款品种，例如股价指数定期存单、掉期存款等。一些大客户甚至不满足于存款收益的大幅增值，而是要求银行提供他们所需要和可以想象的一切金融和非金融服务。

财富管理理念的兴起源于经济增长、个人收入的增加、富裕阶层的形成或收入分布差距的拉大、股票和房地产等资产价格上升、混业经营与金融产品多元化等多种因素的推动，它不仅显著提升了个人金融服务的技术含量，也对银行专业化服务的深度和整合各类金融服务之宽度的能力提出了很高的要求。

纵览存款管理理念的发展历程，每一个后出现的阶段都是对前一阶段的“扬弃”，在汲取精华的同时，基于银行经营环境的变化，适时创新。

三、存款增长的环境和稳定性分析

银行在开拓存款来源的同时，也需要关注存款增长的稳定性，这对银行主动合理安排资金的运用和降低流动性风险具有重要意义。存款增长的环境和稳定性分析构成存款管理中不可或缺的环节。

(一)存款增长的环境分析

影响银行存款增长的外部原因很多，主要有以下几方面因素：

1. 趋势性因素。社会经济的长期发展趋势，如人口迁移、技术进步、消费行为的变化和经济结构的调整等，都会对银行存款能否稳定增长产生很大影响。

2. 季节性因素。自然气候、社会风俗和习惯等可能会使银行存款规模的波动表现出鲜明的季节性特征。例如，在作物种植和生长季节，处于农业地区的银行存款余额因农户提取而大量减少，到收获季节正好相反。在以旅游业为经济支柱的地区，银行存款也会随淡旺季而上升或回落。在重大的传统节日前，居民储蓄和企业存款都会减少或增幅下降，节后则重新回升。

3. 周期性因素。受经济周期的影响，银行的存款变化也会具有周期性的变动规律。在经济繁荣的高潮时期，存款趋于上升；而在经济萧条时期，又可能大幅下滑。

4. 临时性因素。意想不到的突发事件可能会导致银行存款急剧波动，如对银行不利的谣言、大客户巨额提存等。

5. 市场价格因素。市场利率水平的波动通常会对存款供给产生直接影响。比如，当存款利率持续下降，而债券股票等投资工具的收益率相对上升时，必然会导致银行存款资金严重分流。许多银行零售存款直接转移到资本市场或投入共同基金之中后，其中的一部分又会以批发存款的形式重新回存银行，从而使银行存款规模不断变动。

此外，银行存款规模波动可能是因为货币政策取向的调整、国际金融市场形势变化所致。同时，银行自身的服务质量、社会信誉等也是影响存款稳定性的重要因素。

(二)存款增长的稳定性分析

银行对存款管理绩效的考核不应简单地以存款规模作为考评指标，而应更注重存款能否持续稳定地增长。存款增长的稳定性分析通常采用以下指标：

1. 平均余额

发达国家银行大多采用平均余额考核法，即考核下级行在一定期间内的存款日均余额。我国银行曾经对存款采取时点余额考核法，以月末、季末和年末日为考核日。这种以一个时点上的存款余额来判断下级行是否完成存款计划目标的做法缺乏实际意义，助长了短期行为和虚报之风，加剧了考核时点前后的存款规模波动。为了达到考核要求，基层行可能采取延迟支付、以贷转存、理财产品和同业业务倒存等手段虚假增加存款。

为督促国内银行改进存款稳定性管理，2014年，银监会规定商业银行不得设立时点性存款规模考评指标，并设置存款偏离度不得超过3%的监管要求①，以此约束银行存款“冲时点”的行为。

2. 核心存款比率

核心存款比率是指银行的核心存款与总资产的比率。银行可以根据存款的稳定程度对其存款结构进行分析，将存款分解成以下层次：

(1)核心存款(core deposits)，是指对利率变化不敏感，也不随经济环境和季节、周期变化而变化，相对比较稳定的存款。以积累财富以备远期消费为目的的储蓄存款、追求资金安全的保管性定期存款、有特定用途的专项存款等品种在约定期限内一般不会提前支取，属于稳定性较强的存款。小额存户对银行忠诚度较高，其存款通常也较为稳定。核心存款在近期内的提取概率很小，银行无需为之保留较多的准备头寸，故而是形成银行中长期和高盈利资产的主要资金来源。核心存款比率越高，表明银行存款稳定性越强，流动性压力越小。

(2)非核心存款(non-core deposits)，也称易变性存款或波动性存款(volatile deposits)，包括季节性存款和脆弱性存款。季节性存款在美国又被称为波动性账户，这类存款的存取有明显的季节性规律。脆弱性存款是对利率等外部因素非常敏感的游资，一旦经济环境发生对银行不利的变化就会大量流失。不稳定的存款随时可能被提取，因而需要大量流动性储备作为支付保障，可用度自然下降。

为提高存款稳定性，银行应争取增加核心存款的比重和延长波动性存款的占用天数。为此，银行可以通过调整客户结构的方式分散来存款资金来源。在存款总量一定的情况下，存户越少，个别大客户的存款波动对银行总体存款稳定性的影响越大，因而银行应适当发展中小企业客户，重视个人存款业务。同时，银行更需要通过提高服务水准来巩固客户关系。只有以高效优质服务为依托，银行方能与客户长期保持良好密切的关系，建立一个稳固的核心存款基础；反之，劣质服务不但无法吸引新客户，甚至老客户的存款也会转移和流失。银行也应把握存款相对于其他替代投资品的比较优势，着力宣传存款安全可靠、支付便利的特点。根据市场利率走势适当调整存款利率也是维持存款规模的一种选择，但银行必须考虑到由此可能引发的利率战所导致的不良后果。归根结底，银行的经营实力、资信状况和市场口碑是保证存款稳定的基础，急功近利的短期行为无法使存款持续稳定增长。

附录：存款保险制度

存款保险制度是旨在保护存款人利益、维持金融体系稳定的一种制度安排，要求接受存款的金融机构为其吸收的存款向存款保险机构投保，当投保机构发生危机无力支付存款时，由存款保险机构向其提供财务援助或直接对存款者给予偿付。

---

① $$月末存款偏离度=\frac{月末最后一日各项存款-本月日均存款}{本月日均存款}\times 100\%。$$

美国是率先创建现代存款保险制度的国家。1929年，美国遭遇空前严重的经济危机，引发了银行连锁倒闭的风潮，存户损失惨重。为了使存款人的债权安全不受银行破产的冲击，恢复公众对银行体系的信任，美国国会于1933年通过了《银行法》，成立联邦存款保险公司(FDIC)，并规定联邦储备系统的会员银行必须参加存款保险，自此建立了存款保险制度的基本构架。美国在建设和完善存款保险制度的过程中积累了大量经验，为其他国家提供了参照。目前，世界上已有110多个国家和地区建立了存款保险制度。各国存款保险制度的建立虽然基于相似的动因，但因各自经济金融制度、历史传统、经济金融发展水平等因素的差异，在诸多方面又有所不同。

1. 存款保险机构的组织形式

由于存款保险不同于普通的财产保险，各国存款保险机构均以维护金融体系安全与稳定为己任，基本不以营利为目的。存款保险机构的组织形式大致有三种类型：

一是由政府出资建立。美国1933年银行法规定由联邦政府和联邦储备系统为FDIC提供创办资金①。加拿大、巴西、阿根廷、智利、肯尼亚、尼日利亚、巴拉圭及委内瑞拉等国的存款保险机构亦由官方举办。

二是由政府和金融机构共同组建。日本存款保险公司(DICJ)由政府、日本银行和民间金融机构联合提供初始资本金。荷兰、比利时、哥伦比亚、菲律宾及土耳其等国家的存款保险机构亦由政府和银行公会合办。

三是在政府支持和督导下，由银行同业公会建立的民间存款保险机构(保险基金)。德国的存款保险体系由私营商业银行业存款保险基金、储蓄银行业存款保险基金、信用合作社保险基金构成，由各有关行业公会管理和经营。英国和法国也属于类似模式。有些国家是由银行业协会的会员银行间相互担保或订立损失分担协议来建立存款保护制度，如瑞士和奥地利。

2. 存款保险的参加原则

各国金融机构的参保原则与存款保险机构官办或非官办的组织性质之间并不存在必然联系，总体上可归纳为三种情况：一是强制投保，凡符合条件的存款性金融机构必须参加保险。日本、英国、加拿大、哥伦比亚、印度、尼日利亚、菲律宾、土耳其及委内瑞拉等国实行强制投保。二是自愿投保，允许存款性金融机构自愿参加。奉行自愿原则的国家有德国、意大利、荷兰、阿根廷、智利及巴拉圭等。三是强制与自愿相结合的投保原则。美国1933年银行法规定联邦储备体系的会员银行必须参加存款保险，非联储会员的州银行及其他存款机构可自由决定是否参加存款保险。巴西等国家也对不同金融机构区别对待，规定综合性商业银行必须参保，其他存款性金融机构则自愿参加。

事实上，存款保险制度一旦建立，对于所有存款性机构都有一定的客观强制作用。由于存款保险为存款安全提供了保障，使之成为银行存款竞争的一个重要条件，特别是规模较小的银行，如果不参加存款保险，在与大银行竞争中会处于不利地位。即便没有

① FDIC最初的资本金由财政部与联邦储备银行提供，但后来又将资本金归还，在财务上完全属于参加该公司的成员银行所有。

强制约束，大多数存款性机构都会选择参保。

3. 存款保险的承保范围

关于存款保险承保对象的国别范围，大多数国家以领土为界，保险对象除包括本国境内的银行外，还包括外国银行在本国开设的分支机构和附属机构，但不包括本国银行在国外的机构。关于存款保险标的范围，各国规定也不尽相同。多数国家的存款保险都包括本币和外币存款，有些国家则不保护外币存款。同时，一些国家对银行间同业存款、一定期限以上的定期存款和可转让大额定期存单等不予保险。

4. 保险费率的设置

各国采用的保险费率有单一费率和差别费率之分，前者不考虑投保银行的风险状况，后者则与投保银行风险水平挂钩，风险高则费率高。单一保险费率和银行经营管理水平、资产风险状况无关，客观上鼓励银行从事冒险经营。相比之下，有弹性的差别费率是比较理想的选择。美国 FDIC 基于 CAMELS(“骆驼评级”)标准，设计了与风险关联的保险费率制度。

5. 存款保险的额度

除个别国家(如挪威)实行无限承保制外，大多数国家都规定了承保的最高限额，既可对储户提供一定保障，又可通过让大额存款人承担部分损失的方式迫使其关注银行的经营状况，发挥市场选择和监督机制的作用，减轻存款保险机构的压力。受经济发展水平和居民储蓄状况及保险制度的完善程度的影响，各国设定的保险限额不同，同一国家不同时期的保险限额也并非固定不变。美国 1980 年规定对每个账户的存款保险赔偿金最高不超过 10 万美元。2008 年次贷危机暴发，存款保险赔付限额提高至 25 万美元。

6. 存款保险机构的职能

各国存款保险机构的职能可分为四种类型：一是“付款箱”型，仅具备存款保险赔付的单一职能，如英国和澳大利亚；二是“强付款箱”型，除保险赔付外，还向高风险银行提供流动性支持，为银行重组提供融资等；三是“损失最小化”型，存款保险机构制订银行资产负债处置方案，实现处置成本最小化，如法国、日本、俄罗斯；四是“风险最小化”型，存款保险机构兼具金融监管、紧急救援和关闭处理等多重职能。FDIC 是美国银行监管体系的重要组成部分，评价和监测投保银行的风险，对存在严重问题的银行可勒令其停业整顿或终止其被保险人资格。对于濒临倒闭的“有问题金融机构”，FDIC 可以物色并出资支持经营良好的银行兼并收购问题银行。在寻找到合适的买主之前，FDIC 可短期接管该银行。

存款保险制度的理论基础是有助于避免“囚徒困境”问题导致的银行挤兑风潮，能有效地防止单个银行倒闭的局部风险演化为银行系统风险。然而，存款保险制度也因其隐含的各种问题而备受争议。一些学者指出，存款保险制度会导致道德风险，其结果可能是更多的银行破产和更频繁的系统性银行危机。对于存款保险制度的潜在缺陷，其支持者主张通过设计科学合理的存款保险体系，以最大限度减弱其负面影响。美国 1991 年出台的《联邦存款保险公司改进法案》就是对原有制度的修正。该法案要求 FDIC 设计一个将保险费率与银行资本充足率或资产风险联动的风险敏感性费率方案，鼓励银行充实资本或降低经营风险；限制以往奉行的“大银行不能倒闭政策”，以减少大银行的道德风险；强化对银行的有效监督和早期纠正，避免监管当局在问题银行处理上的滞后性。

长期以来，我国虽未建立存款保险制度，但实际上存在着基于政府担保的“隐性存款保险”。1993 年，《国务院关于金融体制改革的决定》提出我国应建立存款保险基金，保障社会公众利益。2013 年《关于全面深化改革若干重大问题的决定》明确要求“建立存款保险制度，完善金融机构市场退出机制”。2015 年，《存款保险条例》正式施行，存款保险的最高偿付限额为 50 万元，存款保险费率由基准费率和风险差别费率构成，目前由人民银行承担存款保险基金的管理。

第二节　借款管理

银行传统的资金来源主要是存款，20 世纪 60 至 70 年代后，随着负债管理理念逐渐在西方银行业中盛行，银行开始更多地利用其他渠道主动借入资金以满足流动性需要，借款在银行资金来源中的地位日趋重要。银行借款的目的不仅是平衡资金头寸，同时也是为了支持资产规模扩张。由于单纯依靠存款的自然增长满足不了快速增加的信贷需求，为了维持与优质客户的良好关系，银行迫切需要开辟多元化的非存款融资渠道，缓解信贷资金的供求矛盾。

一、借款对银行的意义

与存款相比，银行通过借款筹措资金可以规避当时严格的存款利率上限管制，而且不需交纳存款准备金和存款保险费，但借款作为管理型负债的积极意义和深远影响并不仅限于此，这种筹资方式使商业银行的负债管理更具主动性和灵活性，银行由此能够更加自如地统筹资金来源与资金运用，以便把握盈利机会。

首先，银行可以根据实际需要合理地控制借款规模和期限结构。存款数量多少、期限长短主要由存款方的意愿主导，而借款的主动权则掌握在银行手中。

其次，银行可以精确地安排借入资金的运用及偿还计划。存款的提取有相当大的不确定性和不规则性，而借款合约对偿还期限和金额的约定十分明确，一般不能要求提前偿付。由于借款资金的稳定性强，为银行预测债务偿付的流动性需求提供了便利，从而可以提高借款资金使用效率。

而且，借款突破了银行现有存贷关系的束缚，筹资范围更加广泛，不受银行所在地区资金状况和银行网点分布的限制。银行可以随时购买资金以获得流动性供给，从而得以减少对低收益高流动性资产的持有，将释放出来的资金用于贷款和投资。

二、借款的种类

银行有多种可供选择的借款方式，总体上分为从货币市场借入资金和在资本市场上发行债券两类途径①。商业银行可以向其他银行和非银行金融机构以及非金融企业借入资金，或是从中央银行获得资金支持，既可以在国内借贷，也可以通过国际金融市场融资。

(一)同业拆借

同业拆借是商业银行与其他金融机构之间的临时性借贷行为，是银行最为便捷的借款方式之一。

1. 同业拆借的产生

同业拆借最早源于法定存款准备金制度。中央银行规定商业银行存放在中央银行的准备金存款不能用于放贷、投资等营利性业务，而且一般不计利息或利率较低。商业银行为减少机会成本损失，可以将超过法定准备金的超额储备拆借出去，而头寸或准备金不足的银行则需及时拆进资金。随着同业拆借的发展，货币中心银行逐渐成为净借款方，它们不再只是调剂短期资金余缺，而是借助循环拆借的方法将拆入资金作为一种长期资金来源，以此作为支撑扩大信贷能力，而中小银行由于缺乏信贷机会，通常作为净拆出方对大银行拆出富余资金。

2. 同业拆借的交易方式和类型

拆借双方可以直接联系并协商成交。小银行由于拆借规模不大，通常以大银行作为代理银行。这些代理银行往往是双边报价的造市商，同时买进并卖出拆借资金。拆借经纪人或短期融资公司等专门中介机构也可以充当资金供求双方的媒介。虽然直接交易的成本较低，但通过中介机构进行拆借，不仅可以降低搜寻成本、提高交易效率，还有助于保障同业拆借的秩序和安全。

拆借按期限分为三种类型：一是隔夜拆借，即“日拆”，双方一般通过电话、电传或网络沟通，不签订书面合同；二是指定日拆借，在书面合同中预先确定某日为清算日期，期限一般为1天以上、1年以内，中途不得解约或延期；三是续期拆借，这是一种期限较为自由的拆借方式，一般当日借次日还，但若拆借双方都不发出要求收回或返还的通知就自动展期。在融资期限很短的情况下，为方便交易，拆借双方大多在良好的资信和法律规范的基础上进行信用拆借，倘若彼此缺乏了解或借方信用不足、借贷时间较长，可采用有担保拆借方式。

3. 同业拆借的价格与运作过程

同业拆借利率由借贷双方根据市场资金供求状况、拆借者的信誉和实力以及拆借期限自行协商确定。同业拆借由于违约风险低，且拆借利率能较灵敏地反映金融系统头寸或银根的松紧情况，可作为其他金融工具定价的基础利率。伦敦银行同业拆借利率(Libor)因伦敦国际金融中心的地位及其严格规范的形成程序而成为国际上广泛使用的基准利率，具有代表性的还有纽约同业拆借利率(Nibor)、香港同业拆借利率(Hibor)和新加坡同业拆借利率(Sibor)等。

同业拆借一般通过商业银行在中央银行开立的存款账户进行资金划转，拆出行通知

① 以债券形式筹集的长期资金只要符合有关规定，可以作为附属资本的组成部分。

中央银行将款项从其存款账户转到拆入行账户。中央银行贷记拆入行的账户，同时借记拆出行的账户，借款到期后，再将资金本息划回拆出行。

4. 我国银行间同业拆借市场的形成与发展

我国银行间同业拆借活动始于1984年，中国人民银行提出“实贷实存，相互融通”的新型信贷管理体制，鼓励银行间利用资金的行际差、时间差、地区差进行拆借。1986年，国务院颁布《中华人民共和国银行管理条例》，明确规定专业银行之间可以相互拆借，同业拆借市场得以正式启动，在全国范围内形成了以上海、武汉、重庆和广州等城市为中心的有形市场。此后，中国同业拆借市场的发展经历了一个颇为曲折的过程。在经济过热和通货膨胀的背景下，拆借市场出现严重违规现象，大量短期拆借资金被用于房地产投资、炒股票，或实业投资，延长拆借期限，哄抬拆借利率，扰乱了金融秩序。而且，市场存在系统分割和地区分割，降低了融资效率。为了从根本上纠正同业拆借市场的混乱现象，中国人民银行于1995年撤销各商业银行及其分行开办的融资中心等同业拆借中介机构。1996年1月，依托全国外汇交易中心提供的电子交易系统，全国统一的同业拆借市场在上海建立，全国银行间同业拆借中心作为市场中介组织，为市场参与者提供服务。中央银行在加强对交易主体市场准入及交易行为规范的同时，于1996年6月取消了对同业拆借利率的上限管制，确立了交易双方自由议价的市场机制。“全国银行间同业拆借利率”(Chibor)是各交易品种每笔交易利率的加权平均。

1996年建立的全国银行同业拆借交易系统最初包括两级交易网络①。1998年，融资中心退出拆借市场，二级网络宣告终止。此后，中央银行在增加入市主体、完善相关法规等方面积极推进同业拆借市场建设，先后批准符合条件的商业银行分行、证券公司、投资基金以及其他类型的非银行金融机构和外资银行进入全国银行间拆借市场，并于2002年将市场准入由审批制改为核准制。同业拆借市场成员的数量不断增多，类型更加广泛，交易规模日趋扩大。2007年，全国银行间同业拆借中心发布“上海银行间同业拆借利率”(Shibor)，旨在将之培育为公认的中国金融市场基准利率。

目前我国金融机构间同业拆借全部在无形市场上进行，交易双方可以通过数据专线及其他通信方式进行格式化的报价、询价，就各种交易要素进行多轮对话磋商，最后确认成交。2000年，全国银行间同业拆借中心推出中国货币网，开辟了报价窗口，使网上报价服务从专线网延伸到互联网，为市场成员拓宽了联系桥梁。同时，拆借中心也加强了市场成员资信和相关情况的信息披露，并设置了交易成员之间提供资信信息的定向通道。

(二)转贴现

贴现是票据持有者将未到期的票据交给银行，银行按票据面额扣除贴现利息后，将

① 进入一级网络的交易主体是经中央银行批准、具有独立法人资格的商业银行总行和中央银行各省市分行组建的融资中心，以及全国性金融信托投资公司；二级网络由35家融资中心组成，交易主体为各商业银行总行授权的分支机构以及在各地人民银行开立账户的信托投资公司、城乡信用合作社、金融租赁公司、企业集团财务公司、保险公司等非银行金融机构。

票面余额付给票据持有人的买进票据的行为。贴现实际上是银行的一种短期放款，票据持有人提前取得现款，而银行垫付了资金，票据到期后贷款便可收回，如果票据债务人违约，银行可以向前手追索。当银行资金紧张、周转发生困难时，可将已经贴现但尚未到期的票据转让给另一金融机构，要求给予转贴现，以取得资金融通。由于转贴现涉及的关系人较多，手续复杂，法规对其一般有较严格的规管。我国规定转贴现期限最长不得超过6个月，商业票据应以真实、合法的商品交易为基础，转贴现利率由双方自由协定。

（三）向中央银行借款

在各国金融体系中，中央银行都充当着最后贷款人的角色。中央银行主要通过再贷款、再贴现、逆回购操作和结构性货币政策工具向商业银行提供信用支持，同时也是中央银行执行货币政策、调控货币供应量和利率的重要手段。

1. 再贷款

再贷款是指中央银行向商业银行提供的信用贷款①。我国商业银行通过再贷款从人民银行获得的借款可分为下列种类：

第一，年度性借款，主要用于解决商业银行因经济合理增长而引起的信贷资金不足，期限一般为一到两年。实际上，这部分借款是中央银行在年度内为商业银行增拨的可较长时期占用的基础货币。这部分贷款指标目前控制在中国人民银行总行，由商业银行总行统一向中国人民银行总行借款和还款。

第二，季度借款，主要解决商业银行因信贷资金先支后付或存贷款季节性变化等因素导致的暂时资金不足。该项借款期限一般为两个月，最长不超过四个月，也是由商业银行总行统一向人民银行总行借款和还款。中国人民银行对这种贷款的管理原则是"合理供给，确定期限，有借有还，周转使用"，即中国人民银行根据商业银行业务经营的实际情况和宏观金融调控的需要适当地发放这种贷款，在规定的额度和期限内，商业银行可反复借还使用。

第三，头寸借款，主要解决商业银行因汇划款项未达或遇到意想不到的存款提取或借款需求突增情况而造成的临时性资金短缺。这种调剂性借款的期限多在10天以内，最长不超过20天，金额相对较小，贷款次数较频繁。商业银行省分行可直接向中央银行分行借款，但不得超过商业银行总行规定的数额和期限。

2. 再贴现

再贴现是指商业银行将未到期的已贴现商业票据向中央银行转让，从而获得资金融通的行为。中央银行除对商业银行进行审查外，还对票据质量、期限及种类有严格要求，并根据货币政策调控的需要适时调整再贴现率和再贴现限额。

美国联邦储备银行通过贴现窗口对商业银行提供三类贷款：一是短期调整贷款（short-term adjustment loan），帮助商业银行解决存款意外流出或其他突发原因引起的短期流动性需要，通常是隔夜借款；二是季节性贷款（seasoning borrowing privilege），协助

① 此处是指狭义的再贷款，广义的再贷款是中央银行对金融机构贷款的总称。

小银行解决存贷正常季节性变化产生的资金需要，如主要为农业或旅游业服务的银行通常符合借款条件；三是延期贷款(extended credit)，用于救助那些因存款持续外流而面临资金困难的银行。借款银行需提供贴现窗口认可的担保品，包括合格商业票据、美国政府债券等。

我国再贴现业务起步较晚，1986年，国有专业银行正式开办票据承兑和贴现业务，人民银行则开办了再贴现业务。再贴现窗口设立于中国人民银行总行，受理、审核、审批各银行总行的再贴现申请，并经办有关的再贴现业务。中国人民银行各一级分行和计划单列城市分行设立授权再贴现窗口，受理、审查，并在总行下达的再贴现限额之内审批辖区内商业银行及其分支机构的再贴现申请。中国人民银行对各授权窗口的再贴现实行总量控制，并根据金融宏观调控和结构调整的需要，不定期公布优先支持的行业和产品目录。中国人民银行再贴现的期限在6个月以内。

3. 逆回购

中央银行逆回购是指中央银行向作为一级交易商的商业银行购买有价证券，并约定在未来特定日期将有价证券卖还给一级交易商的交易行，其实质是商业银行以债券作为质押品向中央银行融资①。中国人民银行在1998年建立公开市场业务一级交易商制度，通过开展逆回购操作，向市场释放流动性，期限主要为7天和14天。2013年，中国人民银行推出短期流动性调节工具(short-term liquidity operations，简称SLO)，通过7天期以内的超短期逆回购交易，向商业银行提供短期融资。该工具通常在银行体系流动性出现临时性波动时相机使用。

4. 结构性货币政策工具

传统理论认为货币政策作用于宏观经济总体，具有总量性特点。2007年国际金融危机爆发后，主要经济体中央银行尝试使用“结构性”货币政策工具，通过定向操作引导信贷资金流向实体经济和特定领域。美联储推出固定期限贴现窗口计划(term discount window program，简称TDWP)、定期证券借贷便利(term security lending facility，简称TSLF)、商业票据融资工具(commercial paper funding facility，简称CPFF)、定期资产支持证券贷款工具(term asset-backed securities lending facility，简称TALF)等。欧洲央行、英国和日本央行也推出了类似工具。

中国人民银行从2013年开始推出多种结构性货币政策工具，主要有：(1)常备借贷便利(standing lending facility，简称SLF)，当商业银行流动性不足时，可以向人民银行“一对一”申请抵押贷款，抵押物为高信用评级的债券或者优质资产，期限为1~3个月。(2)中期借贷便利(medium-term lending facility，简称MLF)，期限为3个月至1年，银行可以通过质押有价证券获取贷款。(3)定向中期借贷便利(targeted medium-term lending facility，简称TMLF)，根据银行对小微企业、民营企业贷款的增长情况，向其提供长期稳定资金来源。(4)抵押补充贷款(pledged supplementary lending，简称PSL)，商业银行以合格抵押品向中央银行借款，期限为3年至5年。(5)信贷质押再贷款，商业银行可以将评级结果符合标准的信贷资产作为质押品。

---

① 具体介绍参见下文的“回购协议”。

(四)回购协议

银行可以将其拥有的高流动性证券暂时出售给其他金融机构、中央银行、工商企业或政府，并承诺在指定日期以约定价格重新购回证券。回购协议的实质是有担保的短期资金融通。回购利率具体取决于抵押品的品质、回购期限、交割方式等，一般低于无担保同业拆借利率。回购协议可以是隔夜回购，也可以是长达数月的隔期回购，还可以采用约定自动展期的可续协议。在美国市场上，虽然回购协议一般至少是100万美元的大额批发交易，但是近年来也出现了10万美元以下的零售交易。

回购协议为借款银行提供了一种有效的筹资方式，银行可以不必因急于变现而在市场低迷的情况下放弃对优质债券资产的持有；由于有约定回购价格，银行还可以避免回购证券时市场价格上升而造成的损失，而且在协议有效期内证券的利息收入仍归属银行。虽然回购协议的抵押品质量较高，但并非完全没有违约风险。如果回购交易后证券价格下跌，逆回购方拥有的抵押品价值就会低于贷款价值；如果证券价格上升，回购方则会担心抵押品的收回，因为这时其市场价值高于贷款价值。对此，回购协议可以进行更为精巧的设计，一种做法是贷款金额少于证券的市场价值，这为贷款者在证券价格下跌时提供一定缓冲，证券市值高于贷款价值的部分相当于“保证金”。

我国的国债回购交易是1993年后逐步开展起来的。最初，国债回购采取场外交易的方式，集中在地方性证券交易中心。自1995起，上交所和深交所的国债回购交易开始迅速增长。1997年，中国人民银行发布《银行间债券回购交易暂行规定》和《禁止银行资金违规流入股市》的规定，将回购市场分割成两个独立的市场：一个是通过交易所进行，由券商、公司、个人投资者参与的国债回购市场；一个是通过全国银行间拆借市场，主要由银行和其他金融机构参与的债券回购市场。由于回购相对于信用拆借安全度较高，已成为银行间市场中最为活跃的交易品种。2000年，全国银行间债券市场的机构参与者签署了债券回购主协议，使市场参与者有了一个共同的游戏规则，对于规范市场操作、控制结算风险、促进交易活跃有着重要意义。债券回购的交易对象主要是国债和政策性金融债，2002年和2003年，上交所和深交所分别推出企业债券回购交易。

(五)大额可转让定期存单

大额可转让定期存单(CD_s)是银行发行的，记载了固定金额、期限和利率，并可转让流通的存款凭证，由美国花旗银行首创①。20世纪50年代后期，美国货币市场利率不断上升，而银行存款利率受美联储Q条例的限制，无法采用竞争性利率，使银行的筹资能力受到制约。为规避管制，在证券经销商的支持下，花旗银行于1961年开始发行可在二级市场上转让的定期存单。由于大额定期存单利率较高，且存单持有人需要现金时可以在市场上将其售出，因而广受欢迎，迅速成为大公司、地方政府及富有阶层的重要投资工具。大额可转让定期存单不仅为投资者提供了流动性，而且有固定到期日，

① 大额可转让定期存单实质上是一种银行本票，它的问世被公认为银行业负债管理革命迈出的第一步，故也在借款中予以介绍。

客户不会提前支取，也增加了银行资金来源的稳定性。在利率管制放开后，目前大额定期存单既可以是固定利率，也可以采用浮动利率。具有历史意义的是，这种兼具存款与投资双重性质的混合型债务工具，使银行从过去被动吸纳存款转变为主动出售债务产品，使银行经营理念发生了重大转变。

中国银行业发行大额可转让定期存单始于1986年。最初只有交通银行和中国银行发行，1989年以后，其他银行也陆续开办此项业务。1989年，中国人民银行出台《大额可转让定期存单管理办法》，对发行人、发行对象、面额、期限、利率、发行方式、流通转让、存款准备金缴纳等作了具体规定。虽然大额存单因利息收益高受到投资者的欢迎，但国内银行的大额存单发行量有限，而且与国外相比，面额较小，二级市场很不活跃。大额存单只是银行竞争存款市场份额的应急措施，而未成为经常性负债管理手段，加之人民银行对其施加利率上限管制，使之相对优势并不突出。随着宏观经济降温，国内银行业对资金运用趋于谨慎，1997年，大额存单暂停发行。2015年，在加速推进利率市场化进程的背景下，中国人民银行公布《大额存单管理暂行办法》，允许银行发行大额存单，个人和机构投资人认购起点金额分别不低于30万元和1 000万元，期限包括从1个月、3个月至5年等9个品种，发行利率以市场化方式确定，存单可通过第三方平台转让。与传统存款相比，大额存单具有良好的流动性和较高的利率，和非保本理财产品相比，纳入存款保险的大额存单安全度更高，对机构投资者和高净值人群具有一定吸引力。

（六）商业票据

商业票据是信誉良好的工商企业和金融机构发行的短期期票，20世纪60年代后期成为银行筹集资金的重要形式。虽然许多国家的银行法规定商业银行不能直接发行商业票据，但西方银行往往利用它们的持股公司，或者设立附属公司发行商业票据，并将所得资金用于贷款和投资。国外商业票据的面值一般以10万美元为下限，500万美元或者1 000万美元的面额更为流行，期限以30天到270天为主。

（七）欧洲货币市场借款

西方各国银行在国际金融市场上的借款活动多在欧洲货币市场进行。欧洲货币市场既不受交易货币发行国的管制，也较少受到交易所在国的约束，在税收、利率、存款准备金等方面的负担或限制均较国内宽松，这对于巨额资金需求者是一个理想的筹资场所。从20世纪60年代末开始，欧洲货币市场借款即成为商业银行重要的融资途径，当时油价上升，石油输出国由此获得了丰厚的收入，并将之存放在欧洲银行，为了争揽这部分极为可观的石油美元，各国商业银行纷纷在欧洲各金融中心设立分支机构，积极参与欧洲货币市场的资金交易。20世纪70年代初，离岸金融市场向亚洲、北美和拉美地区扩展，现在广义的欧洲货币市场早已超出欧洲的地域范围，不仅包括伦敦、巴黎、法兰克福、卢森堡等欧洲金融中心的离岸市场，而且也包括中东、亚洲、美国、加拿大和加勒比地区的离岸市场。

短期资金借贷是欧洲货币市场最主要的业务，期限短可1天，长可1年，一般为

7 天至 3 个月。借贷活动一般不签署书面合同，亦无需提供担保品，交易通过电话或电传就可以协商完成。借款利率由交易双方依据 LIBOR 为基准具体商定，借款金额一般以百万美元为起点单位。跨国银行的总行与海外分行之间的借贷活动是沟通国内资金市场与欧洲货币市场的重要渠道，大量欧洲美元资金经由海外分行流向总行。无国外分支机构的银行也可向大型国际性银行借款，此时银行间借贷欧洲货币的过程经过代理系统完成，借出行指示一家拥有其存款的代理行将欧洲货币贷款款项转到借入行相应账户上，当贷款到期后，代理行的会计分录作反向调整。

跨国银行还通过发行欧洲货币存单吸收短期资金，买者主要是跨国公司、非银行金融机构和其他跨国银行及地区性银行。这些存单的期限从几天到 1 年，亦有 1 年以上的，欧洲美元存单原本多为固定利率，20 世纪 70 年代，银行开始引入浮动利率定期存单，以保护银行自身和欧洲货币存款者免受利率波动的损失。在银行同业市场发行的大额欧洲货币存单称为“直接发行存单”（TAP CDs，又译为“整售存单”），面向广大投资者发行的小额欧洲货币存单称为“份额存单”（tranche CDs，又译为“分档存单”），它们都有活跃的二级销售市场。

（八）金融债券

银行根据资金运用的项目需要，有针对性地发行约期付息、定期还本的债务凭证，以筹集中长期资金。金融债券信用等级较高、投资风险小，不但收益率一般高于同期存款利率，而且有一定流动性，故而对投资者颇具吸引力。银行发行的金融债券根据筹措的资金能否计入银行资本，可以分为资本性金融债券和一般性金融债券，其差别主要是前者的求偿还权列在存款人之后，如属于次级债券的资本票据和资本债券。除此之外，由于商业银行的金融债券广义上也属于企业债券，因而与普通工商企业债券的种类划分并无本质差异。

金融债券的利率根据债券市场资金松紧、借款银行的信誉、债券发行总额、币别以及期限而定，一般低于同类企业债券利率。鉴于这种资金来源的长期特性，债券利率也成为体现发行银行风险状况的指示器，陷入困境的银行不得不以高利率或是以较大折扣发行债券。

金融债券的发行一般都须经过信用评级，由专门的评级机构对发行者的偿还能力作出评价，为债券投资者提供参考。银行国际债券的信誉评级不是对发行者的资信评级，而只是对该笔债券还本付息能力的评估，因此同一发行者发行的每笔债券的等级不一定相同。此外，金融债券发行还受到监管当局的控制，金融法规完备、奉行市场经济原则的国家多实行注册制，银行在发行债券前向证券监管机构申请注册登记，只要银行依法提供的相关资料全面、真实、准确，发行申请即自动生效。金融法规不够严密或金融管制比较严格的国家一般实行核准制，银行的债券发行申请须经监管机构的严格审查、获得批准方能生效。一些国家对商业银行发行金融债券的数量有所限制，通常的做法是规定发行总额不能超过银行资本的一定倍数。

我国银行于 1985 年开始发行金融债券，根据付息方式，分为普通金融债券、累进利息金融债券和贴现金融债券。2004 年，人民银行和银监会共同制定了《商业银行次级债券发行管理办法》，次级债券是商业银行发行的、本金和利息的清偿顺序列于银行其他负债之后、先于银行股权资本的债券，经银监会批准，次级债券可以计入附属资本。此外，商业银行还发行“小微企业专项金融债”“三农专项金融债”“绿色金融债”等专项债券。

三、借款的管理策略

(一)借款的风险与成本

借款的资金分布不像存款那样分散，单笔借款的平均金额远远高于存款的平均金额，而且期限确定，因此借款的流动性需要无论在时间上和金额上都比存款集中。如果银行不能在约定期限归还借款，就会极大地丧失信誉。就这点而言，其流动性压力要高于存款。

借款还面临相对较高的利率风险。存款利率可能受到监管当局的管制或同业组织的协调，相对稳定；而借入资金的价格是随行就市，与市场资金价格波动密切相关。当市场银根普遍紧张时，借款利率将急剧上升，使借款成本大幅提高，尤其是货币市场中的资金供给者对利率非常敏感，如拆借、CDs 等均易受市场心理影响，市场利率预期上涨时可能要价很高。

借款还可能遭遇信贷可得性风险(credit availability risk)。当资金紧缺时，市场上资金有效供给不足，银行的借款需要难以得到满足。尤其是当银行遭到财务困难，急需大量资金时，但却可能由于其信用等级下降而很难借到资金。例如，美国大陆伊利诺斯银行，在扩张贷款时大量借入资金，其中 CDs、欧洲美元存单、商业票据和隔夜借款等易变负债占总负债 64%，后该行陷入经营困境，其筹资能力骤然下降，银行同业中止对其贷款，并拒绝购买新发行的 CDs，迫使该行不得不向美联储申请巨额借款，结果失去了存款人的信任。

借入资金除了面临上述风险①之外，借款的成本也相对昂贵。虽然没有存款准备金和存款保险要求，但借款利率一般要高于同期存款。同时，借款银行除需支付利息外，还要承担一定的融资费用，尤其是金融债券的发行费用较高，包括前端费用和期中费用，前者有承购手续费、差旅费、通信费、印刷费、上市费用、律师费等，后者则是债券管理费、付息手续费、还本手续费和其他服务费等。

从上述角度看，借款管理在某种意义上比存款管理更为复杂。借款能够提高银行资金的营运效率，但同时也对银行的负债管理提出了挑战。

(二)风险与成本管理策略

1. 确定借款的适度规模

银行首先要科学地预测流动性需要量和存款量之间的资金缺口，保证借入资金能够合

① 如果银行在国际金融市场融资，还需格外注意所借外币汇率的变化，以免汇率变化而遭受损失。

理使用，避免资金闲置，同时也要考虑借入资金的成本，如果成本较高则不宜过多借款。银行借款量须以自身的清偿能力为度，避免为填补资产超负荷扩张形成的营运资金缺口而过量借款。如果利用借款所承担的成本与风险过高，则不应考虑继续利用借款渠道，而应通过调整资产结构的办法来保持流动性，或者通过进一步挖掘存款潜力扩大资金来源。

由于借款不是一个稳定的筹资渠道，小银行通常对借款持谨慎态度，更多地采用保守型的资产转换策略，也即依靠二线准备维持流动性。大银行由于能够在金融市场上凭借其实力和信誉以较低价格大规模筹集资金，故常采用主动借入资金的进取型策略。更为普遍的选择是在两种策略间综合平衡，确定适度借款规模。

2. 安排合理的借款结构

银行在选择借款方式时需要综合考虑多种因素：

(1)各种借款来源的相对成本。利息成本是借款的主要成本，但非利息成本也不容忽视。银行需要测算各种借款方式的实际成本，寻找便宜的资金来源。

(2)借款的风险因素。其一是流动性风险。银行要有计划地将借款到期时间和金额分散化，以减少流动性需要过于集中的压力。其二是利率风险。银行管理人员必须有丰富的市场经验与知识，反应灵敏，能够对市场利率的走势进行准确分析和判断，并作出恰当反应。其三是信贷可得性风险。经验显示，可转让存单、商业票据和欧洲美元市场对借款人的信用品质变化十分敏感，当银行风险过大时，价格就会急剧抬升，贷款甚至可能遭到拒绝。

(3)所需资金的期限长短。同业拆借、回购协议适于应付紧急的临时性资金需要，存单、商业票据、金融债券的发行成本虽然较高，但可以满足银行更长时期的资金需求。

(4)法规限制。银行向中央银行贴现窗口借款的利率可能较低，但附加许多限制性规定；同业借款所受制约相对宽松，但监管当局也可能施加某种管制。如我国银行监管当局除了实行严格的利率管制外，还对同业拆借、发行 CDs、商业票据、金融债券制定了相关法规。

(5)借款规模与银行信用等级。货币市场的子市场多数具有批发性质，交易单位多以百万计，而且要求发行债务工具的银行具有较高信用级别。小银行资金需求规模不大且资信等级相对较低，一般只能通过同业拆借、再贴现等渠道借取资金，难以进入国际金融市场。

总之，以上各种因素都会对银行借款策略的选择产生影响，因此，在借款决策中，银行要综合考虑，全面分析，选择最佳方案。除此外，银行在平时就要注重和善于保持与各方的良好关系，使筹资渠道多样化并富有弹性。

第三节　银行资金来源成本的测算

资金成本测算①对于商业银行具有十分重要的意义，通过精确的成本测算，银行能

① 本节所说的“资金来源”除负债外，还包括银行的权益资本。

够及时发现问题并采取措施，压缩不必要的成本开支，将资金成本控制在最低水平；银行还可以在各种可选择的资金来源之间进行比较，以便确定成本最小化的资金结构；银行只有掌握资金来源的成本，才能确定资金运用所要求的最低收益率，保证资产定价足以弥补筹资成本并获取股东所要求的回报。

银行在计算资金来源成本时，可根据实际需要采用平均历史成本法和边际成本法。

一、平均历史成本法

资金的平均成本是指银行为筹集单位资金所花费的成本，银行通常根据历史数据计算各种资金来源的平均成本。平均历史成本法多用于银行自身的绩效分析。

银行为获取资金(不包括股本)而耗费的成本包括利息支出和非利息支出两部分。银行对债权人支付的利息和支付的存款保险费可归为财务成本。同时，银行在吸纳存款时还要付出经营成本，包括营业场所和办公设施购置费、业务人员工资、管理费、广告费等各项费用，如果通过同业拆借或发行债务凭证借入资金，除利息外则需支付各种相关的融资成本，比如经纪人佣金、承销费用等。尽管银行需要为其筹措的全部资金付出成本，但筹集的资金并非都能为银行直接创造利润，因为银行不仅要保留现金准备，而且银行自用物业等非盈利性资产并不产生利息收益。因此，银行应将某项资金来源的历史利息支出与非利息支出相加，并除以这笔资金可用于投资(放贷)的金额，求出其历史平均成本。

$$\text{单项资金来源的平均历史成本率} = \frac{\text{利息支出}+\text{非利息支出}}{\text{可投资资金金额}} \tag{5-1}$$

公式(5-1)中将净投资资金作为分母，才能真实反映银行为吸收资金支付的成本与投资到可抵消这些成本的盈利性资产之间的关系。由于可投资资金少于银行筹得的资金，故而银行资金的实际成本率高于名义成本率。

在单项资金来源成本率的基础上，可求出银行全部资金的加权平均历史成本率，其公式如下：

$$\text{WAHC} = \sum_{i=1}^{n} C_i W_i$$

WAHC 是全部资金总体上的加权平均历史成本率，C_i 是第 i 种资金来源的平均历史成本率，n 是银行各种资金来源的数目，W_i 是权数，等于第 i 种资金来源在银行获得的资金总额中所占的比例。WAHC 是银行当前实现盈亏平衡所要求的最低资产收益率。

如果将银行的股本也考虑在资金来源中，银行的可投资资金应支付给股东的回报等于股东要求的税前资本回报率×(银行资本/可投资资金金额)，将之与负债加权平均历史成本相加，即可求得银行收回债务成本并满足股东的收益要求的最低收益率。

不过，资金的加权平均历史成本率并不适宜作为未来投资决策或资产定价的依据，它的主要问题在于不能反映未来利息成本的变化。当利率上升时，平均历史成本率低估了银行发行新债务的实际成本，以历史成本作为定价基准的固定利率资产的收益将不足以弥补成本并实现利润目标。当利率下降时，则相反，平均历史成本率高估了新债务的实际成本，以致固定利率贷款可能定价过高而丧失了市场竞争力。实际上，平均历史成本率的最佳用途是评价银行过去的经营业绩，对资金成本的历史分析有助于银行在未来更好地控制成本支出。

二、边际成本法

银行的资产定价决策应以资金来源的边际成本与资金运用的边际收益之间的比较为基础。贷款定价是增量决策，故而应该基于增量资金成本评估贷款盈利性，而不是平均历史成本。推而广之，资金的边际成本就是银行贷款和证券投资所要求的最低收入，银行可以在边际成本之上加一定的风险加价来确定资产价格，以锁定有利可图的利差。资金的边际成本也可作为不同资金来源相对成本的指示器，银行据此选择成本最低的资金增长来源。

(一)单项资金来源的边际成本

1. 负债的边际成本

银行负债的边际成本是通过吸收存款或主动借款获得一单位新增可投资资金所要付出的融资成本。

要测算债务资金的边际成本率，银行需要明确它所预期支付的利息与非利息成本，以及筹得的资金可以投入盈利性资产的比例，公式(5-2)是单项负债资金来源边际成本率的计算方法：

$$\text{单项债务资金的边际成本率}=\frac{\text{利率}+\text{非利息成本率}}{1-\text{用于非盈利性资产的资金比例}} \tag{5-2}$$

除了利息、服务费用等显性成本外，银行也可以将非直接的隐性成本加入到分子中，比如因负债增加而增加的流动性风险，以得到更加精确的边际成本率的估计。分母实际上表示的是负债中可以用于放贷或其他投资以生成收益的部分。

不同类型债务的边际成本因其性质、期限的差异而不同。活期存款和交易存款账户利率较低，但服务成本很高，而且法定存款准备金比率和浮存(float deposit)也较高，银行的可投资比例较小；定期存款和储蓄存款虽然需支付较高利率，但银行提供的附加服务较少，非利息支出并不高，且到期前通常不会提取，加之有些国家对其无法定存款准备金要求，故可用资金比率较高；借入资金要支付更高的利息和中介费用，但不涉及服务费用，而且无准备金要求，故可投资比例较高。

在边际成本率测算的实际操作中，有两个问题可能造成度量误差：第一，银行需要预测整个计划期间内的利率水平，由于利率的波动性，银行须经常修正预测；第二，银行须掌握与每种债务来源相关的非利息成本，这就要求银行对营业费用和管理费用在各项资金来源间进行合理的分摊，这加大了成本核算的难度。

2. 股本的边际成本

股本是银行的资金来源之一，尽管在全部资金来源中所占比重不高，但是成本率很高，而且这一点往往容易被误解。在计算总资金来源的加权平均成本率时，股本的边际成本率是不可缺少的部分。

股本的边际成本率是股东所要求的最低回报率。股息支付是非强制性的，因而它不能直接测算，银行往往根据实际情况使用下面几种方法估算股东要求的回报率。

(1)股息评估模型

模型对股东持有股票所能得到的预期现金流进行折现，以确定股东合理回报。

普通股的价格等于股票生命期限内的预期股息的现值之和，公式如下：

$$P = \sum_{t=1}^{\infty} \frac{D_t}{(1 + K_e)^t} \tag{5-3}$$

在公式中，D_t 是第 t 期的预期股息，K_e 是将未来现金流转换成现值的折现率，也就是股本成本。为了对公式进行简化，可以假定股息每期以一个固定不变的速率增长。如果假设定期增长率 g 是一常数且小于 K_e，该公式可简化为：

$$K_e = \frac{D_0(1 + g)}{P} + g \tag{5-4}$$

D_0 是基期的股息收入。

该模型在实际应用中存在一些障碍。由于难以对未来股息的精确估计，不同的股东对银行前景的预期经常有很大差异。一些银行的股票交易并不活跃，股息和股票牌价不能真实反映银行股东的回报。不过，这个模型提供了一个估计普通股股东所要求的回报率的简便方法。

(2)资本资产定价模型

股票公开交易的大型银行可以用 CAPM 模型来估计其股本成本。该模型将用 β 值度量的市场风险与股东的回报要求相联系，股东的回报要求等于无风险收益率加上不能被分散的系统性市场风险的银行普通股风险溢价。该关系在公式(5-5)中表示：

$$K_e = r_f + \rho \tag{5-5}$$

风险溢价 ρ 等于股票的 β 值和市场组合的预期收益(K_m)与预期无风险收益率(r_f)间的差额的乘积。其中，β 值度量银行股票的历史价格波动性与市场组合的价格波动性间的相关性，公式为：

$$\beta = \frac{\text{Cov(银行股票收益，市场收益)}}{\sigma^2_{\text{市场收益}}} \tag{5-6}$$

如果 β 值等于 1，则银行股票的历史价格波动性与市场组合的价格波动性相同，如果 β 值大于 1，股票的价格波动性超过市场组合的价格波动性，反之则表示股票的价格波动性较小。β 值越大，银行股票的相对系统性价格波动性越大，则其市场风险越大。

把银行股票的历史 β 值和市场组合的风险溢价(市场组合的预期收益−无风险收益率)代入公式(5-5)中计算银行股票的风险溢价 ρ，可得出股东回报要求的估算值：

$$K_e = r_f + \beta(K_m - r_f) \tag{5-7}$$

(3)股本目标收益模型

股本目标收益模型的基本思路是在债务成本的基础上加一个风险溢价，以估算股本的目标收益，亦即股本成本。该模型的根据是，普通股股东要求得到较债务人更高的预期回报，因为他们承担了更大的风险，因此银行的股本成本应与其债务成本间存在一个正的差额。虽然这一测算方法存在不足，但它对于没有公开交易股票的银行来说是一个简易的计算方法。

不论银行使用哪个模型估计股本成本，都要将最终得到的税后支付的股东预期回报率转换成税前的等价收益率，即将计算的股本目标回报除以(1-银行边际所得税税率)。

如果银行还发行优先股，可以利用股息评估模型中的公式估计优先股的边际成本。虽然现在支付可变股息率的优先股越来越普遍，这里仍假定银行支付固定股息，股息增长率为0，股东要求的回报率(K_p)的公式是：

$$K_p = \frac{D_p}{P_p} \tag{5-8}$$

D_p 是约定的股息支付额，P_p 是优先股的价格。银行也要将优先股回报率转换成税前值。

虽然不要求保留准备金，但银行通常会将股本资金分配到不能产生利息收入的固定资产等资产项目上。银行可将估算出的股本边际成本除以(1-非盈利性资产比率)，得到更为精确的股本边际成本。

三、全部资金的加权平均边际成本

对于银行资产定价来说，最适当的成本测算方法是全部资金的加权边际成本(WMC)，也即将各项资金来源税前边际成本加以综合，得到一个总体资金加权边际成本。这一方法假定银行所有资产的资金都来自于一个包括各种负债和股本的资金池，特定的资金来源不直接与特定的资金运用相联系。WMC 的计算分三步：

1. 预测需要从每种债务和股本来源筹集的资金数额。管理者应确定一个计划期，比如1年，并预计债务和股本结构在此期间内的重大变化。

2. 估计每种资金来源的边际成本。管理者应预测每种资金来源的利率和股息成本，在各种资金来源间分配非利息成本。每种资金来源的成本估值应反映管理者对非盈利资产的分配。

3. 将单项资金来源的边际成本估值综合起来，推算出全部资金来源的加权边际成本。

WMC 等于所有资金来源的单个加权边际成本之和，其公式如下：

$$\text{WMC} = \sum_{j=1}^{m} w_j k_j \tag{5-9}$$

其中，m 是各类资金来源(负债与股本)的总项数；k_j 等于第 j 项资金来源的个别筹资成本率；第 j 种资金来源的权重 w_j 等于预计从该来源筹集的资金金额除以负债和股本的总额。

表(5-1)是某美国假设银行预测 2020 年资金加权边际成本的各项基础数据和计算结果。

表 5-1　　**假设银行预测 2011 年总资金来源加权边际成本#**

负债与股本	(1) 平均 金额	(2) 比重	(3) 利息 成本	(4) 非利息 成本	(5) 非盈利资 产比例	(6) 边际 成本	(7) 加权边际 成本
活期存款	26 195	31%		8%	18%	9.76%	0.0302
付息支票账户	5 155	6.1%	2.5%	6.5%	15%	10.59%	0.0065
MMDA 账户	12 844	15.2%	3.5%	3%	3%	6.7%	0.0102
其他储蓄账户	3 380	4%	4.5%	1.2%	1.5%	5.79%	0.0023
小额定期存款	17 069	20.2%	4.9%	1.4%	1%	6.36%	0.0129
大额定期存款	8 408	10%	5%	0.3%	0.5%	5.34%	0.0053
联邦基金购买	169	0.2%	5%			5%	0.0001
其他负债	4 225	5%			40%		
股东权益	7 056	8.4%	18.9%*		4%	19.69%	0.0164
资金总额	84 501	100%					
资金加权边际成本(WMC)							8.39%

* 税前回报率

#该案例取自 Timothy W Koch 与 S C Macdonald 所著《银行管理》(第 8 版)。

表(5-1)中的第(1)栏和第(2)栏分别列出下一年度(2020 年)负债与股本的预测金额及其在资金总额中的比重；第(3)栏列出下一年度的预期利率水平和股东要求的股本回报率；银行估算出的获取资金的非利息成本和非盈利资产占用的资金比率在第(4)栏和第(5)栏中列示；第(6)栏是根据第(3)、(4)、(5)栏数据计算出的每项资金来源的预计边际成本；第(7)栏是第(6)栏与第(2)栏的乘积，将这一栏中各项数据加总求和，即得到 2020 年全部资金的预期加权边际成本，结果为 8.39%。这意味着，该银行对具有平均风险贷款的定价至少不应低于 8.39%的利率，以便能抵偿负债的边际成本，同时对股东支付一个合理的回报。对于高于平均违约风险的贷款，银行可以加上一个风险溢价。

◎小　结

1. 发达国家银行的存款品种十分丰富，以美国为例，银行存款可分为交易账户、储蓄存款和定期存款。交易账户包括活期存款账户、可转让支付指令账户、超级可转让支付指令账户、货币市场存款账户、自动转账服务账户、股金提款单账户等。储蓄存款包括活期储蓄存款和定期储蓄存款，个人退休账户是一种享受减税政策的储蓄存款账户。定期存款分为小额存款和大额存款。

2. 银行存款经营管理的发展经历了存款为本管理理念、购买负债管理理念、负债营销管理理念、财富管理理念等多个阶段。

3. 银行需要通过平均余额和核心存款比率等指标考察存款的稳定性，并采取措施保持存款的适度规模。

4. 存款保险制度是旨在保护存款人利益、维持金融体系稳定的一种制度安排，各国存款保险机构的性质和职能、存款保险的参加原则、存款保险的承保范围、保险费率的设置、存款保险额度等方面存在一定差异。

5. 除了吸收存款外，银行还可通过借款融取资金。这种筹资方式使商业银行的负债管理更具主动性和灵活性。

6. 银行的借款方式包括同业拆借、转贴现、向中央银行借款、回购协议、发行大额可转让定期存单、发行商业票据、欧洲货币市场借款、发行金融债券。

7. 银行在分析借款的风险与成本的基础上，确定借款的适度规模，安排合理的借款结构。

8. 银行可使用平均历史成本法和边际成本法计算资金来源成本。平均历史成本法适用于评价银行过去的经营业绩，边际成本法宜于作为资产定价决策的依据。

◎重要概念

交易账户　活期存款账户　可转让支付指令账户　超级可转让支付指令账户　货币市场存款账户　自动转账服务账户　股金提款单账户　储蓄存款　定期存款　核心存款　波动性存款　存款保险制度　同业拆借　转贴现　再贴现　结构性货币政策工具　回购协议　大额可转让定期存单　商业票据　欧洲货币市场借款　金融债券　平均历史成本法　边际成本法

第六章 理财业务管理

第一节 银行理财业务的含义、类型与发展

一、理财业务的含义

关于银行经营的理财业务，国际学术界和金融圈存在多种近似的称谓，比如“财务规划”“资产管理”或“财富管理”等，对于其含义也未形成统一的界定。在中国银监会2005年发布的《商业银行个人理财业务管理暂行办法》中，理财业务是银行为客户提供的财务分析、财务规划、投资顾问、资产管理等专业化服务，银行个人理财业务按照管理运作方式不同，分为理财顾问服务和综合理财服务。该定义主要是针对理财业务范围的外延，而未明确界定理财业务的内涵。2018年，银保监会颁布《商业银行理财业务监督管理办法》，将理财业务界定为银行接受投资者委托，按照与投资者事先约定的投资策略、风险承担和收益分配方式，对受托的投资者财产进行投资和管理的金融服务。

二、理财产品的类型

国内银行发行的理财产品的品种比较丰富，可以按照多种维度进行分类。

(一)按投资者取得收益和承担风险的方式分类

根据理财产品的投资者取得收益和承担风险的方式，银行提供的理财产品可以分为保本理财产品和非保本理财产品。

保本理财产品是指银行按约定条件承诺保证本金安全的理财产品，可进一步分为保

证收益型和保本浮动收益型产品。非保本理财产品是指银行不保证本金安全和收益水平的理财产品。银行按约定条件和投资的实际情况向投资者偿付本金和支付收益，本金和收益风险均由客户自行承担，银行按约定收取资金管理的服务费用。

银保监会在《商业银行理财业务监督管理办法》中，将理财产品限定为非保本理财产品，银行已经发行的保本理财产品按照是否挂钩衍生产品，可以分为结构性和非结构性理财产品，分别按照结构性存款或者其他存款进行管理。非保本理财产品募集的资金和相应的投资应在表外核算，银行从事非保本理财业务的收入作为中间业务收入。结构性存款应当纳入商业银行表内核算，纳入存款准备金和存款保险保费的缴纳范围，相关资产应按相关规定计提资本和拨备，衍生产品交易部分按照衍生产品业务管理。

(二)按募集方式分类

商业银行根据募集方式的不同，将理财产品分为公募理财产品和私募理财产品。

公募理财产品是指银行面向不特定社会公众公开发行的理财产品。私募理财产品则是指银行面向合格投资者非公开发行的理财产品。合格投资者须具备相应风险识别能力和风险承受能力，投资于单只理财产品不低于一定金额，且投资经历、年均收入和家庭金融净资产等符合相关条件。

(三)按投资性质分类

根据投资性质的不同，理财产品可分为固定收益类、权益类、商品及金融衍生品类、混合类理财产品。

固定收益类理财产品主要投资于债权类资产，如存款、国债、央行票据、企业债券和公司债券、金融债券等。权益类理财产品主要投资于权益类资产，包括上市交易的股票、未上市企业股权及其受(收)益权。商品及金融衍生品类理财产品则重点投资于商品及金融衍生品。根据银保监会的规定，如果理财产品同时投资于债权类、权益类、商品及金融衍生品类资产，且任一资产的投资比例未达到80%，即可归为混合类理财产品。

(四)按运作方式分类

理财产品根据其运作方式可以分为开放式和封闭式理财产品。

在开放式理财产品的存续期内，理财产品份额总额不固定，投资者可以在协议约定的开放日认购或者赎回产品，操作比较灵活。

封闭式理财产品在发行前即已确定产品的发行规模，在产品到期日前，客户不得赎回，在产品存续期间，也不能进行认购。封闭式理财产品的流动性相对较低。

(五)按照收益率的确定方式分类

根据理财产品收益率的确定方式，可分为预期收益率型产品和净值型产品。

预期收益率型理财产品在发行时向投资者披露预期收益率或预期收益率区间。净值型理财产品在发行时无明确的预期收益率，按照份额发行，并定期或不定期披露单位份额所对应的资产净值。投资者获得的实际收益取决于产品净值的变化。净值型产品通常是开放式的，客户在开放期内可以进行申购、赎回等操作。投资风险和收益均由客户承担，银行仅收取管理费用。

此外，理财产品还可以按发售对象分为个人理财产品和机构理财产品，按产品币种分为人民币理财产品和外币理财产品。

三、理财业务的发展进程与监管规则的演进

欧美国家的财富管理业务发源于16世纪的瑞士，金融机构的服务对象主要是富有的贵族和政商界人士。20世纪30年代，经济萧条和股价暴跌刺激了人们对资产管理的需求，美国的保险公司开始提供个人理财服务。20世纪60年代至20世纪80年代，美国理财业务加速发展，1970年国际理财规划师协会(IAFP)的成立标志着理财专业化的提升。20世纪90年代后，理财业务的发展趋于成熟，金融机构在为富裕阶层定制财务规划方案的同时，也向普通大众提供服务。

和发达国家资产管理业务基于深厚的历史积淀不同，国内银行的理财业务直到21世纪初方才问世，但发展速度令人瞩目，其发展进程到目前可归纳为以下阶段：

(一)起步与探索阶段(2002—2008年)

国内最早出现的银行理财产品是光大银行在2002年推出的美元结构性存款，不过首次使用“理财”这一名称的是中国银行2003年推出的“汇聚宝”外汇理财产品，其性质仍然是结构性存款。2004年，光大银行先后推出国内第一只面向零售客户的外币理财产品“阳光理财A计划”和第一只人民币理财产品“阳光理财B计划”，正式揭开了中国银行业理财业务发展的序幕。随后，国有银行和一些股份制银行也开始发行理财产品。

2005年，银监会颁布《商业银行个人理财业务管理暂行办法》和《商业银行个人理财业务风险管理指引》，为银行开展理财业务初步建立了监管框架。在监管政策的引导下，理财产品发行的规模较2004年增加了400%，达到2 000亿元。2006年，银行业首次推出银信合作理财产品，主要投资于信托贷款等“非标准化债权资产”，以及投资于新股申购、公募基金的理财产品和境外代客理财的QDII产品。2007年，理财产品的类型结构发生鲜明的变化，非保本浮动收益型产品占比大幅度上升。2008年，由于国际金融危机爆发和国内股市萎靡，投资者转向寻求较低风险的银行理财产品，银信合作理财产品的发行规模不断攀升。银监会印发《银行与信托公司业务合作指引》，以促进银信合作规范发展。

(二)快速扩张阶段(2009—2012年)

在政府推出4万亿元经济刺激计划、信贷规模空前扩张的宏观背景下，自2009年，银行理财产品的发行出现井喷式的增长，依托于银信、银证、银基、银保合作等通道的信贷类理财产品成为主要的产品类型。银监会于2009年发布《关于规范信贷资产转让及信贷资产类理财业务有关事项的通知》，对信贷资产转让的账务处理、真实转让和信贷资产类理财产品的期限配置等进行规范。2010年，银监会下发《关于规范银信理财合作

业务有关事项的通知》，要求将银信理财合作业务的表外资产转入表内，按相关要求计提拨备和资本，进而在2011年发布《关于进一步加强商业银行理财业务风险管理有关问题的通知》等多项规范银行理财业务的监管规定。在此背景下，银行业开发出更加复杂的交易结构以规避监管，以“滚动发售、集合运作、期限错配、分离定价”为特征的“资金池—资产池”理财模式成为银行理财业务的主流运作方式。2012年，银行通过理财产品募集的资金规模高达247 100亿元。

（三）规范与转型阶段（2013年至今）

银行理财业务的潜在风险引起了监管部门的高度重视。2013年，银监会发布《关于规范商业银行理财业务投资运作有关问题的通知》（简称“8号文”），对理财资金投资于“非标准化债权资产”提出了比例控制的硬性要求，并要求每只理财产品与投资资产一一对应，实行单独管理、建账和核算。同年，全国银行业理财信息登记系统上线，对银行发行的理财产品实行统一电子化报告和信息登记制度。在强化监管的同时，银监会同意多家银行开展“理财管理计划”和“理财直接融资工具”试点，为银行理财产品向“净值化”转型打下基础。

自此之后，银行理财业务的监管力度不断加强。银监会在2014年发布《关于完善银行理财业务组织管理体系有关事项的通知》（简称“35号文”），启动银行业理财事业部制改革进程。自2017年第一季度起，人民银行将表外理财纳入宏观审慎评估体系（MPA）的广义信贷范围，银监会也以同业、理财等为重点，开展专项和综合治理。在“8号文”出台后，虽然银行为满足监管检查的要求，对资产池进行了账面拆分，但多项产品的损益仍然可以进行内部转移，“8号文”的监管目的并未完全实现。2018年4月，人民银行和银保监会等四部委联合印发《关于规范金融机构资产管理业务的指导意见》（简称《资管新规》），将银行理财产品列入统一的资产管理监管框架。《资管新规》规定：资产管理业务是金融机构的表外业务，金融机构不得承诺保本保收益，刚性兑付行为将受到处罚；从募集方式和投资性质两个维度对资产管理产品进行分类，分别统一投资范围、杠杆约束、信息披露等要求；严格限制公募产品投资非标债权类资产，禁止资金池业务；禁止资产管理产品的多层嵌套，抑制通道业务；金融机构对资产管理产品应实行净值化管理；虽然资产管理产品的投资风险应由投资者自担，但仍需建立风险补偿机制，计提风险准备金。

2018年8月，银保监会颁布《商业银行理财业务监督管理办法》，作为《资管新规》的配套细则，进一步强化了对投资者权益的保护：加强投资者适当性管理，区分公募和私募理财产品；规范理财产品销售渠道和流程，引入投资冷静期；强化信息披露。同时，推动理财业务规范运作，实现净值化管理，消除多层嵌套，强化穿透管理，并提出加强理财业务流动性风险管控的具体要求。

四、理财业务快速发展的原因

经济增长和个人可支配收入的增加是发达国家理财业务发展的主要驱动因素，随着恩格尔系数的下降，居民收入中可用于投资的闲置资金所占比例上升，理财需求随之增大。同时，在经济持续增长的过程中，收入分布差距也逐步拉大，表现为基尼系数上升、财富集中化趋势显著，富裕阶层的形成为银行开展财富管理业务带来了商机。20世纪90年代的金融自由化和混业经营浪潮为理财业务的创新提供了制度和市场环境。

我国银行理财业务虽然起步较晚，但发展十分迅速，其原因是客户需求和银行供给的共同驱动，既有顺应经济发展和金融成长的积极因素，也有出于监管套利的动机扭曲。

(一)投资者对财富保值增值的需求

随着我国经济快速发展，居民收入和财富持续增长，资产配置需求的结构也趋于多元化。存款收益偏低，股票的投资风险较高，而个人难以直接进入债券市场，银行理财产品的问世填补了居民投资工具谱系的空白，为投资者实现资产保值增值、提高财产性收入提供了投资渠道。

(二)利率管制与市场化

由于我国的利率市场化选择了渐进式进程，在利率管制和通货膨胀并存的背景下，银行存款的实际利率被长期压低，甚至呈现负利率状态，导致存款逐渐流失而追逐高收益投资工具的金融“脱媒”。银行需要通过发行可以进行市场化定价的理财产品，扩大资金来源，维护客户关系。同时，理财产品的发展也形成了对利率市场化改革的推动力量，加快了利率市场化的速度。

(三)市场竞争与银行的业务创新

随着居民理财意识不断增强，证券、保险、信托等非银行金融机构提供的投资工具日趋丰富，网络平台销售的各类理财产品的发展势头也十分迅猛，对银行传统的存贷款业务造成较大冲击。为了应对竞争，银行需要致力于发展理财业务，以形成新的收入增长点。同时，商业银行在整合个人零散资金、进入银行间市场的便利性等方面具有天然优势，理财业务可以作为银行调整业务结构、构建新型盈利模式的重要手段。

(四)监管博弈与银行的监管套利

在机构型监管的格局中，银行存在利用不同类型金融机构的监管规则差异进行监管套利的倾向。由于非保本理财产品在会计处理方面的特点，它成为银行通过“交叉性金融创新”进行监管博弈和套利的工具。具体的操作方式主要是银行借助银信合作、银证合作等模式，利用同业业务通道，通过发行理财产品筹集资金，投资于“非标”债权资产，实现信贷资产的表外化，绕过贷存比指标、贷款窗口指导等约束，节约资本和拨备的占用，以图获取更多收入。除了资产端的贷款监管套利之外，银行还利用理财产品进行负债端的存款监管套利。银行通过精心安排理财产品发行与到期时间，在关键的监管考核时点将理财资金转化为存款，以满足贷存比考核等监管要求。

五、银行理财业务的转型

国内银行推进理财业务发展在丰富金融产品供给、满足投资者资金配置需求、推动利率市场化等方面发挥了积极作用，但也存在诸多问题：(1)理财产品和服务的定位存在偏差。我国银行理财业务尚处于以产品营销为中心的初级阶段，缺乏对客户的家庭财务分析、综合财产规划与资产配置等技术性服务，而且理财业务的法律关系不明晰。(2)理财产品的资产管理功能异化。理财产品大多采用预期收益率模式，基础资产的风险不能及时反映到理财产品的价值变化中，银行出于维护自身声誉，对非保本理财产品提供足额支付本金和收益的隐形担保。“刚性兑付”扭曲了理财业务的本质，投资者难以形成风险收益匹配的投资观念，不能实现理财产品的风险在投资者之间的有效分担。(3)“资金池—资产池”运作不透明。信息披露不够充分，理财产品和投资资产“短募长投”的期限错配潜伏着流动性风险的隐患。(4)由监管套利驱动的理财业务规避金融监管，干扰宏观调控。银行借助理财通道，将资金投入房地产和产能过剩行业，多层嵌套的理财产品造成资金“空转”，拉长了融资链条，提高了社会融资成本，降低了金融系统服务实体经济的效率。

2018 年以来一系列相关法规的出台为理财业务构建了监管框架，推动银行理财业务迈入规范转型的新阶段。银行将重构理财产品体系，保本型理财产品逐步退出市场，预期收益型理财产品向净值型产品转型，银行在产品销售中应向投资者传递“卖者尽责，买者自负”的理念，对投资者进行充分的信息披露，打破刚性兑付，引导投资者在风险明晰的前提下自担风险。同时，理财业务的运营模式将从以产品销售为中心转变为以客户服务为中心，银行根据客户的不同类型和人生不同阶段的理财需求，向客户提供财富管理、财务规划、子女教育、税收筹划、退休计划和遗产管理等专业化的综合服务，改变目前银行理财产品同质化的现象，形成各家银行的差异化竞争优势，打造各具特色的理财品牌。随着监管套利动机的淡化，银行发行理财产品募集的资金将切实服务于实体经济。在监管导向下，银行业理财业务逐步有序调整，实现稳健和可持续的发展。

第二节 银行理财业务的运营

一、银行理财服务的客户群体

国外银行业对理财业务的客户类型并无统一的认定标准，通常可划分为零售银行(retail banking)客户和私人银行(private banking)客户。私人银行业务是向拥有高收入和丰厚资产的高净值客户(high-net-worth individual，简称 HNWI)提供的专属服务。所谓“私人”意指银行提供的服务具有定制化和私密化的特点。传统上，私人银行客户持有的可投资资产须大于 100

万~200万美元①。零售银行业务则是向普通公众提供的银行服务②。

根据中国银行监管机构的相关规定③，国内银行理财业务的个人客户可分为三类：一是私人银行客户，指金融净资产达到600万元及以上的客户；二是高资产净值客户，指单笔认购理财产品不少于100万元的自然人，或者个人或家庭金融净资产总计超过100万元的自然人，或者个人收入在3年内每年超过20万元或家庭合计收入在3年内每年超过30万元；三是一般个人客户。一些银行在官方标准的基础上对私人银行客户设置了更为细致的分类。

二、银行理财业务的运作流程

(一)客户细分

银行首先应基于客户信息的收集和分析对其进行细分，以便提供适合不同类型客户的产品与服务。在实践探索中，银行逐渐摒弃了单一的分类标准，使用多重细分标准，对客户的特征进行综合考察。除了客户拥有的金融资产规模这项最基本的划分标准之外，银行还可以根据以下标准对客户进行细致的分类：

1. 财富来源

根据富裕人群的财富来源，可分为“新富型”和“旧富型”，前者主要依靠自身创业积累财富，后者则是继承了巨额家产。一般而言，第一代财富创造者的风险承受力较强，不太关注财富管理，“富后代”较为厌恶风险，更偏好财富保值。

2. 职业与行业

高收入群体可以分为私营企业主、个体工商大户、企事业单位高层管理人员、企业投资者、专业技术人士等，其职业背景和工作阅历对理财服务需求有显著影响。同时，税务部门公布的高收入行业也是银行寻找目标客户可以参考的重要信息。

3. 生命周期阶段

依据生命周期理论，可将家庭的生命周期分为形成期、成长期、成熟期和衰老期，或者将个人的生命周期分为探索期、建立期、稳定期、维持期、高原期、退休期。银行应掌握客户生命周期各阶段的特点，设计对应的理财方案，帮助客户实现人生不同阶段的经济目标，谋求终生效用最大化。

(二)客户评估

银行开展理财业务应按照风险匹配的原则，对客户进行分类管理，提供适应不同类

---

① 在实践中，各家银行对私人银行客户的划分边界取决于银行的市场定位。有的银行允许可投资资产大于25万美元即可开立私人银行账户。

② 零售银行业务又称消费银行业务(Consumer banking)，其服务对象除了家庭之外，还包括小企业，因而其覆盖范围大于个人银行业务(Personal banking)。

③ 参见银监会在2011年和2014年分别颁布的《商业银行理财产品销售管理办法》和《关于完善银行理财业务组织管理体系有关事项的通知》。

型客户投资需求和风险承受能力的产品。银行可以通过调查问卷等形式，评估客户的风险容忍度和投资偏好。问卷包括客户年龄、财务状况、投资经验、投资风格、投资目标和风险承受能力等模块，根据客户对问题的回答予以评分，据此将客户分为保守型、稳健型、平衡型、成长型和进取型，以便银行为客户配置相应的风险级别的产品。

(三)签订理财协议和销售理财产品

银行应与客户签订合同，明确双方的权利与义务，并签署必要的客户委托授权书和其他代理客户投资所必需的法律文件，包括理财产品销售协议书、产品说明书、风险揭示书、客户权益须知等。银行应在销售文件中载明理财产品的投资范围、投资资产种类和比例以及收费标准。银行可为不同类型客户制定针对性的差异化理财方案，对于注重资产保值的保守型或稳健型客户，可配置预期损失概率较小的低风险产品，对于有投资经验、追求资产稳健增长或迅速增长的成长型或进取型客户，可以适当配置预期收益较高但波动性较大的高风险产品。

(四)理财资金的运营

国内银行对理财资金的运作方式主要经历了以下演变过程：最初是“一对一”模式，即一项理财产品对应一项资产投向。其后，“资金池—资产池”模式成为主流，银行持续滚动发售不同期限的理财产品，将募集的资金汇集形成资金池，进行统一的集合运作投资，再将投资收益按照理财产品预期收益率分配给投资者。这一模式存在银行与客户之间信息不对称、期限错配隐含流动性风险等问题，监管部门对此逐步施加严格监管。根据《资管新规》的监管导向，银行应确保理财产品独立性，对每只理财产品单独管理、单独建账和单独核算。同时，银行对理财产品实行净值化管理，在开放日或定期披露净值，通过净值波动及时反映产品的收益和风险，以便投资者在清楚知晓风险的基础上自担风险。

(五)理财业务的风险管理

银行应将理财业务风险纳入全面风险管理体系。银行需要强化理财产品的久期管理，降低期限错配的流动性风险，开放式理财产品应当具有足够的高流动性资产，并与投资者赎回需求相匹配。理财产品所投资资产的风险等级应与投资者的风险承担能力相匹配，投资资产构成清晰，风险可识别。银行应控制理财产品所投资资产的集中度，建立理财产品压力测试制度。同时，银行应建立风险补偿机制，计提风险准备金，用于弥补因银行操作风险事件等因素对投资者造成的损失。

三、理财业务的市场定位与客户服务理念

“二八定律”是银行客户筛选与服务的传统主流理念①。根据该定律，商业银行80%

---

① 二八定律由19世纪末意大利经济学家帕累托提出，用于描述“不平衡原则”，例如，社会财富分配不均，约20%的人掌握着80%的财富。

的利润来源于数量仅占20%的高净值客户。二八定律强调企业管理者应重点关注顶部的优质客户，忽略低端客户，因其开发成本高且收益低。长期以来，在二八定律导向下，银行业的客户服务策略形成了资源向高端客户倾斜的集中趋势，但同时也导致银行面临业务过度竞争。

"长尾理论"(the long tail theory)则是对二八定律的逆向思维，认为随着经济发展和市场竞争加剧，经济消费正在从占比较低的头部群体向占比较高的尾部群体转移①。在规模总量巨大、边际成本低廉的情况下，尾部客户亦能带来较大的收益，甚至超过主流客户。该理念为中小银行的业务拓展开辟了广阔的思路。中小银行应突破固化观念的桎梏，避免在高端私人银行板块和大银行正面竞争，在长尾客户群体中寻求新的盈利增长点。随着中国经济发展水平不断提高，以工薪阶层为主的大众群体的绝对收入水平已经具有规模经济价值，群体数量庞大，而且具有广泛的金融需求，"利基市场"(niche market)同样可以为银行创造丰厚的利润②。而且，互联网和大数据分析为长尾理论提供了技术支持，化解了低端客户信息收集困难、信息处理成本过高的障碍。银行应深化理财业务的营销策划和市场细分，适度降低理财产品的认购门槛，充分利用金融科技的成果，有效地挖掘中低端客户市场，扩大盈利空间。

四、私人银行与反洗钱的矛盾与正确处理

洗钱是指将贩毒、黑社会性质的组织犯罪、恐怖活动、走私、贪污或者其他犯罪的违法所得及其产生的收益，以各种手段掩饰、隐瞒资金的来源和性质，使其在形式上合法化的行为。在实践运作中，商业银行在为高端客户提供私人银行服务和防范可疑客户的洗钱活动之间往往陷于矛盾之中，其主要原因是：(1)私人银行是客户利益的维护者；(2)客户的强势地位；(3)银行奉行谨慎和为客户保密的文化；(4)银行应对市场竞争和追求利润的要求。

20世纪80年代后，国际社会日益重视洗钱活动，特别是2001年"9.11事件"后，国际社会推出了反洗钱的一系列规则和协议，发达国家和新兴市场国家普遍签约，国际著名银行出于声誉考虑也大多选择参加。瑞士政府也加大了对洗钱的打击力度，1998年，瑞士《反洗钱法》生效，2009年全球金融危机后，瑞士宣布配合国际社会加强国内私人银行的信息披露。反洗钱为银行业设置了不可触及的监管和行业自律底线，当银行面临商业利益与国家利益，甚至国际责任冲突时，应该毫不犹豫地服从整体利益，这也符合银行自身的长远利益。

国际社会建立和达成的涉及反洗钱的国际组织和公约主要包括：(1)金融行动特别工作组(FATF)。这是成立于1989年的政府间组织，该组织创建了反洗钱的基本框架，在针对恐怖主义的反洗钱方面颇具影响和效力。(2)国际清算银行，其金融论坛(FSF)

① 长尾理论由美国杂志主编克里斯·安德森(Chris Anderson)于2006年提出。

② "利基"一词直译为"壁龛"，意指缝隙，利基市场又称为"补缺市场"，指拥有绝对市场优势的企业忽略的细分市场。

成立了离岸金融特别工作组。(3)欧盟于2001年颁布的反洗钱指引。(4)联合国安理会的决议，敦促成员国加强全球反洗钱合作。(5)埃格蒙特集团(Egmont Group)。这是一个非政府性国际组织，推动成员国之间的情报交流，为反洗钱提供支持。(6)世界银行与IMF制定了反洗钱行动计划，与多个主权国家分享，IMF对各国反洗钱能力进行定期评估。此外，还有结合各地区特点而组建的区域性反洗钱组织，如欧亚反洗钱和反恐融资小组(EAG)、亚太反洗钱工作组等。中国参加了国际反洗钱组织和公约，并逐步建立了多层次的反洗钱法律体系，2007年颁布的《中华人民共和国反洗钱法》为预防和遏制洗钱活动，维护金融秩序制定了监管规则。银行应建全反洗钱内部控制制度，建立客户身份识别制度和交易记录保存制度，遵守大额交易和可疑交易报告制度。

◎小　结

1. 理财业务是指银行接受投资者委托，按照与投资者事先约定的投资策略、风险承担和收益分配方式，对受托的投资者财产进行投资和管理的金融服务。

2. 理财产品可以按投资者取得收益和承担风险的方式、募集方式、投资性质、运作方式、收益率的确定方式等多个维度进行分类。

3. 中国银行业理财业务的发展进程可以归纳为起步与探索阶段、快速扩张阶段、规范与转型阶段。

4. 国内理财业务快速发展的原因主要是投资者对财富保值增值的需求、利率管制与市场化、市场竞争与银行的业务创新、监管博弈与银行的监管套利。在监管新规的框架下，银行理财业务迈入规范转型的新阶段。

5. 银行理财服务的客户群体可分为私人银行客户、高资产净值客户和一般个人客户。

6. 银行理财业务的运作流程包括客户细分、客户评估、签订理财协议和销售理财产品、理财资金的运营、理财业务的风险管理。

7. 二八定律是银行客户筛选与服务的传统理念，强调银行应重点关注顶部的优质客户，长尾理论则认为银行应该针对长尾客户群体拓展业务空间。

8. 商业银行应遵守反洗钱的相关法规，建立建全反洗钱的内部制度。

◎重要概念

理财业务　非保本理财产品　公募理财产品　私募理财产品　固定收益类理财产品　权益类理财产品　商品及金融衍生品类理财产品　混合类理财产品　开放式理财产品　封闭式理财产品　预期收益率型理财产品　净值型理财产品　私人银行　高净值客户　二八定律　长尾理论　反洗钱

第三编

银行资金运用管理

第七章 信贷业务经营管理

贷款是指银行以还本付息为条件，将一定数量的货币资金提供给借款人使用的一种资金运用方式。贷款在传统上一直是银行的核心资产业务。银行发放贷款不仅能够直接获取盈利，而且还能凭借对客户的信贷支持巩固与客户的联系，以便交叉推销其他金融产品。贷款业务同时也是银行向社会提供的最重要的金融服务之一，对现代经济的运行和发展起着极大的推动作用。虽然在国际银行业的转型中，银行的业务范围已大为扩展，利润来源呈现出多样化特征，但是贷款业务在银行经营中仍然占有极为重要的地位，而且，贷款业务中产生的信用风险既是银行最传统的风险，也是银行时刻面临的最重要的风险之一。因此，银行一方面要制定行之有效的贷款政策，开发设计适应市场需求的信贷品种，另一方面，要使用科学严密的手段分析并控制信贷风险，使信贷资金得以优化配置。

第一节　贷款种类、信贷政策与信贷流程

一、贷款的分类

由于信贷合约由贷款的对象、用途、期限、利率、担保方式、还款安排等要素构成，银行的贷款品种相应也可以从不同角度按多种标准分类。

(一)按贷款的对象或用途分类

1. 工商业贷款

工商业贷款(commercial and industrial loans)是指发放给工商企业，用于生产经营活

动的贷款。我国银行通常将工商企业贷款按具体用途划分为流动资金贷款和固定资金贷款。

流动资金贷款主要满足借款企业购买原材料或其他存货、支付工资等方面的周转性资金需求或临时性、季节性资金需求。流动资金贷款又可分为短期流动资金贷款和中期流动资金贷款。短期流动资金贷款主要为企业的库存或应收账款的占用资金融资，期限不超过一年，一般具有自动清偿的特点。中期流动资金贷款的期限为 1 到 3 年，一般不具有自动清偿的性质，企业需利用其多期经营收益还贷。

固定资金贷款用于工商企业建筑、安装、维修、更新改造厂房、机器设备等固定资产，包括基本建设贷款和技术改造贷款。基本建设贷款主要用于支付新建、改建和扩建工程中发生的资金需求。技术改造贷款用于技术改造、设备更新和与之关联的少量土建工程。

2. 农业贷款

农业贷款(agricultural loans)是提供给农业企业或农户以支持农业生产经营的贷款。短期农业贷款用于购买种子、化肥、农药、饲料之类的农业生产资料以及支付种植和收割农作物所需的费用支出。长期农业贷款用于购买农业机械设备，或用于农业基础设施建设和农业开发。

3. 不动产贷款

不动产贷款(real estate loans)可分为商业不动产贷款和住房抵押贷款①。商业不动产贷款的借款人是房地产开发商和土地开发商，主要有不动产项目建设贷款和土地贷款，用于住房开发、土地开发和配套设施建设。住宅抵押贷款主要是个人借款者用于购买家庭住房的贷款。不动产贷款一般要求以土地、厂房、仓库、办公楼、住宅等不动产作为抵押品。

4. 消费贷款

消费贷款(consumer loans)是银行向个人发放的用于消费目的的贷款。消费者借款主要是购买汽车、家用电器等耐用消费品，也可用于支付旅游、教育、医疗、婚嫁等服务费用。这类贷款能使消费者在其个人预算约束之内，对商品和劳务的超前消费需求得以满足。

5. 金融机构贷款

金融机构贷款(financial institution loans)包括对其他银行、保险公司、证券公司、财务公司、信托公司及其他金融机构的贷款。

6. 其他贷款

这些贷款是没有纳入上述类型的某些杂项贷款，比如对科技产业或服务行业的贷款、为解决企业发行股票和债券或购并时的融资需求而发放的过渡性贷款、对政府或政府部门的贷款等。

---

① 西方国家一般将个人住房抵押贷款从消费贷款中分离出来，归入不动产贷款，因为其具有独特的风险特征和运作规则。

(二)按贷款的期限分类

1. 定期贷款

定期贷款具有固定的偿还期限，如果没有特殊约定，银行一般不能提前收回贷款。定期贷款包括短期贷款、中期贷款和长期贷款。根据我国的有关规定，短期贷款是期限在1年以内的贷款，中期贷款是期限在1年以上(含1年)、5年以下(含5年)的贷款，长期贷款指期限在5年以上的贷款。

2. 活期贷款

活期贷款是指没有预先约定期限，银行可以随时通知客户收回，客户也可随时归还的贷款，故又称通知贷款(call loans)。由于活期贷款的还款期限具有不确定性，因此银行通常对借款用途有较大限制。活期贷款常见于银行与其他金融机构间的短期资金借贷。对于资信良好的企业，银行也可以对其发放通知贷款，以解决其结算过程中的资金周转需要。

3. 透支

透支(overdraft)包括支票存款账户透支和信用卡透支，是指银行允许存款人在约定额度内超出存款余额签发支票或用信用卡进行支付，不需事先通知银行。客户向银行透支的款项有最长免息期限限定，客户超过时间则需支付透支利息。由于利息负担较重，客户大多会在免息期内还款。

4. 循环贷款

循环贷款(revolving credit)是一类特殊的信贷协议，规定贷款的最高限额，在一定期限内，只要不超过限额，借款者可以随时获得贷款和偿还贷款。循环贷款协议带有信贷承诺的性质，同时又将短期和中期贷款灵活地加以结合。银行相当于对借款者提供了一个资金蓄水池，借款人可以在一定期限内按约定条件周转使用贷款额度，以便满足其持续且不确定的资金需要，但是，银行则要为这种安排承担风险。

(三)按贷款的保障方式分类

1. 信用贷款

信用贷款(unsecured loan)是银行完全凭借款人信誉发放的贷款，无需其他保障。银行对发放信用贷款一般持谨慎态度，通常只提供给信誉卓著、实力雄厚、与银行有密切关系的大客户，且期限较短。

2. 担保类贷款

根据我国担保法，担保类贷款(secured loan)包括保证贷款、抵押贷款和质押贷款三种形式。保证贷款是以第三方承诺在借款人不履行还款义务或不能偿还贷款时，由其按约定承担一般保证责任或连带责任为前提而发放的贷款。抵押贷款和质押贷款都是以借款人或第三人的特定财产作为还款保障，如果借款人不能按期归还贷款本息，银行有权处分担保品，并优先受偿。抵押与质押的主要区别在于抵押品不需要从抵押人向抵押权人转移，而质押物则往往由质权人即债权人保管。借款人多以机器设备、车辆船舶、房地产等固定资产或不动产作为抵押物，而以有价证券、专利权等动产或权利作为质押物。担保贷款起到了信用增强作用，但手续复杂，涉及担保品的认证、评估、保管等各项费用，交易成本较高。

3. 票据贴现

票据贴现(note discount)是银行以购买借款人未到期商业票据的方式发放的一种特殊形式的贷款。持票人在票据到期以前将票据权利转让给银行，并贴付一定利息从银行取得现款，银行拥有在票据到期时向票据载明的付款人收取票款的权力，同时保留对前手的追索权。票据贴现是将银行信用与商业信用相结合的一种授信行为，实质上是银行以票据为担保而对持票人发放的贷款。

(四)按贷款利率的确定方式分类

1. 固定利率贷款

固定利率贷款是指贷款利率在整个放款期间内不变，即不管市场利率是否发生变化，借款人均按约定利率支付利息。固定利率贷款有利于借贷双方准确核算放款收益和借款成本。不过从另一个角度，借贷双方也可能因市场利率波动而产生机会成本损失。

2. 浮动利率贷款

浮动利率贷款是指在贷款期内，贷款利率根据作为基准的市场利率的波动按约定时间和方法自动进行调整，从而将利率风险在借贷双方间进行均衡的分担。

基础利率通常有优惠利率、同业拆借利率、国库券利率、大额可转让存单利率或其他有代表性市场的低风险利率。

(五)按贷款的偿还方式分类

1. 一次性偿还贷款

借款人在贷款到期时一次性还清贷款本息，短期贷款通常采用这种简单的还款方式。

2. 分期偿还贷款

借款人在贷款期限内按约定的时间间隔(如月、季、年)分次偿还本金和支付利息。中长期贷款大都采用分期偿付的还款安排，还款额可以是等额的，也可逐期递增或递减。

(六)按贷款涉及的地域范围分类

根据信贷行为涉及的地域范围，可以将银行贷款分为国内贷款和国际贷款。狭义的国际贷款是指银行在国际金融市场上向外国借款者发放的贷款，借贷双方是不同国家的居民，但广义的国际贷款也包括银行与境内借款人之间涉及国际经济活动的借贷业务，这类贷款可以用本币或外汇作为借贷货币。短期国际贷款一般都与短期国际贸易融资直接联系，如进出口押汇、打包放款等，或者是金融同业间的短期拆款。中长期国际贷款主要是针对大型成套设备或其他大宗商品采购的卖方信贷、买方信贷等中长期国际贸易融资，以及为基础设施等建设项目和固定资产投资提供支持的银团贷款等国际项目融资。

以上所列的是几种基本的贷款分类方法，银行贷款不仅种类繁多，而且随着经济与金融结构的发展，贷款形式也在不断发生变化。银行可以从经营管理的需要出发，对贷款按照不同的标准进行分类。

二、银行信贷政策

信贷政策是指银行制定的指导贷款业务的各项方针政策的总称。信贷政策是指导银行贷款决策的基本准则，反映银行信贷业务的发展战略，通过引导信贷投向，调整和优化信贷结构。商业银行制定贷款政策的主要依据是：(1)国内与国际经济形势；(2)产业政策、财政政策、货币政策等国家政策导向；(3)经济金融法律法规和政府监管基调；(4)银行的经营状况、市场定位和风险偏好。

信贷政策主要包括以下内容：第一，客户政策。银行将客户分为集团客户、大中型客户、小微型客户等类别，对各类客户采取不同的授信策略，确定目标客户群的基本准入条件。第二，产品政策。银行基于授信业务的分类，明确对客户提供的主要授信品种和营销模式。第三，行业政策。银行对各行业的授信分别采取优先支持、维持、减持、退出政策。第四，区域政策。根据各地区经济发展水平和特点，确定信贷重点投放区域。

三、银行信贷流程

各类贷款交易都是借贷双方达成协议并履行合约的行为，尽管不同的贷款品种各具特色，但都要奉行银行经营的基本原则，即在追求盈利性和安全性之间谋求平衡，因而贷款业务的流程一般包括以下基本环节：

(一)贷款申请

贷款申请是信贷过程的起始阶段，借款人必须以书面形式向银行表述借款意向。银行信贷人员可以主动向目标客户推销贷款产品，但是客户最终必须直接向银行提出借款申请。贷款申请书的主要内容包括借款人基本情况(如个人的姓名、职业、收入，企业的名称、性质、经营范围)和申请贷款的种类、期限、金额、用途、还款计划等。此外，借款人还要向银行提供各种资料，不同的贷款品种对借款人提供资料的要求有所不同。个人一般应出示身份、住所、收入等方面的相关证明，企业则要提供营业执照、企业章程、财务报表、项目可行性研究报告和银行所需要的其他材料，以便银行对申请人的借款资格、财务状况以及贷款项目有明确的认识和了解，为其做出贷款决策提供可行性与可信性依据。

(二)贷款调查

银行受理贷款申请后，即着手就借款申请材料真实性以及申请人信用品质等各方面情况进行全面深入的调查。企业贷款的调查内容主要包括：借款人主体资格或法律地位、行为能力；企业财务状况，包括借款人财务报表的真实度、资产负债结构、财务指标水平、现金流变化；企业生产经营情况，包括厂房设备状况、生产车间规划、生产能力、存货控制、销售情况以及产品开发能力；企业主要领导人素质，如道德品质、经营管理能力、团队协作精神等；企业的信用记录，即企业的履约历史。银行还要掌握企业所在行业的目前状况、竞争格局、发展前景以及国家产业政策和地区经济政策。信贷调查人员通常会安排与客户面谈，也可以亲临企业现场调查，必要时还要同与借款申请人有业务往来的关系人接触，包括企业的客户、供应商、债权人等。各类私人或公共机构编制的报告和其他资料，如商业信用报告、行业比较研究、投资指南等，也能为调查人员提供可利用的信息。对于个人贷款的调查，银行可借助消费者资信报告机构收集个人信用历史资料，或向其单位或雇主、社区管理部门等方面了解申请人道德品质、家庭情况、收入水平、教育程度和职业资格。如果借款人承诺以提供担保作为还款保障，调查人员还需核实抵押物产权归属，估计抵押物价值与变现力。

在搜集、整理各项文件、资料和信息的基础上，调查人员将根据银行既定的贷款标准对客户的贷款申请进行初步评估，并就贷款的条件进行初步洽谈。然后，调查人员将意见和结论形成调查报告，并提出贷款与否以及关于贷款方式、额度、期限、利率等贷款安排的建议，提交给贷款审查部门作为审查与审批的依据。

(三) 贷款审批

信贷调查部门将初审合格的客户推荐给贷款审查部门，后者对借款人资料和调查部门呈报的调查报告以及初审意见作进一步核查与评定。贷款审查人员履行两项基本职能，首先是规范性审查，确定该项贷款是否符合国家的产业政策和法律法规，是否符合银行的信贷政策、信贷程序和操作规程；其次是技术性审查，对调查报告涉及的有关数据、资料的真实性复审核实，判断信贷调查人员使用的客户信用评价和贷款项目评估方法是否正确、取值标准是否准确，必要时对贷款风险进行复测。审查部门有权要求调查部门补充或重新提供有关资料和信息，并对调查失准、遗漏的方面予以修正、补充，或是否定调查部门的错误结论。在确认贷款合法合规、所需各项手续和有关文件资料齐备、有充分的还款保障的前提下，审查部门进而对调查部门提出的贷款方案进行研究，并形成复审意见。

贷款审批是银行的信贷决策环节，关键在于合理设置审批权限。银行一般实行审贷分离、分级审批制度。所谓审贷分离，意在信贷拓业部门和风险管理部门间形成分工协作、相互制衡的机制。前者负责客户接洽和调查评估，后者专事贷款项目的审查，并对其权限范围内的贷款进行审批。对于大额贷款和风险较大的疑难贷款，则需报经贷款审查委员会集体讨论并得出最终意见。所谓分级审批，是指银行总行根据各分支机构的业务量、管理水平和信贷资产质量状况，核定其贷款量的审批权限，超过审批权限的贷款应报上一级行审批。

(四) 贷款合同的签订与贷款发放

贷款审查报告经批准后，借贷双方就可签订借款合同，也即根据国家有关法律，在协商的基础上签订资金借贷契约。在签订合同之前，银行要与借款人就贷款具体条件进行谈判。银行通常会提供标准化的格式合同文本作为蓝本，谈判主要集中于贷款金额、期限、利率、担保形式与内容、还款安排、双方的权利和义务、违约责任的确认和违约处理等方面。双方经谈判达成一致后，银行与借款人签订具有法律效力的正式借款合同。如果采用担保贷款方式，银行还要与抵押人、出质人或保证人签订抵押、质押或保证合同。借款合同一经签订，受法律保护的合法的借贷关系即已确立，双方均应依据合同约定承担义务并享有权利。银行应按合同规定按期足额发放贷款，借款人可根据合同约定，在提款期内一次或分次提款。借款人办理用款手续时，应填写《借款借据》，经信贷部门签章，交会计部门审核无误后，由其将信贷资金划入借款人存款账户，供其支用。信贷经办人员还需相应登记贷款台账。

(五)贷款检查

贷款发放后，银行就应该开始跟踪检查借款人执行贷款合同的情况，监测贷款质量，分析各种风险因素的动态变化。严密的贷前考察是相对的，各种不确定因素和难以预见的变化随时都可能对贷款安全构成威胁，因而后续监控的重要性不容忽视。

信贷人员在研究借款人报送的材料的基础上，通过登门拜访客户，监督借款人是否严格履行贷款合同的约定，关注借款人的财务和信用状况是否发生了对银行贷款安全不利的变化，观察抵押品的状况和价值的变化等。除了有规律的日常例行定期检查外，信贷管理人员还要对借款人出现的异常情况(如经营效益明显下降、企业改组改制等)进行特别检查，识别风险预警信号。对于检查中发现的问题，银行应根据其性质和严重程度及时采取措施予以纠正或补救，避免问题恶化造成银行的实际损失。

(六)贷款收回

借款人应按合同的约定主动支付贷款利息和偿还到期本金，银行通常也会提前通知借款人，要求其如期还款。在银行本利已经全数收回之后，银行应将抵押权证等归还借款人，并收回抵押品收据，办理完相应内部手续后，该笔贷款业务便圆满终结。

倘若借款人不能按期偿还贷款，应提前向银行提交延期还贷的书面申请，说明不能按期还款的原因、延期的期限等，经银行审查同意后办理贷款展期。对于银行不同意展期或展期后仍然不能归还的贷款，即作逾期贷款处理，银行可按有关规定加收罚息，同时，银行应向借款人发出催收通知，并采取各种手段清收贷款。如果借款人拒不偿付或无力还贷，银行可对借款人提起诉讼，要求法院判决并强制执行；或是处置抵押品或质物，以其价款抵偿债权；也可以要求保证人承担保证责任，代为清偿。如果贷款最终成为确实无法收回的呆账，银行将按一定程序予以核销。

鉴于借款人不履行还款义务的原因各有不同，银行对问题贷款的处理应该区别对待。对于经营困难暂时亏损但通过加强管理有望扭亏的企业，银行可以考虑采取更富有弹性的方式，如通过债务重组、减息、企业重整甚至追加贷款等措施帮助企业摆脱困境、逐渐康复。对于有还款能力但恶意拖欠逃废银行债务的借款人，银行应对其实施严厉的制裁。

第二节　贷款信用分析

银行所经营的贷款业务面临信用风险，即借款人不能按期还本付息或资信品质下降而导致银行遭受损失的可能性。银行作为授信方必须严格考察受信方的信用状况，准确地评估信贷风险程度。如果对风险估计不足，银行就可能因所采取的规避风险措施不力而造成较大损失。若风险估量过高，银行则可能会舍弃获利的机会。因此，银行在进行信贷决策时，应该慎重权衡贷款风险和因承担风险而获得的收益，建立科学的信用风险评估体系。

一、企业信用分析

银行在评估企业的借款申请时，遵循的传统审贷原则是5C原则：品格(character)，企业是否具有责任感且诚实守信；能力(capacity)，企业是否具有创造超额收入以偿付债务的能力；资本(capital)，企业的资本规模能否为自身营造经营的物质基础，同时为银行债权提供一定保障；担保(collateral)，企业能否提供价值充分、稳定且具有可销性的抵押或质押品作为还款保证；经营状况(conditions)，企业外部经营环境是否稳定，企业对环境条件变化是否敏感。此外，在5C原则基础上，银行界还提出了6C原则，增加了事业连续性(continuity)，即企业能否在竞争中求得生存与发展。上述原则为银行的信用评估构建了基本框架。

(一)财务分析

财务分析是判断潜在借款人信用状况最为通用也是最经典的技术。银行通过解读和阐释企业的财务资料，对企业的既往业绩、目前状况以及未来前景做出评价和预测。

银行进行财务分析的原始资料主要是借款企业的财务报告，包括财务报表(资产负债表、损益表、现金流量表)及有关附表和财务报表附注。为避免企业编制的财务报告中存在虚构成分，银行一般要求企业提供注册会计师的审计报告，银行自身也需对财务报告予以审查和进行必要的调整。此外，银行还可以要求企业提供纳税申报单、内部管理报告、经营计划等材料，以便获取更为详细的补充信息。

在确保财务报告的质量和可靠性的基础上，银行着手进行财务分析。银行首先应对财务报表作初步的全面概览，把握企业经营的基本状况，然后对财务数据进行更加透彻的考察，追寻决定财务数据水平高低的因素和导致其变化的根源，并预测财务数据的变化趋势。财务分析的重要技术是财务比率分析和现金流量分析。

1. 财务比率分析

财务比率是将财务报表中各相关科目的财务数据进行比较所得到的比值。财务比率能揭示单项科目难以表达的经济含义，突出主要问题。银行应该通过比较借款企业同一财务比率的历史变动趋势(纵向比较)，以及比较企业当期财务比率与同行业类似企业当期财务比率的差异(横向比较)，以获得企业经营状况的全面和准确的信息。

银行业在信用分析的实践中使用的财务比率指标很多，可以分为盈利能力比率、营运能力比率、杠杆比率和流动性比率四类。

(1)盈利能力比率

盈利能力比率反映借款企业获取利润的能力，通常使用的比率有：

①销售利润率

销售利润率是企业利润和营业收入之比，主要有销售毛利率和销售净利润率两种形式。

$$销售毛利率=\frac{销售毛利}{销售收入}\times 100\%$$

$$销售净利润率=\frac{销售净利润}{销售收入}\times 100\%$$

销售毛利等于销售收入减销售成本。销售毛利率越高，说明单位销售收入中销售成本占比越低，企业生产活动和销售活动的盈利水平越高。净利润等于毛利加上投资净收益和营业外收入，扣减其他费用支出(管理费用、财务费用、营业外支出)和企业所得税。销售净利润率是反映企业总体盈利能力的常用指标，体现着企业主营产品的定价策略、生产效率及附营业务的收入水平、投资获利水平和控制管理成本和费用支出的能力。

②资产利润率

$$资产利润率=\frac{利润总额}{总资产平均余额}\times 100\%$$

资产利润率是利润量与企业资产规模存量均值的比率，表示企业单位资产创造的利润，从而反映企业资产的综合利用效果。资产利润率的高低与企业利润额、资产规模和资产结构、资产运用效率等密切相关。

③权益报酬率

$$权益报酬率=\frac{利润总额}{所有者权益平均余额}\times 100\%$$

权益报酬率显示企业利用所有者权益创造利润的效率，同时也反映了企业所有者的收益水平。不过，该比率的水平与企业资本结构有关，后者反映企业对财务杠杆的把握能力或运用策略。

④成本费用利润率

$$成本费用利润率=\frac{利润总额}{成本费用总额}\times 100\%$$

企业的成本费用总额是营业成本、销售费用、管理费用、财务费用和营业外支出的总和。成本费用利润率反映单位成本费用支出所能带来的利润。

(2)营运能力比率

营运能力比率衡量企业有效利用各类资产的能力，进而评价企业的经营管理效率。营运能力比率主要是测算企业各资产项目的周转速率。

①总资产周转率

$$总资产周转率=\frac{营业收入}{总资产平均余额}\times 100\%$$

总资产周转率表示企业总资产在计算期(可取年、季、月等)内周转的次数，用于分析企业全部资产的使用效率，周转率越高，说明企业以全部资产实现的销售收入越多，利用效率越高。

②固定资产周转率

$$固定资产周转率=\frac{营业收入}{固定资产净值平均余额}\times 100\%$$

若企业固定资产周转率较高，一般表明其固定资产利用程度较高。不过，银行还要结合企业固定资产折旧和更新的情况进行分析。周转率过高可能暗含着企业固定资产投资不足，周转率过低既可能是企业固定资产存在闲置，也可能是由于企业添置大量固定资产所致。

③存货周转率

$$存货周转率=\frac{营业成本}{存货平均余额}\times 100\%$$

存货周转率表示企业从购入原材料到售出产成品之间的时间耗费。存货周转速度越快，意味着一定时期内销售出去的产品越多，库存占用资金少，经营效率高。若存货周转速度慢，说明企业可能采购量过大或存货积压过多。

④应收账款周转率

$$应收账款周转率=\frac{营业收入}{应收账款平均余额}\times 100\%$$

应收账款周转率反映企业应收账款转换为现金收入的速度及管理效率的高低。各行业应收账款周转速度差异较大，因而该比率在不同行业间通常不具备可比性。如果企业应收账款周转明显过慢，可能是应收账款被拖欠或无法收回所致，银行应察看应收账款的账龄分析表。

(3)杠杆比率

杠杆比率简称杠率，反映企业资金来源的债务与股本结构以及企业对财务杠杆的利用程度。较高的杠杆比率意味着企业较多地通过举债来经营，也即试图更多地利用财务杠杆。不过，财务杠杆的效应具有两面性，若企业经营报酬高于负债成本，负债经营会使所有者收益增加，反之，则使所有者收益减少。随着杠杆比率的提高，企业所有者因负债经营而导致的收益波动性也将加大，企业面临的财务风险随之上升。因此，银行在信用分析中的倾向性观点是，在结合考虑企业的经营状况和经营策略的前提下，企业的杠杆比率不宜过高。杠率指标主要有以下几种：

①资产负债率

$$资产负债率=\frac{负债总额}{资产总额}\times 100\%$$

企业资产是由所有者和债权人提供的资金形成的，资产负债率表明债权人的资金对企业全部资产的支撑程度，从另一个角度揭示了企业投资者对债权人权益的保障程度。如果负债率很高，说明企业自有资金不足，过度依赖债务融资，企业经营风险主要由债权人承担，一旦企业破产清算，股东权益远远不能抵偿债务，债权人可能遭受严重损失。不过，负债率也并非愈低愈好，业绩良好、资金周转稳定的企业可以利用财务杠杆，通过适当的负债提高股东回报率。银行应结合考虑企业的行业特点、经营情况、发展前景，判定企业负债率是否适度。

②负债与所有者权益比率

$$负债与所有者权益比率=\frac{负债总额}{所有者权益总额}\times 100\%$$

该比率是资产负债率指标的补充，反映所有者权益对债权人权益的保障程度，该比率越高，所有者权益对债权人的保障程度越低。

③利息保障倍数

$$利息保障倍数=\frac{息税前利润}{利息费用}\times 100\%$$

利息保障倍数是企业一定期间内所赚取的纳税付息前的利润与当期付息额之比，表明借款企业以其收益支付债务利息的能力。该倍数越高，贷款利息越可能得到及时支付，相反，说明企业负债过多或盈利能力较差，无法保障利息按期足额支付①。一般认为，企业的收益至少应该能够覆盖其负债利息，并有一定富余。

(4)流动性比率

流动性指标衡量借款企业对外及时支付的能力，包括企业偿还对银行短期负债的能力。银行通常用以下几个指标衡量企业的流动性状况：

①流动比率

$$流动比率=\frac{流动资产}{流动负债}\times 100\%$$

流动比率较高，表明借款企业有较多流动资产作为流动负债的偿还保证。但是，过高的流动比率也意味着企业流动资产占用资金过多，影响资金使用效率和盈利能力。在财务分析上，一般认为流动比率维持在 2∶1 为宜，不过这个标准并不绝对，银行在实践中还需考虑各行业的经营性质和经营周期的特点加以调整。值得注意的是，流动比率本身不显示流动资产的质量。因此，银行还需结合流动资产结构、周转情况等因素分析借款企业的流动性。

②速动比率

$$速动比率=\frac{速动资产}{流动负债}$$

$$速动资产=流动资产-存货$$

速动资产是指能够迅速变现的流动资产。存货需经过销售和收回账款两个环节方能

① 利息保障倍数是通过债务利息负担与资产利润规模的比较间接反映企业财务杠杆的高低，与资产负债率、负债与所有者权益比率的反映角度有所不同。

转化为现金，有的存货可能不具备适销性而无法变现，故速动资产将存货排除在外。较之流动比率，速动比率更为精确地衡量了借款企业的流动性。在财务分析中，一般认为速动比率为1较为合适。速动比率不宜过高，否则会造成资金闲置，企业可能因此失去有利的投资机会。在实际操作中，银行也应根据各行业资产循环周期的不同特点看待企业速动比率所体现的含义。

③现金比率

$$现金比率=\frac{现金类资产}{流动负债}$$

$$现金类资产=速动资产-应收账款$$

现金比率是速动比率补充说明指标。应收账款中可能隐藏着大量逾期的款项和部分未冲销的坏账，现金类资产仅包括高流动性的货币资金和有价证券，因而能够直接反映企业对外支付能力和偿付流动负债的能力。同理，企业应持有适当规模的现金资产，否则会导致机会成本损失。

上述四类指标并非完全独立和彼此割裂，它们之间存在着某种联系。因此，银行在运用财务比率分析时，需要在不同指标之间相互比较，寻找个别指标异常的原因，准确判断企业总体经营状况。

2. 现金流量分析

现金流是企业偿还债务本息最可靠的基础，因此现金流量分析也是判断借款企业偿债能力的重要手段。在损益表中，企业盈亏核算以权责发生制为基础，企业销售收入和成本、费用等项目与实际的现金流入流出并不完全一致，尤其是一些计入利润核算的项目当期并未发生现金流入，譬如未到账的应收账款并不能产生现金流入，因此，企业的账面盈利不能准确地反映企业当期的净现金流量。现金流量表是以现金收付实现制为编制原则，反映企业一定期限内现金流入流出情况的动态报表，可以更好地反映企业对债务的实际偿付能力。

现金流量表将企业的现金流量归为经营活动、投资活动、融资活动的现金流量，分别反映企业当期各种活动所引起的现金流入和现金流出。经营活动产生的现金流入主要包括销售商品和劳务所得现金、收到的租金、收到的增值税销项税额和退回的增值税款等，现金流出主要包括购买商品和劳务所付现金、因经营租赁而支付的租金、支付给职工的现金、支付的增值税款和所得税款等。投资活动产生的现金流入主要包括收回投资所得现金、获得股利或债券利息所得现金、处置资产而收回的现金等，现金流出主要包括购建固定资产等所支付的现金、权益性与债权性投资所支付的现金等。筹资活动产生的现金流入主要包括吸收权益性投资所得现金、发行债券所得现金、借款所得现金等，现金流出主要包括偿债所付现金、分配股利或偿付利息所付现金、融资租赁所付租金等。上述三类活动各自的现金流入量和流出量之差为其净流量，将之加总即得到企业的净现金流量总额。现金流量表的分析格式有多种，有非常细致的，也有比较简略的，但它们的基本分析逻辑是一样的。下面给出许多银行常用的现金流量分析表一般范式（见表7-1）。

表 7-1　　**借款企业现金流量分析表一般范式** *

净销售	收入
-应收账款增量	资产
现金净销售	
-产品营业成本	费用
-存货增量	资产
+ 应付账款增量	负债
（现金购买）	
现金毛利润	
-营业费用	费用
+折旧	
-预付费用增量	资产
+ 应付费用增量	负债
（现金营业费用）	
现金营业利润	
+其他收入	收入
-其他费用	支出
利税前现金利润	
-利息费用	支出
-税款支出	支出
+应付税款增量	负债
来自于经营中的现金利润 **	
-偿还到期长期债务	
-红利支付	
-资本支出	
-长期投资增量	
（自主性现金支出）	
+债务增量	负债
+股票增量	收入
=现金增量	

* 在进行现金流量分析时，只有当最后一列“现金增量”与所比较的两期资产负债表上的“现金项目”的差额完全一致时，现金流量分析的计算才是正确的。

银行可以根据测算出的净现金流量，对企业支付能力进行直觉判断。如果净现金流量为正值，意味着现金流入大于现金流出，企业目前的净现金状态还具有支付能力。但是，如果净现金流量与往年相比是持续下降的，则应对企业的现金支付能力保持高度警惕，这往往是财务陷入困境的一个危险信号。如果净现金流量为负值，意味着现金流入总量小于现金流出总量，但是企业能否偿债还需作具体分析。

实际上，现金流量分析更为关键的是进一步分析企业净现金流量的组成元素、形成过程及其增减变化的原因。因此，银行在总量分析之后，还需要对现金流量进行结构分析。银行可以在企业现金流量表的基础上编制现金流入结构表、现金流出结构表和净现金流量结构表。现金流入结构表列明现金流入各组成部分占现金流入总量的百分比，现金流出结构表列示现金流出各项目占流出总量的百分比，净现金流量结构表则列示三种活动的净现金流量占现金总体净流量百分比。银行首先应分别对三张报表进行分析，然后进行综合分析，以判别企业现金流量构成是否合理。

(1)银行认为偿还贷款本息的最可靠来源是借款企业的经营性现金利润，所以，在现金流入构成中，来自经营活动的现金利润部分占比越高越好。银行往往用一个简单的公式作为判定借款企业还款能力的指标。

$$来自经营活动的现金利润 \div 本期到期长期和短期债务 \geq 1$$

该公式表明，借款企业来自经营活动的现金利润如果能够抵补本期应该偿还的所有到期的长期和短期债务，则该企业经营基本正常，所提出的对新项目的借款要求或扩大生产的借款要求的偿还能力可信度高。

(2)在现金流出构成中，用于非经营活动的部分越低越好；经营活动的现金流入首先要用于维持企业正常生产经营活动，若剩余部分不足以还款，企业就要变卖资产或对外融资，此时的还款来源就只能是投资活动或融资活动。

银行还可以编制企业现金流量变化表，对借款企业连续数期的现金流量进行纵向比较。银行可以采用某一时期的数据为基数，将各期数据与之对比，观察现金净流量及构成现金净流量各项目的变化情况、分析变化趋势及其原因。需要注意的是，不同行业或处于不同发展阶段的企业，其现金流量的特点各有差异，银行应对此有清楚的了解，以便确定分析重点。

由于企业内外部经营条件都处于不断变化之中，因此比较理想的现金流分析是银行不仅观察企业现金流量的历史数据，还预测企业未来的现金流量，作出动态变化的判断。首先，银行应确定影响企业未来现金流量的主要因素，包括企业内部经营管理的调整和外部经营环境的变化；其次，银行要区分哪些是短期因素，哪些是长期因素，哪些因素为企业可控，哪些不可控；最后，在此基础上，预测这些因素对未来现金流量的影响力度，得出企业未来现金流量的结构与总量变化情况，从而评价将来企业偿还贷款的可能性。

现金流量分析与财务比率分析有内在联系，银行应对两种分析中暴露的问题进行相互比照使它们相互补充。

(二)非财务分析

财务分析是评价企业经营业绩的有效定量分析工具，但它存在一些局限：第一，财务报表并不能全面反映企业的相关信息，尤其是不能量化的经营环境信息；第二，企业可以在会计准则允许的范围内自行选择会计处理方法，这可能使财务数据产生较大差别；第三，借款企业的经营环境是动态变化的，包括国家宏观经济与行业变化等。因而，银行不能简单地依赖财务分析，还需对企业作全面的非财务分析，以便拓宽视野，并增加分析深度。

1. 企业外部环境分析

借款企业是一个开放的经济系统，其经营活动是动态变化的过程。因此，银行需要把握企业外部环境的现状及变化趋向，识别有利于企业发展的机遇和对企业构成威胁的因素。

企业的外部环境可分为微观、中观、宏观三个层次：微观环境是决定企业生存和发展的基本环境，包括客户、竞争者、合作者、供应商、经销商以及税务部门、主管部门、所在社区等要素。银行的分析重点是企业所在市场的竞争格局、客户特征和需求变化、采购渠道和销售网络、社会公共关系等。中观环境包括企业所处的行业环境和地理环境，前者指行业性质、现状和发展趋势，后者则是指企业所在地区的经济结构、资源条件、人口分布、交通通信、文化教育、自然地貌等。行业分析是信贷人员不可忽视的关键环节。每个企业都处在特定行业当中，而每一行业都有其固有的风险、发展规律和趋势。银行应当着重考察行业所处的发展阶段、行业业绩与经济周期间的相关关系、与其他相关行业间的依赖性与替代性等因素，以便判断行业整体形势对企业经营状况的影响。宏观环境主要包括企业的政治环境、法律环境、经济环境和科技环境。国家基本路线和方针政策、外交策略和国际关系、相关法律法规、宏观经济形势和经济政策、科技发展水平及发展动向等，都会从不同角度对借款企业产生不同程度的影响，企业的信用状况对此十分敏感，银行需密切关注。

2. 企业经营管理状况分析

借款企业的经营管理水平取决于多种要素的综合，银行需要对此进行全面考察与分析。

(1)企业管理者的综合素质是关系企业经营成败和贷款能否顺利收回的重要因素之一。品德与才能是体现管理者素质的两个基本方面。优秀的企业管理者，尤其是主要决策者，应该诚实守信、克己奉公，方能在员工中形成凝聚力和感召力，并且有诚意与银行建立良好的合作关系。企业管理者还应该富于实干，勇于开拓，积极进取，敢于承担责任，具有坚韧不拔的意志和乐于接受挑战的气魄。同时，企业管理者团队必须具有较高的文化和专业知识水平以及丰富的实践经验，才能适应现代企业发展的需要。银行可以通过考察企业管理层的人才结构、工作资历、信用记录等，对其整体素质进行评判。

(2)企业经营管理是对经营活动的计划、组织、指挥、协调和控制。为了对企业经营管理的实际水平作出全面客观的评价，银行需要建立完备的、有内在逻辑的分析框架，对企业生产经营过程的各个环节逐一考察：第一，物资管理。企业能否合理地组织物资的采购、供应、保管和使用，是生产顺利进行的前提。第二，生产管理。企业是否在市场调研的基础上制订生产计划，能否控制生产进度、合理配置和利用资源、在空间和时间上科学地组织生产，以尽量少的消耗获得尽可能多的产出。第三，产品管理。企业产品组合策略能否使产品组合具有合理的广度、深度和关联性，产品结构能否适应国家产业政策和市场需求的动向。第四，质量管理。企业是否确立质量意识、实行全面质量管理、建立质量保证体系和对质量成本进行有效控制。第五，销售管理。产品销售是企业实现利润的重要环节，企业有无畅通的销售渠道、适当的销售策略和营销手段，最终都通过企业销售合同执行情况、产品销售完成情况、产品市场占有率情况等得以反映。第六，企业内部控制。企业稳健运行的基础在于健全的内部控制，故银行还需要考察企业的内部会计控制、内部管理控制、内部审计控制制度是否完善。

(3)企业人力资源管理状况也是借款企业管理水平的重要体现。人力资源是生产经营诸要素中最重要的组成部分之一，是企业发展的原动力。人力资源的有效管理是企业这个复杂系统得以高效运转的根本支撑。银行可考察企业的人才规划、选聘、培训和激励机制，这可以有效地提高对企业的发展前景作出的判断的准确性。

非财务分析涉及范围很广，银行应建立专门的调研机构或安排专职人员负责收集各方面相关信息，建立包括重要经济政策、法规、国民经济指标、行业状况等的信息库，以备信贷分析人员检索。非财务分析量化程度低，要准确判断各种非财务因素对企业信用状况的影响程度有相当难度，要求分析人员具有扎实的经济学和管理学专业基础、敏锐的识别力、洞察力、逻辑能力和预见力，可以把握其中最为关键和最有价值的影响因素。

(三)企业资信等级的综合评定

任何一项分析指标都只能反映借款企业某方面的信息，银行需要将信用分析过程中获取的各种纷繁复杂的信息加以综合，对企业整体资信状况作出明确直观的评价。

现代银行普遍采用借款企业信用等级评价系统。银行首先确定能够反映借款企业信用品质的核心特征，并用各种指标加以描述，其中既有财务指标，也有非财务指标，构成一个完整的评级指标体系。在此基础上，银行得出借款人的资信评级，作为银行信贷决策的依据。

二、企业信用风险度量技术的革新

传统的信用风险识别方法主要是基于对借款企业的财务和非财务分析，由专家评判，或是对各项指标评分得出信用等级。这些传统方法依据财务报表和其他历史记录，属于静态分析，难以及时发现债务人信用品质的细微变化；定性分析的成分较多，需要依靠分析人员的主观经验判断；效率较低，耗时费力。

20世纪60年代以来，破产现象的大幅度增加、融资非中介化、存贷利差缩小、贷款抵押品价值的波动加剧等，都对传统信用风险评估方法提出了挑战，银行需要对信用风险进行更为精确的测度。信用风险的度量方法酝酿着一场革命，与传统方法不同，新型度量方法注重建立技术性很强的数学模型。大银行、咨询公司和金融专家相继从不同角度开发各种信用风险度量模型，代表性模型的基本思想如下①：

---

①　除以下模型外，另有一些别具特色的信用风险度量模型也产生了一定影响，如瑞士信贷银行的信用风险附加模型(Creditrisk+)、麦肯锡公司的信贷组合观点模型(loan portfolio view)等，详见第六编第十四章。

(一)Z 计分模型

阿尔特曼(Altman，1968)利用判别分析技术，从众多财务比率中选取最能反映企业财务状况的若干比率，对各比率赋予相应的权重，构建区分破产与非破产企业的判别函数。将企业财务数据输入这个多变量模型后，即可得到信用评分(Z 值)，进而将之与临界值比较，据以判断企业的评分是否位于破产区域。

(二)Logit 模型

Logit 模型是对线性概率模型的改良，以代表企业信用品质的虚拟变量作为因变量，将影响企业资信水平的财务指标或非财务因素作为自变量，采用回归分析，估计各项因素对企业信用质量的影响程度，并据此测算企业的违约概率。

(三)KMV 模型

KMV 模型是由 KMV 公司开发的信用风险度量模型，旨在预测股票公开交易的公司对债务违约的可能性。模型的核心分析工具是 EDF，即预期违约频率(expected default frequency)。模型的基本思路是：当借款企业资产的市场价值超出企业的负债时，企业有动力偿还贷款，并将剩余部分留作利润或投资收益。如果企业资产的市场价值小于其负债水平，企业的所有者就会选择违约，因为将企业全部资产出售也不足以偿付贷款，因而，企业的违约触发点被设定为与企业负债水平相等的企业市场价值或资产价值水平。EDF 就是根据企业资产价值的波动性来衡量企业资产价值降低到违约触发点的概率，也即违约概率。企业资产价值的波动性是通过企业股票市场价格的波动性测算出来的。

KMV 模型的特色在于从借款企业股权持有者的角度考虑借款偿还的动力问题，对企业信用风险的衡量指标 EDF 主要是基于对企业股票价格变化的分析。

(四)Creditmetrics 模型

Creditmetrics 模型即“信用度量模型”，由 JP 摩根银行与合作者于 1997 年推出。该模型的基本思路是估算信贷资产在信用品质变迁影响下的价值分布，据以计算信用风险的 VaR 值，即在给定的置信区间上、给定时段内贷款可能发生的最大价值损失。Creditmetrics 认为信用风险取决于借款企业的信用状况，而企业的信用状况可以通过其信用等级得到反映。因而，该模型首先是确定借款企业当前的信用等级，然后再确定借款企业在既定的风险期限内由当前信用等级变化到其他所有信用等级的概率，并由此得到一个概率转移矩阵。接下来，估算出贷款期末在所有可能的信用等级下的理论市场价值，与信用等级转移的概率矩阵结合，就可以得到贷款在风险期限末的价值的概率分布。然后，求 VaR 值(给定的置信度上年末可能的贷款价值与贷款预期价值之间的差距)，即贷款价值损失。

Creditmetrics 模型是基于信用等级变化的多状态盯市模型(mark-to-market model)，而 KMV 模型则是仅考虑借款企业违约与否的两状态讳约模型(default model)。

三、个人信用分析

在消费贷款业务中，银行需要准确评估借款者个人的资信状况。个人资信评估的基本内容同样是评价借款人主观的还贷意愿和客观的还款能力。不过，由于个人与企业的法律地位、社会角色、行为方式、活动范围等方面有所不同，个人信用分析又有其不同于企业信用分析的侧重点。

(一)个人信用调查

银行对借款申请人一般重点考察以下方面：(1)身份。银行必须确认申请人的身份，以防欺诈或错误。(2)品格。信贷人员需要确信申请人有道德责任感和健全的人格。(3)收入。个人收入的多少和稳定性是银行十分看重的因素。(4)婚姻家庭情况。稳定美满的婚姻和家庭显然是借款人按期履约的坚实后盾。(5)年龄。不同年龄阶段客户的收支水平及其变化趋势不同，其借贷行为也会呈现不同的特征。(6)职业。借款人的职业类别、稳定程度和事业前景对其能否履约有一定影响。(7)教育程度，学历较高者往往相对理性，规则意识和法制观念较强。(8)居住状况。这可以反映借款人以往的收入和财富的累积状况和目前的经济实力。(9)借贷历史。银行应通过调查申请人过去的借贷行为，了解其借贷习惯、还款记录和个人品质。(10)债务状况和资产状况。银行要掌握申请人负债总额、债务期限构成、利息与偿还本金的负担等信息，同时了解申请人拥有的个人财富规模、财富存在的形式、财富的实际价值及其稳定性。

信贷调查人员可以从各种渠道直接或间接获取信息。借款申请人在贷款申请表中填写的项目有助于银行大致了解其基本情况，与客户的面谈能够使信贷人员得到更为感性的认识。同时，银行还会要求客户报送各种材料，如身份证、户口簿、驾照、社会安全号码、个人财务报表、税收申报表以及担保品的产权证、发票、存款证明、收入证明等。如果贷款申请人已经是本行的客户，信贷人员可以直接利用申请人的业务记录或账户记录中包含的信息。信贷人员还可以向与该申请人发生过信用关系的其他金融机构、零售商或是申请人工作单位(雇主)等了解情况。银行也可以购买个人资信评估机构提供的信息。

(二)个人资信评估

信贷人员要利用调查获取的各种信息对消费者的信用风险程度进行分析和评定，以确定消费者的信用等级和信贷额度。

银行业普遍建立了个人信用评分系统，对个人信用状况予以量化分析。该系统包括若干资信评定项目，每一项目预先设定最高分值及该项目下各种可能情况的具体分值，根据申请人的实际情况按标准打分，最后将各项得分加总获得综合评分。信贷人员根据被调查者的积分进行分析，并确定其资信等级。各国以及同一国不同银行所设计的评分系统在考察项目、评分标准等具体细节上存在一些差异，不过其基本结构大致类同。①

各国银行业以及信用评估机构为改良个人信用评定方法而不懈努力，开发出了一些使用数理统计技术建模的新型方法。

四、贷款风险分类

银行内部信用风险评级系统包括两方面：一是银行对客户信用状况的总体评价，即客户资信评级；一是对每笔贷款的风险确认，主要是贷款项目风险评级(简称"分类")。贷款风险评级不等同于客户信用评级，虽然贷款风险评级的核心是贷款偿还的可能性，尽管它在多数情况下与客户整体还款能力有正相关关系，但就每笔贷款而言，可能会存在一些超出借款人信用等级所包含的内容之外的、影响本息归还的独特信息。

美国和大洋洲国家的银行监管当局都提出了贷款分类方法的最低标准，在此基础上，银行可制定内部贷款评级(分类)方法，前提是须与监管当局发布的标准有对应和转换关系。以美国为代表，通货监理署(OCC)将银行贷款划分为正常、关注、次级、可疑、损失5类：正常类贷款的借款人有把握按时足额还本付息；关注类贷款的借款人目前有能力还款，但存在一些可能对还贷产生不利影响的因素，须加以监控；次级类贷款的借款人还款能力出现明显问题，依靠正常经营收入已无法保证足额偿债；可疑类贷款的借款人面临严重问题，已无法足额还贷，即使执行抵押或担保，也肯定要造成部分损失，但由于贷款正在重组等原因，对损失程度尚难确定，故为可疑；损失类贷款在采取所有可能措施和法律程序后，本息仍然无法收回，或只能收回极少部分。美国一些大型银行在通货监理署分类方法的基础上，对贷款内部评级的层次作进一步的细分，除了后4类非正常贷款标准与监管当局的非正常贷款标准对应外，还将正常贷款分为5到9级，有些银行的贷款分类达到20~24级，以便进行更为细致的管控。在欧洲，多数国家的监管当局虽然对贷款风险评级不作官方规定，但银行从内部信贷管理需要出发，也自发地对贷款进行风险分类。

1998年以前，我国的贷款分类方法基本沿袭《金融保险企业财务制度》的规定，把贷款划分为正常、逾期、呆滞、呆账4大类，后3类称不良贷款。这种以期限为主要依据的贷款分类方法虽简便易行，但存在很大局限性，尤其是对信贷资产风险识别滞后，已经不能适应信贷管理的发展需要。1998年，人民银行在比较研究世界各国信贷资产分类方法的基础上，制定了《贷款风险分类指导原则》，按风险程度将贷款分为正常、关注、次级、可疑、损失类，并要求各银行逐步实施5级分类法。2007年银监会发布《贷款风险分类指引》，规定5级分类是贷款风险分类的最低要求，银行可根据自身实际制定贷款分类制度，细化分类方法，目前各银行多将贷款分为12级左右。

---

① 为保护借款者权益，一些发达国家制定了各种法规，规定银行不得以年龄、性别、种族、宗教、婚姻状况和生育计划等为由歧视申请人。银行在设计个人信用评估系统时需加以注意。

第三节 贷款定价

贷款如何合理定价是银行长期以来颇感困扰的问题。定价过高，会驱使客户从事高风险的经济活动以应付过于沉重的债务负担，或是抑制客户的借款需求，使之转向其他银行或通过公开市场直接筹资；定价过低，银行无法实现盈利目标，甚至于不能补偿银行付出的成本和承担的风险。随着许多国家金融管制的放松，贷款市场的竞争日趋激烈，对贷款进行科学定价较以往更为重要。

一、贷款定价的影响因素

广义的贷款价格包括贷款利率、贷款承诺费及服务费、提前偿付或逾期罚款等，贷款利率是贷款价格的主要组成部分。在宏观经济运行中，影响贷款利率一般水平的主要因素是信贷市场的资金供求状况。从微观层面上考察，在贷款业务的实际操作中，银行作为贷款供给方所应考虑的因素是多方面的：

第一，银行提供信贷产品的资金成本与经营成本。如前所述，资金成本有历史平均成本和边际成本两个测算口径，后者更宜作为贷款的定价基础。经营成本则是银行因贷前调查、分析、评估和贷后跟踪监测等所耗直接或间接费用。第二，贷款的风险水平。银行需要在预测贷款风险的基础上为其承担的违约风险索取补偿。第三，贷款的期限。不同期限的贷款适用的利率档次不同。贷款期限越长，流动性越差，且利率走势、借款人财务状况等不确定因素越多，贷款价格中应该反映相对较高的期限风险溢价。第四，银行的目标盈利水平。在保证贷款安全和市场竞争力的前提下，银行会力求使贷款收益率达到或高于目标收益率。第五，金融市场竞争态势。银行应比较同业的贷款价格水平，将其作为本行贷款定价的参考。第六，银行与客户的整体关系。贷款通常是银行维系客户关系的支撑点，故贷款定价还应该全面考虑客户与银行之间的业务合作关系。

二、贷款的定价方法

银行在综合考虑多种因素的基础上，开发出了若干贷款定价方法，每种方法体现着不同的定价策略。

（一）成本加成定价法

这种定价方法比较简单，假定贷款利率包括四个组成部分：可贷资金的成本、非资金性经营成本、违约风险的补偿费用（违约成本）、预期利润，也即在贷款成本之上加一定的利差来决定贷款利率，又称成本相加定价法。贷款利率的计算公式为：

贷款利率=筹集资金的边际利息成本+经营成本+预计补偿信用风险的溢价+银行目标利润水平

成本加成定价法考虑了贷款的融资成本、经营成本和客户的违约成本，具有一定合理性。不过，这种定价方法也有其缺陷。它要求银行能够准确地认定贷款业务的各种相关成本，在实践中有一定难度。而且，它没有考虑市场利率水平和同业竞争因素，而事实上，在激烈的竞争中，银行并非完全的价格制定者，而往往是价格的接受者。

(二)基准利率定价法

基准利率定价法是选择合适的基准利率，银行在此之上加一定价差或乘上一个加成系数的贷款定价方法。基础利率可以是国库券利率、大额可转让存单利率、银行同业拆借利率、商业票据利率等货币市场利率，也可以是优惠贷款利率，即银行对优质客户发放短期流动资金贷款的最低利率。由于这些金融工具或借贷合约的共同特征是违约风险低，所以它们的利率往往被称为无风险利率(riskless interest rate)①，是金融市场常用的定价参照系，故也被称之为基准(benchmark)利率。对于所选定的客户，银行往往允许客户选择相应期限的基准利率作为定价的基础，附加的贷款风险溢价水平因客户的风险等级不同而有所差异。

根据基础利率定价法的基本原理，银行对特定客户发放贷款的利率公式一般为：

贷款利率=基准利率+借款者的违约风险溢价+长期贷款的期限风险溢价

公式中后两部分是在基准利率基础上的加价②。违约风险溢价的设定可使用多种风险调整方法，通常是根据贷款的风险等级确定风险溢价。不过，对于高风险客户，银行并非采取加收较高风险溢价的简单做法，因为这样做只会使贷款的违约风险上升。因此，面对较高风险的客户，银行大多遵从信贷配给思想，对此类借款申请予以回绝，以规避风险。如果贷款期限较长，银行还需加上期限风险溢价。

在20世纪70年代以前，西方银行界在运用基础利率定价法时普遍以大银行的优惠利率作为贷款定价基准。进入70年代，由于银行业日趋国际化，优惠利率作为商业贷款基准利率的主导地位受到伦敦银行同业拆借利率的挑战，许多银行开始使用Libor作为基础利率。Libor为各国银行提供了一个共同的价格标准，并为客户对各银行的贷款利率进行比较提供了基准。

中国银行业可以采用人民银行公布的一年期存贷款利率或上海银行同业拆借利率(Shibor)作为贷款基准利率。2018年12月，贷款基础利率集中报价和发布机制正式运行，所谓“贷款基础利率”(LPR)是指银行对其最优质客户执行的贷款利率，其他贷款利率可在此基础上加减点生成。作为市场利率定价自律机制的重要组成部分，有助于推进利率市场化，完善金融市场基准利率体系，指导信贷市场产品定价。

(三)客户盈利性分析法

客户盈利性分析(customer profitability analysis，简称CPA)是一个较为复杂的贷款定

① 无风险利率是相对而言的，主要指信用风险较低，但实际上这些金融工具仍然有市场价格波动、通货膨胀等风险。

② 除了在基准利率上加若干百分点的加数定价法外，还有在基准利率基础上乘以一定系数的乘数定价法。

价系统，其主要思想是认为贷款定价实际上是客户关系整体定价的一个组成部分，银行在对每笔贷款定价时，应该综合考虑银行在与客户的全面业务关系中付出的成本和获取的收益。

客户盈利性分析法的基本框架是评估银行从某一特定客户的银行账户中获得的整体收益是否能实现银行的利润目标，因此亦称账户利润分析法。银行要将该客户账户给银行带来的所有收入与所有成本，以及银行的目标利润进行比较，再测算如何定价。公式如下：

$$账户总收入 \gtreqqless 账户总成本+目标利润$$

如果账户总收入大于账户总成本与目标利润之和，意味着该账户所能产生的收益超过银行要求的最低利润目标。如果公式左右两边相等，则该账户正好能达到银行既定的利润目标。假若账户总收入小于账户总成本与目标利润之和，有两种可能的情况：一是账户收入小于成本，该账户亏损；一是账户收入大于成本，但获利水平低于银行的利润目标。在这两种情况下，银行都有必要对贷款重新定价，以实现既定盈利目标。下面逐一介绍公式中每项要素的构成和计算方法。

1. 账户总成本

账户总成本包括资金成本、所有的服务费和管理费以及贷款违约成本。资金成本即银行提供该贷款所需资金的边际成本，这里使用的是债务资金的加权边际成本，服务和管理费包括该客户存款账户的管理费用，客户存取款项、签发支票的服务费用，贷款的管理费用(如信用分析费用、贷款回收费用和质押品的维护费用等)及其他服务项目的费用。违约成本是银行基于贷款风险度量估算出的类似贷款平均潜在违约损失。

2. 账户总收入

账户总收入包括银行可以从客户的账户中获得的可投资存款的投资收入、表内外业务服务费收入和对该客户贷款的利息收入及其他收入等。其中，客户账户中的可投资存款额是指该客户在计算期内的平均存款余额扣减托收未达现金、法定存款准备金后的余值。银行求出可投资存款额后，结合一定的存款收益率水平，即可计算出该客户存款给银行带来的投资收入。服务费收入主要是贷款承诺费、结算手续费等。

3. 目标利润

目标利润是指银行资本要求从每笔贷款中获得的最低收益。目标利润根据银行既定的股东目标收益率(资本的目标收益率)、贷款分配的资本金比例(资本与资产比率)及贷款金额确定，其计算公式为：

$$目标利润 = \frac{资本}{总资产} \times 资本的目标收益率 \times 贷款额$$

如果银行使用账户利润分析法为新客户的贷款定价，就需预测客户的账户活动，在此基础上估算账户总成本和总收入，银行也可以使用该方法对老客户已发放贷款的价格水平进行评价。总的说来，如果账户净收益等于目标利润，说明贷款定价基本合理；如果客户账户净收入大于或小于目标利润，银行就应考虑对该客户贷款定价作上浮或下浮调整。银行也可以采用提高或降低服务价格的方式来起到调整贷款定价的作用。

(四)风险调整资本收益率法

RAROC(risk adjusted return on capital)即风险调整资本收益率，是经过风险调整后的净利润与占用的经济资本之比率。基于RAROC对贷款定价的目标是保障银行实现给定的风险调整的资本收益率。贷款定价的计算公式如下：

$$贷款利率=资金成本率+经营成本率+预期损失率+\frac{经济资本\times RAROC}{贷款的违约风险暴露}$$

从上式可以看到，RAROC贷款定价模型全面涵盖了资金成本、经营成本、风险成本和资本成本等要素。要确定贷款利率，就需要对资金成本率、经营成本率、RAROC、经济资本、预期损失率以及贷款风险暴露的参数进行精确的计量。其中，某笔贷款占用的经济资本等于贷款总额乘以该笔贷款的经济资本分配系数。预期损失率等于借款企业的违约概率乘以贷款的违约损失率。贷款的违约风险暴露是在违约事件发生时，银行预期暴露于违约风险下的贷款资金，包括已使用的授信余额、应收未收利息、未使用授信额度的预期提取数量以及可能发生的相关费用等。银行应确定可以被监管机构、市场和股东所接受的目标RAROC。

第四节　小微企业贷款与金融科技

从严格学术意义上表述，“小微融资难、融资贵”是一种世界性广泛存在的经济现象，而非一个社会问题。换言之，只有当这种现象累积到相当严重的程度时才会形成一个社会问题。众所周知，“小企业贷款难”问题普遍存在的主因是它们信息极不透明、财务管理不规范及数据可信度低、缺乏抵押品和担保以及应对外部环境变化能力弱等缺陷。正是这些“硬伤”，使得处在有足够信贷需求的环境中，银行，特别是大银行必然会表现出对小微企业的信贷歧视，以避免出现较高的信贷损失。然而，资本市场的发展使得越来越多的大中型企业离开银行到资本市场融资，银行可选择的优质客户不断下降。另一方面，社会进步和经济转型，使得小微企业的重要性得到凸显，它在吸纳就业人口、灵活的创新能力上引起世界各国的重视，普惠金融的被强调既是社会的进步，也是世界经济结构变化的必然。金融学术界和实务界越来越认识到，小微企业所能提供的只是一些难以量化和作为传统风险识别技术不可能处理的模糊信息。因此，对小微企业特质性信息的获取、识别、量化、风险定价，契约方式，贷后监督等，构成了对小微企业贷款能否成功的关键。

一、软信息、硬信息与关系型贷款、交易性贷款

鉴于不同借款者具有不同的信息特征，经济学一般将来自贷款客户的信息在理论上分为两大类：第一类是包括基本真实的财务报表、抵押和担保、信用评级等可精确量化、可查证、便于传递的以数量信息为基础的信息被称为“硬”信息；第二类是通过过

去与本地市场客户交往所获得的关于其个人品质和嗜好、家庭结构及稳定性等信息，并以此为基础形成对其未来风险和收益预期的评估。这些难以数量化和不便于传递的以“质量”为基础的信息则被称为“软”信息。

基于不同信息类型的划分，为降低贷款过程中的信息不对称、交易成本以及所引致的逆向选择和道德风险问题，金融中介开发和创新出了各种贷款技术。Berger 和 Udell (2002)将银行贷款企业信息来源对应的贷款技术概括为四种主要的类型：财务报表型贷款、资产保证型贷款、信用评分贷款和关系型贷款(relationship lending)。前三种贷款技术被称为“交易型贷款”，对应的是“硬”信息基础，而关系型贷款对应的则是“软”信息基础，其中私有信息与通过多次交流而建立的“关系”构成后者定义的核心。

二、软信息的获取

软信息是客观存在的，它的特点是模糊、难以量化，因此在大数据时代，需要依靠各类信息源才有能提取出有价值、可以处理成对微金融信贷信用分析有应用价值的信息。通常这类信息包括四大类：第一类是客户提供的基本信息数据及行为数据，包括客户在手机上进行贷款申请时提供的身份证、银行卡、性别、婚否、职业和收入等，这类的部分数据可以马上通过反欺诈体系进行验证；第二类为验证核查类信息，如对身份证信息进行三方检测，依靠生物特征检测技术对活体检测中人脸识别的照片、身份证照片及公安部 NCIIC 中照片进行交叉比对，这种多维度的比对，准确率比人眼核实更高，借助金融科技还可以通过特殊的大数据系统对借记卡的真实性以及卡的身份进行再次核查；第三类是征信类信息，我国的征信体系以人民银行总行的征信体系为主体，辅之以其他商业征信渠道，并处于逐步完善阶段，这些综合起来的大数据对评判客户的信贷习惯和信用风险用处很大；第四类信息特别关键，一些小贷公司在自己多年信贷业务积累的基础上，建立了一个微金融行业极为庞大的小企业贷款行为数据库，这是一个极具价值的宝藏(以电商为主建立的数据库主要是消费者行为数据，这类普惠金融机构面对的主要是消费者和商铺的消费信贷需求)。

三、对软信息处理的金融技术

发放小微企业贷款所面临的风险主要包括信用风险和欺诈风险，因此必须对信用风险进行评估和计量，对欺诈进行识别和拦截。

在前述四大类数据基础上，微金融机构建立了一个基于大数据的风控平台，将自建的庞大小微贷款行为数据库与外界的各类数据统一归口接入到该平台，各种渠道的数据通过大数据平台进行智能化归集和整理之后，接下来就是微金融机构对软信息的处理和运用。首先是确定风控策略。金融机构或金融科技公司要作出风险评估和额度判断，首先必须建立一系列富有弹性、有预见性的风控策略，比如申请过程中的审核策略、客户未来行为策略、贷后管理策略等。其次是制定科学的风控规则。风控策略的有效落地必须依托大量的量化模型从而组成风控规则，并且这些规则会根据业务数据的变化不断进行动态调整。在这些既定风控规则和风控策略的基础上，通过调用大数据平台上的各类数据，并进行运算和判断，最终能够对客户进行尽可能准确的评分分级，并配之以合适的信贷额度和风险定价。

特别强调，小微企业贷款的损失相当高的部分来自团体欺诈，因此做小微企业贷款必须建立一套行之有效的反欺诈系统。由于在移动互联网的环境下，互联网金融的欺诈风险随时随地存在，因此只有通过由反欺诈策略、反欺诈规则以及欺诈评分共同组成的反欺诈体系，才有可能对随时可能出现的信贷欺诈行为进行实时监控。金融机构或金融科技公司需建立一整套单独的反欺诈系统，这里面同样包含反欺诈策略、反欺诈规则以及欺诈评分，按照风控规则与策略，对数据进行相应的计算和调用，从而提前拦截欺诈，并且根据多个模型和众多规则，对目标客户的申请数据进行各项贷款要素的最终决策。

四、对微金融的贷后管理和不良的催收

为了与全新的风控体系相适应，金融机构或金融科技公司对于贷后管理体系要进行相匹配的调整。全新的贷后管理体系以客户为中心，从传统的账户管理模式转换为客户管理模式，更多考虑客户的利益。客户管理模式建立在构建催收评分卡的基础上，根据逾期客户的不同催收评分，指导贷后管理团队灵活应用不同的人性化催收策略。另外，新的贷后管理体系更多通过IT技术实现自动化催收，大大减少了贷后管理团队的人员规模，从而达到降低成本并提高效率的目的。

五、微金融的新业态和金融监管

中国是一个快速发展的国家，市场上从来就不缺乏创新，微金融的实践模式使得这个领域出现了很多新业态，比如大型电商在拥有海量消费者信息基础上创办的小微金融机构(如深圳前海微众银行等)、大型银行的小微企业贷款事业部。由于大银行事业部单独构建一套处理软信息的技术系统和运行系统，在风控理念、组织结构层级、激励机制等方面都很难与长期以来已经固化的硬信息处理体系相容，所以市场上自然出现了很多以处理软信息见长的金融科技公司与大型银行合作的新业态。这些金融科技公司在处理模糊信息、对小微企业信用风险识别和欺诈风险识别和拦截的技术上已经处在国际前沿①。当然，在互联网和金融科技大潮下的新业态，良莠不齐，难免有借这种环境冠以虚名或过度牟利的乱象，但此时切忌金融监管“一刀切”，如果中国金融监管当局以开放的心态为新业态营造较为宽容的“容错”或“试错”环境，我国小微企业贷款难的现象

① (1)黄宪，等. 飞贷公司的商业发展模式：居安思危待今天，主动转型或未来. 2016年国家管理学案例库分享中心“百优案例”(案例编号：STR-0502)；(2)黄宪，等. 金融科技浪潮下小微金融机构路在何方？——飞贷公司创新背后的道与术. 国家管理学案例库分享中心(案例编号：TEC-0059).

将大大缓解。

◎小　结

1. 银行的贷款品种可以按多种标准分类：按贷款对象或用途，分为工商业贷款、农业贷款、不动产贷款、消费贷款、金融机构贷款、其他贷款；按贷款期限分为定期贷款、活期贷款、透支、循环贷款；按贷款保障方式，分为信用贷款、担保贷款、票据贴现；按贷款利率的确定方式，分为固定利率贷款、浮动利率贷款；按贷款偿还方式，分为一次性偿还贷款、分期偿还贷款；按银行发放贷款的自主程度，分为自营贷款、委托贷款；按贷款涉及的地域范围，分为国内贷款和国际贷款。

2. 贷款业务的流程一般包括贷款申请、贷款调查、贷款审查、贷款审批、贷款合同的签订与贷款发放、贷后检查、贷款收回等环节。

3. 企业信用分析主要包括财务分析与非财务分析。财务分析的主要技术是财务比率分析和现金流量分析。财务比率分为盈利能力比率、营运能力比率、杠杆比率和流动性比率。现金流量分析包括净现金流量分析、现金流量结构分析、现金流量预测等。非财务分析包括企业外部环境分析和企业经营管理状况分析。在财务与非财务分析的基础上，银行需要对企业整体资信状况作出综合评价。

4. 传统的企业信用风险识别方法存在局限性，金融界开发出了多种新型信用风险度量模型，其中较有影响的是 Z 计分模型、Logit 模型、KMV 模型和 Creditmetrics 模型。

5. 银行对借款者个人一般重点调查其身份、品格、收入、婚姻家庭情况、年龄、职业、教育程度、居住状况、借贷历史、债务状况和资产状况等信息，并利用个人信用评分系统对其信用状况进行评估。

6. 贷款风险评级(分类)的核心是贷款偿还的可能性。我国监管部门要求银行实施五级分类法，将贷款分为正常、关注、次级、可疑、损失类。银行内部根据管理需要往往进一步细分。

7. 贷款定价方法有成本加成定价法、基准利率定价法、客户盈利性分析法、风险调整的资本收益率法等多种方法，各自体现着不同的定价策略。

8. 小微企业贷款难是普遍现象，它主要是由于自身的脆弱性和信息的模糊性决定了贷款风险高。随着银行业竞争的加剧和小微企业在经济中的重要性日益突出，金融机构在对待小微企业贷款态度上变得积极了许多，再加上专门金融科技公司的发展，使得对于处理软信息和风控的独特技术迈进了一大步，也创造了许多新业态。

◎重要概念

工商业贷款　不动产贷款　消费贷款　透支　循环贷款　票据贴现　信用分析

财务比率分析　现金流量分析　非财务分析　信用评级　五级分类法　成本加成定价法　基准利率定价法　客户盈利性分析法　风险调整的资本收益率法　软信息　硬信息　关系型贷款　交易性贷款　金融科技

第八章 银行证券投资业务及管理

商业银行是信用中介，因此，存款和贷款一直是它的主营业务。然而，在现代商业银行的总资产中，总有一部分资产稳定地分布在各种证券上。证券投资已成为商业银行重要的资产业务，它不仅为银行带来丰厚的利润，还为银行在流动性管理、资产优化配置等方面起重要作用。由于各类债券多为固定收入证券，名义利率是固定不变的，它们的实际利率随着证券市场价格的变动而变化。这个特点导致银行证券投资有不少独特的金融技术和处置方式。

第一节 银行证券投资的功能和主要类别

一、银行证券投资的功能

商业银行经营的总目标是追求股东财富最大化或利润最大化。与此相一致，银行证券投资的基本目标是一定风险水平下投资收入最大化。围绕这个基本目标，商业银行证券投资具有以下几个主要功能：

（一）分散和降低风险

银行贷款利率较高，但贷款的潜在风险较大。在没有合适贷款机会时，银行将资金投资于高信用等级的证券，可以获取稳定的收益，在分散风险的前提下提高银行利润。国际银行业实施巴塞尔资本监管协议后，银行在风险管理中引入经济资本的概念，任何银行都有将资产做到规模最大，而将资本充足率的分母——风险资产——做到最小的动机。因此，各国，特别是金融发达国家的银行业都开启了“贷款证券化”的运营模式，将表内的贷款移到表外，通过第三方机构进入“贷款资产池”，进行组合后打包成资产抵押证券（ABS），然后银行再购回。组合后的抵押证券所占用的经济资本明显低于贷款，这不仅降低了银行的经济资本，也给银行带来了多种渠道的收入，因而成为一种业务模式的“风潮”，银行资产方的构成中，贷款比重明显下降，各类证券比重明显上升。

（二）保持流动性

尽管现金资产具有高度流动性，在流动性管理中具有重要作用，但现金资产无利息收入，或利息收入极低。为保持流动性而持有过多的现金资产会增加银行的机会成本，降低盈利性。可销性很强的短期证券是商业银行理想的高流动性资产。它们既可随时变现，又有一定的利息收入，是银行流动性管理中不可或缺的二线准备金的主体。

（三）逆经济周期的调节手段

对于商业银行而言，贷款和证券在许多方面是资产组合的最好互补对象。贷款潜在收益高，但潜在风险高，而证券利率收益较低，但风险也低。贷款是顺经济周期的资产，在经济高涨时期，企业销售旺、利润高，贷款需求多，银行此时贷款风险相对较低，乐于发放贷款。但是在经济衰退期，企业销售困难、利润下降，贷款需求减少，银行此时贷款风险相对较高。与此相对，证券投资表现为银行逆经济周期投资的手段：在经济高涨时期，贷款需求旺盛，银行减少对证券的投资；在经济衰退期，贷款需求下降，风险增大，扩大对证券的投资，从而可以使得银行熨平收益的波动。

二、银行证券投资的主要类别

在 1929—1933 年资本主义世界经济大危机以前，西方国家在法律上对商业银行证券投资的对象没有明确限制。大危机后，许多经济分析专家认为，这场由金融危机引发的全面经济危机，与商业银行大量从事股票和企业债券的承销和投资密切相关。为了恢复公众对银行体系的信心，西方国家纷纷立法对商业银行证券投资业务予以规范。其中最具影响的是美国 1933 年颁布的《格拉斯-斯蒂哥尔法》（*Glass-Steagall Act*），它严格禁止美国商业银行从事股票的承销和投资，但允许商业银行投资国库券、中长期国债券、政府机构债券、市政债券和投资级别的公司债券。美国对商业银行证券投资的限定有理论和法律的支持，因而在世界各国有广泛的影响。除了德国全能型模式下的商业银行可以从事股票承销和投资外，大多数国家不允许商业银行染指股票业务。

20 世纪 80 年代以来，随着来自非银行金融机构的竞争压力增大，以及金融工具和交易方式的创新，西方商业银行努力扩展证券投资的业务范围，商业银行兼营投资银行的业务甚至成为一种趋势。例如 1993 年 1 月正式实施的欧盟《第二号银行指令》（*Second Banking Directive*），规定欧盟成员国银行之间采取相互承认的原则，即欧盟内相互承认商业银行可直接或通过子公司间接经营包括证券承销与买卖、衍生金融工具交易等 13 类业务。特别是 1998 年 4 月，美国花旗银行与擅长证券承销、企业并购策划的旅行者公司宣布组成花旗集团，代表着实行严格分业的美国，也放松了商业银行与投资银行的业务界限。下面对银行投资的主要证券及特性给予介绍。

1. 国库券(treasury bill)。国库券是政府发行的短期债券，期限为1年以内，以3个月、6个月和9个月的为主，所筹资金主要用于中央财政预算平衡后的临时性开支。由于国库券期限短、风险低、流动性高，因而成为商业银行流动性管理的重要工具。国库券往往不含息票，其交易按市场利率以贴现方式进行。

2. 中长期国债(treasury notes and bonds)。中长期国债是政府发行的中长期债务凭证。2~10年的为中期国债，10年以上的为长期国债，所筹资金用于平衡中央财政预算赤字。中长期国债多为含息票证券，大多数国家中央财政对国债的息票每半年付一次。

3. 政府机构债券(government agent securities)。政府机构证券是指除中央财政部门以外其他政府机构所发行的债券，如中央银行发行的融资券、国家政策性银行发行的债券等。政府机构证券特点与中央政府债券十分相似，违约风险很小，故在二级市场上的交易十分活跃。

4. 市政债券或地方政府债券(municipal securities)。市政债券是由地方政府发行的，所筹资金多用于地方基础设施建设和公益事业发展。市政债券就其偿还的保障来讲，划分为两类：第一类称"一般义务债券"(general obligation bonds)，这种债券的本息偿还由地方政府征税能力作保证；第二类为"收益债券"(revenue bonds)，这种债券的本息偿还以所筹资金投资项目的未来收益作保证。由于地方政府的财政状况差异较大，地方纳税能力大大弱于中央政府，故这类债券有一定违约风险。为了在不提高成本前提下能顺利筹措所需资金，地方政府往往对市政债券采取减税和免税的政策优惠，使投资者增加收益，故这种债券实际收益率并不低。

5. 公司债券(corporate bonds)。公司债券是企业对外筹集资金而发行的一种债务凭证。由于公司经营状况差异很大，且市场变化无常，故公司债券违约风险较大，为了保障商业银行投资的安全，许多国家在银行法中规定，仅允许商业银行购买信用等级在投资级别以上的公司债。何为投资级别的信用等级在各国有一定差别。

6. 各种资产抵押类证券ABS(assets-backed securities)。从20世纪70年代开始，市场经济发达国家的存款性金融机构在市场利率波动、银行利率管制的环境下，遭遇到了较严重的利率倒挂和"脱媒"问题。面对竞争的压力，存款性金融机构一方面努力进行金融创新，提高对存款的竞争力，另一方面也考虑如何将利率锁定的长期性金融资产移出资产负债表，转换成现金后再按照市场的高利率重投资。在这个背景下，美国金融界首创了以住房抵押贷款为基础的抵押证券MBS，然后又开发了以信用证应收款为抵押的证券和其他消费贷款为抵押的证券(内容详见银行表外业务)。银行在这类创新中不仅是产品的创造者，而且是购买者。各种资产抵押类证券已经成为银行证券投资组合中的一个重要部分。

在商业银行的各类投资证券中，商业银行持有中央政府长短期债券的比重最高。尽管资产抵押证券的比重一直在提高，但由美国次贷危机引发的全球金融和经济危机，让金融业深深体会到，过度证券化，特别是刻意以名义形式隐性转移风险的所谓高度复合的证券，由于极不透明，会给投资者，甚至金融机构本身带来毁灭性的负面影响。所以，在2008年金融危机后，各国监管当局对于表内信贷和其他金融资产证券化给予了高度重视，资产证券化趋势有所收敛。

第二节　银行证券投资的风险和收益

银行证券投资强调在把风险控制在一定范围内的前提下，通过组合技术使投资收益最大。风险泛指不确定性。在金融市场上，投资风险指投资对象未来收益负向变动的可能性。潜在的投资风险与潜在的投资收益正相关。

一、证券投资风险的测量

从金融学的角度来看，投资风险有时是一种可以测算的状态，有时却是一种不能量化但可以推理的状态。从可测量方面来讲，投资预期收益与实际收益的差距是度量投资风险的尺度。投资预期收益率是某项投资各种可能的收益率乘以相应发生的概率之和。用公式(8-1)表示为：

$$\bar{p} = \sum_{i=1}^{n} p_i W_i \tag{8-1}$$

其中：$\bar{p}$ = 某项投资预期收益率(平均收益率)

p_i = 第 i 种结果发生时的预期收益率

W_i = 第 i 种结果发生的概率

n = 各种可能发生的结果数量

然而，仅仅用平均投资收益率还不足以反映证券的投资风险，如果要更为精确地描述投资风险，就必须用各种预期投资收益率与平均收益率偏差的加权之和，才可以作为投资风险程度的理想描述：

$$\sigma = \sqrt{\sum_{i=1}^{n} (p_i - \bar{p})^2 W_i} \tag{8-2}$$

其中，σ = 代表投资风险的标准差。

公式(8-2)表明，利用投资的各种可能结果的收益率与平均预期收益率的偏差可以较好地度量投资风险。为了避免正负值的抵消问题，在计算上常用标准差来表示。

二、证券投资风险的类别

在商业银行经营总原则指导下，银行证券投资组合管理的目标是在控制风险的前提下增加收益。前面已经指出，投资风险可以用预期平均投资收益与投资实际现金收益的差距来度量，影响两者之间差距的因素即投资风险因素。下面对投资风险因素的类别进行讨论。

(一)信用风险

信用风险(credit risk)也称违约风险，指债务人到期偿还本息的不确定性。由于银行证券投资主要集中在政府证券上，这类证券多以财政税收作为偿付本息的保障，故违约风险不高。尽管有些国家出现过少数地方政府债券在经济衰退期不能按期支付本息的情形，但这种情形并不多见。银行证券投资中还有一部分是公司债和外国债券，这部分债券存在着真实违约的可能性。在市场经济发达的国家里，银行在进行投资分析时，除了直接了解和调查债务人的信用状况外，更多地则依据社会上权威信用评级机构对债务所进行的评级分类，以此为标准对证券进行选择和投资决策。例如美国有四大私营证券评级公司，即穆迪(John Moody's)、标准普尔(Standard and Poor's Co.)、费奇(Fitch Publishing Co.)和金融世界服务公司(Financial World Service)，它们对各种债券和优先股进行评级。这4家公司对各信用等级规定的符号有所不同，但对等级划分所表述的风险内涵基本上是一致的。

表8-1中所列等级将债券分为两大类，投资级和投机级。金融监管部门鼓励银行购买投资级证券，有些国家甚至不允许银行购买投机级证券，以保障银行投资组合的质量。

表8-1 债券评级标准及划分依据

穆迪	标准普尔	费奇	金融世界	
投资级				
Aaa	AAA	AAA	A+	信用质量最高，风险最小
Aa	AA	AA	A	信用质量高，但财务状况略弱
A	A	A		财务能力较强，但易受经济条件的影响
Baa	BBB	BBB	B+	信用质量属中间等级，当期财务力量较强，但缺乏优良的投资特征
投机级				
Ba	BB	BB	B	具有投机特征，当期尚能支付利息，但未来现金流不确定
B	B	B	C+	较高投机性，对本金和利息的偿付很不确定
Caa~C	CCC~C	CCC~C	C~D+	高度投机，违约可能性很大
	D	DDD	D	已经违约

(二)通货膨胀风险

通货膨胀风险(inflation risk)指由于不可预期的物价波动而使证券投资实际收入下降的可能性。银行投资主要购买固定利率收入债券，当物价上涨率超过所投资证券的税后收益率时，银行投资产生实际损失。需强调的是，不可预期的物价上涨对银行的影响很大，如果在投资决策中未将通货膨胀溢价因素给予恰当考虑，一旦通货膨胀率发生，并超过预期上涨率时，银行投资收益将大幅度下降。

(三)利率风险

利率风险(interest rate risk)指由于市场利率水平波动而引起证券价格的变动，从而给银行证券投资造成损失的可能性。由于各类债券多为固定收入证券，其利率波动从两个方面对银行证券投资带来风险：第一，债券市场价格与市场利率反向变动，固定收入债券的价格随利率上升而下降，随利率下降而上升。当银行因各种需要而在未到期前出售证券时，有可能因证券市场价格下降而产生损失。债券价格随市场利率波动的程度依各种债券的期限和特性而定。一般来讲，最终偿还期越长，息票支付水平越低，则证券市场价格波动幅度越大。

图 8-1 表明了具有相同最终偿还期，但违约风险不同，且息票支付水平不同的各种债券价格波动与市场利率变动之间的关系。从图 8-2 中可看出，当市场利率上下波动 2%时，不同息票支付水平债券的市场波动幅度从不足 10%到 30%多不等。

第二，银行重投资的收益水平会因利率下降而减少。在利率下降过程中，银行投资证券的息票收入和到期证券本金偿还很有可能不得不按较低的市场利率重投资。

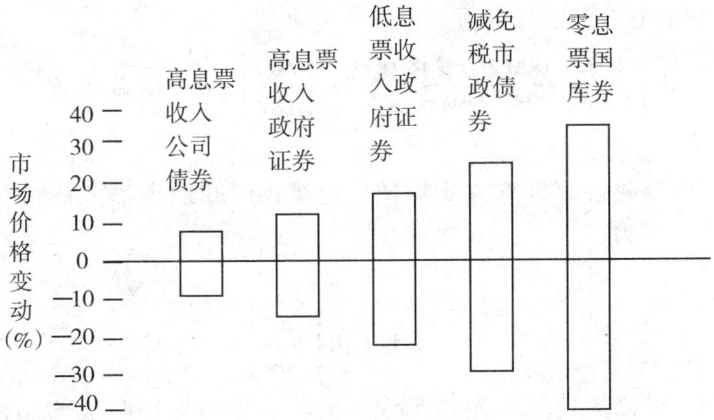

图 8-1　假设市场利率上下波动 2%时各种债券市场价格的波动幅度

(四)流动性风险

流动性风险(liquidity risk)指某些证券由于难以交易而使银行收入损失的可能性。有些证券由于发行规模小或其他特征，其可交易性大大降低。在一些发展中国家，例如在中国，尽管金融市场发展较快，但是与发达国家相比，债券种类非常少，交易市场范围狭小，这些都会降低证券的流动性。银行若需在偿还期未到前出售所持债券，将不得不大幅度降低价格才能吸引其他投资者购买。

三、证券的收益率和价格

利率是资金的价格。一般而言，市场利率指反映市场整体供求关系的平均利率。收益率则泛指投资回报，在证券投资中表示投资收益与本金之比。证券投资的收益由利息收入和资本损益所构成。由于各类债券多为固定收入证券，在证券市场上，债券的收益率一般与市场利率正相关，而债券的市场价格与市场利率负相关。

（一）零息票证券的收益和价格

有些证券，如国库券，往往不含息，而以贴现的方式发行或交易，贴现率就成为反映这类证券投资回报的收益率，其计算公式为：

$$\mathrm{dr} = \frac{\mathrm{FV} - P}{P}\left[\frac{360}{n}\right] \tag{8-3}$$

公式中：dr=以贴现率表示的收益率；

FV=证券的面值；

P = 购买价格或本金；

n = 有效偿还期天数。

例　某银行购买每份面值为 10 万元、实际期限为 182 天的零息票国库券合约共 10 份，实际支付958 660元，银行该项证券投资的收益率为：

$$\mathrm{dr} = \frac{1\ 000\ 000\text{ 元} - 958\ 660\text{ 元}}{958\ 660\text{ 元}}\left[\frac{360}{182}\right] = 0.085 \text{ 或 } 8.53\%$$

证券价格一般是收益率计算方式的逆向运算，已知贴现率，就可以计算出零息证券的市场价格，其公式为：

$$P = \frac{\mathrm{KV}}{1 + \mathrm{dr}\left[\frac{n}{360}\right]} \tag{8-4}$$

以前题为例，设已知贴现率为 8.53%，面值总价格为1 000 000元、实际期限为 182 天的国库券应以什么价格购买？

$$\frac{1\ 000\ 000\text{ 元}}{1 + 0.085\ 3\left[\frac{182}{360}\right]} = 958\ 660\text{ 元}$$

（二）含息票证券的收益率和价格

含息票债券的利息支付每年定期进行。因此，从含息票债券本利和总支付来看，其平均偿还期要短于那类从发行日到期满才最终一次偿还本利和的债券。

含息票债券的投资回报（return）包括息票收入和由于市场价格波动而产生的投资利得或者投资损失。在仅考虑证券购买者将所购债券持有到期的情形下，含息票债券的最终平均回报率可表示如下：

$$\mathrm{ry} = \frac{C + (\mathrm{FV} - P)/n}{P} \tag{8-5}$$

公式中：ry——最终回报率；

C——息票收入；

FV——债券面值；

p ——债券购买价；

n ——实际持有期(年)。

设银行对某含息票债券采取购买后持有到期的投资策略。此种债券为面值1 000元、息票每年支付60元、期限为10年的含息债券，当前市价为920元，该债券的最终平均回报率为：

$$\mathrm{ry}=\frac{60+(1\ 000-920)/10}{920}=7.39\%$$

(三)复利表达的收益率和价格

前面所列均为单利表达的收益率和回报率。如果考虑将所得利息再投资则为复利计算，其结果为“利息生利息”的复利收益率。欧洲、北美及日本等国的债券均采用复式利率方式来计算到期收益率，但运用上有细微差别。在金融学中，按这种方式计算的到期收益率(yield to maturity)被认为是最精确的市场利率。在欧洲和日本，固定收入证券一般每年付息一次，而美国则每年付息两次。运用复利方式计算固定收入证券的到期收益率的债券价格计算公式为：

$$P=\sum_{t=1}^{n}\frac{C_t}{(1+r)^t}+\frac{\mathrm{FV}}{(1+r)^n}\tag{8-6}$$

在现实中，由于固定收入证券的价格水市场供求关系波动，在已知债券市场的情况下，运用上述公式来计算该债券的到期收益率比较复杂，往往要多次运用试错法才能求出。但是，银行和其他金融机构都有现成的到期收益率测算表，只要知道现行价格、期限等因素，就可以对照表方便地查到该债券的到期收益率。另外，复利收益率也可用近似表达式：

$$\mathrm{ry}\approx\frac{C+(\mathrm{FV}-P)/n}{(\mathrm{FV}+P)/2}\tag{8-7}$$

值得指出的是，复利收益并不意味着已经实现的收益，而只是将息票收益按债券的复利收益率再投资时将来才能得以实现的收益率。

第三节　银行证券投资业务

一、银行证券投资业务的方式

商业银行从事证券投资有多种业务方式，并从中赚取收益。这些业务可以概括为两大类：第一类是商业银行为获利而持有各种组合的证券。由于各银行理财策略不一样，银行证券投资的组合策略也不同。如果银行对利率走势有较强的预测能力，这些银行在组合中可能采取较为复杂的金融技术，通过“做多”或“做空”来调整组合，以利用证券价格上升或下降来获取价差利润。我们将在下一节专门讨论银行证券投资组合问题。第二类是商业银行通过管理证券交易账户来从事广泛的证券业务。银行通过管理证券交易账户所涉及的主要业务有：第一，作为证券市场专家，为客户提供投资咨询和建议。银行特别是大银行，有众多经验丰富的证券分析和投资专家，深受客户信赖，客户和一些小银行在进行证券投资前，往往就证券差别、期限、组合方式等向大银行进行咨询。第二，银行利用证券交易账户，成为国债一级市场的主要承销商。国债一般是财政部以拍卖的方式发行的，但这种拍卖只面向证券市场上的主要承销商，而大商业银行往往是最主要的国债主承销商。大商业银行在公开市场以竞价方式购得国债、政府机构债和市政债等债券后，再在二级市场上分销和销售给其他客户，从中获取承销或分销的服务收入。第三，在证券市场上作为“造市者”，广泛参与交易。商业银行经常保持相当数额的证券，随时准备销售给意愿购买者。在证券市场上，为了维护市场交易的连续性，对自己的证券库存账户不断买入和卖出证券的行为被称为“造市”(making market)。作为造市者，商业银行根据自身期望的利差给各类债券定价，即以较高的价格(较低的利率)给出卖价，以较低的价格(较高的利率)给出买价。这样，任何一种债券的交易者会得到银行证券部门给出的两个报价，买价或称出价(bid price)代表银行作为自营商愿意买入证券的价格；卖价或称要价(asked price or offer price)则代表银行愿意卖出证券的价格。银行利润来自卖价高于买价的正差额部分。二级市场上的标价方式，是以标准单位100为基础，加上用1/32点的分数单位来表示的。假定《华尔街日报》上刊载的美国政府债券报价如表8-2中所示：第一栏表示每种政府债券的息票率、偿还期以及到期日，第二种证券息率为12%，偿还期为从目前至2025年5月。第二栏和第三栏分别表示政府证券自营商在昨日收盘时对每一种证券报出的买价和卖价。美国政府债券通常以1 000美元为面值，其报价在传统上按面值的10%表示，尾数以1/32为最小单位表达，而不采用小数点的表达方式。我们还是以第二种债券为例。假定2025年5月到期的国债，自营商的买价为$141\frac{12}{32}$(＝$ 1 413.74)，卖价$141\frac{12}{32}$(＝$ 1 416.25)。第四栏则表示自营商在前一个交易日收盘时的所报买价与前一天收盘时所报买价相比较而得出的价格变动率，它也是以$\frac{1}{32}$为单位。例如，第二种国债买价变动率+0.4表示的意思是，昨日收盘时$141\frac{12}{32}$的买价与前一天该债券收盘时$141\frac{8}{32}$的买价相比较而言，买价变动率为$+\frac{4}{32}$。第五栏代表该债券的到期实际收益率，以百分率和标准的十进位小数点表示。

表8-2　**美国政府债券市场报价①**

(1)			(2)	(3)	(4)	(5)
Rate	Mat.	Date	Bid	Asked	Bid chg	Yld
$8\frac{1}{4}$	2 024	May	105.25	106.10	+0.4	7.53

① 《华尔街日报》的范式表达。

续表

(1)			(2)	(3)	(4)	(5)
12	2 025	May	141. 12	141. 12	+0. 4	7. 72
$10\frac{3}{4}$	2 026	Aug	129. 8	129. 8	+0. 2	7. 73
$9\frac{3}{8}$	2 027	Feb	117. 10	117. 10	…	7. 61
$10\frac{3}{8}$	2 028	Nov	126. 16	126. 24	+0. 5	7. 76
12	2 029	Aug	143. 00	143. 40	+0. 7	7. 83
$13\frac{1}{4}$	2 029	May	156. 00	156. 80	+0. 9	7. 86
$11\frac{1}{4}$	2 030	Feb	140. 10	140. 14	+0. 6	7. 71
$10\frac{5}{8}$	2 030	Aug	133. 19	133. 27	+0. 9	7. 68
$9\frac{7}{8}$	2 030	Nov	125. 4	125. 12	…	7. 68
$9\frac{1}{4}$	2 030	Feb	119. 10	119. 18	+0. 9	7. 58

二、银行两大类证券投资业务的区别

由于商业银行进行证券组合投资与运用证券交易账户来提供证券服务的功能不同，在管理上需将银行自身资产组合与证券交易业务分开。所以，商业银行在资产负债表上反映的证券投资组合与该银行证券交易账户上的证券存货往往按分开的账户进行管理，后者不纳入银行自身的资产负债表，但是买卖证券的价差收入并入银行损益表。随着衍生金融工具和交易市场的发展，大银行作为证券交易和衍生金融交易的中介机构，其地位越来越突出，交易量以惊人的速度增长，因此，商业银行运用表外证券交易账户和衍生交易账户进行业务的收入极大地拓展了银行的非利息收入，代表着银行发展的重要领域。

第四节　银行证券投资策略

商业银行在按流动性、安全性、盈利性的经营三原则考虑资金配置时，必然会在总资产中安排一个稳定的部分投资在证券上。在金融市场发达国家的商业银行，这一部分

占总资产的比例甚至高达15%~25%。因此，有效的证券管理对于追求自我经济效益的商业银行来讲显得很重要。由于法律上对商业银行持有证券品种范围的限制性，证券投资的违约风险相对较小，商业银行主要面临的是市场利率风险和期限结构组合风险。因此，银行证券投资策略的目标强调在控制利率风险前提下实现证券流动性和收益的高效组合。本节讨论不同期限、不同种类、相同品质特性的证券，在不同的利率环境下，银行应如何进行组合。

一、流动性准备方法

流动性准备方法(liquidity-reserve method)是商业银行传统证券投资策略的一种，被认为是较为保守或消极的投资策略。这种投资策略比较僵硬地看待金融资产的流动性与盈利性之间的替换关系，从而把证券简单地划分为流动性证券和收益性证券两类。流动性证券期限短、利率低、可销性强，而收益性证券期限长、利率高、可销性弱。流动性准备方法的基本思想可以概括为：证券投资应重点满足银行流动性需要，在资金运用安排上以流动性需要作为优先顺序的考虑。该方法将银行资产划分为四个层次(见图8-2)。第一个层次的构成以现金资产为主，即库存现金、在中央银行准备金存款和以清算、支付为目的存放同业款，被称为一线准备(primary reserve)。一线准备几乎不产生收益，其功能是满足银行日常提存、正常贷款需求、支付和清算等流动性需求。第二个层次的构成以短期证券，特别是国库券为主，具有风险低、期限短、可销性强和有一定收益的特征，被称为二线准备(secondary reserve)。二线准备的组成构筑了银行证券投资流动性准备方法的核心，它强调短期证券在作为一线准备的补充、满足流动性需要的同时，还为银行带来一定利息收入。对银行的季节性资金需求、无法预料的贷款需求增长和其他突发性资金需求靠二线准备的随时变现来满足。第三个层次的构成以各类贷款为主，被称为三线准备(tertiary reserve)。贷款利息是银行资产运用的主要收益来源，然而贷款若能正常到期，也会产生流动性供给，特别是基于票据贴现和抵押为基础的商业性贷款，具有自偿性质，甚至可进行再贴现融资。第四个层次的构成以各类中长期债券为主，具有期限长、收益高、可销性弱的特征，亦被称为投资性准备(investment reserve)。由于商业银行并非随时能寻找到风险较低的贷款项目和客户，有些项目尽管潜在收益较高，但潜在风险往往也很高，银行不敢随意放贷。在资金未寻找到理想的放款机会时，银行倾向于将剩余资金投向长期证券，以提高资金获利能力。银行投资中长期债券的主要目的是产生收益，流动性准备只是作为最后的保障。

随着经济环境的变化，流动性准备方法越来越显得被动和保守，由它指导下所产生的银行资产组合已不能适应商业银行的发展目标。

二、梯形期限策略

在利率波动的环境下，银行所投资证券的价格会随利率波动而变化。这对银行证券投资的技术要求很高。由于对利率波动的预测能力和保值技术能力的差异，不同银行可

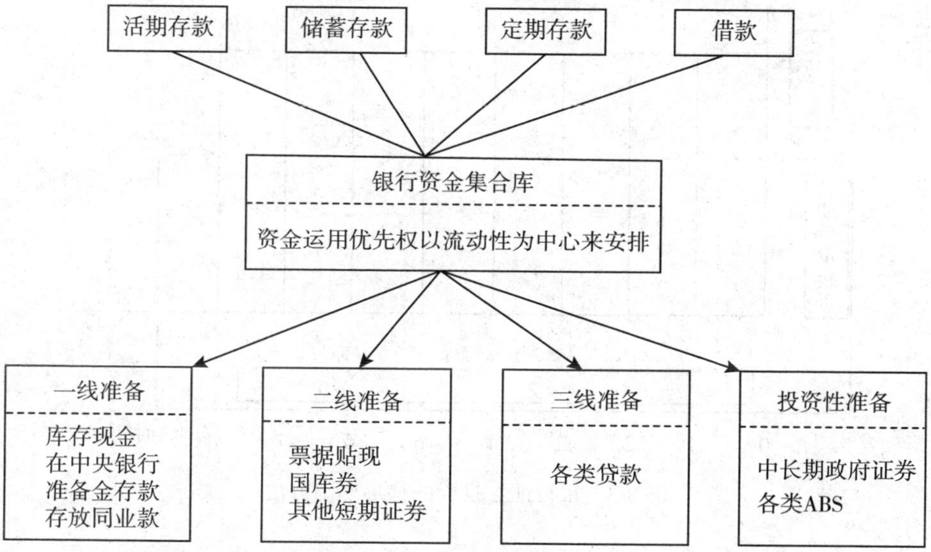

图 8-2　银行证券投资的流动性准备方法

采取相对稳健或相对进取的投资策略。梯形期限策略(laddered maturity strategy)是相对稳健的方法，它也称为期限间隔方法(spaced-maturity approach)。该方法的基本思路是：根据银行资产组合中分布在证券上的资金量，把它们均匀地投资在不同期限的同质证券上，在由到期证券提供流动性的同时，可由占比重较高的长期证券带来较高收益率。由于该方法中的投资组合很像阶梯形状，故得此名。

图示 8-3 中，假设某银行资产组合中有 8 000 万货币单位资金将用于证券投资。该银行如果选择梯形期限投资策略，可将证券均匀地分布在 1~8 年政府证券上。在这种投资组合中，1 年期证券占总投资 1/8，2 年期占 1/8，……，8 年期占 1/8，每年将有 1 000万元证券到期，可作为流动性准备或补充。如果银行现金资产正常，可将到期证券的现金重投资于 8 年期政府证券。可以想象，通过不断地重投资于最长期限的政府证券，若干年后，银行可以在保持证券组合的实际偿还期结构不变的情况下，获取较高的投资收益率。

梯形期限方法是小银行在证券投资中较多采用的，其优点比较明显：(1)管理方便，易于掌握。银行只需将资金在期限上作均匀分布，并定期进行重投资安排即可。(2)银行不必对市场利率走势进行预测，也不需频繁进行证券组合投资安排。(3)这种投资组合可以保障银行在避免因利率波动出现投资损失的同时，使银行获取至少是平均的投资回报。

证券投资的梯形期限方法与流动性准备方法一样，属于传统的投资策略，其特征可以概括为买入—持有到期。除此外，梯形期限方法具有以下主要缺陷：(1)过于僵硬，缺少灵活性，当有利的投资机会出现时，不能利用新的投资组合来扩大利润，特别是当短期利率提高较快时。(2)作为二线准备证券的变现能力有局限性。由于实际偿还期为

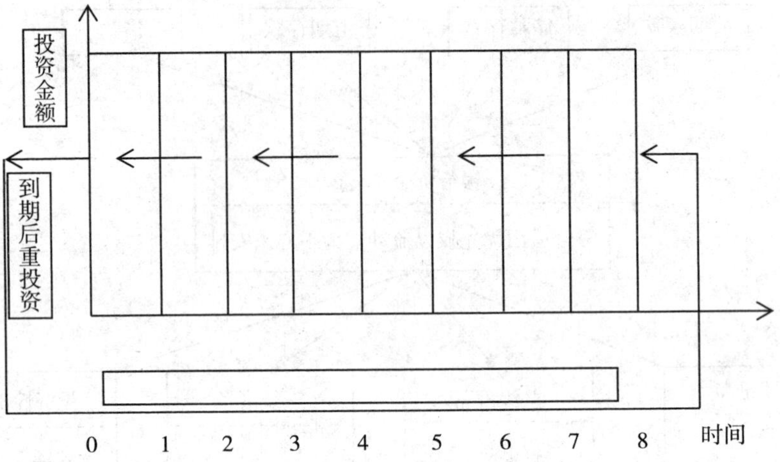

图 8-3　银行证券投资的梯形期限方法

1 年的证券只是 $1/n$，故有应急流动性需要时，银行出售中长期证券有可能出现投资损失。

三、杠铃结构方法

杠铃结构方法(barbell structure approach)把证券划分为短期证券和长期证券两个组别，银行资金只分布在这两类证券上，而对中期证券一般不予考虑。这种证券组合结构反映在图上形似杠铃，故得此名。杠铃结构法要求所投长期证券在其偿还期达到中期时就卖出，并将其收入重投资于长期证券。所投短期证券到期后若无流动性补充需要，再行投资于短期证券。短期证券的期限由银行根据货币市场状态和证券变现能力自行决定，但一般在 3 年期以内；而长期证券的期限则在 7～10 年以内(见图 8-4)。从理论上讲，杠铃结构方法能使银行证券投资达到流动性、灵活性和盈利性的高效组合。短期证券保证了银行的流动性，长期证券则保持了银行可获取较高的收益率，其投资组合的收

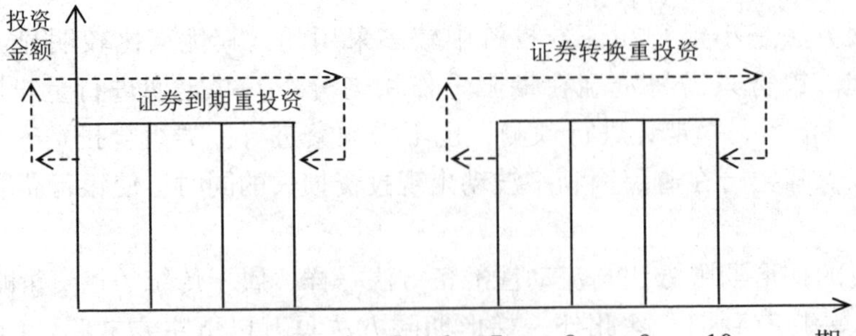

图 8-4　杠铃结构投资方法

益率不低于在梯形结构方法下的投资组合收益率。特别在利率波动时，投资损益相互抵消。如果市场利率普遍上升，长期证券市价下跌，出售长期证券时资本利得会减少，但到期短期证券的本利和却可以按不断上升的市场利率重投资。当市场利率下降时，到期短期证券本利和重投资的收益率会降低，但长期证券市价上升，出售时的资本利得提高。正因为有以上优点，一些银行家认为杠铃结构方法比其他投资方法更接近银行流动性、安全性、盈利性原则所要求的效率疆界。但也有一些金融专家提出，该方法对银行证券转换能力、交易能力和投资经验要求较高，对那些缺乏这方面能力和人才的银行来讲，其他方法也许更为有效。

四、利率周期性期限决策方法

在利率波动的环境中，如果银行对利率的预测有较强的专家队伍，就可以采取较为主动和更富有进取性的投资策略。利率周期性期限决策方法（cyclical maturity determination approach）就是其中一种。该投资策略认为，在预测利率波动时，如图 8-5（A），银行应该相机决策，按照对利率的预测安排投资组合。当预测利率将上升时，银行证券管理人员应更多地持有短期证券，减少长期证券，即如图 8-5（B）中反映的；而预测利率处于上升周期转折点并逐步下降时，银行应将证券的大部分转换成长期证券，即如图 8-5（C）所示的投资策略。当利率下降至周期的转折点时，银行再次将证券组合转换成以短期证券为主。

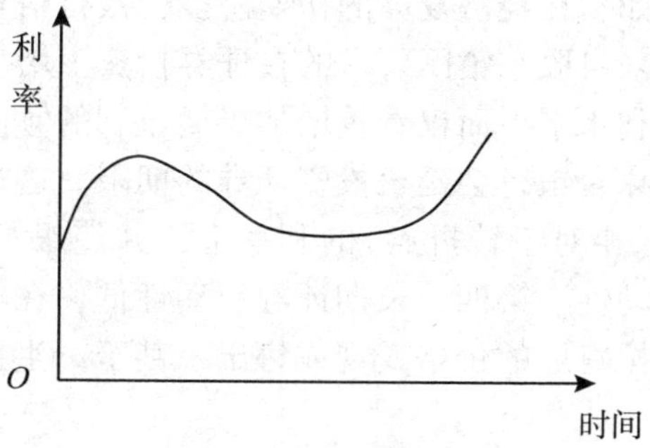

图 8-5（A）

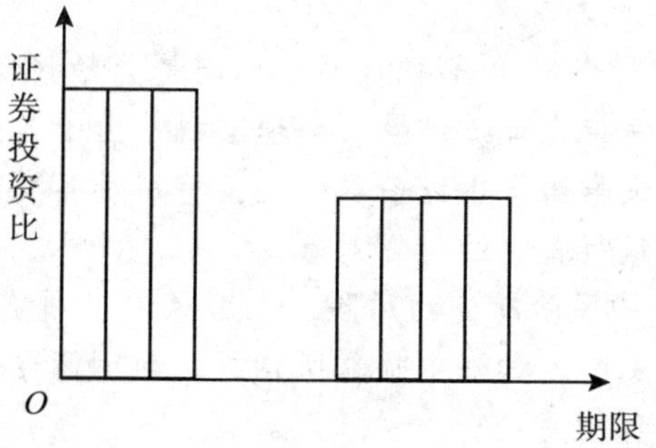

图 8-5（B）

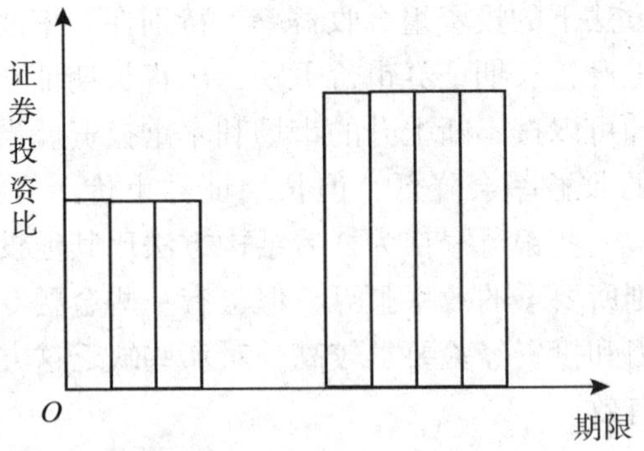

图 8-5(C)

图 8-5　利率周期性期限决策方法

这种投资策略被认为最大限度地利用了利率波动。因为利率上升时，到期短期证券的现金流将按照不断上升的利率重投资，收益率自然提高。当利率达到上升周期阶段最高点时，银行将证券组合逐步调整到长期证券占较高比重的状态，长期证券将按照不断上升的价格出售，获取较高的资本利得。等待下一轮利率下降周期出现时，再重新调整证券投资的组合结构。然而，这种投资策略在实施中也存在不少难度。第一，利率周期性期限决策方法运用的环境是利率呈现出有规律性周期波动。当市场利率频繁波动时，该方法不具有可操作性。第二，该方法要求银行对市场利率变动方向有准确预测，如果预测方向错了，银行证券投资将损失惨重。第三，在股份制商业银行组织结构下，银行管理人员与董事会成员对投资获利方式和时机的选择往往存在差异，容易使该投资策略的实施效果大打折扣。例如，在经济复苏的初期阶段，银行信贷需求疲软，利率相对较低，银行证券管理层受到来自股东集团要求的在证券投资上增加盈利的压力，因而十分容易出现忽略整个周期盈利水平，而仅看重增加当期盈利的倾向。由于这段期间利率曲线向上倾斜，这种压力意味着银行会延长投资证券的期限。这样一来，银行实际上把投资的证券锁定在相对较低(相对于转折点)的利率上，并使银行在其证券组合急需进行调整时却降低了自身的流动性。第四，长期证券流动性低，在银行需要补充流动性或实施证券转换时，有时不易按意愿的价格变现或售出，甚至产生损失。

◎小　结

1. 证券投资在银行资产组合中的主要功能是分散风险、提高收益、作为逆经济周期的调节手段、保持合理流动性、合理避税。由于各国对商业银行风险控制较严，所以商业银行的证券组合中以债券为主，特别是各类国债、政府机构债券和市政债券，一直是商业银行青睐的投资对象。

2. 银行证券投资的风险有违约风险、利率风险、通货膨胀风险和流动性风险。证券投资的收益由利息收入和资本损益所构成。由于债券多为固定收入证券，故债券的价格与市场利率负相关。

3. 商业银行证券可以概括为两大类：第一类是商业银行为获利和流动性需要

而持有的各种组合证券；第二类是商业银行通过管理证券交易账户而从事的广泛证券投资相关业务，包括为客户提供投资咨询、作为国债一级市场主承销商以及在证券市场上作为“造市者”买入和卖出证券。

4. 商业银行证券投资的目标强调在控制风险下实现流动性和收益的高效组合。其主要的投资策略有：(1)流动性准备方法。这种方法强调把持有的可销性很强的短期证券作为二线准备；(2)梯形期限策略。该方法强调把资金均匀地投资于不同期限的同质证券，银行在保证流动性的同时可提高平均收益率；(3)杠铃结构方法。该方法把资金分布在短期和长期证券两个组别上，以期获得流动性和盈利性的高效组合。如果银行具备对利率进行预测的能力，杠铃结构方法的变形是利率周期性期限决策方法，它强调根据对利率的预测来灵活调整长短期证券的组合比率。

◎重要概念

固定收入证券　国库券　国债券　证券投资　公司债　单利　复利　到期收益率　流动性准备方法　梯形期限策略　杠铃结构方法　利率周期性期限决策方法　证券投资组合

第四编

银行表外业务

第九章 银行表外业务概述

第一节　表外业务的涵义与特点

一、表外业务的含义

(一)表外业务的界定

表外业务(off-balance sheet activities，简称OBS)是银行从事的，按会计准则不计入资产负债表内，不形成现实资产或负债，但能引起当期损益变动的业务。

表外业务可以在广义和狭义两个层面上界定。广义的表外业务是指所有不在资产负债表内反映的业务，包括两类：一类是或有资产与或有负债业务(contingent claims)；另一类是金融服务类业务(financial services)。或有资产/负债业务是银行从事的一类特殊业务或交易，当银行的业务行为或交易活动发生时，并不在其资产负债表中反映，但是或有事项在一定的条件下有可能转变为现实的资产或负债，从而可能在未来进入资产负债表内。这类业务具有潜在的风险，银行需要在表外进行登记，以便对其进行核算、控制和管理。金融服务类表外业务主要是指银行利用人力、技术、设备等资源对客户提供转账结算、事务代理、信息咨询等服务。银行在办理这类业务的过程中无需向客户提供融资，也不发生对外负债，而是通过出售劳务、信息以获取手续费收入，由于银行只是单纯提供金融服务，承担资金损失的风险较小。狭义的表外业务仅指银行的或有资产/负债业务。

在传统上，我国商业银行将资产和负债业务以外的业务统称为中间业务(midbusiness)，狭义的中间业务特指银行不运用或较少运用自己的资产，以中间人的身份为客户办理收付和其他委托事项的各类金融服务，从中赚取手续费或佣金的业务活动①。表外业务与中间业务是既相互联系又相互区别的两个范畴。其联系在于两者均独立于资产负债业务之外、以获取非利息收入为目的，中间业务亦属于在表外核算的业务。其区别主要在于：(1)对银行业务的归类角度不同。表外业务从会计核算的角度认识银行业务的特性，是与表内业务相对应的概念。中间业务则强调银行在办理业务中的角色与身份。(2)业务风险不同。在中间业务的运营中，银行不动用或较少动用自身的资金，仅以中间人身份提供服务，虽然也要承担一定的操作风险或声誉风险，但风险程度较低；而表外业务中的或有资产/负债业务可能形成真实的资产或负债，从而形成银行与客户之间的债权债务关系，其风险相对较高。

(二)表外业务的构成

由于各国会计准则、监管规则、行业惯例等方面的差异，关于表外业务包括的具体种类，银行业无统一的标准。巴塞尔委员会在1986年颁布的《银行表外业务风险管理》中，将表外业务分为四类：担保和类似的或有负债；承诺；与外汇、利率和股票指数相关的交易；咨询、管理和承销职能。② 中国银监会在2016年发布的《商业银行表外业务风险管理指引(修订征求意见稿)》中，根据表外业务的特征和法律关系，将表外业务分为以下四类③：

1. 担保承诺类业务，包括担保类、承诺类等按照约定承担偿还责任的业务。担保类业务主要包括银行承兑汇票、保函、信用证、信用风险仍在银行的销售与购买协议等。承诺类业务主要包括贷款承诺等。

2. 代理投融资服务类业务，包括委托贷款、委托投资、代客非保本理财、代客交易、代理发行和承销债券等。

3. 中介服务类业务，包括代理收付、财务顾问、资产托管、各类保管业务等。

4. 其他类业务，指上述业务种类之外的其他表外业务。

二、表外业务的特点

表外业务与资产、负债业务相比，具有自身鲜明的特点。

---

① 2001年中国人民银行颁布的《商业银行中间业务暂行规定》将中间业务定义为“中间业务是指不构成商业银行表内资产、表内负债，形成银行非利息收入的业务”。这一定义概括的是广义的中间业务，其外延与广义的表外业务类同。狭义的中间业务仅指银行作为中间人从事的不承担信用风险的表外业务。

② 巴塞尔委员会在1988年颁布的《巴塞尔协议I》中，根据信用转换系数的分档，将银行的表外项目分为5类，具体包括直接信贷的替代工具(如一般性债务保证和承兑)、销售和回购协议以及有追索权的资产销售等，参见第四章第二节。巴塞尔委员会在资本充足度监管框架下针对的是狭义表外业务。

③ 2011年银监会发布的《商业银行表外业务风险管理指引》将表外业务仅分为担保类、部分承诺类两种类型。

(一)表外业务的或有特性

或有资产/负债业务是否会转化为现实的表内资产或负债，取决于不确定未来事项是否发生。以作为银行或有负债的备用信用证为例加以说明。如果客户履行其与第三方签订的合同，则不会对银行表内业务产生实质性影响；如果客户违约，银行必须替客户履行偿债义务，银行的现金储备就会减少，在资产负债表内与此相对应的未清偿贷款就会增加。同时，备用信用证也从表外或有负债转化成为实际的贷款。可见表外业务暗含流动性风险和信用风险，其风险的大小主要取决于特定事项发生的概率。

(二)种类繁多，交易灵活，创新活跃

表外业务种类繁多，灵活性较强，相对于传统表内业务受限制较少。商业银行可以作为纯粹的中间人为客户服务，也可以做自营性交易，既可以在场内交易，也可以在场外交易，可以在无形市场或有形市场交易，通常不需要直接运用自身的资金，而且不需要持有较多的资本储备。交易方式的灵活性使表外业务获得了广阔的发展空间，成为创新最为活跃的领域。

(三)透明度低，不易监管

表外业务不在资产负债表内进行反映，只有一部分以财务报表附注的形式列示，其规模和质量不能真实地反映在财务报告中，股东、债权人、交易对手和监管者难以充分了解银行的整体经营状况和准确评价其经营成果，降低了银行经营的透明度。

(四)杠杆性高，盈亏放大

或有项目的表外业务，特别是金融衍生工具类业务，虽然其创新的初衷是为规避商品价格和金融价格波动风险，但也可以作为投机工具。衍生工具交易的高杠杆性使金融市场的交易量成倍放大，加剧市场价格波动，产生极具威胁性的放大效应，致使金融稳定性遭到破坏。当银行以追逐高额利润为目的而开展表外业务时，就必然承担着巨大的潜在风险。

第二节 银行表外业务的发展与动因

一、表外业务的发展

银行从事表外业务的历史相当悠久，如汇票承兑、信用证、保函等都是银行的传统表外业务，但是长期以来，表内资产负债业务一直占据银行的业务重心，表外业务仅仅处于补充、辅助的地位。20世纪70年代末，国际金融环境发生急剧变化，利率和汇率波动频繁，金融业竞争日益激烈，金融自由化、全球经济一体化趋势明显加强，科技革

命日新月异，金融创新层出不穷。为了应对前所未有的挑战，商业银行的经营模式和盈利模式相应发生了深刻的变化，表外业务的飞速发展令人瞩目，形成银行业务创新的潮流。

自 20 世纪 80 年代中期以来，表外业务的范围不断拓宽，规模日趋扩大，在现代商业银行业务结构中，表外业务与传统的资产、负债业务紧密联系又独具特色，跃升为银行的支柱性业务之一。与业务结构的重大调整对应，银行的收入结构也随之发生显著变化，来自表外业务的非利息收入在银行总收入中的占比呈快速上升趋势。据有关资料统计，2007—2008 年爆发美国次贷危机和国际金融危机前，欧美国家商业银行表外业务规模和收入占总收入的比重均持续快速增长，其中美国大银行的平均非利息收入占比自 20 世纪 90 年代后期超过 40%，在 危机发生之前接近或大于 50%。由于受到危机和加强监管的影响，表外业务规模出现短期下降，随后恢复上升，非利息收入占比也有所下降，但仍保持在 40%左右 ①。

二、表外业务发展的动因

银行积极拓展表外业务的动因可归结为以下几方面：

(一) 应对竞争，增加盈利

作为信贷中介，银行的传统盈利模式以存贷款息差为主要利润来源。自 20 世纪 70 年代始，在日趋激烈的市场竞争中，存贷利差逐渐缩小。一方面，在金融自由化背景下，监管当局逐步放松对银行业的管制，同时也放宽了金融业务的分工限制，非银行金融机构不断推出适应市场需要的新型金融产品和服务项目，大量分流了银行的客户。另一方面，金融市场格局开始转变。融资证券化的理念日趋兴盛，信誉良好的大企业更多地选择在市场上发行票据、债券和股票直接融资，而不再高度依赖银行的信贷供给。与此相应，社会公众对投资方式的选择也出现变化，将大量闲置资金投入证券市场，以追逐较高的收益，而不只是存入银行，获取稳定但相对微薄的利息。在制度环境和市场环境的双重挤压下，银行不得不提高存款利率以争夺资金来源，同时压低贷款价格以维持市场份额，导致银行盈利能力下降。

为摆脱困境，银行需要开发新型业务模式，以便拓宽盈利渠道，表外业务无疑是适宜的选择。表外业务无需动用或较少动用银行的运营资金就能获得非利息收入。同时，银行凭借其客户群稳定、联系广泛、信息灵通、信誉度高等优势，可以通过信息资源的共享，降低开办表外业务的运作成本。

(二) 管理风险

20 世纪 70 年代，布雷顿森林体系解体，各国普遍采用浮动汇率制，同时许多国家放松金融管制，实施利率自由化，汇率和利率变化的不确定性增加了银行经营的风险。

---

① 资料来源于 BVD-Bankscope 数据库。

利率波动不仅会导致银行净利息收入不确定，还使资产和负债的市场价值面临不确定性。汇率变动则给银行国际业务和外汇头寸管理造成困难。银行需要借助金融衍生工具对利率风险敞口和外汇风险敞口进行套期保值，此外，客户也需要银行利用金融衍生工具为其提供对冲和转移风险的服务。

（三）规避监管

从20世纪80年代开始，各国对银行的资本监管趋于严格。1988年的《巴塞尔协议Ⅰ》设定银行的最低资本充足率和表内资产项目的风险权数，限制银行盲目追求资产规模的扩张。巴塞尔委员会也要求银行将表外项目换算为表内对应项目，以便进行风险加权，并将表外项目分为5类，对前4类设定了信用换算系数。不过，除了直接信贷的替代工具、有追索权的资产销售等表外项目被赋予100%的换算系数外，其余3类表外项目的换算系数均等于或低于50%。为了达到资本充足度要求，同时又不减少银行的盈利，银行转而从事资本要求较低，又能够增加盈利的表外业务，以绕开资本充足度的监管约束。另外，表外业务不反映在银行资产负债表内，透明度较低，一些银行试图借此逃避监管。

表外业务可以成为银行增加盈利的手段或管理风险的工具，同时也隐含着不容忽视的风险。以监管套利为目的的表外业务游离于银行监管体系之外，形成"影子银行"（shadow banking）业务①，其风险积聚过程具有隐蔽性，监管部门难以实时监测和评估，银行的资本充足率和实际风险承担水平不匹配，不能有效地控制银行的杠杆化水平。杠杆率过高而导致金融机构过度承担风险被认为是美国次贷危机的重要原因。为此，巴塞尔委员会和中国银监会都加强了对表外业务的监管：增强信息披露；改进银行衍生工具的交易对手风险评估的方法；要求银行将表外业务纳入全面风险管理体系，对所承担的各项风险及时识别、计量、评估、监测、控制或缓释，建立表外业务风险限额管理制度。

◎小　结

1. 表外业务是银行从事的，按会计准则不计入资产负债表内，不形成现实资产或负债，但能引起当期损益变动的业务。

2. 广义的表外业务包括两类：或有资产与或有负债业务，金融服务类业务。狭义的表外业务仅指银行的或有资产/负债业务。

3. 中国银监会根据表外业务的特征和法律关系，将表外业务分为4类：担保承诺类业务，代理投融资服务类业务，中介服务类业务，其他类业务。

4. 表外业务具有鲜明的特点：或有资产/负债业务的或有特性；种类繁多，交易灵活，创新活跃；透明度低，不易监管；杠杆性高，盈亏放大。

---

① 根据金融稳定委员会（FSB）的定义，广义的影子银行是由传统银行体系之外的实体及其活动组成的信贷中介系统，狭义的影子银行是指可能引发系统性风险和监管套利的实体及其活动。

5. 银行拓展表外业务的动因包括：应对竞争，增加盈利；管理风险；规避监管。

◎重要概念

表外业务　或有资产/或有负债业务　金融服务类业务　中间业务　影子银行

第十章 银行表外业务管理

第一节 结算类业务

结算类表外业务是银行为客户办理因债权债务关系引起的货币支付、资金划拨的传统业务。银行通过提供结算业务成为全社会的资金转账中心和货币出纳中心。结算业务不仅能为银行带来安全、稳定的收益，同时也是扩大银行资金来源的重要手段。

一、国内结算

国内结算业务有多种结算方式，客户主要使用票据、银行卡、汇兑、托收承付、委托收款等方式进行货币支付和结算。

(一)票据结算

票据是由出票人签发，出票人自己承诺或委托付款人在见票时或按指定日期对收款人无条件支付一定金额的凭证。票据包括汇票、本票和支票。

1. 汇票

汇票是出票人签发的，委托付款人在见票时或者在指定日期无条件支付确定的金额给收款人或者持票人的票据。汇票按出票人分为银行汇票和商业汇票。

(1)银行汇票。银行汇票是出票银行签发的，由其在见票时按照实际结算金额无条件支付给收款人或者持票人的票据。银行汇票是自付票据，出票银行即为银行汇票的付款人。申请办理汇票的汇款人将款项交存银行，银行签发汇票后，通常由汇款人持往异地办理转账结算，填明“现金”字样的银行汇票也可用于支取现金。

(2)商业汇票。商业汇票的出票人是在银行开立存款账户的法人。在银行开立存款账户的法人以及其他机构之间，必须具有真实的交易关系或债权债务关系，才能使用商业汇票。商业汇票在同城和异地均可使用，付款人为汇票承兑人。根据承兑人的不同，商业汇票可分为商业承兑汇票和银行承兑汇票，前者由银行以外的付款人承兑，后者由银行承兑。承兑银行应在汇票到期日或到期日后的见票当日支付票款。出票人于汇票到期日未能交足票款时，承兑银行须为其垫款，同时将出票人尚未支付的汇票金额作逾期贷款处理，并计收利息。

2. 本票

本票是出票人签发的，承诺自己在见票时无条件支付确定的金额给收款人或者持票人的票据。本票按出票人分为商业本票和银行本票，这里所说的本票是指银行本票。单位和个人在同一票据交换区域需要支付各种款项，均可以申请使用银行本票。银行本票可以用于转账，注明“现金”字样的银行本票可以支取现金。

3. 支票

支票是出票人签发的，委托办理支票存款业务的银行在见票时无条件支付确定的金额给收款人或者持票人的票据。支票的出票人可以是在银行开立支票存款账户的单位和个人，付款人为支票上记载的出票人开户银行。现金支票只能用于支取现金，转账支票只能用于转账，支票上未印有“现金”或“转账”字样的为普通支票，可支取现金或转账。

支票的出票人签发支票的金额不得超过在付款行实有的存款金额，即不得签发空头支票①。持票人通常将支票连同进账单送交开户行，委托开户行收款。如果出票人与持票人均在同一银行开户，银行受理持票人解入的本行支票，在审查无误后，即可将款项划入收款人账户。如果出票人不在该行开户，持票人开户行应将支票通过票据交换系统提交支票付款行，付款银行在收到支票后，如经审查无误，即应办妥支付手续，持票人开户行在收妥款项后入账。持票人也可以直接向付款银行提示付款。

(二)银行卡结算

银行卡是一种使用十分方便的非现金结算工具。持卡人在发卡银行开立存款账户，即可利用银行卡支付购买商品或服务的费用，具体分为线上支付和线下支付两种形式。在线下支付的场景中，持卡人在支付终端(例如特约商户的 POS 终端)刷卡，相关信息由 POS 机具受理后传送到银行卡的发卡行，由其审查无误后，给予付款授权。持卡人也可通过互联网、移动互联网等介质，输入银行卡相关信息，从而实现线上无卡支付。

由于银行卡本身具有身份识别、信息存储等功能，可以作为多种银行业务的综合载体，集多样化金融服务功能于一身。除了作为支付结算手段外，银行卡还有多种功能：(1)取款功能。银行卡为持卡人存取款提供了很大便利。持卡人可在发卡银行的网点办理存取款，亦可在各联网网点通存通兑，并可在 ATM 机或智能柜员机上享受 24 小时自助式存取服务。(2)汇兑功能。持卡人到外地旅游、购物或办事时，可在当地商户办理支付或在银行网点取款。(3)信贷功能。如果信用卡的持卡人支付(支取)的款项超过其

① 银行允许资信良好的客户对其支票存款账户透支，若银行事前与存户订有透支契约，存户所能签发支票的金额就以存款余额和透支额度为限。

银行卡存款账户余额，在规定的限额内，发卡行允许持卡人短期善意透支，持卡人应及时偿付透支本息①。近年来，银行利用银行卡不断扩展一系列金融服务，如代发工资，代缴各类费用、税金，证券买卖转账及代收股利，以及进行活期存款与定期存款自动转账等。

银行卡起源于美国。1915 年，一些饭店和商店向顾客发放“信用筹码”，顾客可凭此先行消费，约期付款。20 世纪 50 年代，大莱公司和运通公司推出用于旅游、娱乐、餐饮的商业信用卡。1951 年，富兰克林国民银行率先发行银行信用卡。由于银行卡用途多样，覆盖广泛，通用性强，很快即成为市场主流。随着信息技术的进步和电子支付网络的拓展，银行卡逐步形成了主体齐备、功能完善的产业链。银行卡产业的基本行为主体由供求双方组成。需求方为持卡人和接受银行卡作为支付工具的特约商户。供给方为发卡机构、银行卡转接与清算组织(简称为银行卡组织)和收单机构②，三者构成了银行卡市场的交易平台。此外，一些数据处理公司和银行卡管理咨询公司专注于银行卡数据信息技术和风险评估、信用模型等管理技术，也是银行卡产业内专业化分工协作的重要组成部分。

20 世纪 60 年代，美国的银行卡业务由分散运营转向联合经营。1966 年，美洲银行卡公司成立，1977 年更名为 VISA 国际组织。美国加州的四家银行亦于 1966 年建立同业银行卡协会，1979 年改名为 Master 国际组织。这两家全球性银行卡组织为会员银行提供授权和清算服务，同时在推进支付工具创新和技术研发中发挥关键作用。2002 年，中国的银行卡联合组织——中国银联成立，推出自主品牌“银联卡”，以 6 字头 BIN 号(bank identification number)为标识③。中国银联的主要职责是建设和运营银联跨行交易清算系统，制定银行卡标准规范。同时，中国银联积极推进境内银行业卡产业的国际化，拓展国际受理网络，目前银联卡可在境外 160 多个国家和地区实现受理。中国银联的国际业务从境内消费者使用银联卡在境外交易扩展到境外居民使用当地发行的银联卡进行交易。与此同时，国内银行卡清算市场也逐步加大开放力度。2015 年，国务院发布《关于实施银行卡清算机构准入管理的决定》，符合要求的机构可在中国境内从事银行卡清算。2018 年，美国运通公司发起设立合资公司，中国银行卡清算市场将形成多元化竞争的格局。

(三)汇兑

汇兑是汇款人委托银行将其款项支付给收款人的结算方式。汇兑结算可用于同城或

---

① 根据持卡人能否透支，银行卡可分为信用卡和借记卡。信用卡是指具有信贷功能的银行卡，按是否需要向发卡行交存备用金，又可分为贷记卡、准贷记卡。借记卡是先存款后消费的银行卡。持卡人购物消费或取款以其银行卡账户存款余额为限，不允许透支。

② 发卡机构指发行银行卡的银行或其他金融机构；收单机构是指处理商户 POS 机刷卡消费和 ATM 机存取款等业务的银行或其他金融机构；当发卡机构和收单机构不属于同一机构时，由银行卡组织提供交易网络平台，完成跨行资金信息转接与资金清算。

③ 根据全球范围的统一规则，国际标准银行卡的 BIN 号分配为：VISA 卡以 4 字开头，MasterCard 以 5 字开头，中国银联卡以 62 字开头。

异地范围的款项结算，尤其适用于汇款人向异地收款人主动付款。汇款人应签发汇兑凭证，委托汇出行将款项汇给汇入行，由收汇银行将款项转入收款人账户，或通知收款人取款。汇兑按凭证传递方式的不同分为信汇和电汇，分别采用邮寄凭证和电子报文的方式通知汇入行。①

（四）托收承付

托收承付是根据购销合同由收款人发货后委托银行向异地付款人收取款项，由付款人向银行承认付款的结算方式。办理托收承付结算的款项必须是商品交易的款项，以及因商品交易而产生的劳务供应的款项。收付双方使用托收承付结算必须签有购销合同，并在合同上注明使用托收承付结算方式。

（五）委托收款

委托收款是收款人委托银行向付款人收取款项的结算方式。单位和个人凭已承兑商业汇票、债券、存单等付款人债务证明办理款项的结算，均可以使用委托收款结算方式。委托收款在同城、异地均可办理。收款人首先应签发委托收款凭证，并将凭证及有关收款依据提交开户行。开户行审查后，将凭证及有关收款依据寄交付款人开户行，后者审查无误后办理付款。

二、国际结算

国际结算是指国际间发生的以货币表示的债权债务清偿行为或资金转移行为。由于国际结算涉及多边关系，一些商业团体和国际组织制定了各种相关公约与规则，得到广泛承认和采纳，成为各国银行处理国际结算业务时共同遵守的准则。

国际结算可采取多种方式，以下重点介绍有代表性的几种②。

（一）汇款

汇款也称国际汇兑，是付款人或债务人通过本国银行运用各种结算工具将款项汇给国外收款人的一种结算方式。汇款因使用的结算工具不同，分为三类：电汇（telegraphic transfer，简称 T/T）、信汇（mail transfer，简称 M/T）、票汇（remittance by banker's demand draft，简称 D/D）。电汇费用较高，但解付时间快，因此使用较普遍。票汇结算的特点是汇票不通过银行传送，而由收款人持票到汇入行取款，较为灵活。

（二）跟单托收

托收是收款人委托银行向国外付款人代为收款的结算方式。托收按是否附有商业单

---

① 网上银行转账属于电子汇兑方式。随着电子渠道的不断完善，信汇已基本被淘汰。

② 信用证既是客户常用的国际结算工具，同时又是开证银行的书面承诺付款文件，本书将其归入担保类业务。

据，分为光票托收(clean collection)和跟单托收(documentary collection)。光票托收是指只有金融单据的托收，而不附有商业单据。跟单托收附有包括货运单据在内的商业单据，是国际贸易中经常采用的结算方式。

(三)国际保理

国际保理(international factoring)是集结算、财务管理、融资(或担保)于一体的综合性服务。银行可以作为保理商，与卖方(供应商/出口商)订立保理合同，卖方将基于其与买方(债务人)订立的货物销售/服务合同所产生的应收账款转让给保理商，由保理商为其提供贸易融资、销售分户账管理、应收账款催收、信用风险控制与坏账担保等服务。

国际保理与信用证等结算方式相比有其独特的优势。除对出口商提供融资便利外，保理商在其核定的信用额度内完全承担进口商的违约风险，对出口商提供充分的收汇保障，使出口商能够对进口商提供更为优惠的付款条件。保理商负责进口商资信调查、账务管理和账款追收，出口商得以节约管理成本。保理业务程序相对简便，免除了信用证交易的繁琐手续。

三、支付清算系统

支付清算系统为银行办理结算业务提供平台和服务，实现支付指令的传递和货币资金的清算。中国人民银行开发建设的“中国现代化支付系统”(china national advanced payment system，简称CNAPS)是我国支付清算系统的核心，主要包括：大额实时支付系统、小额批量支付系统、同城票据清算系统、全国支票影像交换系统、电子商业汇票系统、网上支付跨行清算系统等①。国家处理中心和城市处理中心是支付系统的处理和转发中心。各银行的行内支付系统是支付清算系统的基础。此外，中国银联银行卡跨行交易系统作为第三方服务组织支付清算系统，为银联卡跨行业务提供即时转账清算。

国际结算涉及各国国内的支付体系和货币跨国支付体系，以便实现全球资金清算与支付。电子资金国际清算系统主要有CHIPS、CHAPS和SWIFT等。纽约清算所银行同业支付系统(clearing house interbank payment system，简称CHIPS)是最重要的国际美元支付系统，于1971年创立。伦敦清算所自动支付系统(clearing house automated payment system，简称CHAPS)主要进行英镑清算支付，建立于1984年。环球金融电讯协会(society for worldwide international financial telecommunications，简称SWIFT)是国际银行间的非盈利性合作组织，其开发的SWIFT网络于1977年正式投入运营。该网络遍布全

---

① 1990年以前，我国支付清算系统处于“全国手工联行”时期。1991年，全国电子联行系统(EIS)投入运行。2002年，作为CNAPS的核心系统，大额实时支付系统投产试运行，并于2005年完成全国推广，EIS退出历史舞台。2013年，第二代CNAPS正式运行，功能更加完善，技术更为先进。其中，网上支付跨行清算系统被称为“超级网银”，具有统一身份验证、跨行账户管理、跨行资金汇划、统一直联平台等特点。

球200多个国家和地区，会员银行可实现便利的资金调拨、汇兑、信用证等业务。

第二节　担保类业务

担保类业务是指商业银行对第三方承担偿还责任的业务。银行对外提供担保是以自身资信为被保证人履行合约的义务承担保证责任，担保业务虽不占用银行的资金，但形成银行的或有负债，银行为此要收取一定费用。银行开办的担保类业务主要有保函、信用证、备用信用证、票据承兑等。银行开展担保类表外业务时，应当纳入统一授信管理，采取统一的授信政策、流程、限额和集中度限制，实行表内外统一管理。

一、保函

银行保函也称银行担保书(letter of guarantee，简称L/G)，是银行应契约一方当事人的请求，为其向受益人保证履行某项义务，并承诺在申请人违约时由银行按保函规定的条件承担经济赔偿责任而出具的书面担保。

银行保函涉及三个基本当事人，即申请人、担保人、受益人：申请人(委托人)是向银行提出申请，要求出具保函的一方；担保人即开立保函的银行；受益人是接受保函，并有权按保函规定的条款向担保人提出索赔的一方。按保函属性，即保函与基础合同的关系，分为独立性与从属性两种情况。第一，独立性保函根据基础合同开出，但不依附于基础合同而存在，是具有独立法律效力的文件。开立保函的银行承担第一性保证责任，即当受益人在保函项下合理索赔时，担保银行就须付款，而不管申请人是否同意付款。第二，从属性保函是基础合同的附属性契约，银行只负第二性保证责任，即仅当被保证人未能履行保函所规定的条款时，保证人才负有赔付责任，受益人需提交申请人违约声明或相关证明文件。

银行保函可用于任何类型的经济交易合同中，为契约的任何一方向另一方保证履行某项契约义务，故而种类甚多，包括投标保函、履约保函、预付款保函、工程维修保函、透支保函、付款保函、留置金保函等多种形式。

二、信用证

信用证(letter of credit，简称L/C)是在国际贸易中，银行应进口方的请求向出口方开立的在一定条件下保证付款的凭证，又称商业信用证。信用证既是贸易活动的结算工具，同时也属于银行担保类业务的传统品种。

信用证具有一些不同于其他保证方式的特点。首先，开证行承担第一付款人的责任。在信用证项下，出口商可以直接向银行凭单索款，而不必首先与进口商交涉付款事宜。其次，信用证作为独立的文件，不受贸易合同的限制与约束。虽然银行以贸易合同作为开证的基础，但并不必然完全以合约为依据。信用证一经开立，开证行就只需对信用证负责，合约条款不能制约信用证。最后，信用证业务以单据而不是货物作为付款依据。只要出口商提供的单据符合信用证的规定，则开证行就有付款的责任，至于实际货物的质量好坏和数量多寡则与银行无关。若进口商赎单提货后，发现实际货物与合同规定不符，应直接向出口商索赔，而不能向开证行提出赔偿要求。开证行无义务保证买卖合同的履行。

信用证可以按多种标准进行分类，其主要类型包括：按开证行的保证责任分类可分为不可撤销信用证(irrevocable L/C)和可撤销信用证(revocable L/C)；按信用证是否附有单据分类可分为跟单信用证(documentary L/C)和光票信用证(clean L/C)等；按信用证是否加具保兑分类又可分为保兑信用证(confirmed L/C)和无保兑信用证(unconfirmed L/C)；按照按信用证付款方式分类，则还可以分为即期付款信用证(sight payment L/C)和延期付款信用证(deferred payment L/C)，承兑信用证(acceptance L/C 以及议付信用证(negotiation L/C)等。

三、备用信用证

备用信用证(standby credit letter，简称 SCL)也是开证行的一种书面付款承诺，当备用信用证的申请人不能履行对第三方所作的承诺时，由开证行承担赔付责任。

备用信用证在性质上与银行保函类同，在形式上与商业信用证相似。备用信用证最早出现于 19 世纪中叶的美国，当时美国联邦法律禁止银行开立保函，银行遂以备用信用证替代保函。备用信用证与商业信用证的区别主要在于应用范围、保证责任和要求提交的单据不同：备用信用证可为多种交易提供担保，不仅限于商品贸易；开证行通常只是第二付款人，不承担向受益人首先支付有关款项的责任，开证目的是保证申请人履行有关合同义务，若申请人未能履约，方由银行向受益人赔偿经济损失；开证行凭受益人出示的特定证据进行支付，受益人提交的凭据不是代表物权或证明卖方履约的商业货运单据，而是受益人出具的关于申请人违约的声明或证明文件。

备用信用证可以用于保证贸易支付或工程招标，但更多地是为债务人的融资提供担保。企业发行商业票据或债券时，若自身资信状况不为大众了解，可以请求信誉好的大银行开立备用信用证作为还款保证。虽然开证行会收取一定数额的手续费，但分担了受益人承受的风险，企业因而能够在市场上以较低的价格筹资。虽然绝大部分信用证不会被要求偿还欠款，开证行客观上仍然面临较大的风险暴露，一旦借款人丧失偿债能力而所欠本息金额巨大，开证行可能会陷入流动性危机。因此，银行对开立备用信用证十分谨慎。

四、票据承兑

票据承兑是一种传统的银行担保业务，银行在汇票上签章，承诺在汇票到期日支付汇票金额。向银行申请办理汇票承兑的是商业汇票的出票人。经过银行承兑的商业汇票就成为银行承兑汇票，其付款人为承兑人。银行对汇票的付款责任以自己的名义进行担保，以银行信用取代了商业信用，故应向出票人(承兑申请人)按票面金额收取手续费。承兑银行在汇票到期日前通知出票人按承兑票面值将金额存入该行，并于汇票到期日向出票人收取票款。即使出票人未能足额交存票款，承兑行仍负有对持票人无条件付款的义务。如果承兑行存在合法抗辩事由而拒绝支付，应在接到汇票后的法定期限内向持票人提交拒绝付款证明。

第三节 承诺类业务

承诺类业务是指银行向客户允诺在未来按照事前约定的条件向客户提供约定的信用的业务。虽然承诺交易不反映在资产负债表上，但银行可能在未来某一时间因满足客户的融资需求，形成银行的或有资产。银行开办的承诺业务有贷款承诺、票据发行便利、透支额度等品种。承诺类表外业务也应当纳入银行的统一授信管理。

一、贷款承诺

贷款承诺(loan commitment)是银行向潜在借款客户作出的在未来一定时期内按约定条件向该客户提供贷款的承诺。

贷款承诺为借款人的融资安排提供了灵活性。在银根较紧的情况下，企业为了避免将来需要资金而不可得，往往要求银行做出在未来放贷的承诺。获得贷款承诺保证后，借款人可以根据自身的实际经营情况确定使用贷款的金额和期限，以便高效合理地使用资金。贷款承诺具有法律约束力，银行在有效承诺期内随时准备应客户的要求向其提供信贷服务。由于贷款承诺对银行实际头寸的控制存在不确定性，银行需要具备较高的流动性管理水平，并不可避免地保持较高的备付准备，因而不论客户是否最终用款，银行都要求收取承诺费。

根据客户使用贷款额度的灵活程度不同，贷款承诺可以分为多种类型：

(一)定期贷款承诺(term loan commitment)

借款人可以全部或部分提用银行承诺资金，但只能一次性提款。如果借款人未能在规定期限内提用承诺的全部资金，剩余的承诺金额就被银行自动取消，以促使借款人按计划用款。

(二)备用承诺(standby commitment)

备用承诺可进一步细分为：(1)直接的备用承诺(straight standby commitment)。借款人可以多次提用承诺资金，对剩余承诺额度在剩余有效期内保留提用权力。不过，一旦借款人开始偿还贷款，尽管承诺有效期尚未期满，已偿还的部分就不能被再次提用。(2)递减的备用承诺(reducing standby commitment)。这种备用承诺规定承诺额度将定期递减，如果剩余未使用的承诺额度不足以扣减，银行可要求借款人提前偿还本金，以补足扣减的承诺金额。这种承诺意在鼓励借款人尽早提用或尽早偿还贷款。(3)可转换的备用承诺(convertible standby commitment)。银行规定一个承诺转换日期，在此之前，借款人可多次提取贷款，如果一直未用，在此日期以后，备用承诺将变成定期贷款承诺，即仅能提用一次。

(三)循环承诺(revolving commitment)

该种承诺也有多种形式：(1)直接的循环承诺(straight revolving commitment)。借款人在承诺有效期内可多次提用，并且可反复使用已偿还的贷款额度，只要贷款余额不超过承诺总额即可。(2)递减的循环承诺(reducing revolving commitment)。在直接循环承诺的基础上附加承诺额度定期递减的规定，每隔一定时期扣减承诺金额。(3)可转换的循环承诺(convertible revolving commitment)。在转换日前是直接的循环承诺，在转换日之后是定期贷款承诺，未提用的承诺额度失效。

提供贷款承诺的银行不仅面临流动性风险，也面临潜在的信用风险。客户提出贷款承诺申请后，银行通常按发放贷款的规程对客户进行信贷审查。为防范在贷款承诺期间客户出现信用等级降低或其他意外不良状况，贷款承诺协议应允许银行在承诺期间因客户财务状况恶化或企业结构变化等原因而拒绝或中止对客户提供融资，或酌情减少承诺金额，就某些条款进行补充磋商，而不必退还已收取的承诺费。如果银行做出的是不可撤销的贷款承诺，在任何情况下都必须履行事先允诺的贷款义务。

二、票据发行便利

票据发行便利(note issuance facilities，简称 NIFs)是银行提供的一种中期周转性票据发行融资的承诺。根据事先与银行签订的协议，客户可以在一定时期内循环发行短期票据，银行承诺购买其未能按期售出的全部票据或提供备用信贷。票据发行人可以是其他银行或非银行机构，前者通常发行短期存款证，后者则发行本票，多为 3 个月或 6 个月到期，但银行提供的票据发行便利通常为期 3～7 年，在此期间内，通过滚动发行、借新还旧的期限转换效应，发行人能够以较低的短期利率获得中长期融资。银行的包销承诺为票据发行人提供了连续融资的保障，在承诺期限和金额限度内，每次发行短期票据时未售出部分均由银行承购。银行提供票据发行便利收取承诺费，同时承担流动性风险和信用风险。银行须审查票据发行人的资信状况，并设置在承诺有效期内借款人资信度下降时的特别处理条款。当借款人融资规模很大时，多家银行通常在安排人的组织下形成承购集团，按比例承购未推销出去的剩余票据，或提供同等金额的短期贷款。

票据发行便利有以下形式：

1. 循环包销便利(revolving underwriting facility，简称 RUF)。这是最早出现的票据发行便利。银行负责包销客户当期发行的短期票据，当某期票据无法全部销出时，银行需自行对客户提供所需资金，金额等于未能如期售出部分。

2. 可转让的循环包销便利(transferable revolving underwriting facility，简称 TRUF)。包销银行在协议有效期内，随时可以将其包销承诺的所有权利和义务转让给另一家机构。

3. 多元票据发行便利(multiple component facility)。这种票据发行便利方式允许借款人以更灵活的方式提取资金，它集中了短期预支条款、摆动信贷(swing line)、银行承兑票据等提款方式于一身，使借款人在提取资金的期限和币种等方面都获得了更大的选择余地。

三、透支额度

银行预先对客户确定一个透支额度，客户可以按照自己的需要随时支取贷款。银行既然已经作出透支限额的承诺，就必须预留相应的资金头寸以备客户支用，因此透支利息一般较高，其中包含了银行的承诺费。

信用卡和活期存款账户的透支额度最具代表性。信用卡持卡人急需资金时可以进行透支，随借随还，不必提供担保品。银行一般只对超过免息期还款的客户收取利息。活期支票存款账户的持有者也可以享有透支的权利。银行在协议中约定对客户的支票账户核定一个最高透支限额，允许客户在限额内超过存款余额签发支票，银行按实际透支数额每日计收利息。如果事后借款人存入足够金额的款项即为自动归还透支贷款。银行授予透支额度的客户应是信誉良好的企业或自然人。

第四节　代理投融资服务类业务

代理投融资服务类业务指商业银行根据客户委托，为客户提供投融资服务但不承担代偿责任、不承诺投资回报的表外业务，包括代客非保本理财、委托贷款、委托投资、代客交易、代理发行和承销债券等。银行应准确界定相关业务的法律关系、责任和承担的风险种类，有效管理相关业务的操作风险、声誉风险。

一、代客非保本理财

代客非保本理财即为“受人之托，代人理财”，具有信托业务的属性，银行不对客户承诺保证投资的本金安全和收益水平①。银行经营代客理财业务有着与生俱来的优势：银行配备了大批金融技术人才，能够利用其经验、知识和能力为客户提供专业服务；银行拥有广泛的信息资源，可以根据市场需要设计出丰富多彩的理财品种，并进行适当的操作；银行的分支机构和代理机构众多，可以接触各类客户，开辟广阔的理财市场。

---

① 关于理财业务的具体介绍，参见第二编第六章。

二、委托贷款

委托贷款是指委托人提供资金，由商业银行(受托人)根据委托人确定的借款人、用途、金额、币种、期限、利率等代为发放、协助监督使用、协助收回的贷款①。

委托贷款属于银行开办的委托代理业务，贷款利息收入归委托人享有，银行收取代理手续费，不承担信用风险。委托人是指提供委托贷款资金的法人、非法人组织、个体工商户和自然人。委托人自行确定委托贷款的借款人，并对借款人资质、贷款项目、担保人资质、抵质押物等进行审查，监督借款人按照合同约定使用贷款资金，并承担借款人的信用风险。

由于只有持牌银行业金融机构可以从事贷款业务，一些单位和个人遂将资金委托给银行，由其对指定对象和按用途发放委托贷款。近年来，国内银行委托贷款业务发展较快，对服务实体经济发展发挥了积极作用，但也存在规避监管的倾向和风险隐患。为规范委托贷款的运作，中国银保监会在2018年发布《商业银行委托贷款管理办法》。银行不得代委托人确定借款人，不得参与贷款决策、垫付资金、提供担保。银行应对委托人的资金来源进行审查，确保资金来源合法合规。委托贷款的资金用途不得从事债券、期货、金融衍生品、资产管理产品等投资，不得用于股本权益性投资或增资扩股。银行必须将委托贷款业务与自营业务严格区分，加强风险隔离和业务管理。

三、代客交易

银行的代客交易业务主要是代客外汇交易和衍生品交易②。代理客户外汇交易是指银行接受客户的委托，利用即期、远期、掉期、择期等金融工具，对客户在对外经济贸易活动中产生的汇率风险进行管理。银行还可以开办代客利率保值业务，以资金管理和债务保值为目的，进行利率互换、利率期权等交易，银行从中赚取手续费。

四、代理发行和承销债券

(一)代理国债的发行与兑付

银行代理发行国债属于政府债券的间接发行方式，即由银行承购国债，然后由其机构网点向社会公众推销，在规定期限内将资金转入国库。发达国家多采用对具有一级经销商资格的银行等金融机构拍卖国债的发行方式。在我国，各家银行首先以竞标的方式获取承销权，承购包销国债，再将国债发行额度层层分解到基层行，由其向投资者销售

① 根据银保监会2018年发布的《商业银行委托贷款管理办法》，委托贷款不包括现金管理项下委托贷款和住房公积金项下委托贷款。

② 商业银行从事金融衍生交易可分为自营和代客户交易两类。

国债。在国债付息日或本金到期时，银行将代财政部向投资人支付国债利息和本金。

(二)代理企业债券的发行与兑付

银行接受筹资企业的委托，承销企业债券。如采用代销发行方式，银行在约定发行期内发售债券，发售期结束后，将未发售完的债券退回发行企业；如采用全额包销方式，银行承购企业发行的全部债券，按协议规定的期限交款，然后再向社会公众发售。银行也可与企业签订余额包销协议，如在规定的发行期内不能足额发售债券，剩余部分由银行购买。债券到期时，银行代发行企业向投资者支付债券本息。

第五节　中介服务类业务

中介服务类业务指商业银行根据客户委托，提供中介服务、收取手续费的业务，包括代理收付、财务顾问、资产托管、代保管业务等。

一、代理收付

代理收付业务是指银行代客户办理指定款项的收付事宜。代收代付业务适用于定期或不定期、规则或不规则的小额款项收付，这些收付事务涉及面广，收付频繁，一般金额不大但比较繁杂，银行利用其作为支付结算中心及网络覆盖面宽的天然优势，既能帮助单位和居民从繁琐的款项收付中解脱出来，又可取得手续费收入，并借此挖掘和扩大存款资源。

客户在委托银行代理收付款时，应先与银行签订代理收付款协议。代理付款时，客户须先将代付款项交存银行，由其在客户存款账户中扣款并划转至收款人账户。代理收款时，银行将代收款项收妥后，即转入客户的银行账户。银行的代理收付业务主要包括：代收通讯费，如电话费等；代理公用事业收费，如水费、电费等；代收物业管理费、房租；代理社会保障缴款；代收交通运输费用；代收税金；代收行政事业收费和财政性收费；代发工资、退休金、社保养老金等。

二、财务顾问

银行可以充当常年财务顾问，为企业提供财务分析、行业分析、日常信息咨询等服务，也可提供专项财务顾问。

(一)企业投资财务顾问

银行为企业的项目投资提供政策咨询、投资估算、协助立项审批等一系列服务。具体而言，银行可提供境内外特定地区的投资环境及投资机会调查评估报告，并提供相关的行业政策、法律法规咨询意见；为客户寻找合适的投资项目或合作伙伴，担任投资事务顾问；对投资项目经济可行性进行分析；接受客户委托，为其起草合营协议、公司章程及其他公司管理文件，提供立项审批、注册登记等方面的咨询和协助。

(二)企业及项目融资财务顾问

银行可为企业或大型建设项目的融资结构、融资安排提出专业性方案。作为企业的融资财务顾问，银行提供境内外融资政策、融资渠道、金融产品等方面的调查评估报告；根据客户财务状况和资金需求，帮助企业制订最佳融资方案；协助企业引入风险投资基金等。作为项目融资顾问，银行可以为项目发起人提供政策、法律、财务等方面的咨询；协助进行项目融资模式设计和制定项目融资的担保措施；参与融资谈判，向其他银行或金融机构发出参加项目融资的建议书，组织银团贷款、杠杆租赁等。

(三)企业兼并、收购与反收购财务顾问

银行可以为收购方充当财务顾问，包括帮助物色并购对象；制订并购方案，提出并购价格、时间表和相关财务安排；与目标企业接洽并商谈并购事宜等。银行也可以帮助目标企业实施反收购，提出防范敌意收购的策略；对收购方提出的收购建议进行分析，判定是否公允、应否接纳。银行不仅参与企业并购的过程，而且作为企业的持续发展顾问，参与公司结构调整、资本充实和重新核定、破产和困境公司的重组等策划和操作过程。银行还可开办企业改制上市、债券发行、债务重组与债务管理等财务顾问业务。

三、资产托管

这是指银行作为托管人，履行安全保管委托资产、负责投资资金的清算、对所托管资产的投资运作进行监督等职责。银行托管业务具体包括基金托管、信托资产托管等。

(一)基金托管

基金托管业务是指有托管资格的银行接受基金管理人委托，保管所托管基金的全部资产，为所托管的基金办理基金资金清算款项划拨、会计核算、基金估值、监督管理人投资运作、出具基金业绩报告等。银行可作为证券投资基金、社会保障基金、企业年金基金、保险基金等的托管人。

基金托管人的出现是基金制度优化的产物。最初投资基金的基金管理人与托管人合二为一，即基金管理人既发起、设立与管理基金，又负责基金资产的保管与基金财务的核算。由于缺乏有效的制约与监督，基金管理人可能存在损害投资者利益的行为，主要表现为将管理人自有资产与基金资产混合经营，借机侵占客户利润；不按基金组合规则和投资限制进行基金资产运作；动用客户基金资产作为自身经济活动的担保品；财务核算不实；非法转移基金资产等。在实践中，人们逐渐认识到应将基金管理与托管分离，建立基金托管与监督机制。

(二)信托资产托管

银行可以作为资产托管人，保管信托资产，监督信托资产的投资运作，办理信托资产的会计核算、资产估值、资金清算，并收取托管费。信托机构委托银行代投资者监督信托财产的运用，使信托财产的运作透明化，有助于提高投资者对信托产品的信任，规范信托业务。

四、代保管

代保管业务是银行利用自身安全设施齐备、管理手段先进等条件，接受单位和个人的委托，代理保管各种贵重物品。保管箱业务是代理保管的主要形式，即银行向客户出租保管箱，供其保管物品的有偿服务。

保管库应按照银行金库的安全标准建造，同时应便于银行管理和方便客户存取物品。保管箱置于全封闭的保管库内，箱体应防火、防爆、防磁、抗冲击。库房安装严密的防盗监控装置，自动报警灭火装置和温度、湿度调节设备，由武装警卫看守。代保管期满时，委托人出具身份证明、代保管物品收据、代保管协议、预留印鉴，银行核对无误后方可提取保管物品。

代保管业务可分为露封保管和密封保管。露封保管的特点是客户将物品交给银行保管时不必加封，双方当面验收代保管物品，清点数目。密封保管的特点则是客户将物品交银行时将物品密封，在保管期间，银行不得开启密封物品，保管期满后必须原封不动交还物品。

第六节　衍生交易类业务

银行参与金融衍生品交易的目的主要是对冲自身经营过程中的各种风险，或是为满足客户的保值需要①。金融衍生工具的交易结果要在未来才能确定盈亏，按照权责发生制的财务会计规则，在交易结果发生之前，交易双方的资产负债表并不反映这类交易的情况。金融衍生工具经过衍生再衍生、组合再组合，在理论上可以演化出无数种形式，基本构成元素是远期、期货、期权和互换。

一、金融远期交易

金融远期交易是指交易双方约定在未来的某个时间以确定的价格交割一定数量的特

① 金融衍生工具交易按其目的可分为避险交易和非避险交易。避险交易是为减少资产、负债及表外头寸的风险而进行的交易，非避险交易则是以套利、投机等为动机进行的交易。本节只讨论避险交易。

定金融商品。远期利率协议和远期外汇交易是金融远期交易的主要品种，交易双方基于对利率和汇率未来变化趋势的不同预期达成协议。

(一)远期利率协议

远期利率协议(forward rate agreement，简称 FRA)的交易双方约定从未来某一商定的日期开始，在一段特定的时期内按约定利率借贷一笔数额确定的名义本金。双方选择一种市场利率作为参考利率，通常是 LIBOR、银行优惠利率、短期国库券利率等。协议中约定的固定利率称协议利率，名义上借贷的本金数额是协议数额。协议的成交日称为交易日，在交易日之后，一般相隔两天为起算日。名义借贷开始的日期叫结算日，也是远期利率协议的交割日。名义贷款到期的日期称到期日。名义贷款人是协议的卖方，名义借款人是协议的买方。名义贷款人并不向名义借款人实际转移借贷资金，双方只是在交割日根据协议利率和参考利率之间的差距以及对名义本金额计算的利息差，由交易一方对另一方支付结算金。如果参考利率高于协议利率，协议的卖方向买方提供补偿，反之，协议的买方向卖方提供补偿。

协议的买方主要是为了防范利率上升造成其未来实际借款成本过高的风险。协议的卖方主要是为了避免利率下降导致其投资收益或贷款利息的损失。交易者可以通过远期利率协议，预先锁定负债成本或资产收益。远期利率协议是银行管理利率风险的重要工具。如果未来有筹资需求，银行可以买方身份与其他市场参与者签订远期利率协议。如果未来有贷款投资安排，银行则应以卖方身份签订远期利率协议。

例 A 银行计划在 3 个月后按 LIBOR 拆入 100 万美元，借款期限为 6 个月。目前 LIBOR 为 6%，银行预期美元资金的市场利率不久将上升，为避免增加筹资成本，遂在市场上寻找交易对手。恰巧 B 银行 3 个月后将对客户贷出 100 万美元的 6 个月短期贷款，也以 LIBOR 定价，担心美元利率下跌，意欲套期保值。双方达成了 3 个月对 9 个月的远期利率协议，约定协议利率为 6.25%，名义本金 100 万美元，以 6 个月的 LIBOR 为参考利率，协议期限为 6 个月，自现在起 3 个月内有效，A 银行是协议买方，B 银行是协议卖方。假定 3 个月后，基准日的 LIBOR 水平上升到 7%，则 B 银行应向 A 银行支付结算金，其计算公式为：

$$\text{结算金额} = \frac{P \times (i_r - i_c) \times \frac{N}{360}}{1 + i_r \times \frac{N}{360}}$$

$$= \frac{1\,000\,000 \times (0.07 - 0.062\,5) \times \frac{180}{360}}{1 + 0.07 \times \frac{180}{360}} = 3\,623.19(\text{美元})$$

其中，i_r是参考利率，i_c是协议利率，P 为名义本金，N 为协议天数。上述公式求出的结算金额是一个折现值，因为这笔结算金不是在协议到期日支付，而是在交割日支付，获得补偿的一方可以用这笔资金进行再投资，故支付方理应减少实际支付额。

再假定基准日6个月LIBOR下降到5.75%，则A银行将向B银行支付2 430.13美元。通过远期利率协议的交易，无论市场利率如何变动，A银行的借款成本和B银行的贷款收益均控制在6.25%左右。

(二)远期外汇交易

远期外汇交易(forward exchange transaction)又称期汇交易，外汇买卖双方约定在未来某个时间按约定的远期汇率、币种、金额进行交割。远期外汇交易的目的主要是为了避免汇率变动的风险。为达到这一目的，最基本的交易策略是套期保值，交易者根据已有的一项外币资产或负债，卖出或买进与之数额相同、期限一致、币种相同的一笔远期外汇，使这项资产或负债的价值不受汇率变动的影响。从事国际贸易的企业都以外汇银行为交易对手，利用远期外汇交易固定进口成本，或对出口收汇进行保值。同时，银行在即期外汇交易中同样会出现头寸不平衡的情况，为此银行相互间也需要进行远期外汇交易，以平衡各自的外汇头寸。

二、金融期货交易

20世纪70年代，期货交易从商品领域扩展到金融领域。期货交易也是按约定条件延期交割，类似于远期交易，但期货合约则是在交易所内集中交易，是标准化的协议，采用保证金交易制度。银行从事的金融期货交易主要包括：

(一)外汇期货

外汇期货(foreign exchange futures)，又称货币期货(currency futures)，是约定在未来以确定的汇率交割某种外汇的标准化契约。

银行可以为客户提供外汇期货的套期保值服务。银行自身也可以直接参与外汇期货交易，以回避国际业务中内在的汇率风险。外汇期货与外汇远期合约都可作为对冲汇率风险的保值工具。相对于远期交易，外汇期货的违约风险较低，且期货合约有活跃的二级市场，交易者可以方便地调换头寸位置。不过，远期外汇交易的非标准化使之具有外汇期货所不能比拟的灵活性，银行可定制远期合约，使之尽量与风险敞口匹配，因此，银行传统上更多地利用远期交易对汇率风险进行保值。

(二)利率期货

利率期货(interest rate futures)的交易双方约定在未来某日期以成交时确定的价格交收一定数量的某种利率相关金融债务商品。利率期货以市场价格随利率变动的各种有息资产作为合约标的物，最有代表性的利率期货是短期国库券期货和中长期国债期货。此外，还有欧洲美元存款期货、商业票据期货、市政债券期货等。

一般情况下，利率期货的价格随基础金融工具价格的波动而波动。如果市场利率上升，基础金融工具的价格将下跌，利率期货的价格也会下降；如果市场利率下降，基础金融工具的价格会上涨，利率期货的价格也上升。由于利率期货的价格走向和利率变动的方向相反，保值者可以采取与其现货市场交易相反的方向买卖利率期货的方法来避免利率波动的风险。未来的金融证券的购买者或贷款者如果预期利率将下降，可进行多头套期保值交易，即买进有关的利率期货，合约数量与准备投资或贷出的金额相当，当利率下降时，期货价格将上涨，这时再卖出相同数量的期货合约，以利率期货的收益弥补现货交易的损失。反之，未来的借款者或金融证券卖出者如果预测利率将上扬，就进行空头套期保值交易。

三、金融期权交易

金融期权合约约定在规定日期或规定期限内按约定价格购买或出售一定数量的某种金融工具的选择权。在期权合约中，双方约定的价格称为执行价格，即协议价格。看涨期权(call option)的买方拥有未来按协议价格买进某种金融工具的权利，看跌期权(put option)的买方则拥有未来按协议价格卖出某种金融工具的权利。相对于远期和期货交易，金融期权最突出的特点是交易双方的权利和义务不对等、风险和收益不对称。期权合约的卖方将选择权赋予买方，买方可以根据市场形势是否对自己有利决定行使或是放弃其买权或卖权。

与银行密切相关的金融期权主要包括：

(一)利率期权

利率期权的基础资产是市场价格与利率关联变动的债务工具，如国债、欧洲美元存单等，或这类债务工具的期货，其中期货期权占有相当大的比重。如果期权合约是欧式期权，买方须等到期权到期日当天才能要求卖方履行承诺。美式利率期权的持有者可以在到期日以及此前任何时间执行期权，从而可以把握价格(利率)最有利的市场时机。

如果银行担心利率下降减少某项投资收益，或处于利率敏感性资金正缺口状态，应买入看涨期权，当利率下降时，基础金融资产的价格随之上涨，银行可以行使期权获利，以抵补现货市场的损失。担心利率上调增加筹资成本或处于负缺口状态的银行应买入看跌期权，在利率上升时，基础金融资产的价格随之下跌，银行可用期权交易的盈利抵消现货头寸的损失。如果利率变动与预期相反，银行将从现货市场的价格变化中获得收益，同时，银行作为期权买方有行使或放弃买卖的选择权，故而现货市场的额外收益不会被期权交易的损失冲销，银行保留了进一步降低筹资成本或增加投资收益的机会。

由于中长期债券和贷款多采用浮动利率，为回避利率风险，银行可利用专门的利率封顶期权、利率保底期权和利率双向期权。利率封顶期权的交易双方预先确定一个协定利率，然后定期与实际利率比较，如果实际利率高于协定利率，期权买方即可得到卖方的补偿。利率保底期权则与此正相反，若实际利率低于协定利率，卖方对买方进行补偿。将利率封顶期权和利率保底期权组合，形成双向期权，可以锁定利率波动的上下限。

(二)外汇期权

外汇期权(foreign exchange option)，也称货币期权，是指买卖双方以与外汇有关的基础金融工具为标的物所达成的期权协议，通常用于避免汇率风险。外汇期权有现汇期权和外汇期货期权之分。现汇期权交易的期权买方享有在合约有效期内或期满时以约定汇率购买或出售一定数额某种外汇现货的权利。外汇期货期权的买方则拥有在到期日或在此之前以协定汇价购入或售出一定数量的某种外汇期货的权利，买入看涨期权可使买方按协定价格取得外汇期货的多头地位，买入看跌期权则可使买方建立外汇期货的空头地位。当买方行使期权取得多头或空头地位时，期权卖方则处于相反的地位。

在交易所进行场内交易的外汇期权是标准化的合约，包括基本货币、协议价格、到期月份、到期日、交易单位、期权费、保证金(买方一般无需交纳)、交割方式等要素。场外期权合约的金额、期限等均由交易双方商定。银行通过场外外汇期权市场与企业进行交易，在交易所买进或卖出标准期权合约的同时，根据场外交易客户的要求，对标准期权的合约要素进行匹配和拼合，以满足客户的不同需要。

四、金融互换交易

金融互换(financial swaps)是指交易双方承诺根据事先达成的条件彼此交换一系列现金流。双方可能在合约生效时相互交换约定数额的名义本金，此后定期交换名义本金所产生的利息，合约到期时再换回名义本金，或者只是交换利息。前一种情况通常发生在货币互换中，利率互换并无本金交换的必要，因双方拥有的名义本金的数量和币种都是相同的。

(一)利率互换

利率互换(interest rate swaps)的双方将各自的债务利息成本，或者是资产利息收入互相交换，两笔债务或资产以同种货币表示，具有相同的期限，但计息方式具有不同特点。利率互换主要有两种情况：一为固定利率与浮动利率的互换，称为息票利率互换(coupon swap)；二为两种不同的浮动利率的互换，比如以 LIBOR 为参考利率的浮动利率与以优惠利率为参考利率的浮动利率之间的调换。在利率互换中，债务本金只是象征性地作为计息基础，双方之间只定期交换利息支付流，在实际操作中，双方支付应付利息的净差额。利率互换的基本功能之一是降低融资成本。由于不同资信级别的借款人之间可能存在资信比较利差(quality spread differences，简称 QSD)，从而存在套利机会，可以使利率互换的双方降低融资成本。

例　假定 A 银行与 B 公司信用等级分别为 AAA 级和 A 级。从表 10-1 中可以看出，A 银行由于拥有较高的信用等级，在固定利率市场和浮动利率市场上与 B 公司相比都具有绝对优势；不过，B 公司在浮动利率市场上具有比较优势(B 公司与 A 银行的浮动利率筹资成本差距小于二者的固定利率筹资成本差距)。A 银行在固定利率市场上具有比较优势，而B公司希望按固定利率融资，A银行则倾向于借入浮动利率资金，双方就可发挥各自的比较优势，通过利率互换降低彼此的融资成本。

表10-1　**A银行与B公司的筹资成本**

	A银行	B公司	利差
资信等级	AAA	A	
筹集固定利率资金的成本	12%	14%	2%
筹集浮动利率资金的成本	LIBOR+0.25%	LIBOR+0.5%	0.25%

A银行以12%的利率发行固定利率债券，比B公司筹集固定利率资金的价格低2个百分点，B公司按LIBOR+0.5%发行浮动利率债券，比A银行筹集浮动利率资金的价格高0.25个百分点。两相冲抵后，可以使双方总的筹资成本降低，共节省1.75个百分点，即资信比较利差。双方就分割成本降低所带来的利益达成协议，并定期交换支付利息的现金流。B公司对A银行支付13.25%的固定利息，其中1.25%是给A银行的报酬，相当于以13.25%的利率发行了固定利率债券，比自己直接发行该种债券少支付0.75%。A银行为B公司支付浮动利息，比自己发行该种债券多支付0.25%，但由于得到1.25%的报酬，实际上按LIBOR-0.75%发行了浮动利率债券。

利率互换的另一功能是降低利率风险。若某家金融机构面临利率敏感性资金正缺口，为避免利率下降的风险，可以将一部分浮动利率资产调换成固定利率资产，或将固定利率负债调换成浮动利率负债。相反，若某金融机构面临负缺口，为回避利率上升的风险，也可以通过互换来减少利率风险暴露。

许多大银行往往充当利率互换的中介人或交易商。作为中介人银行的职责是撮合交易，并依据合约收取应付利息，将差额付给其中一方，银行收取手续费，但不承担交易双方的违约风险。银行是作为参与者分别与互换合约的实际交易双方签约，通过附加在互换支付额中的买卖差价赚取利润。此时银行获取提供服务的收益，同时也承担违约风险。

(二)货币互换

货币互换(currency swaps)的交易双方互相交换不同币种、相同期限、等值金额(按即期汇率计算)的负债或资产的本金及利息。狭义的货币互换主要是固定利率对固定利率的货币互换、浮动利率对浮动利率的货币互换，广义的货币互换还包括固定利率对浮动利率的货币互换，也称货币利率互换，实质上是固定利率下货币互换与息票利率互换的组合。

货币互换也可以降低互换双方的融资成本。假设美国某银行需要筹措日元资金，虽然在国内市场上该银行可以凭其声誉低成本地筹措美元资金，但在日本则受到限制。某日本公司则需要美元资金，也被相同的问题困扰。在中介机构的安排下，双方进行了货币互换：美国银行在美国发行美元债券，将发行收入交给日本公司；日本公司在本国发行日元债券，将发行收入交给美国银行。在合约的规定年限内，美国银行向对方定期支付日元债券的本息，日本公司则向对方偿付美元债券的本息。因此，我们可以看出，若双方在不同货币的融资市场上具有利率比较优势，那么双方可以在各自市场上筹资，然后再行交换，既获得自己所需的外币资金，又降低了融资成本。

货币互换还可以用于规避汇率风险。假如一方持有日元债务，而另一方持有美元债务，如果双方对日元兑美元的汇率走势有不同的预期，就可以达成货币互换，将债务币种对调成自己所愿意承担的种类。大银行也经常充当中介人，为双方安排货币互换交易。

五、金融衍生品交易的创新——信用衍生工具

长期以来，金融衍生工具主要用于管理利率风险、汇率风险、股价风险等市场风险。20 世纪 90 年代初，信用衍生工具问世，突破了衍生工具的传统应用范围，为银行提供了管理信用风险的新思路。根据国际互换与衍生产品协会(international swaps and derivatives association，简称 ISDA)的定义，信用衍生产品是用于分离和转移信用风险的各种工具和技术的统称。银行既可利用信用衍生工具对单项贷款风险暴露进行保值，也可转移或分散贷款组合过度集中的风险。20 世纪 90 年代后期至 2007 年，信用衍生工具的交易规模迅速扩大。基于衍生工具的基本构造原理，结合信用风险的特性，金融界开发出多种信用衍生工具，本节重点介绍具有代表性的信用违约互换、信用联结票据、合成担保债务凭证①。

(一)信用违约互换

信用违约互换(credit default swap，简称 CDS)指交易双方达成的，约定在未来一定期限内，信用保护买方按照约定的标准和方式向信用保护卖方支付信用保护费用，由信用保护卖方就约定的一个或多个参考实体向信用保护买方提供信用风险保护的金融合约，属于合约类信用风险缓释工具。②

信用违约互换的构成要素包括参考实体、参考债务、保护价格、保护期限、支付条件、结算条款等。参考实体可以是企业、主权国家或国际多边机构等。保护买方向保护卖方定期支付费用，作为卖方承担参考实体信用风险的报酬，卖方承诺如果在合约到期前发生约定的信用事件，就对买方进行偿付。信用事件至少应包括违约或破产，也可纳入参考实体信用品质变化的警示信号，如债务重组、债务加速到期、信用降级等。买入

---

① 根据交易结构分类，信用衍生工具包括信用违约产品(信用违约互换、违约指数合约)，信用风险的结构化产品(信用联结票据、合成 CDO)，信用价差产品(信用价差期权、信用价差远期)，总收益互换等。

② 根据参考实体的数量，违约互换分为单一名称违约互换(single-name default swap)和篮子信用违约互换(basket credit default swap)。

（卖出）信用保护意味着做空（做多）信用风险①。违约互换主要有两种结算方式：一是实物结算，买方将其持有的、可交割的资产移交给卖方，卖方向买方支付与资产面值相当的金额；一是现金结算，卖方对买方支付现金，其金额反映信用事件发生后参考资产的价值贬值，双方不进行资产交割。现金结算可不必涉及参考资产的实际转移，实物结算则避免对于参考资产在信用事件发生后的公平市价发生争执。参见图 10-1。

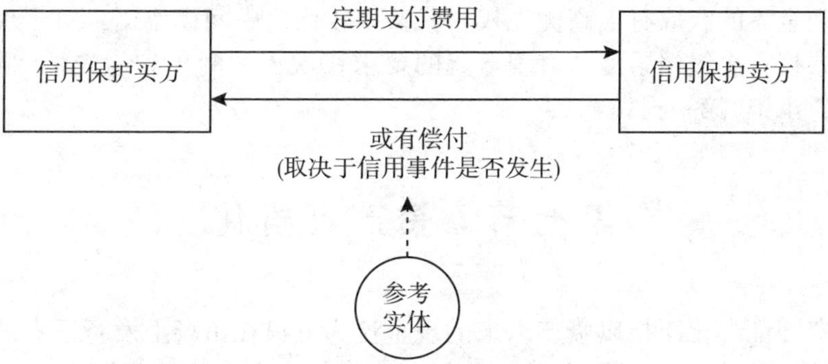

图 10-1　信用违约互换的交易结构

（二）信用联结票据

信用联结票据（credit-linked note，简称 CLN）是指由创设机构向投资人创设，投资人的投资回报与参考实体信用状况挂钩的附有现金担保的信用衍生产品，属于凭证类信用风险缓释工具。

信用联结票据的特点是嵌入了信用违约互换，CLN 的创设机构为信用保护买方，投资人则为信用保护卖方。保护买方可直接或通过特定目的实体（special purpose vehicle，简称 SPV）创设 CLN。保护买方与 SPV 达成以参考实体的资产作为标的的信用违约互换交易，并向 SPV 定期付费。SPV 向投资者发行 CLN，并以发行票据获得的资金购买"合格投资品"，用于支付票据利息。若参考实体未发生信用事件，投资者取得本金的利息和信用违约互换保费的双重收益，并在票据到期时收回本金。一旦发生信用事件，SPV 即停止向投资者支付票据利息，用投资者认购票据的本金向保护买方进行偿付，将扣除偿付后的余额返还给投资者。

CLN 的保护买方面临的交易对手风险较低，投资者购买 CLN 时支付的认购资金可以作为向保护买方进行偿付的现金担保，而信用违约互换的保护卖方没有提供履约担保，即使信用事件发生，保护买方也面临卖方不履行支付承诺的可能。

（三）合成担保债务凭证

合成担保债务凭证（synthetic collateralized debt obligation，简称"合成 CDO"）是利用

① 银行可以作为保护买方，也可作为保护卖方。

信用违约互换以转移风险的结构化产品，交易结构较CLN更加复杂。银行可以作为发起人和SPV达成信用违约互换，为参考资产池购买信用保护，SPV向投资者发行优先等级不同的各档票据，并用筹集到的资金用于购买国债等高品质证券，作为违约互换的担保品。违约互换的保险费和国债利息收入用于支付票据利息。当参考资产池发生信用事件时，SPV就需变现作为担保品的债券，对发起人进行偿付。

合成CDO应用证券化技术，将基础资产组合的信用风险移植到多档证券中：优先档票据，对现金流的获取有最高优先权，收益率较低；中间档票据，对于现金流的要求权低于优先票据；次级档票据，对现金流的要求权次于中间档和优先档，收益率较高；权益档票据，承担“第一损失”。

第七节 资产证券化

广义的资产证券化泛指以资产未来的现金流为支撑在市场上发行证券的过程。传统的证券化是在资本市场和货币市场上发行证券筹集资金以形成投资资本的直接融资方式，可称之为“一级证券化”。狭义的资产证券化(asset-backed securitization)特指通过发行以金融资产为支撑的证券，对资产进行处置的过程。狭义资产证券化以已生成的存量金融资产为基础，亦称为“二级证券化”。贷款是银行资产证券化的主要基础资产。贷款证券化是将信贷资产加以组合并以其产生的现金流量为担保在市场上发行证券，其实质是将缺乏流动性的、非标准化的贷款转换成为可转让的、标准化的证券，并转售于市场投资者的过程。

一、银行资产证券化的动因

银行作为信贷资产的发起人和销售者，在证券化中可以获得多方面的直接收益：

1. 迅速获得流动性。贷款证券化使贷款具有可交易性，为银行流动性管理提供了一条新的可选途径。银行将其持有的一部分贷款通过证券化转让出去，提前收回资金，以便安排组织新的、更具投资效益的贷款项目，或可以使资金周转紧张的问题得以缓解。

2. 分散和转移信贷风险和利率风险。贷款证券化改变了银行“生成—持有—直至到期”的传统信贷经营管理模式，银行能够借助证券化将信贷组合过度集中的违约风险分散转移给众多投资者，避免持有对特定客户、行业或区域的大量贷款可能造成的风险累积，优化信贷结构。同时，银行可以利用证券化将中长期贷款提前变现，调整长期资产和短期负债期限非对称的错配所形成的利率风险敞口，向证券投资者转移贷款内含的利率风险。

3. 利用证券化提高资本充足率。根据巴塞尔协议的资本要求，银行在扩张其风险资产的同时须相应增加其资本规模。通过证券化，银行可将部分贷款移至表外，从而减少风险资产，以达到资本充足度的监管要求。

银行还可以在出售贷款后继续担任服务者的角色。银行可以发挥在客户信息、市场占有、信用评估、贷款组织、监督管理、追讨未偿债权、资产管理方面的优势，专事发放、出售、管理贷款，充当中介服务商，在不占用信贷资金的条件下赚取手续费。

二、资产证券化的运作流程

银行资产证券化的参与主体可归为交易者和辅助机构两类。交易者包括发起人、发行人、投资者，辅助机构则有服务人、受托人、担保人、评级机构和投资银行。资产证券化通常经历以下主要环节：

(一)构造资产池

证券化的发起人(初始贷款银行)筛选被证券化的贷款，形成资产池。适于证券化的贷款应具备的理想标准是：在未来产生可预测的稳定现金流；有持续一定时期的低违约率、低损失率的历史记录；本息偿还可分摊于贷款的整个生命期间；借款人具有广泛的地域分布和多样化的客户类型分布；贷款抵押物有较高的变现价值；贷款具有标准化的合约条款；资产池中的贷款数量需达到一定规模，且单项贷款占比不宜过高。

(二)转让贷款

发起人一般并不直接将信贷资产以证券形式出售给投资者，而是将信贷资产组合转让给特定目的实体(SPV)或其他中介机构，由其发行基于贷款组合的证券。SPV 是以资产证券化为目的而成立的独立实体，其业务范围受到严格的法律限制，仅限于发行“资产支持证券”及用发行证券所得资金购买贷款。通过 SPV 发行证券，旨在实现风险隔离、表外融资、降低税赋等目的。

贷款转让有三种主要形式：其一是债务更新(novation)，即终止发起人与借款人的贷款合约，由 SPV 与借款人订立新合约，从而将发起人与借款人间的债权债务关系转换为 SPV 与借款人间的债权债务关系。其二是债务转让(assignment)。无须更改或终止原合同，发起人将贷款合同项下的债权转让给 SPV 即可，但需要有原合同的条款支持(即无禁止转让条款等)，并且以书面形式通知债务人。其三是从属参与(sub-participation)。发起人与债务人的原贷款合约继续有效，SPV 与债务人间无合同关系，发起人也不必将贷款合同中的法定权利正式转让给 SPV，只是部分地转让收取贷款本息的权利。

(三)构造交易结构

证券发行人购买贷款后，可以将与贷款偿还有关的服务事项委托给服务人。服务人的职责主要是负责贷款到期本息的收取，并追收逾期的贷款本息。发起银行大多在出售贷款后继续提供贷款服务。发行人还需确定受托人，并与之签订托管合同。服务人应将债务人归还的贷款本息存入在受托机构的信托账户，由受托人将之转给投资者，并对未分配款项进行再投资。此外，发行人还要与投资银行达成证券承销协议，并共同设计证券化承销方案。

(四)信用增级

若基础资产池的品质不甚理想，发行人需要借助信用增级使证券获得投资级级别，以改善发行条件，节约融资成本。

按信用支持的来源不同，信用增级方式可分为内部信用增级和外部信用增级。常用的内部信用增级有以下形式：一是超额抵押。SPV 向发起人购买基础资产时不支付全部价款，而是按一定比例的折扣进行支付，基础资产池价值超过发行的资产支持证券价值的部分作为抵押。二是优先/次级结构。按证券投资者的权益分为优先证券和次级证券，其本息兑付具有优先与劣后的顺位区分，只有当优先债券得到完全支付的情况下，次级债券才能得到支付，次级证券为优先证券提供信用支持。三是超额利差。证券发行人将抵押贷款的收益率扣除债券回报率及证券化所需费用后的利差存入专门账户，作为贷款违约的准备金。

外部信用增级是指由第三方提供信用担保或保险。担保机构可以由专业担保公司、保险公司或其他银行等机构担当，承诺在资产池产生的现金流量不足时保证债券能按时还本付息。

(五)信用评级

资产支持证券与其他公开发行的债券一样需要进行正式评级，不过，评级内容与标准又与普通债券不尽相同。评级机构不仅要考察基础贷款的信用质量，还要评价贷款证券化交易结构的可靠性(如基础资产是否真实出售，是否实现与发起人的破产实行隔离等)，以及信用提高的强度等，以确定在贷款违约时，投资者是否还能及时收回利息和本金。

(六)发售证券

信用评级完成并公布结果后，承销商向投资者销售债券，发行方式可采用公募或私募，发行对象主要是机构投资者。发行人从承销商处获取债券发行收入，并向发起人支付购买信贷资产的价款。

三、资产证券化的工具

根据证券化的基础资产，资产证券化的工具可分为：其一，抵押贷款支持证券(mortgage-backed securities，简称 MBS)，以房地产抵押贷款为基础资产池；其二，资产支持证券(asset-backed securities，简称 ABS)，基于汽车贷款、信用卡应收款等资产；其三，担保债务凭证(collateralized debt obligation，简称 CDO)，基础资产池可以由不同类型的贷款或债券组成。信贷资产支持证券可分为转手证券与转付证券。

(一)转手证券

转手证券(pass through securities),也译为过手证券,投资者定期收取由发行人"转手"的本金和利息,其所得到的现金流是基础资产池产生的现金流扣除一定的服务费和保险费。转手证券不对基础资产池的现金流作额外处理,交易结构较为简单。

(二)转付证券

转付证券(pay through securities)的偿付现金流同样来自基础贷款债务人归还的本息,但其与转手证券的区别在于,对基础贷款组合产生的现金流进行了重组,使证券本息的偿付机制发生变化,以满足对风险、收益、期限等具有不同偏好的投资者。转付证券采用现金流重组技术,可以设计出特征各异的品种,这里选择有代表性的两种加以介绍:

1. 抵押担保债务证券

抵押担保债务证券(collateralized mortgage obligation,简称 CMO)的特点是利用期限分层技术重组基础贷款组合的现金流,创造出不同期限档次的证券,投资者的风险与预期收益随证券期限的延长而增长。

CMO 的典型形式一般包含四级债券:A、B、C 级和 Z 债券。贷款组合的现金流首先用于支付 A 级债券的本金,既而支付 B 级债券的本金,再行支付 C 类债券本金。A、B、C 级债券在发行日开始即按票面利率支付利息,当前三类债券本息都被偿付后,资产池的剩余现金流方可用于支付 Z 债券的本息。Z 债券是应计利息累积债券,未支付的当期利息累积起来加入其本金余额。Z 债券存在的效应是,前 n 级债券的本金支付因 Z 债券利息的延迟支付而加速。

2. 剥离式抵押支持证券

剥离式抵押支持证券(stripped mortgage-backed security,简称 SMBS)的特点是将同一贷款组合收到的本金和利息在投资者间进行不均衡的分配。剥离证券的极端形式是只付利息(I/O)债券和只付本金(P/O)债券。

I/O 债券和 P/O 债券的投资者分别收到基础贷款组合产生的利息收入和本金收入。P/O 债券以低于面值的价格出售,投资者收益率大小取决于贷款提前偿付速度,速度越快,本金现金流的净现值越大,收益率越高。I/O 债券没有面值,与 P/O 相反,其投资者不希望发生提前偿付,因为这样会使未清偿本金下降,利息收益就会降低。由于借款人的提前偿付速度与抵押贷款市场利率呈负相关,因此,P/O 债券和 I/O 债券的收益率对市场利率变化的反应方向相反①,二者都可作为套期工具。

① 当市场利率水平变动时,债券价格将因"折现效应"而发生改变,这一规律也适用于 I/O 与 P/O 债券。因此,I/O 与 P/O 的价格同时受到"折现效应"的一般影响和"提前偿付效应"的特殊影响,这里不展开论述。

◎小　结

1. 结算类表外业务是银行为客户办理因债权债务关系引起的货币支付、资金划拨的传统业务。国内结算主要采用票据、银行卡、汇兑、托收承付、委托收款等方式。国际结算可以采用汇款、跟单托收、国际保理等方式。支付清算系统是银行办理结算业务的基础设施。

2. 担保类业务是指商业银行对第三方承担偿还责任的业务。银行开办的担保类业务主要有保函、信用证、备用信用证、票据承兑等。

3. 承诺类业务是指银行向客户允诺在未来按照事前约定的条件向客户提供约定的信用的业务，包括贷款承诺、票据发行便利、透支额度等。

4. 代理投融资服务类业务指商业银行根据客户委托，为客户提供投融资服务但不承担代偿责任、不承诺投资回报的表外业务，包括代客非保本理财、委托贷款、委托投资、代客交易、代理发行和承销债券等。

5. 中介服务类业务指商业银行根据客户委托，提供中介服务、收取手续费的业务，包括代理收付、财务顾问、资产托管、各类保管业务等。

6. 银行从事的金融衍生工具交易包括金融远期、期货、期权、互换等。信用衍生工具可用于分离和转移信用风险。

7. 贷款是银行资产证券化的主要基础资产。贷款证券化是将信贷资产加以组合并以其产生的现金流量为担保在市场上发行证券，其实质是将缺乏流动性的、非标准化的贷款转换成为可转让的、标准化的证券，并转售于市场投资者的过程。

◎重要概念

票据　汇票　本票　支票　银行汇票　商业汇票　银行卡　汇兑　托收承付　委托收款　跟单托收　国际保理　支付清算系统　保函　信用证　备用信用证　票据承兑　贷款承诺　票据发行便利　透支额度　代客非保本理财　委托贷款　代理收付　财务顾问　资产托管　代保管　远期　期货　期权　互换　信用衍生工具　信用违约互换　资产证券化　抵押贷款支持证券　抵押担保债务证券

第五编

银行流动性管理和资产负债管理

在传统商业银行的经营管理中，流动性管理和资金配置管理带有较强的综合性质。流动性管理不仅要考虑对银行流动性风险的控制，还要强调如何把低收益的流动性资产控制在合理的范围内。资金配置在银行管理中有着更高的综合性技术含量。在利率自由化后，资金配置管理考虑了利率风险因素，形成了相对独立的“资产负债管理”(asset-liability management，ALM)，它不仅考虑对利率风险的防范，还考虑对利率波动进行策略性运用，以获取更高利差收益，并围绕这些内容产生了一系列理论、模型和管理策略。正因为流动性管理和资产负债管理不是从纯金融风险的角度讨论风险控制和管理，还包含了大量资金运营的理念和方法，有很强的独立性。所以，我们在本教材中刻意将它们单独列成一个部分，以突出它们在银行经营管理中的重要地位，同时在风险管理部分也会将有关流动性风险和利率风险的内容作有机融合。

第十一章　银行流动性管理

在金融和财务中，流动性的概念是指某项金融工具迅速地转换为现金，同时以货币计价不蒙受损失的能力。在银行管理中，流动性管理的概念得到了扩展和一定的转变，它泛指金融机构在日常经营管理中，对现金资产或头寸的管理能力。在银行日常经营中，每天都有大量的现金流入和流出，如果没有较强的流动性管理水平，银行的经营会经常性地处在头寸安排的盲目和混乱之中，这种状态或者使银行降低盈利水平，或者使银行陷入现金资产短缺的状态，严重时会使金融机构爆发流动性危机。随着银行经营规模的扩大和经营范围多元化，流动性的管理水平已经成为衡量一家银行管理能力和盈利能力的重要标准。金融机构流动性管理的趋势是从经验管理走向定量分析和定性分析相结合。

第一节　流动性管理的含义和目标

银行流动性指，在日常经营中，银行满足客户提取存款需求和正常贷款需求的支付能力的状态。

一、流动性管理的含义

为应付客户的资金需求，在日常经营中，银行在资金来源方需要维持一定比率和数量的现金资产(cash position)，它们一般由银行的库存现金、在中央银行的(准备金)备付金存款和存放同业的活期存款构成。在国际银行业的资金配置管理中，它们被称为一线准备金(primary reserve)，在中国银行业，现金资产往往被称为头寸。现金资产的特点是变现能力强，无利息收益或利率极低。

对银行流动性的需求来自银行资产负债表的负债方、资产方以及中间业务。存款性金融机构资产负债表的负债方有各类存款和借款，其中短期负债，如交易类活期存款和一般性储蓄存款占相当大的比重。这类存款契约的性质是客户有权利随时根据自己的需求提取现金或要求对第三方进行支付。一般而言，存款的波动并非是完全无规律的，各类存款，即使是活期存款，其存入和提取在正常情况下是相对稳定的，或者说是可预期的。当然，也有一部分存款的存入、提取和支付是非可预期的。这两类资金的流入和流出之差会构成存款的净流动(net drains)，其差额可正可负。两类资金净值的波动对于存款总额是相对稳定的，或者说，在无外部冲击下，它们之间存在一个基本确定的阈值。

银行在日常经营中必须维持一定数额的现金资产来应付负债方和资产方的流动性需求。首先，各国货币管理当局对银行存款一般都有法定存款准备金的最低要求，达不到者将会受到严厉处罚。其次，银行需随时保障客户提款和支付的需求。再次，银行的资金运用主要由贷款和投资所构成，银行是否发放贷款或投资主要根据银行的信用分析和决策，似乎具有完全的可自主控制性，自行决策。然而在现实中，银行对优质客户的合理信贷需求必须迅速给予回应，满足其借款要求，因为在竞争激烈的环境中，银行家深知，如果因为头寸不足而不能满足优质客户的需求，就可能永远地丧失这个客户。最后，在银行的中间业务中，银行会对某些客户提供担保、贷款承诺、循环贷款等业务，这些都会形成银行的或然资产和或然负债。一旦这些或然资产和负债转变为现实需求，银行的现金资产必须跟上，否则会使银行的信誉受损，这也需要银行根据自身持有或然资产和或然负债的总量，以及转变为现实现金需求的概率，来持有一定的流动性资产。

在流动性管理中，银行流动性的维持主要由现金资产所提供。就现金资产而言，银行的库存现金不能带来任何收益，还要付出一定的管理成本，在中央银行的准备金存款，目前大部分国家的中央银行对商业银行的准备金存款不支付利息，存放同业的活期存款也是不支付利息或仅支付极低的利息，因此，作为商业银行流动性准备的现金资产，其特点是无收益的或低收益的。在商业银行的经营原则中，流动性原则是排列在第一位的，它是平衡银行盈利性和安全性的杠杆。然而，银行现金资产的构成特征又使流动性管理十分特殊：为了维持流动性，银行必须持有相当比重的现金资产；为了降低机会成本，扩大银行的盈利性，银行又不允许持有过多的现金资产。这种特征使得银行在流动性管理中特别重视管理的科学性。如果一家银行在意识到现金短缺时才行动，在金融市场上借款或抛售资产，融资成本必然会提高；反之，当银行发现头寸过多时才临时考虑资金运用，其收益率必然不是最佳。

二、流动性管理的目标

商业银行要提高全面管理水平，流动性管理是重要一环。银行经营管理人员在进行流动性管理时应追求三个目标：

1. 银行必须持有足够的现金资产来满足客户提存、支付和正常贷款的需求；
2. 银行必须持有合格的现金资产来满足货币管理当局的法定存款准备金要求；

3. 在满足货币管理当局的法定存款准备金要求和支付能力的前提下，银行应该是将现金资产和流动性资产控制在合理的水平上，以尽量降低持有现金资产的机会成本，扩大盈利性资产，增加收益。

第二节　中央银行的存款准备金制度与银行流动性管理

本教材从中央银行准备金制度角度引出商业银行流动性管理，既是最符合中国现实的视角，也是国际银行业可以接受的视角。中央银行实行法定存款准备金制度的目的是控制国家的货币供应量和信用总量，通过法规要求商业银行和其他存款性金融机构缴纳法定存款准备金，中央银行一方面维持整个银行体系交易和支付的正常进行，更重要的方面是控制了信用供给总量，以此降低经济的波动性。法定存款准备金对货币供应量的作用机理在货币银行学中有过详尽的论述，概括而言，中央银行通过调整法定准备金比率，既改变了货币乘数，也瞬即改变了商业银行的备付金头寸，或可贷资金量。

一、我国早期中央银行的存款准备金制度

在中央银行制度成熟的国家，商业银行在中央银行的准备金存款作为商业银行的一项资产是没有收益或低收益的，属于现金资产。因此，在留足了法定存款准备金之后，追求利润最大化的商业银行会本能地会将其备付金控制在经营所需的最低范围内，以便将更多的资金投入盈利性资产，流动性管理自然是十分重要的环节和内容。长期以来，我国银行不重视，甚至没有流动性管理的概念，主要原因之一是我国法定存款准备金制度的功能设计和特点所致。

我国法定存款准备金制度始于1984年中国人民银行与中国工商银行分设、中国人民银行专门行使中央银行的职能之后。当时中国是以计划经济为主的环境，这项制度在设计之初就隐含了一个有别于他国的特殊功能，即运用存款准备金制度集中资金于中央，再按中央银行的信贷计划对资金进行再分配，以按中央计划调节信贷结构。这个功能的体现，就是我国中央银行的法定存款准备金比率非常高。1984年我国银行首次缴存存款准备金是按照存款者性质来划分比率的，如当时规定专业银行存款准备金的缴存比率，企业存款为20%，储蓄存款为40%，农村存款为25%。经过一年的实践，发现这样的比率太高，大大超过经营性银行承受的能力。因而，1985年初，我国中央银行进行了第一次调整，不再区分存款的性质，所有存款一律按10%缴纳。1987年10月，我国中央银行又将法定存款准备金比率提高到12%。1988年9月再次将比率调到13%。直到1998年我国法定存款准备金制度实行改革，这一比率未再变动过。

我国存款准备金制度与中央银行制度成熟国家的准备金制度相比还有一个重要差别，即我国经营性银行在中央银行的法定存款准备金和备付金（超额准备金）分设为两个账户。1985年，中国人民银行要求各存款性金融机构在中央银行又开设了备付金账户，通过该账户，经营性银行办理包括向银行系统内外的资金划拨、同业拆借、联行资

金的清算、向中央银行的现金领用和解付等业务，同时规定在备付金存款账户上的余额应占存款余额的5%~7%。可以想象，高达近20%(13%+7%)的在中央银行的准备金存款，如果没有收益，任何经营性银行都不堪重负。正因为如此，我国中央银行对经营性银行的准备金存款一直支付很高的利息。我们以1997年准备金制度改革前的利率为例，我国商业银行对一年期存款支付的利率为5.22%，同期商业银行对一年期贷款收取的利率为7.92%，而中国人民银行对商业银行的准备金存款支付的利率为7.35%。这意味着，从理论上来讲，我国商业银行在吸取存款后，只需简单地将存款以准备金存款的方式存入中央银行就可以稳获2.13%的利差收入。另外，我国银行业一直没有启动“市场退出机制”，即银行没有倒闭的制度安排。在这种环境下，我国的商业银行自然没有流动性管理的内在动力和外在压力。结果在流动性管理上的表现，一方面商业银行向中央银行大量借款，另一方面又将大量资金存在中央银行账户上生息。1997年末，我国金融机构向中央银行借款为14 490亿元，而金融机构在中央银行存款总额却高达9 250亿元。这种状况下不可能培育银行家所必备的流动性管理的意识和观念，并导致了长期以来中国银行业资金管理中的“粗放式”经营，银行经营管理人员普遍缺乏“精打细算”的流动性管理理念。

二、我国中央银行存款准备金制度的改革对银行流动性管理的影响

1998年3月，我国中央银行对法定准备金制度进行了重大改革，使之与国际银行业的惯例和运方式作更为接近。① 这次改革主要表现在以下四个方面：

1. 将商业银行在中央银行开设的法定存款准备金账户与备付金账户合二为一，即合并为一个存款准备金账户。

2. 法定存款准备金比率由13%大幅降至8%，备付金由各商业银行根据经营情况，并参照中国人民银行资产负债比率管理条例自行决定。

3. 法定存款准备金按法人机构统一征缴，废弃由各金融机构一级分行缴纳的模式。

4. 商业银行在中央银行准备金存款账户上的存款利率大幅下调，由7.35%降至5.22%，与一年期的商业银行存款利率持平，大大低于一年期商业性贷款7.92%的利率，首次使我国金融机构在中央银行存款出现机会成本(在我国以后发生的多次利率调整中，商业银行在中央银行准备金存款账户上的存款利率下调的幅度一直大于对储蓄存款和对公存款利率的下调幅度，逐步接近于零)。

---

① 我国中央银行法定存款准备金制度改革后，与西方发达国家的法定存款准备金制度有了一定的接轨，但仍然有相当大的差异，主要差异有：(1)我国中央银行对法定存款准备金的征收不划分存款的流动性，是按总存款余额计算，而西方国家的中央银行对法定存款准备金的征收一般区分存款的流动性；(2)我国中央银行法定存款准备金的征收是根据期末余额计算，而西方国家的中央银行对法定存款准备金的征收一般根据平均余额计算，这对法定存款准备金的计缴和货币供应量控制的准确性有很大的影响；(3)由于我国央行对法定存款准备金的征收是按照总额，所以征收的份额较高，为了减轻银行过大的利息成本负担，央行对商业银行缴纳的法定和超额准备金存款均支付利息。为了区别存款货币的流动性差异，我国央行从2015年3月起对法定和超额准备金支付不同的存款利率。

这次中央银行对法定准备金制度所进行的改革，对推动我国商业银行建立流动性管理的理念具有极为重要的意义。首先，两个存款准备金账户合二为一，并同时大幅降低法定存款准备金比率，使商业银行有了更多的可用资金，在盈利性的驱动下，它们必然会更加积极地寻求有利的投资机会。其次，多次大幅下调商业银行在中央银行准备金存款账户上的存款利率，迫使商业银行不愿在中央银行的账户上留存过多的余额，特别是在准备金存款利率大大低于商业银行存款利率的情况下，在中央银行的账户上留存过多的余额不仅是机会损失，而且会造成盈利机会的丧失和客户的流失。

我国金融管理当局多次下调利率和拉大银行存款负债与法定准备金存款利率的政策，极大地促进了我国商业银行流动性管理环境的形成。这一连续政策对我国商业银行流动性管理产生了巨大的内在动力和一定的外在压力，其影响在表 11-1 中反映。

表 11-1　**中国银行业利率调整以及对银行流动性管理的影响**

项目 年份	一年期 存款利率 1	一年期 贷款利率 2	法定准备金 利率 3	超额准备金 利率 4	无风险 利差(3−1)	银行持有准备金 机会成本(2−3)
95/07/01	7.47	9.18	9.18		1.71	0.00
96/05/01	7.47	10.98	8.82		1.35	2.16
97/10/23	5.67	10.08	7.56		1.89	2.52
98/03/25	5.22	7.92	5.22		0.00	2.70
98/07/01	4.77	6.93	3.51		−1.26	3.42
98/12/07	3.78	6.39	3.24		−0.54	3.15
00/02/12	2.25	5.85	2.07		−0.18	3.78
02/02/21	1.98	5.31	1.89		−0.09	3.33
04/10/29						
05/03/17	2.25	5.58	1.89	(0.99)	−1.26	4.59
06/07/05	2.25	5.58	1.89	(0.99)	−1.26	4.59
06/08/15	2.25	6.12	1.89	(0.99)	−1.26	5.13
07/01/15	2.25	6.12	1.89	(0.99)	−1.26	5.13
07/02/25	2.25	6.12	1.89	(0.99)	−1.26	5.13
07/04/16	2.79	6.39	1.89	(0.99)	−1.80	5.40
07/06/05	3.06	6.57	1.89	(0.99)	−2.00	5.58
07/08/15	3.33	6.84	1.89	(0.99)	−2.34	5.85
07/10/12	3.87	7.27	1.89	(0.99)	−2.90	6.28
07/12/08	4.14	7.47	1.89	(0.99)	−3.15	6.48
17/10/24	1.50	4.35	1.62	(0.72)	−0.78	3.63
19/03/08	1.50	4.35	1.62	(0.72)	−0.78	3.63

说明：1. 数据根据中国人民银行统计季报各期整理；2. 该数据是非连续的，仅反映准备金存款利率趋势。

总之，我国银行的商业化进程和中央银行对法定准备金制度所进行的改革，使我国商业银行对流动性管理产生了内在要求和外在压力。各商业银行管理者对流动性管理的理念开始形成，各商业银行已经在实践中注重科学的流动性管理。

第三节 银行流动性的测量

商业银行的流动性供给既可以来自资产负债表的资产方，也可以来自负债方。一般来讲，在货币市场发达的国家，小银行或社区银行主要依赖在资产负债表的资产方持有现金资产和二线准备金(高度可变现的短期证券)，而大银行则更多地依靠在货币市场上购买资金来获取流动性。在传统上，对商业银行流动性的测量是基于银行资产负债表生成的财务比率指标。

一、资产流动性的测量

对资产流动性的测量涉及银行以最小成本将资产迅速地转换成可用现金的能力。在货币市场不发达的国家里，银行，特别是小银行主要依靠在资产负债表的资产方持有一定量的流动性资产来应付客户对流动性的需求。正如前面所述，一定量的现金资产(一线准备)是首先要考虑的，它们包括银行的库存现金、在中央银行的(准备金)备付金存款和存放同业的活期存款。除此之外，银行还会根据自己的现实和经验，在账户上持有一定数量低风险、高流动性的短期资产，如一年以内的国库券、同业拆出、高等级公司票据等，一旦出现预期外流动性需求，银行可以迅速将其出售，换取现金。这些短期资产产生一定的利息收益，但是，银行持有它们的目的主要不是为了获取收益，而是降低持有流动性资产的机会成本。

银行在资产方常用的测量流动性的指标有：

1. 现金资产/总资产(或总存款)
2. 流动性资产/总资产(流动负债)
3. 总贷款/总存款

一般来讲，前两项指标比率越高，银行资产中可用于立即支付的流动性资产的比重高，从而反映银行的流动性状态就越好。贷款与存款的比率在传统上一直是商业银行和金融监管当局都十分看重的指标，这是因为贷款的流动性是最低的，且往往伴随着违约的风险，而存款是银行支持贷款的稳定和核心来源。这项指标越高，银行的流动性越低，这是因为，高的贷款/存款比率意味着银行发放贷款对其自身最具有稳定性资金来源的依赖程度较低。当然，这个比率也有明显缺陷，它忽视了存款和贷款的组合结构，存款和贷款不同的组合结构对银行流动性的影响是不一样的。然而，它仍不失为一个简单而有效的指标。

二、负债流动性的测量

对负债流动性的测量涉及银行是否能够以合理的价格随时在市场上发行新的债务，

获取所需资金。因此，对银行负债流动性的测量较为复杂，它需要综合考察银行的资产质量、资本充足度、所有未清偿债务的组合等。国际上，银行业常用的指标有：

1. 股权资本/总资产
2. 贷款损失/总贷款
3. 贷款损失准备金/总贷款
4. 存款组合
5. 总存款/总资产
6. 核心存款/总资产
7. 易变负债(高价短期借入款)/总资产

对银行负债流动性的测量应该从以下几个角度来看：第一，银行的资产质量。有较高资产质量的银行更有可能以较低的成本融资，这是因为投资者更愿意相信，该银行的融资确属业务的发展或正常周转的需要，而不是应付风险的需要。第二，核心存款的比重。核心存款的比重越高，银行进一步以低利率融资的可能性越大。核心存款(core deposits)指那些对利率变化不敏感，同时受经济环境和季节性因素影响较小的资金。这类存款通常由交易性存款、储蓄类存款和不可转让的定期存款所组成，具有利率低、相对稳定的特点。核心存款除了部分交易性存款与大公司有关系外，大部分都来自零售业务的客户，他们比大客户体现了对所选银行更多的忠诚，更看重银行提供服务的便利性和质量。第三，易变负债。易变负债与核心存款相对，它们指那些银行所购买的、对利率十分敏感、变化性较高的资金，主要由同业拆入、回购协议、可转让大额存单所构成。很显然，易变负债比重越高，银行资金的波动性越高，所付成本越高，从而进一步以高价购入资金的可能性越低。

从负债方判断银行的流动性是比较复杂的，除了资产质量、资本金充足度之外，如何区分核心存款十分关键。图 11-1 展示了假设银行的存款状态。在图 11-1 中，平滑的线代表核心存款，它意味着该银行存款中最为稳定的趋势性变化。对未来核心存款的增长，可以依据这条曲线进行预测。易变性存款等于总存款与核心存款的差额，它意味着，这些存款会依市场利率、经济环境和季节性因素的变化而不断提取和存入。许多银

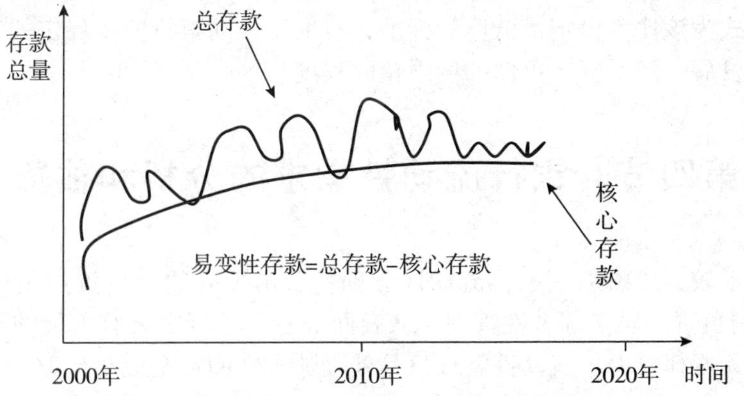

图 11-1　易变性存款和核心存款的关系

行在进行流动性分析时都要计算核心存款比例和易变性存款的波动性。在一些管理水平较高的银行，在计算存款的波动性时，还经常分析易变性存款对利率的弹性。

当然，必须指出的是，在全面衡量银行的流动性状况时，一定要考虑银行的规模。一般而言，在金融市场发达的国家，小银行更多地依赖资产方面进行流动性管理，而大银行则更多地依赖负债方面进行流动性管理。所以，大银行的易变负债比率比小银行高，并不意味着大银行流动性状况差。比较科学的方法是将不同的银行按规模分类进行比较。在我国，货币市场的发展远远落后于资本市场，商业银行在流动性管理上，无论在资产方和负债方都受到许多限制，然而，对这些分析的方法和指标的掌握，对培养我国商业银行家流动性分析和管理的意识都极为重要。

三、综合流动性的测量

2008 年全球金融危机后，由局部危机引发的银行业系统流动性风险引起监管当局高度重视。为了防御系统性金融风险，《巴塞尔协议 III》中提出了宏观审慎监管，在针对金融危机后流动性风险上增加了两大类银行监管性指标：

（一）流动性覆盖比率（liquidity covered ratio）

流动性覆盖比率=优质流动性资产储备/未来 30 日的资金净流出量

流动性覆盖比率的标准是不低于 100%，它的经济意义是，为了充分保障良好的流动性状态，在不依赖外部融资条件下，商业银行的自偿性优质短期资产必须 100%覆盖在一个月内有高概率流出的资金。

（二）净稳定资金比率（net steady finance ratio）

净稳定资金比率=可用的稳定资金/业务所需的稳定资金

该指标用于度量银行较长期限内可使用的稳定资金来源对其表内外资产业务发展的支持能力。该比率的分子是银行可用的各项稳定资金来源，分母是银行发展各类资产业务所需的稳定资金来源。分子分母中各类负债和资产项目的系数由监管当局确定。监管当局以强制形式为该比率设定最低监管标准，有助于推动银行使用稳定的资金来源支持其资产业务的发展，降低资产负债的期限错配程度。

第四节　银行流动性需求的分析和估算

在银行体系较为成熟的国家，流动性管理一般由独立的银行资产负债管理委员会（ALCO）或部门负责，属于综合性管理。从表面上看，银行每天有大量的资金流入和流出，它们似乎无规律可循，流动性管理只是处理随机性的资金流动。但是，银行通过科学的管理，可以寻找出资金流动的规律，运用合理的测算和计划，以及有效的市场运作，可以使其流动性管理达到相当高的水平。银行流动性管理的内容主要包括：（1）对各类存款、各类贷款、法定存款准备金总量和其他变量变化的预测；(2)作出上述变量对银行头寸影响的分析；(3)分析银行全部的潜在资金流入和潜在资金流出，在此基础上，按所需时间段计算出流动性缺口或需求。从流动性管理是日常经营需要的角度，银行一般每季度或每月做一次分析，下面我们结合一个案例来对流动性管理进行较全面的论述。①

一、对存款、贷款和法定存款准备金数量变化的预测

银行流动性管理的第一步，是对各类存款、贷款、法定存款准备金总量和其他变量变化的预测。任何预期的存款需求减少和存款提取，以及贷款需求的增加，都意味着资金的可能性流出和法定准备金的降低，而任何预期存款需求的增长和贷款需求的减少，都意味着资金的可能性流入和法定准备金的提高。所以，对存贷款波动和发生额的预测是流动性分析的基础。

任何一家银行存贷款的波动可大致分为四种情况：趋势性增长、短期季节性波动、受经济周期影响的波动、无规律性或噪声波动。银行资产管理委员会一般负责对存款、贷款和法定存款准备金总量变化和波动的预测。

表 11-2 概括了对样本银行所进行的存款、贷款和法定存款准备金总量变化和波动的预测。为了教学的需要，本案例以样本银行 2019 年简化的资产负债表为基础，仅对样本银行 2020 年一年期存贷款的可能发生额和波动进行预测，预测的时间段为月。样本银行的简化资产负债表列在表的首端，表的首端下面分别是对该银行存款和贷款所进行的预测。任何预测都离不开历史资料，特别是连续时间序列分析。银行在预测和分析中，一般要求运用 5 年的历史资料。我们假定样本银行的有关预测的参考系数是根据该银行 5 年的历史资料计算后所得。

(一)存贷款趋势性变动值的估算

在银行存贷款趋势性变动值的估算(trend growth estimate)中，一般假定银行所处环境的经济增长、劳动生产率、当地消费群体的消费和储蓄倾向、人口迁移、技术变革没有太大的变动，因此，其存贷款的增长具有相对稳定性。银行在进行存贷款的基本趋势变动分析时，可用最小平方直线法、直线近似法和抛物线趋势法，这些都是在统计学中进行时间序列分析中常用的方法。值得指出的是，目前大多数银行在预测存贷款的趋势增长时多用直线法，而对使用抛物线法十分慎重，因为在抛物线方法下，斜率是变化的，即假定增长率在不同时间段是加速的，因此，除非银行所处环境有重大变化，可能导致存贷款的增长率异常变化，否则运用抛物线法进行预测的质量很差。

为了方便起见，我们在本案例中运用直线近似法来进行存贷款的趋势变动分析。在分析中假定，该银行根据 5 年的数据，其存款的年平均增长率为 6%，贷款的年平均增长率为 12%。直线近似法的表达式为：

---

① 在所介绍案例中参考了 S. Scott MacDonald Timothy W. Koch 的 *Bank Management* 第七版。

$$t_i = t_{i-1}(1 + b) \qquad (11\text{-}1)$$

公式中：t_i —预测月存款或贷款趋势值

t_{i-1} —基期月存款或贷款值

b —月平均趋势增长率

在计算存贷款趋势性变动时，要根据预测时间段的需要，把年平均增长率换算成相应时间段的增长率。在本案例中，要把存贷款年平均增长率转换为存贷款月平均增长率后再代入公式中。表 11-2 中第 1 栏列明了根据公式(11-1)所计算得出的该样本银行预测月存贷款趋势性增长值。

(二)存贷款季节性变动值的估算

存贷款季节性变动值的估算(seasonal change value estimate)指银行在进行存贷款发生额预测时，对那些由于季节性因素的作用对存贷款影响所进行的估算。季节性因素对所在地银行存贷款的影响是显而易见的，例如，位于商业中心的银行在大型节假日前后(西方的圣诞节，中国的春节以及各类小长假)会出现现金流的规律性较大波动。例如在节日前，商家会大量进货，以保障节假日的充分供应，这时，大量的商家就会向银行借款以维持资金的周转。居民为节日消费和购买商品将会减少存款，甚至大量提取现金。

表 11-2　**对样本银行 2020 年存贷款的趋势增长、季节性变动和周期性变动的预测**

样本银行简易资产负债表(2019 年 12 月 31 日)			单位：百万元
资产		负债和权益	
现金资产	¥160	交易账户存款和不可转让存款	¥1 600
各类贷款	1 400	可转让存单和其他借款	280
证券投资	400	股东权益	120
其他资产	40		
总计	¥2 000	总计	¥ 2 000

存款预测 月末	(1) 趋势性存款*	(2) 季节性 存款指数	(3) 季节性 存款变动	(4) 周期性 存款波动	(5) 总计
1月	¥1 600	99%	－¥16	－¥3	¥1 589
2月	1 616	102	32	8	1 656
3月	1 623	105	80	7	1 710
4月	1 631	107	112	10	1 753
5月	1 639	101	16	1	1 658
6月	1 647	95	−64	−8	1 575

续表

存款预测 月末	(1) 趋势性存款*	(2) 季节性 存款指数	(3) 季节性 存款变动	(4) 周期性 存款波动	(5) 总计
7月	1 655	93	-112	-15	1 528
8月	1 663	95	-80	-9	1 574
9月	1 671	97	-48	-4	1 619
10月	1 680	101	16	0	1 696
11月	1 688	104	64	3	1 755
12月	1 696	100	0	0	1 696
贷款预测 月末	(1) 趋势性贷款	(2) 季节性 贷款指数	(3) 季节性 贷款变动	(4) 周期性 贷款波动	(5) 总计
1月	¥1 413	101%	¥14	¥6	¥1 433
2月	1 427	97	-42	-9	1 656
3月	1 440	95	-70	-18	1 352
4月	1 454	94	-84	-21	1 349
5月	1 467	97	-42	-15	1 410
6月	1 481	102	28	-3	1 506
7月	1 495	108	112	9	1 616
8月	1 510	106	84	17	1 611
9月	1 524	103	42	11	1 577
10月	1 538	99	-14	5	1 529
11月	1 553	98	-28	0	1 525
12月	1 568	100	0	0	1 568

* 假定：该样本银行根据5年的历史数据测算出，2015—2019年该银行存款的年平均趋势增长率为6%，贷款的年平均趋势增长率为12%。

各种因素综合的结果会使所在地银行贷款增加，存款下降，对现金头寸需求压力增大。而在节后，商家贷款减少，大量闲置资金存入银行，居民的存取款行为恢复到正常状态。这些因素又会使银行库存现金增加，流动性出现富余状态。同理，位于工业中心的银行和农业地区的银行，其存贷款的波动都与这些地区产业生产的季节性资金需求密切相关。银行为了对存贷款发生额的预测更为准确，必须考虑存贷款季节性变动值对存贷款发生额的影响。存贷款季节性变动值估算的计算公式为：

$$S_i = T_b(I_i - 1) \tag{11-2}$$

公式中：S_i—预测月存贷款季节性变动值

T_b—基期月存贷款发生值

I_i—预测月存贷款季节性变动指数

在计算中，基期月存贷款发生值一般用预测月前一会计年度银行资产负债表的期末余额。预测月存贷款季节性变动指数的计算往往按照银行前5年相应计算月存贷款平均余额除以该银行前5年基期月存贷款平均余额得出。该指数反映，在假定经济环境不变条件下，该银行所处社区经济特征对存贷款季节性影响的规律，变动的参照系为基期月存贷款平均余额。预测月存贷款季节性变动指数的计算公式为：

$$I_i = \left(\sum_{k=1}^{n} A_k^i \div n\right) \div \left(\sum_{k=1}^{n} A_k^b \div n\right) \tag{11-3}$$

公式中：A_k^i—第 K 年相应预测月(i 月)存贷款余额

A_k^b—第 K 年相应基期月(期末)存贷款余额

n—银行选取的样本年数(通常为近期5年)

在表11-2中，该银行预测月存贷款季节性变动指数在第二列中反映，它们是用该银行近5年的资产负债表，根据公式(11-3)计算得出。预测月存贷款季节性变动值根据公式(11-2)计算得出，在表11-2第三列中反映。从季节性变动指数可以看出，该银行存款一般从1月份开始上升，4月份达到顶峰，然后下降，7月份降至谷底，从8月份又开始上升，到11月份又达到高峰，并开始下一轮有规律的季节性变动。贷款则呈现相反的变动规律，一般从1月份开始下降，4月份降至谷底，然后上升，7月份到达顶峰，从8月份又开始下降，到11月份又降至谷底，并开始下一轮有规律的季节性上升。

(三)存贷款周期性变化值的估算

每个市场经济国家和地区的经济状况都会不同程度地呈现出周期性波动，它们或单独波动，或与国际经济波动相连。这些波动都会对当地银行存贷款流量产生影响。预测经济周期对当地银行存贷款的影响可以有多种方法，目前许多大银行都有自己的经济研究机构，雇用经济学家利用各种模型对经济的周期性波动进行预测，同时将经济波动对存贷款影响的研究报告传递给总行和各级分支机构，再由各级机构结合本地的具体情况分析对存贷款的影响。然而，也有大量中小银行不具有预测经济波动的能力，它们往往采用一些更简单实用的方法进行测算。下面介绍一种中小银行常用的“误差推断法”，用它来计算经济周期波动对银行存贷款的影响。

“误差推断法”用银行上年度的存、贷款实际发生值与预测的偏差值作为受经济周期性因素影响的变化值。用“误差推断法”测算存贷款周期性变化值的公式如下：

$$C_i = T_{i-1} - (t_{i-1} + S_{i-1}) \tag{11-4}$$

其中：C_i—预测月周期性波动对存贷款影响值

T_{i-1}—上年度同期月存贷款实际发生余额

t_{i-1}—上年度同期月存贷款预测趋势值

S_{i-1}— 上年度同期月存贷款预测季节性波动值

对银行存贷款周期性变化值测算的结果在表 11-2 中第四列给出，由于篇幅的原因，我们没有给出该银行上一年有关指标的预测数据。

(四)存款、贷款发生额的估算

在分别对银行存贷款趋势变化、季节性变化和周期性变化的值进行预测和估算后，就可以对银行预测年度每个月的存贷款发生额进行估算，它实际上就是把以上各项值进行相加。其公式为：

$$T_i = t_i + S_i + C_i \tag{11-5}$$

对该银行存款、贷款发生额预测的汇总估算在表 11-2 中第五列反映。必须指出的是，在银行流动性管理的实际运作中，对存贷款的预测往往根据需要对存贷款项目还要进行细分，如对公司存贷款、居民存贷款，或活期存款、定期存贷款等，这样的预测更有实用价值。还有一点值得指出的是，对存贷款发生额的预测不仅在银行流动性分析中十分重要，而且对银行在确定发展战略和对下级机构分解存贷款计划中也可以发挥重要作用。

二、存款、贷款发生额变动对银行头寸的影响的估算

对存贷款发生额的预测并不能直接反映其对银行流动性的影响，因为，第一，存贷款的预测增量对头寸(流动性)的影响是相互抵消的；第二，存款的增量会影响存款准备金，这也会影响到银行头寸。因此，在流动分析中，当预测完各类存贷款发生额后，接着要分析存款、贷款发生额变动对银行头寸的影响。它的分析思路是：

存贷款发生额变动对银行头寸的影响=预测贷款增量+法定存款准备金增量-预测存款增量

用公式表示为：

$$\Delta A_i = \Delta \mathrm{TL}_i + \Delta R_i - \Delta \mathrm{TD}_i \tag{11-6}$$

式中：ΔA_i—预测月现金头寸波动估算值

$\Delta \mathrm{TL}_i$—预测月贷款增量，$\Delta \mathrm{TL}_i=(\mathrm{TL}_i-\mathrm{TL}_b)$

ΔR_i—预测月法定准备金增量，$\Delta R_i=r_b\times(\mathrm{TD}_i-\mathrm{TL}_b)$

$\Delta \mathrm{TD}_i$—预测月存款增量，$\Delta \mathrm{TD}_i=(\mathrm{TD}_i-\mathrm{TD}_b)$

r_b—法定存款准备金比率

TL_i和 TD_i—分别为预测月的贷款和存款

TL_b和 TL_b—分别为基期月的贷款和存款

在计算存贷款增量时，是用预测月存贷款发生额减去存贷款基期数。预测存款、贷款发生额变动对银行头寸(流动性)影响的分析在表 11-3 中反映。当合计结果为正数时，意味着当月预测存款、贷款发生额对银行产生头寸(流动性)不足的影响；当合计结果为负数时，意味着当月预测存款、贷款发生额将对银行产生有富余头寸(流动性)的影响。

表 11-3　　**预测存贷款发生额对银行流动性的影响** *　　（单位：百万元）

月份	存款增量	准备金增量	贷款增量	对流动性影响
1 月	- 11. 0	-1. 1	33. 0	42. 9
2 月	56. 0	5. 6	-24. 0	-74. 4
3 月	110. 0	11. 0	-48. 0	-147. 0
4 月	153. 0	15. 3	-51. 0	-188. 7
5 月	56. 0	5. 6	10. 0	-40. 4
6 月	-25. 0	-2. 5	106. 0	128. 5
7 月	-72. 0	-7. 2	216. 0	280. 8
8 月	-26. 0	-2. 6	211. 0	234. 4
9 月	19. 0	1. 9	177. 0	159. 9
10 月	96. 0	9. 6	129. 0	42. 6
11 月	155. 0	15. 5	125. 0	-14. 5
12 月	96. 0	9. 6	168. 0	81. 6

* 法定存款准备金比率在本案例中假定为 10%。

三、流动性缺口的估算

银行每天都有大量的现金流入和流出，尽管预测存款、贷款发生额对头寸（流动性）影响的分析十分重要，但这也仅仅是每段时间现金流对银行流动性影响的一部分，比如在某段时期内，到期存款可能形成潜在资金流出，而到期贷款和到期投资会形成潜在资金流入。因此，在分析经营中银行流动性状况时，落脚点是分析不同时间段银行的流动性缺口。流动性缺口是在某段时间内，各种潜在现金流入和流出对银行流动性综合影响的反映，或者可以说是银行在某段时间内全部资金的净现金流。

在银行日常经营管理中，流动性缺口是按照一定的时间段来进行统计的。根据各银行流动性管理的需要和管理水平，计算流动性缺口的时间段可按日、周、旬、月来划分。时间段划分太短会使工作量太大，造成管理成本浪费，划分太长又使其管理意义下降。所以，银行一般以周、旬、月为流动性缺口时间段的划分标准。在表 11-4 中，假设银行预测在 2020 年流动性缺口估算反映的时间段分别为 0～30 天、31～90 天以及 91～365 天，这种划分纯粹是按教学方便的需要来设计的。

表 11-4　　　　**银行流动性缺口估算**　　　　(单位：百万元)

项　目	0~30天	31~90天	31~365天
潜在资金运用			
加：到期定期存款			
小额定期存款	5.5	8.0	34.0
大额定期存单	40.0	70.0	100.0
欧洲货币存款	10.0	10.0	30.0
加：预测新增贷款			
工商贷款	60.0	112.0	686.0
消费者贷款	22.0	46.0	210.0
不动产和其他贷款	31.0	23.0	223.0
减：预测新增交易性存款*			
活期存款	−6.5	105.5	10.0
协议存款	0.4	5.5	7.0
货币市场存款	1.6	3.0	6.0
总运用	173.0	155.0	1 260.0
潜在资金来源			
加：到期证券投资			
货币市场金融工具	8.0	16.5	36.5
国债券	7.5	10.5	40.0
政府机构债券和金融机构债券	2.5	1.0	12.5
加：贷款本金偿还	80.0	262.0	903.0
总来源	98.0	290.0	992.0
期间性流动性缺口*	75.0	−135.0	268.0
累积性流动性缺口	75.0	−60.0	208.0

* 不考虑法定存款准备金。

* 潜在资金运用减潜在资金来源。

流动性缺口在统计上规定为潜在的资金运用减去潜在的资金来源，因此，流动性正缺口表示，在确定时间段，潜在的资金运用大于潜在的资金来源，或理解为银行在该时间段头寸(流动性)有短缺压力，需要尽早考虑寻找资金来源；流动性负缺口表示，在确定时间段，潜在的资金运用小于潜在的资金来源，或理解为银行在该时间段头寸(流动性)有富余，需要尽早考虑投资渠道。在流动性缺口统计中，习惯上将预测贷款增量和预测存款增量都放入潜在资金运用方，但由于预测存款增量是一项资金来源，故在前面使用负号。流动性缺口又分为期间性缺口（periodic liquidity gap）和累积性缺口（cumulative liquidity gap），前者为某一时间段的银行资金净现金流，后者是当期流动性缺口加上前期流动性缺口的累积。

从表 11-4 可以看出，该假设银行预测在 2020 年内各时间段资金流入和流出的汇总情况。从潜在资金运用方面来看，0~30 天内，该银行将有 550 万元小额定期存款到期，5 000万元大额存单和欧洲货币存单到期，该银行预期在这段时期内还将有11 300万元新增贷款需求的增加和交易性存款账户 450 万元的下降。因此，这段时间该银行潜在资金总运用为17 300万元；从潜在资金来源方面来看，0~30 天内，该银行除了将有1 800万元各类证券到期外，还有8 000万元各类贷款本金到期，潜在资金来源总计为9 800万元。用潜在资金总运用减去潜在资金总来源，该银行 0~30 天内有正流动性缺口7 500万元。这意味着该银行在这段期间需要通过各种主动负债和出售证券资产等渠道筹集到这笔资金，才能及时满足存款到期支付贷款增长的资金需求。再考察该银行 31~90 天和 91~365 天时间段，其流动性缺口分别为负缺口13 500万元和正缺口26 800万元，这两个时间段的累积缺口分别为负缺口6 000万元和正缺口20 800万元。这意味着，不依赖外部短期投融资，该假设银行在这两个时间段分别会出现6 000万元富余流动性和20 800万元的流动性不足。

在现实运作中，上述流动性缺口分析方法所估算的结果有时会与实际情况出现一定偏差，例如潜在资金来源和运用的项目，到期时的现金流与报表上所反映的数字相距甚远。举例而言，各类定期存款到期后可能有一部分因续存和转存并不产生现金流出，到期的各类贷款也可能有一小部分由于逾期而不能产生现金流入。为了使流动性缺口估算的结果对流动性调节更具现实指导意义，银行可以根据不同类型存款和贷款期满后产生现金流的特性和规律，在估算中给予某种扣减系数的考虑，这种系数一定是建立在对本银行的相应存款或贷款较长期观察的统计分析基础上的。

第五节　流动性的调节和管理

通过预测和各种估算方法计算出各时间段流动性缺口之后，银行管理层和有关部门开始着手对流动性缺口进行调节和管理。一般来讲，在大中型银行都设有专门的流动性管理部门，西方银行多称“Money Desk”，即货币头寸部，在我国商业银行，则多由资产负债管理部门负责日常的头寸调度和安排。由于这方面起步较晚，目前我国只有部分银行在资产负债管理委员会下开始设立了专司流动性管理的部门。

流动性调节和管理的核心是，在估算出各时间段流动性缺口之后，银行要尽早地、主动地对未来将出现富余的资金进行运用安排，尽可能提高资金运用的收益率，同时对未来将出现的流动性短缺进行融资安排，并尽可能降低融资成本。

一、银行可自主控制和非自主控制项目的划分

前面已经指出，流动性调节的核心是按照成本最低、收益最高的原则对所预测的未来时间段流动性缺口尽早合理安排。从实际运作来讲，银行调节流动性可运用的项目是有限的，可运用的项目往往是银行可以自主控制的，换句话说，银行只能在本国金融市场现有的条件内，运用资产负债表有限的项目进行调节。在利率市场化程度较高的国家，可自主控制项目是那些银行可以利用利率定价来调整头寸的项目，而在利率实行管制，或利率市场化较低的国家，银行可以自主控制的项目受到较大的限制。下面我们以利率市场化程度较高的环境为假设场景，来分析银行对可自主控制和非可自主控制项目的划分。下面给出假设的银行资产负债表。

表 11-5　　银行简化资产负债表

资　　产	负债和权益
可自主调节资产	**可自主调节负债**
短期证券买卖	同业拆入
同业拆出	发行可转让大额存单
回购协议下的证券购买	回购协议下的证券出售
	发行欧洲货币存款其他购买性负债
非可自主调节资产	**非可自主调节负债**
固定资产	各类一般性存款
大部分贷款	资本账户
长期证券	
现金资产	

从表 11-5 中可以看出，银行可自主控制的资产和负债项目一般都是那些对利率较敏感的项目，如同业拆借、回购协议下的证券买卖、可转让大额存单等，而一般性存款和大多数贷款则是银行难以自主控制的项目，因为它们更多地受到客户意愿和银行可接受风险的制约。必须指出，可自主控制项目的划分是相对而言的，不同金融环境国家的银行，甚至同一国家的不同银行，对可自主控制项目都可以有不同的理解。例如，一般性存款被普遍认为属于银行非自主控制项目，但是在中国改革开放初期，物资供应十分匮乏，中国银行业普遍开办的短缺物资(黄金首饰、煤气罐等)有奖储蓄却有很高的需求弹性。又如贷款一般被列入银行非可自主控制的项目，因为对于好客户的合理贷款要求，银行必须随时予以充分满足，否则银行可能将永远丧失这个客户，对于那些超过可接受风险的客户的贷款需求，银行也不可能去满足。但是当银行面对好客户的资金需

求，而又一时无力充分满足时，银团贷款的处理方式又使贷款成为银行可相对自主控制的项目。

在这里有些费解的是，现金资产的流动性最高，却被列入银行不可自主控制的项目，其解释是，本章的核心所讨论的就是如何合理地管理现金资产（头寸），如果银行对现金资产的余缺不能合理管理和及时调节，也就谈不上什么流动性管理了。

二、流动性的调节

如果银行预期某时间段将出现流动性短缺，银行可以尽早考虑从负债方运作同业拆入、发行大额存单等项目主动购买资金，也可以考虑通过出售所持有流动性较高的证券来获取所需头寸。如果银行预期某时间段将出现流动性剩余，银行除了在现有贷款需求中寻找合适者外，还可以尽早考虑同业拆出、证券购买等渠道。在这里，对流动性余缺的临时仓促调节或事先合理的安排，反映了银行流动性管理的理念和水平。

一旦对未来时间段流动性余缺状态做出预测后，银行就应该把这个估算数与自身的潜在融资能力和潜在运用渠道进行对比分析，从中寻求最佳调节方式或渠道。在实践中，国外银行创造了许多分析方法，“项目列举表”是其中之一。表 11-4 中的例子说明银行是如何运用“项目列举表”来分析其潜在融资能力的。在 2020 年 0～30 天时间段，该假设银行流动性正缺口将达到7 500万元，这意味着在这段时期内，该银行面临7 500万元的资金短缺。该银行资产负债管理人员通过潜在融资来源项目列举表（表 11-6），发现本银行在这段时间内可实际运用的潜在融资来源最高可达到14 000万元。该银行流动性管理人员所需要做的只是在可自主控制的各种潜在资金来源项目中，根据当时的市场可能情形，作出最有利的融资选择。

表 11-6　　**假设银行潜在融资来源项目列举汇总表**　　（单位：百万元）

	时间段		
	0～30 天	31～90 天	91～365 天
购买资金的能力			
同业拆入	20	20	30
回购协议	10	10	10
发行大额存单	70	70	85
发行欧洲美元	20	20	20
小计	120	120	145
其他融资来源			
同业拆出的减少	5	5	5
组成银团贷款	20	20	20

续表

	时间段		
	0~30 天	31~90 天	91~365 天
货币市场证券出售	5	5	5
长期证券出售	10	10	10
小计	50	50	50
潜在融资来源合计	170	170	195
潜在的预期外资金需求			
未清偿信用证的 50%	5	10	15
贷款承诺未使用的 20%	25	30	35
小计	30	40	50
可实际运用的潜在融资来源	140	130	145

三、流动性调节应考虑的几个主要因素

在流动性管理中，银行资产负债管理人员在估算出流动性缺口，并分析了自身的潜在融资能力和潜在资金运用渠道后，就会着手流动性缺口调节。尽管调节的手段、方式和渠道有多样性选择，但是在如何运用它们中，银行经常会考虑以下几个因素：

(一)管理的哲理

在流动性调节运作中，银行自身的管理哲理对银行如何运用调节的手段、方式和渠道起着十分重要的作用。那些强调“进取性”为当前主要管理哲理的银行在对流动性正缺口调节时，一般会较多地运用购买负债的手段，尽管这些融资工具价格较高，但对银行极具弹性和灵活性；在对流动性负缺口调节时，这些银行往往运用利率较高、风险较大的项目。那些强调“稳健性”为当前主要管理哲理的银行在对流动性正缺口调节时，一般会较多地运用出售短期证券和回购协议的方式；在对流动性负缺口调节时，则往往选择购买短期证券和同业拆出等比较安全的方式。

(二)成本最小，收益最高

商业银行的经营原则是利润最大化，这在流动性管理和调节中也应得到贯彻。无论是强调“进取性”还是“稳健性”为自身经营战略的银行，在流动性管理和调节中除了考虑自身管理原则的同时，都必须进行成本—收益的比较。在对流动性缺口调节的短期融资和短期投资中，都要仔细地比较各种可供选择的运作工具和手段，在融资中力求成本最小，在资金运用中力求收益最高。

(三)所需资金的时间长度

所需资金的时间长度是流动性管理中应该考虑的因素之一。下面以图 11-2 来说明所需资金的时间长度对银行选择融资工具的影响。在该图中，纵轴表示融资成本(利率)，横轴表示融资时间。假设该银行在现有融资工具比较中，认为同业拆入(ITO)和发行大额存单(CD)是两种相对理想的融资工具。同业拆入的特点是利率较低，但是期限较短，在较长期的融资中需要不断展期，每次都会涉及一定的手续费和购置成本，故总成本随时间延长而递增；发行大额存单的特点是利率较高，期限相对较长，但一旦发行后，成本是固定的。因此，该银行流动性正缺口调节期的时间在 O_a 之内，应该通过同业拆入进行融资，当流动性正缺口调节期的时间超过 O_a，则可考虑通过发行大额存单进行融资。

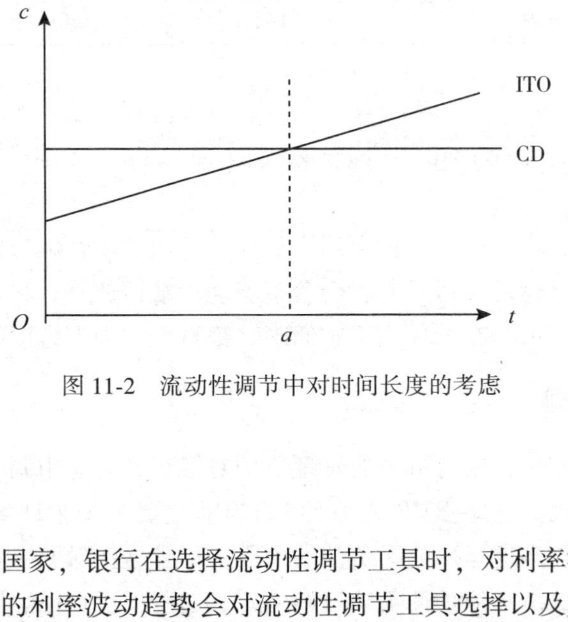

图 11-2 流动性调节中对时间长度的考虑

(四)利率预期

在利率市场化的国家，银行在选择流动性调节工具时，对利率波动的趋势也十分关注，因为向上和向下的利率波动趋势会对流动性调节工具选择以及产生的成本或收益效果有较大影响。利率波动趋势对流动性调节的影响分析在图 11-3 中反映。

如果市场利率在短时间内将很快上升，除非对流动性融资需求时间极短，在 O_a 之内，银行应该选择发行大额存单融资的方式来控制融资成本，但是，如果预期市场利率上升缓慢，甚至还有下降的可能，则银行选择期限更短的同业拆入是合理的，因为这样可以使成本更低。

总之，流动性管理是一种综合性管理，它既涉及要分析银行目前资产负债组合的状况对未来现金流的影响、预测未来存贷款变动的可能情况，还要对货币市场所提供的可供选择的各种金融工具有充分的理解和准确的把握，因此，在商业银行的管理体系中具有重要地位。一个管理水平很高的银行，其流动性管理的科学性的痕迹是十分明显的。在一个银行业充分竞争的市场上，获取暴利的机会极少存在，银行利润是依靠对成本一

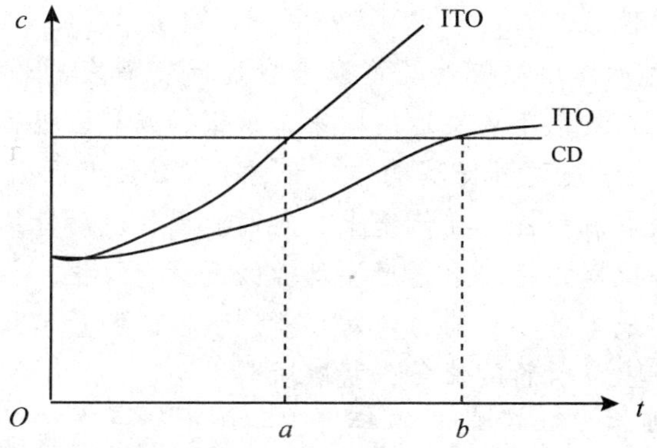

图 11-3　流动性调节中对利率走势的考虑

点一点降低、对盈利一厘一厘争取而得来的。流动性管理对分析技术和全行综合动员与执行能力要求很高，它通过对现金流控制的时间差和利率差，可以极大地降低银行无收益资产，增加盈利资产，从而扩大银行的总利润。

◎小　结

1. 为应付客户的资金需求，在日常经营中，银行主要是依赖维持一定比率和数量的现金资产，它们一般由银行的库存现金、在中央银行的(准备金)备付金存款和存放同业的活期存款所构成。在中国银行业，现金资产往往被称为头寸(cash position)，在国际银行业的资金配置管理中，它们又被称为一线准备金(primary reserve)。现金资产的特点是流动性强，无利率收益或利率极低。在金融和财务中，流动性的概念指某项金融工具迅速地转换为现金，同时以货币计价不蒙受损失的能力。

2. 在银行管理中，流动性管理的概念得到了扩展和一定的转变，它泛指金融机构在日常经营管理中，对现金资产或头寸的管理能力。作为流动性准备的现金资产，其特点是无收益或低收益。在商业银行的经营原则中，流动性原则是排列在第一位的，它是平衡银行盈利性和安全性的杠杆。然而，银行现金资产的构成特征又使流动性管理十分特殊：为了维持流动性，银行必须持有相当比重的现金资产；为了降低机会成本，扩大银行的盈利性，银行又不允许持有过多的现金资产。

3. 商业银行的流动性管理与中央银行的存款准备金制度的相关性，主要由商业银行在中央银行准备金存款的收益性决定。长期以来，我国银行不重视，甚至没有流动性管理的概念，主要原因之一是我国法定存款准备金制度的功能设计和特点所致。1998 年 3 月，我国中央银行对法定准备金制度进行了重大改革，使之与国际金融业的惯例和运作方式更为接近。我国银行的商业化进程和中央银行对法定准备金制度所进行的改革，使我国商业银行对流动性管理产生了内在要求和外在压力。各商业银行管理者对流动性管理的理念开始形成，有些银行已经在实践中注重流动性管理的科学性。

4. 商业银行对流动性的依赖既可以来自资产负债表的资产方，也可以来自负债方。一般来讲，在货币市场发达的国家，小银行或社区银行主要依赖资产方的现金资产和二线准备金(高度可变现的短期证券)，而大银行则更多地依靠在货币市场上购买资金来获取流动性。在传统上，对商业银行流动性的测量是基于银行资产负债表生成的财务比率指标。对资产流动性的测量涉及银行将资产迅速地转换成可用现金，而所付出成本最小的能力。对负债流动性的测量涉及银行是否能够以合理的价格随时在市场上发行新的债务，获取所需资金。

5. 流动性管理在发达国家的银行里，一般由资产负债管理委员会(ALCO)负责。流动性管理比较复杂，在商业银行里属于综合性管理。银行流动性管理的第一步主要是流动性缺口的估算，主要内容包括：(1)对各类存款、各类贷款、法定存款准备总量和其他变量变化的预测；(2)上述变量对银行头寸影响的分析；(3)分析银行全部的潜在资金流入和潜在资金流出，在此基础上，按所需时间段计算出流动性缺口。

6. 通过预测和用各种估算方法计算出各时间段流动性缺口之后，银行管理层和有关部门开始着手对流动性缺口进行调节和管理。流动性调节和管理的核心是：在估算出各时间段流动性缺口之后，银行要尽早地、主动地对未来将出现富余的资金进行运用安排，尽可能提高资金运用的收益率，同时对未来将出现的流动性短缺进行融资安排，并尽可能降低融资成本。银行资金流动数额巨大，在竞争日益激烈的环境下，科学的流动性管理将会大大降低银行成本，提高资金盈利水平。

◎重要概念

头寸　现金资产　流动性　流动性管理　准备金存款　备付金　资产流动性　负债流动性　核心存款　易变性存款　存贷款趋势性变动　存贷款季节性变动　流动性缺口　累积性缺口　可自主控制项目　非可自主控制项目

附录：银行流动性风险案例之一
——美国大陆依利诺国民银行流动性风险案[1]

美国大陆依利诺国民银行(Continental Illinois National Bank & Trust Co.)经营失败从而被实行国有化是银行流动性管理失误的典型案例。概括而言，大陆依利诺国民银行流动性风险的主因，在于贷款的过度扩张与不稳定资金为主要来源的搭配。

---

① 本案例参考了 Lawrence S Ritter，Silber W L. *Money*，*Banking and Financial Markets*・2000.

一、相关背景

美国大陆依利诺国民银行总部设在芝加哥市，是20世纪70年代末美国商业银行中发展速度最快者之一。20世纪70年代初，该银行总裁罗格·安德森(Roger Anderson)把该银行的发展目标确定为进入全美十大银行之一，其策略是以低利率作为价格竞争手段，争取市场份额。大陆依利诺国民银行的信贷策略是瞄准石油行业。因为在这段期间，石油价格狂飙，石油公司盈利前景看好。该银行贷款规模在这段期间的增长速度尤为迅速，1977—1981年，该银行国内贷款年均增长率高达20%(全国平均水平为10%)。然而在贷款迅速扩张中，大陆依利诺国民银行的流动性问题日显突出。不像其他大型银行，大陆依利诺国民银行一方面存款沉淀并不厚实，核心存款数量很少，另一方面，银行所在的伊利诺州不允许银行在本州设立分支机构，核心存款来源大受限制。大陆依利诺国民银行在其发展战略与生存环境极不匹配的情况下，不得不大规模依赖通过易变性负债的融资来支撑其业务的扩张，融资渠道主要是发行大额存单、借入欧洲美元和隔夜同业拆借，这类资金在金融中被称为“游资”(hot money)。到1981年，就流动性指标而言，该银行对易变性负债的依赖度几乎达到同等规模美国银行的两倍。

二、流动性危机的爆发

一般而言，用易变性较高的批发性负债作为银行的贷款扩张的来源有一个前提，那就是债权人对该银行的财务状况和流动性的稳定程度充满信心。随着国际石油市场价格大幅下降，大量涉足对石油企业发放贷款的大陆伊利诺国民银行的财务状况开始遭到金融市场的质疑。1982年6月，美国Penn Square银行倒闭是一个转折点，当社会公众发现大陆伊利诺国民银行总共以10亿美元份额参与了Penn Square银行组织的银团贷款后，存款人的信心受到强烈冲击。

此外，还有两件事件的发生也在某种程度上动摇了存款人对大陆伊利诺国民银行的信心。首先，在1982年7月，该银行发行的大额可转让定期存单(CD)被美国银行业协会从定期存单内部交易系统中最知名银行的名单中删除。这一状况立即导致金融市场对该银行定期存单的需求减少，银行的融资成本提高。其次，大陆伊利诺国民银行宣布它将更大程度地依赖欧洲美元存款，这意味着，大陆伊利诺国民银行必须更大程度地对其存款支付高成本，大陆伊利诺国民银行负债高度不稳定性的内情浮出水面。审计报告显示，1983年底，大陆伊利诺国民银行核心存款占资金来源总额的25%，“游资”却占到高达64%的比重。从流动性管理的角度来看，这是极不稳定的负债结构。

Penn Square银行的倒闭迫使大陆伊利诺国民银行采取审慎的信贷收缩政策，银行监管机构也加强了对该银行的监管。1983年底审计的结果表明，该银行不良资产高达19亿美元，导致银行总裁罗格·安德森于1984年辞职。这一事件增加了该银行不稳定因素。1984年5月，随着信息的扩散和银行的流动性危机迹象逐渐明显，存款者对大陆伊利诺国民银行的大规模存款挤兑风潮掀起。欧洲美元存款最先受到冲击，外国人是最初的大规模提款人，这进一步促使金融市场对大陆伊利诺国民银行传言四起，从而使大陆依利诺国民国民银行在大额存单发行和挤提存款上遭遇两面夹击的困难。从1984年3月到4月，银行大约120亿美元的存款被客户提走，而且5月份到期大额存单和欧洲美元存单的持有者完全拒绝展期，仅为此，该银行在几天之内要对外履约支付的头寸高达36亿美元，挤兑的浪潮也越来越难以控制，这个大银行面临倒闭的现实。

三、政府救助

1984年6月，大陆依利诺国民银行董事会通过了由美国金融监管当局建议的“长期重建计划”，在这个协议安排中，通过一系列复杂交易，联邦存款保险公司（FDIC）成为大陆依利诺国民银行的所有者，维持银行经营，同时要求该银行现有股东承担大部分的风险损失。该协议安排的主要内容有；

1. FDIC立刻按账面价值购买大陆依利诺国民银行30亿美元的不良资产，FDIC同时承担该银行应向美联储归还的20亿美元的贷款，大陆依利诺国民银行立即冲销10亿美元的呆账，同时减少该银行资本账户账面价值8 000万美元。

2. FDIC购买大陆依利诺国民银行10亿美元新发行的优先股，并将之转换成为16 000万该行普通股。这样，FDIC就立即拥有了大陆依利诺国民银行80%的股份，并接管了管理权，大陆依利诺国民银行也因此实际上被国有化了。

3. FDIC保持购买新成立的控股公司4 000万股普通股的权利，这将视它购买大陆依利诺国民银行不良资产的损失而定。

4. 大陆依利诺国民银行的其他现有股东按照现有持股情况，获取了在60天后以每股6美元的价格购买股份的权利。

经过政府救助，从1985年至1989年大陆依利诺国民银行经历了大力度的整改，逐渐起死回生，并开始赢利。

四、案例评析

1. 大陆依利诺国民银行的流动性风险危机，说明银行的发展不能脱离现实实力。贷款份额和市场份额固然是许多银行发展战略目标之一，但是它必须建立在银行自身核心存款的坚实基础上。在货币市场发达的国家，尽管可以购买负债的方式来支撑贷款的扩张，但是这些“游资”类的负债极不稳定，对市场极为敏感，一有风吹草动就会流出银行。因此，在银行流动性管理中，必须严格控制易变性负债在资金来源中的比率。

2. 在存在“市场退出”机制的国家，经营不善、亏损严重的银行将被关闭，社会存款人和金融市场为保护自身债权的利益，自然对银行的资产质量十分敏感。所以，银行的发展战略和投资政策应该最大限度地考虑对资产质量的影响。几乎绝大部分的银行流动性危机都与该银行的资产质量相关。

银行流动性风险案例之二—— 中国海南发展银行关闭案

一、相关背景

1995年8月8日，经过一年多筹备之后，中国海南发展银行(简称海发行)正式成立了。海发行以原富南信托、吉亚信托、蜀兴信托、浙琼信托及华夏金融公司为基础，另有40多家企业，包括北方工业公司、中远集团等国家大型企业入股。海发行的注册资本金为16.77亿元，实收资本金10.7亿元，股东47家，海南省政府为控股股东。然而这家注册资本金16.77亿元的新银行，一开业便背负了巨大的高成本债务，同时大量贷款资金积压在房地产上。

二、流动性危机的爆发

20世纪90年代初，由房地产泡沫拉动了爆发性的金融增长，但同时也给海南金融业留下许多巨大的隐患。缺乏产业支撑的海南金融在苦苦寻找化解风险的突破口。在原有的金融机构信用已经迅速贬值的背景下，作为一个急需筹集大量资金的地方金融机构，海发行从诞生之始就被赋予了化解金融风险的任务。

海发行一开始就沿袭了原来那些信托公司的做法——高息揽存。1996年海发行5年期存款利息一度高达22%。在高息的刺激下，海发行的资产和存款规模急速膨胀。1996年底，海发行全行营运资本金便达到86亿元，各项存款比开业前增长152%，贷款比开业前增长97.8%；1997年底，海发行的资产规模发展到106亿元。

1997年12月16日，在地方政府的压力下，成立不足三年、资产仅为110亿元的海发行又兼并了28家资不抵债的城市信用合作社，同时还托管了5家被关闭的城市信用合作社。海发行接管的城市信用合作社总资产137亿元，总负债142亿元。这被普遍认为是海发行崩溃的导火线。

接管之后，原以为取款无望的城市信用合作社的储户很快在海发行营业部的门口排起了长队，各种不利传闻甚嚣尘上，恐慌很快积累成挤兑风潮，海发行脆弱的存款根基在挤兑风潮中迅速瓦解，最后几乎只能完全依靠人民银行再贷款勉强支撑。

中国人民银行总行在陆续给海发行提供了近40亿元再贷款后，1998年3月22日拒绝继续“输血”，这迫使海发行随后推出了限额取款政策，支付限制在6月初最严重时竟然达到规定个人储户一次只能支取存款100元的程度，这种政策无疑进一步加剧了公众的恐慌心理。在相关政府部门的默许下，海发行试图以高利率挽留储户，但是已经经历了泡沫经济的存户却视这为该银行财务状况更加危险的征兆，大面积的挤提迅速冲垮了海南发展银行脆弱的流动性防线的底线。其后，虽然海南省政府也动用了高达7亿元的资金企图挽回局面，其中还包括一部分地方政府财政资金，但此时海发行已无回天之力。

1998年6月21日，为了防止支付危机进一步蔓延，国务院、中国人民银行总行迅速作出决定，关闭海南发展银行，同时指定中国工商银行总行托管海发行的所有债权债务。

流动性危机与存款户对银行信息所掌握的程度密切相关。当时在海南省，社会上的普遍流传的说法是，以1997年底的数据计算，海南发展银行个人储蓄存款额40亿元，再加上后来吸纳的城市信用合作社各类存款和负债142亿元，海发行存款应该在120亿元以上。然而社会上都知道，这些存款的大部分是高息揽存的，除了对利率支付的合法性心存疑虑之外，存款户也担心高息存款的高成本给银行经营带来的巨大压力。海南发展银行贷款总额约为106亿元，然而，在海南省社会上，关于海发行的贷款质量流传着两种说法：其一是海南省75%的房地产贷款是海发行发放的(海南省房地产当时已跌入低谷)；其二是海发行的全部贷款可分为3个1/3，即1/3为盲目投资的不良贷款，1/3为金融腐败中不翼而飞的贿款，只有1/3是有效资产。

三、案例评析

1. 海发行的资产负债配置存在严重的问题。以高息为条件的资金来源并不稳定，却要支撑质量很差、泡沫含量极高的长期房地产贷款，蕴含了极高的流动性风险。因为当面临巨额的资金需求时，银行无法通过资产的变现换取流动性，化解支付危机，极易出现资金链条断裂。

2. 对流动性危机的处置方法不当。在海南发展银行出现了流动性危机后，一方面有关部门的解释工作没有做到位，没有进行必要澄清，致使不利传言大肆扩散，加剧了存款人的恐慌；另一方面，政府有关部门没有给海发行足够的资金支持，致使海发行不得不出台限制客户提取存款的措施，进一步增加了客户的心理恐慌，形成恶性循环。

3. 除此之外，地方政府决策失误和股东实力较弱是重要原因。让一家成立不足三年的股份制银行在短时间内消化远超过其能力的高成本负债，同时面对几十万深陷心理恐慌的储户，这违反了金融业运行的基本规律，从一开始就注定了必将陷入流动性危机的命运。反之，如果海南省将28家城市信用合作社逐步解决，一年消化几个，结果也许会有转机。而且由于股东实力较弱，致使海发行出现流动性危机时，股东根本无力对其进行救助。

银行流动性风险案例之三——
国际金融危机冲击下的英国北岩银行流动性危机

一、相关背景

北岩银行(Northern Rock)总部设在英格兰西北部城市纽卡斯尔，是英国第五大抵押贷款机构，其2006年新增抵押贷款额排名英国第一，拥有大约150万储户，向80万购房者提供房贷。与大多数银行依靠储户存款为购房者提供抵押贷款的做法不同，北岩银行主要依靠向其他银行借款与在金融市场上出售抵押贷款证券筹款，因此在次贷危机中的“抗打击能力”较弱。成为英国金融界第一个被美国次贷危机“拖下水”的非美国本土银行。

由于受到美国次级债危机影响面临严重的资金短缺，该银行于2007年9月13日向英国中央银行英格兰银行提出金融援助申请。英格兰银行、英国财政部与金融管理局当晚召开紧急会议，同意了北岩银行的申请，但没有公开向其提供资金的具体数额。这是英格兰银行自1997年开始独立调整利率以来首次出资“拯救”陷入困境的银行。2007年9月14日北岩银行在当天宣布，银行今年盈利将比预计低20%左右，尽管英格兰银行随即宣布向北岩银行提供金融援助，但北岩银行的这一消息引得银行大批储户排起长队，取出存在北岩银行的存款，引起挤兑风波。该行在14日和15日连续遭遇挤兑风潮，储户提现近20亿英镑。当天北岩银行股票价格跌了30%。短短几个交易日中，银行股价下跌了将近70%，而严重的客户挤兑则导致30多亿英镑的资金流出，该行存款总量亦不过240亿英镑。受此压力，北岩银行一方面不得不抛售其抵押贷款债权缓解流动性压力，另一方面董事长亦公开呼吁“白衣骑士”出手收购北岩银行。2007年9月16日之后，英国北岩银行主页上首先看到的是一封致歉信：北岩银行保证客户资金安全，同时，以近乎哀求的语气请求客户不要集中在短时间内去提款。对于任何一家银行而言，这种道歉信和哀求是奇耻大辱，但北岩银行已经没有别的选择了。

社会上对北岩银行的挤兑同时在英国股市上引发连环“地震”，英国主要抵押贷款机构如联盟-莱斯特公司、布雷德福-宾利公司和帕拉冈公司等股价在同年9月14日纷纷下跌，其中帕拉冈的股价跌幅达到25%。至2007年9月14日下午收盘时，伦敦股市《金融时报》100种股票平均价格指数较前一个交易日下跌1.2%左右，收于6 289.3点。

对此，北岩银行首席执行官Adam Applegarth焦虑地呼吁大型金融机构前来并购，打算将其价值1 000亿英镑的抵押贷款投资组合分拆出售。但面对全球性金融危机，没有一家银行愿意独自承担风险，英国金融专家只得制定分拆出售的计划。但流动性危机在蔓延。自2007年9月份陷入流动性危机以来，这家依赖英格兰银行紧急贷款维持运转的英国第五大贷款机构的股价便一泻千里。北岩银行的股价在2007年2月曾高达12.58英镑，但到了11月20日收盘时却仅为每股0.97英镑，盘中曾一度停牌，并创出0.6英镑的历史新低。以此计算，这家尚有160亿英镑存款的银行总市值已缩水为三四亿英镑左右。

对于金融业而言，危机的传播甚至比瘟疫的速度还快。10年来，全球金融创新日新月异。可当我们面对危机时，并没有显示比10年前更强的抵抗力。过快的金融创新、过快的放松金融监管，有时并不是一件好事。

二、重组方案的一再延迟和不确定性

虽有多家机构提交重组方案，但市场重组方、政府和原有股东间的利益博弈令北岩银行的重组前景扑朔迷离。由于重组方的出价低于预期，且英国财政大臣表态称，重组方案必须包括对政府的还款计划，2007 年 11 月 20 日，英国北岩银行(Northern Rock，伦敦交易所代码 NRK，又译为诺森福克银行)股价再度出现暴跌，创历史新低。美国私募股权基金 JCFlowers 和 Cerberus 分别提交了重组方案。JCFlowers 于 11 月 20 日提出包括注资 110 亿英镑在内的重组计划，其中 100 亿英镑将用于归还英格兰银行的部分紧急贷款。但该方案仍需英国政府继续为北岩的存款提供担保，并且要求将约 150 亿英镑的紧急贷款延期至 2010 年偿付。

与此同时，英国内阁政府因拯救北岩银行耗资巨大，承受着来自国会和舆论越来越大的问责压力。北岩银行对英格兰银行的借款已逾 240 亿英镑，政府还为该行 160 亿英镑的存款提供了全额担保，相当于英国纳税人已为这场危机垫付了近 400 亿英镑，而英国 2007 年的国防预算亦不过 330 亿英镑。英国财政大臣埃莱斯特·达林(Alistair Darling)2007 年 11 月 19 日在议会下院保证，财政部将对纳税人负责，任何可能导致公共财政资金无法收回的重组方案都将遭到政府否决，他还同时表示，不排除在重组无望时将北岩银行实施国有化的可能，而这意味着北岩银行的现有股东面临着血本无归的风险。

此时北岩银行面临的重组的现状是：一方面，私人投资机构希望以“地板价”将之收入囊中，同时最大限度地争取公共财政的支持，以实现自身投资利润的最大化；另一方面，已经深陷其中的政府希望尽快将北岩银行脱手，同时最大限度地收回紧急贷款。而在信贷市场依然动荡，北岩银行的价值难以准确评估的情况下，现有股东似乎并不甘心血本无归。在这种三方利益博弈的局面下找到平衡点可谓困难重重。如果政府提供的长期支持超过了欧盟法规的许可范围，存在妨碍市场公平的嫌疑，英政府在为该行提供长期担保和支持前，还不得不向欧盟委员会寻求谅解。在这个现状下，北岩银行的股价的走势越来越显示市场对重组机会缺乏信心。2007 年 11 月 19 日，评级机构穆迪(Moody's)再度下调北岩银行次级债的评级至 Baa1，并表示在未来可能进一步下调。这一评级仅略高于垃圾债券(评级低于 Baa3 即为垃圾债)。面对陷入无望的绝境，北岩银行 2007 年 11 月 16 日宣布，包括 CEO 阿普尔加思(Adamgarth)在内的数位高管已经提请辞职，并将于 2008 年 1 月前离职。社会公众信心在多次受到严重打击下，再次选择了更大面积的挤兑。

三、北岩银行流动性危机的处理

面对北岩银行巨大的流动性危机和可能蔓延的挤兑风潮，英国中央银行(英格兰银行)行长默文·金(Mervyn King)于 2007 年 12 月 18 日表态支持将北岩暂时收归国有，以防范北岩银行的股东阻止其重组。在此之前，英国财政部已宣布将对北岩银行的全额保障范围扩大到北岩银行的大额债权人，这意味着北岩银行可能给纳税人带来的负担已达到 560 亿英镑。在政府的承诺下，北岩银行挤兑风波才逐步平息。但此后该事件的处理引起英国公众的强烈不满，政府检讨了英国现存的梯级存款保险赔付率存款保险制度的缺陷，以及政府救助的不及时和救助措施的合理性。

四、案例评析

1. 英国北岩银行的流动性风险危机表面上是由外部冲击引发，但英国国际化程度高，贷款多集中于房地产也是这类银行极易受到国际经济形势影响的重要因素。从各方面看，贷款过于集中于一个行业，一旦这个行业受到外部冲击影响，就极易诱发挤兑风潮。

2. 英国存在存款保险制度，即英国银行业存在“市场退出”机制。英国的存款保险制度对于存款人的赔付权限与别国不同，是阶梯型的，对于2 000英镑以内的存款实行全额本息保险，但超过这个数字以后，即扣除 10%，仅赔付 90%。这种累退的存款保险制度对于最低全额赔付保护面太小，一遇到风波，超过2 000英镑的存户都会认为自己会受到较大损失，挤兑银行极易发生。所以全额保障赔付额的确要考虑一般存户的心理感受。美国存款全额保障赔付额为 10 万美元，中国存款全额保障赔付额为 50 万元人民币。

第十二章 银行资产负债管理

在金融业比较成熟的国家，商业银行的资产负债管理有广义和狭义之分。广义的资产负债管理指商业银行按一定的策略进行资金配置，来实现银行流动性、安全性和盈利性这三个经营目标的组合。它既不单纯站在资金运用，如信贷、证券投资等角度，也不单纯站在资金来源，如资本金、存款、借款等角度，而是考虑银行整体资金的配置状态，以实现银行经营目标平衡发展为目标。广义的资产负债管理按其经历的过程，可划分为资产管理思想阶段、负债管理思想阶段和资产负债综合管理思想阶段。狭义的资产负债管理主要指在利率波动的环境中，通过策略性改变利率敏感资金的配置状况，来实现银行的目标净利息差额(NIM)，以及通过调整总体资产和负债的持续期，来维持银行正的股本市场价值(MVE)。我国利率市场化程度不高，银行业也还未高度商业化，就整体而言，对针对利率风险的资金配置的理解还位于较粗浅的阶段。

第一节 资产负债管理理论和策略的发展

一、资产管理的阶段和思想

在20世纪60年代以前，在全世界范围内，商业银行是金融机构的主要代表，间接融资是经济活动中最主要的融资方式。商业银行的资金来源以活期存款为主，资金供给相对充裕，资金来源的水平和结构被认为是独立于银行决策之外。在这种环境下，商业银行管理的中心是维护流动性，在满足流动性的前提下追求盈利性，因而将资金配置的重心放在银行资产负债表的资产方面。概括而言，在银行业资产管理阶段，商业银行资金配置的主流观念认为；资金来源的水平和结构是银行不可控制的外生变量，银行应主要通过资产方面项目的调整和组合来实现三性原则和经营目标。由于资金配置的重心在银行资产负债表的资产方，这个时代被银行业称为资产管理(asset management)阶段。下面根据资产管理思想和策略所提出的顺序，依次给予介绍。

(一)资产管理理论沿革

1. 商业性贷款理论

资产管理思想可以追溯到18世纪英国商业银行所遵循的确定银行资金分配方向的理论，即商业性贷款理论(commercial loan theory)。该理论认为，商业银行在分配资金时，应着重考虑保持银行自身的高度流动性，这是因为银行的主要资金来源是周转性很高的活期存款。由于存款决定是外在的，因此，银行资金的运用只能是短期的工商企业周转性贷款，以便与较高比重的活期存款相匹配。这种贷款期限较短，且以真实的商业票据作为贷款的抵押，这些票据到期后会形成资金自动偿还，所以该理论又被称为自偿性贷款理论(self-liquidation theory)和真实票据理论(real-bill theory)。商业性贷款理论还认为，商业银行不宜发放不动产抵押贷款和消费贷款，即使发放这些贷款，也应将其限定在银行自有资本和现有储蓄存款水平一定的范围内。

商业性贷款理论产生于西方商业银行发展初期。当时英国的产业革命刚刚开始，大机器工业尚未出现，占支配地位的还是工场手工业和发达的商业，所需资金多数属商业周转性的流动资金。金融机构管理处在较低水平上，中央银行还没有产生，即还没有作为最后贷款人角色的中央银行，因此，流动性风险是商业银行经常面临的主要风险。

该理论的缺陷是显而易见的，它忽视了活期存款的余额有相对稳定的一面，从而使银行资金配置太多地集中在盈利性较低的短期流动资金贷款上，而且以真实票据为抵押的商业贷款的自偿性是相对的。在经济衰退阶段，票据违约现象相当普遍，从而使真实票据的自偿程度大大降低。该理论还有一个很大的缺陷，由于将银行的资金运用限定在商业流动资金贷款上，而不拓展其他贷款和资产运用业务，商业银行的业务局限在十分狭窄的范围内，不利于银行发展和分散风险。然而，商业性贷款理论第一次明确了商业银行资金配置的重要原则，即资金的运用要考虑资金来源的性质和结构，以及商业银行相对于一般工商企业应保持更高的流动性的运作特性。这些思想对商业银行作为经营货币的特殊企业，如何进行资金配置、稳健经营提供了理论基础。

2. 资产可转换性理论

第一次世界大战以后，由于西方强国迅速恢复经济，后又加上经济危机爆发和加深，这些国家开始大量发行公债，政府借款需求急剧增加。商业银行也逐步把资金部分转移到购买政府证券中去。资产可转换性理论(shiftablity theory)应运而生。该理论被认为是由美国的莫尔顿于1918年在《政治经济学杂志》上发表的《商业银行及资本形式》一文中提出的。该理论尽管仍然强调商业银行应考虑资金来源的性质而保持高度的流动性，但可放宽资产运用的范围。资产可转换性理论的主要内容可概括为：流动性要求仍然是商业银行需特别强调的，但银行在资金运用中可持有具有可转换性的资产，这类资产应具有信誉高、期限短、容易转让的特性，使银行在需要流动性时可随即转让它们，获取所需现金。在资产可转换性理论的鼓励下以及当时社会条件的变化，商业银行资产组合中的票据贴现和短期国债比重迅速增加。

资产可转换性理论突破了商业性贷款理论对商业银行资产运用的狭窄局限，使银行在注重流动性的同时扩大了资产组合的范围。

3. 预期收入理论

预期收入理论(anticipated income theory)为美国金融学家于1949年在《定期贷款与银行流动性理论》一书中提出。该理论的基本思想是：商业银行的流动性状态从根本上来讲取决于贷款的按期还本付息，这与借款人未来的预期收入和银行对贷款的合理安排密切相关。贷款期限并非绝对的安排因素，只要贷款偿还是有保障的，银行按照贷款各种期限合理组合，使资金回流呈现出可控制的规律性，同样可保障银行的流动性。

该理论产生的背景是，第二次世界大战后，美国经济从战时状态转入恢复和发展，鼓励消费的经济政策使得消费品市场对生产企业的设备更新提出要求。商业银行的借款需求中，中长期贷款增长很快，而且中长期贷款本息回收的发展前景很好。商业银行希望进行资产组合的结构调整，增加发放利息率较高的中长期信贷。这些银行经营行为的调整均需要获得理论上的支持。预期收入理论并不否认商业性贷款理论和资产可转换性理论的科学部分，但极大丰富了如何判断银行资金组合中流动性和盈利性关系的思维方式，强调了借款人的预期收入是商业银行选择资产投向的主要标准之一。预期收入理论无疑比前两种理论仅强调按照资产的期限来决定银行的流动性更为科学，从而为商业银行在更宽的领域内选择资产组合提供了理论基础。

(二)资产管理的方法

1. 资金分配方法

资金分配方法(funds allocation approach)提出的时间也在20世纪40年代。它根据资产管理理论的思想，提出商业银行应如何安排资金组合的运作策略。其主要内容是：商业银行在把现有的资金分配到各类资产上时，应使各种资金来源的流通速度或周转率(turn-over rate)与相应的资产期限相适应，即银行资产与负债的偿还期应保持高度的对称关系，所以它也被称为“期限对称方法”。那些具有较低周转率或相对稳定的资金来源应该被分配到相对长期、收益高的资产上；反之，周转率较高的不稳定性存款则主要应分配到短期的、流动性高的资产项目上。例如，活期存款有较高的周转率和准备金比率，其偿还期被视为零，从对称原则出发，应主要分配到作为一级准备的现金资产和作为二级准备的短期证券资产上，少部分用于贷款。定期存款稳定性较高，则主要运用于贷款和中长期证券投资等盈利性资产。资本金不要求有法定准备金，且不存在到期偿付的要求，这部分资金主要用来购置建筑物和设施。这些关系可以在图12-1中反映。

2. 线性规划方法

资金分配法仅体现一种资金管理的策略思想，但银行在现实运用中需要可供操作的方法。银行是使用计算机最早的行业之一，几乎计算机一出现，就在银行业务和管理中得到了广泛使用，从而使银行有可能将计算多种变量的数学方法引入银行资金配置决策中，寻求最优配置方案。线性规划方法(linear programming approach)也称管理科学方

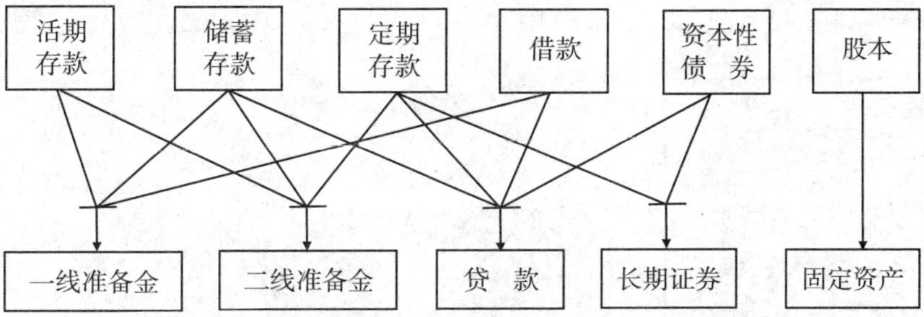

图 12-1　资金分配方法

法，就是一种较为有效的方法，20 世纪 50 年代，它就被银行用来解决在一些变量受约束时，线性函数值如何取得最优的问题。

线性规划模型在银行资金管理中的运用主要包括四个步骤，即建立模型函数目标，选择模型中的变量，确定约束条件，最后求出线性规划模型的解。

(1)建立模型目标函数。由于在确定目标函数中运用“股东财富最大化”概念极为困难，这个目标函数通常使用更为常用的术语定义。一般来说，银行企图最大化的目标函数包括各类资产收益率、净收益等，银行把它们作为股东财富最大化的近似反映。

(2)选择模型中的变量。主要考虑决策和预测这两类变量。决策变量是那些银行可以进行控制，而且银行企图优化其组合数额的资产和负债项目，如同业拆借、国库券、CD、贷款和资本债券等。预测变量是银行不能进行控制，并主要由银行外部事件决定的因素，如利率、现金流量、存款和放款种类等。

(3)确定约束条件。在银行业务经营中，存在着许多限制性因素，如法律限制、流动性要求、资本充足率要求等。因此，在线性规划模型中，银行应当确定各种限制性因素的范围和极限值。

(4)求出线性规划模型的解。建立完模型后，把各项数值输入计算机进行运算，求出银行以何种比例分配资金，才可以使银行利润或股东财富最大化。

我们以一个简单的例子来说明：

设一家银行资金总来源为2 500万单位规模的货币资金，这些资金的运用可以作为贷款(x_1)，也可以作为二线准备金，即短期证券(x_2)来持有。设贷款收益率为 12%，短期证券收益率为 8%。又假定高级管理人员确定的流动性标准是，总资产中每 10 货币单位至少有短期证券 2 货币单位，在本例中，即短期证券与总贷款的比例至少要大于或等于 1/4(为了简单起见，法定准备金、存款成本等因素不予考虑)。

我们把所有因素以数学方式表达：

目标函数和约束：	定义
最大化 $Z_{MAX} = 0.12X_1 + 0.08X_2$	目标函数
服从于约束条件 $\begin{cases} x_1 + x_2 \leqslant 2\,500\text{万} \\ x_2 \geqslant 0.25x \\ x_1 \geqslant 0,\ x_2 \geqslant 0 \end{cases}$	总量约束 流动性约束 非负约束

我们再以更为直观的几何图(图 12-2)来表示：

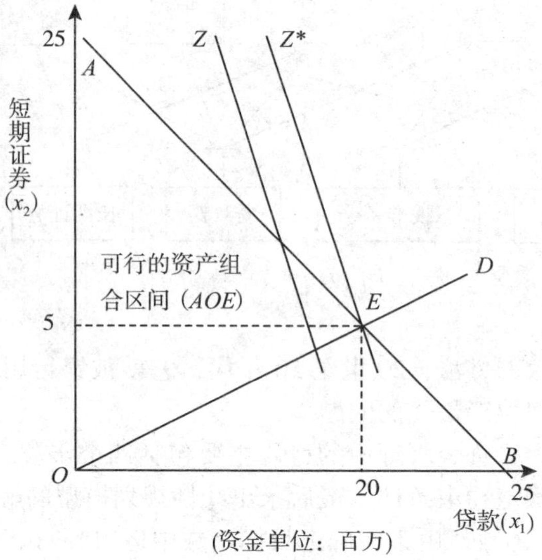

图 12-2　线性规划方法下的资金配置

目标函数 Z 表明各种收益资产对银行总收益的贡献，在图 12-2 中表现为一条常规利润线。在目标函数曲线 Z 上的每一点都代表产生同样总收益的贷款和二线准备金的不同组合。

第一个约束 $x_1 + x_2 \leqslant 2\,500$ 表明，银行贷款和准备金受到所获总资金来源的制约，可行的资产选择必须位于或低于 AOB 内。

第二个约束 $x_2 \geqslant 0.25x_1$ 表明，二线准备资产必须等于或大于总贷款的 25%，以符合流动性标准。因此，可行的资产组合必须处在或高于 OD 线。

第三个约束 $x_1 \geqslant 0$ 和 $x_2 \geqslant 0$ 表明，贷款和短期证券不可能是负数。

三角形 AOE 区域描绘了满足三个约束的资产组合所有的点。

为了确定最佳资产组合，通过反复试错试验，利润函数 Z 向右上方移动。Z 函数向右上方移动代表更高水平的总利润。在 E 点上，所选择的贷款和二线级准备资产的组合在满足了三个约束条件的同时，使银行的收益最大化，这个点被称为最佳资产组合点。我们可以看到，在这一点上，资金管理者投资 500 万货币单位在短期证券上，贷款 2 000 万货币单位，目标函数 Z^* 代表总收益 280 万货币单位。不可能有其他的点在满足所有约束条件下超过这个收益。

在银行管理历史中，发达国家对线性规划方法的资金管理在一些拥有专业技术员工和信息基础建设较扎实的大银行中已获得成功，它们把分析技术结合到决策过程中，使银行资金管理的科学性得到了极大的提高。但这种方法对一些小银行的效果并不令人满意。

无论哪一种资产管理方法的思想，都认为商业银行在资金配置中应把重心放在资产负债的资产项目方面，而且流动性在银行考虑资产组合中具有优先地位。在当时的经济环境中，这种以资产管理为重心的分析角度的确抓住了商业银行经营对象——货币资金运行的特殊性。但资产管理的各种方法也表现出它的不灵活性和保守性的一面，一旦经济运行环境发生大的变化，商业银行就显得十分被动。

二、负债管理的阶段和思想

在商业银行的资金配置方法中，负债管理思想（liability management）与负债业务是完全不同的概念。作为广义资产负债管理的一个阶段，负债管理思想的基本内容是：商业银行资产按照既定的目标增长，主要通过调整资产负债表负债方的项目，通过在货币市场上的主动性负债，或者“购买”资金来实现银行三性原则的最佳组合。

西方商业银行资金配置的策略从资产管理转向以负债管理为主，有其环境变化的背景。在西方各国对商业银行实行严格利率管制的20世纪60年代，经济中发生了通货膨胀，再加上货币市场和资本市场上利率自由波动，转而变成较高利率的状态，对商业银行资金来源造成很大冲击，出现了“脱媒”（dis-intermediation）的现象，即社会资金不经过银行而直接进入金融市场的现象，银行面临资金来源的巨大压力。在这种状况下，商业银行若不调整资金配置策略，一味地强调从资产方考虑资金配置组合，必将使银行陷入严重的困境。

银行负债管理思想源于利率管制下的金融创新。从1961年美国花旗银行首创可转让大面额定期存款单到以后涌现的各种含息的交易性存款，使得银行家们意识到，如果必需的资金总是能通过在货币市场上“购买”即可得到，为什么一定要把自己的资金配置限定在被动性负债限度内？为什么要储备过多的低收益流动性资产呢？

负债管理一改传统流动性管理中严格期限对称的原则和强调存款制约的原则，不再主要依赖维持较高水平现金资产和以短期证券为主的二线准备来满足流动性需要，而是积极主动在货币市场上“购买”资金来满足流动性需求和实现发展战略目标的资产规模扩张的需要。

严格来讲，负债管理作为资金配置管理的一个阶段并无系统的理论，下面用图11-3来描述负债管理的思想（实线表示在负债管理思想下，流动性的来源和影响，虚线表示在资产管理思想下，流动性的来源和影响）。从图12-3中可看出，如果银行遭到突然提存或贷款对流动性的需要，在资产管理方法下，主要依赖变现二级准备金来满足。然而在负债管理阶段，流动性则依靠在货币市场上购买资金来补充，同时商业银行还利用主动负债来不断适应盈利性资产的战略性扩张。

商业银行运用负债管理策略使银行降低了流动性资产储备水平，扩大了收益性资产，提高了资产的盈利能力。它的出现标志着商业银行在资金管理上更富进取性，摆脱了被动负债的制约。然而，负债管理也给银行增加了风险，因而只有较大银行才有能力承受大量“购买”资金所增加的成本压力和经营风险。

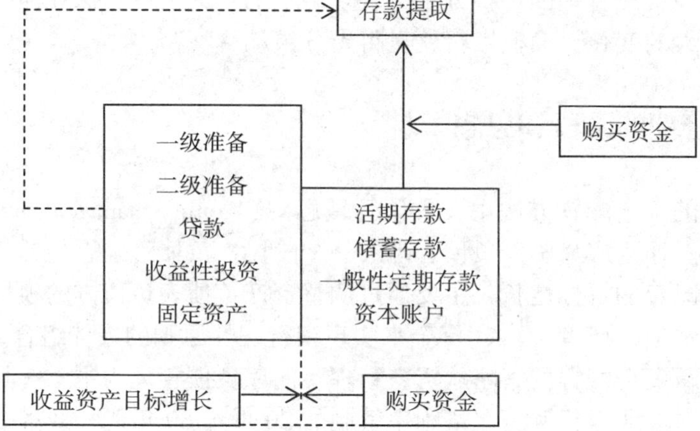

图 12-3 负债管理策略

三、资产负债综合管理的阶段和思想

负债管理思想被商业银行普遍接受后，金融创新出现浪潮，各金融机构利用各类新型金融工具和交易方式，采取显性和隐性的方式提高资金价格，利率限制实际上被冲破了。20 世纪 80 年代后，西方各国先后取消或放松利率管制，银行界，甚至整个金融界出现金融自由化浪潮，种类繁多的浮动利率资产和浮动利率负债品种纷纷涌现。商业银行在争取到金融市场上主动融资权的同时，也面临了新的风险，即利率风险。在市场利率波动的环境下，资产和负债的配置状态极有可能对银行利润和经营状况产生很大影响。商业银行资金管理开始把目标转向如何通过协调负债与资产的关系来保持净利息正差额(net interest margin，NIM)和控制正资本净值(net worth)，其管理的方法和思想是资产负债综合管理。

资产负债综合管理(asset-liability management，ALM)也称相机抉择资金管理(discretionary fund management)，其管理的基本思想是：在融资计划和决策中，银行主动地利用对利率变化敏感的资金，协调和控制资金配置的利率敏感状态和期限状态，使银行维持一个正的净利息差额和正的资本净值。

在利率波动环境中，不可预期的利率波动从两个方面给银行带来风险。第一，利率敏感资产与利率敏感负债之间的缺口状态，它会使利率在上升或下降时影响到银行净利息差额或利润；第二，利率波动引起期限不对称的固定利率资产和固定利率负债的市值变动，从而影响到按市场价值计算的银行自有资本净值。

下面以图 12-4 来表示不可预期的利率波动对银行净利息差额带来的影响。

在图 12-4A 部分，浮动利率资产大于浮动利率负债，被称为利率敏感资金正缺口。在图 12-4B 部分，浮动利率资产小于浮动利率负债，称为利率敏感资金负缺口。资金缺口越大，利率敞口越大，从而使银行潜在的损失和收益增大。在资金正缺口状态下，如果利率下降，则较多负债的利率固定在较高水平上，较多资产的利率必须随着不断下降的市场利率下调，从而使银行净利差减少。在资金负缺口状态下，如果利率上升，则较多负债的利率必然随着市场利率上升，而较多资产的利率则固定在相对低水平上，也会使银行净利息差减小。因此，从图 12-4 中我们可以直观地看到，在利率波动环境中，利率敏感资产和负债的配置状况会极大地影响银行净利息差额。用一个关系表达式可以很容易地把利率敏感资金缺口、利率变动以及对银行净利息收益的影响归纳出来，即：

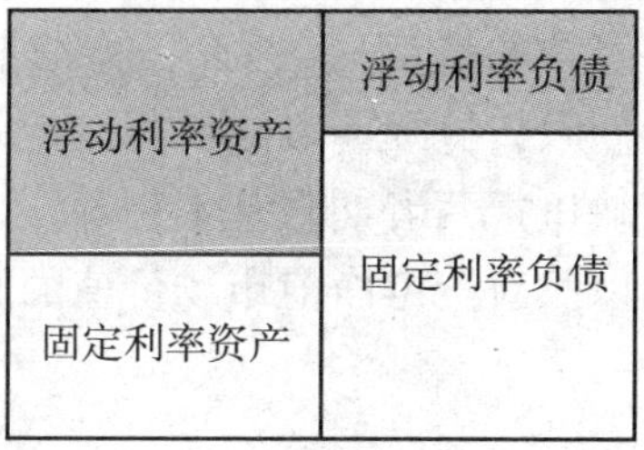

图 12-4A 利率敏感资金正缺口

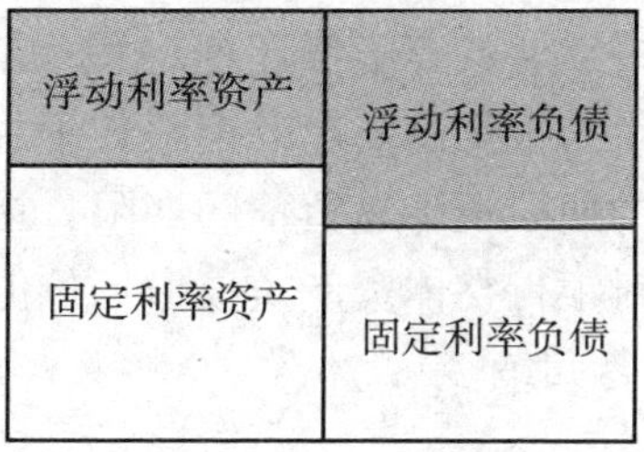

图 12-4B 利率敏感资金负缺口

$$\Delta \mathrm{NII}_{\mathrm{exp}}=\mathrm{GAP}\times\Delta i_{\mathrm{exp}}$$

公式中：$\Delta \mathrm{NII}_{\mathrm{exp}}$——在一段期间内银行净利息收入的预期变动；

GAP——一段期间内的利率敏感资金缺口；

Δi_{exp}——利率水平的预期变动。

表 12-1 为利率敏感资金缺口风险小结，就不同敏感资金缺口在利率波动时对银行净利息的影响进行了归纳。因此，资产负债联合管理的目标之一就是要降低利率波动对银行净利息收益的影响，管理水平高的银行甚至可以在利率波动中扩大盈利。

表 12-1 **利率敏感资金缺口风险小结**

资金缺口	利率变化	利息收入变化		利息支出变化	净利息收入变化
正	上升	增加	>	增加	增加
正	下降	减少	>	减少	减少
负	上升	增加	<	增加	减少
负	下降	减少	<	减少	增加
零	上升	增加	=	增加	不变
零	下降	减少	=	减少	不变

在利率波动的环境中，除了利率敏感资金配置状态会对银行经营业绩产生影响外，银行资产负债的整体配置状态也会对银行的风险状态产生很大影响。例如，除了浮动利率资产和负债外，银行还持有大量的固定利率资产和负债，在利率发生波动时，尽管固定利率资产和负债的账面价值不变，但市场价值会发生变化。如果资产和负债的期限配

置严重失衡，利率波动会对按市场价值计算的银行股本，或资本净值产生极大影响，即银行有可能出现在利率波动中按市场价值计算的股本(market value of equity，MVE)市值下降，从而导致资本充足率不足的风险。利率波动对银行整体资产负债市场价值的影响和对银行资本市值的影响，要借助持续期的概念和持续期缺口模型进行分析。

持续期的概念略微复杂，本章将会对它多次解读和运用，这里首先给出它一个最基本的概念和在资产负债管理中的作用。持续期指考虑了未来现金流的金融工具的加权平均时间，持续期缺口实质上反映了期限配置缺口。为了理解的方便，我们在目前先假定金融工具的持续期就等于偿还期(这只是零息票债券的特例)，因此，持续期正缺口可以近似地理解为银行总资产的期限长于总负债的期限，持续期负缺口可以近似地理解为银行总资产的期限短于总负债的期限，持续期零缺口指两者期限基本相等。以下我们先把利率波动对银行整体资产负债市场价值的影响以及对资本净值市场价值的影响的分析用表 12-2 进行归纳。

表 12-2 **利率波动对银行资本净值的影响**

持续期缺口	利率变动	资产市值变动	变动幅度	负债市值变动	资本净值市值变动
正	上升	减	>	减	减
正	下降	增	>	增	增
负	上升	减	<	减	增
负	下降	增	<	增	减
零	上升	减	=	减	无
零	下降	增	=	增	无

在新巴塞尔协议框架中，对资本充足率的考核要求严格按资本市场价值的估值来进行分析，因为资本净值的基本功能之一是考虑在最坏情况下对银行的信心和存款人的保护。所以，资产负债联合管理的另一目标就是要尽可能降低利率波动对银行资本净值的影响。

最后特别需要指出的是，广义资产负债管理思想的三个阶段，并不都是对前一阶段思想或理论的简单扬弃，而是一种继承和发展的关系，都包含着前阶段理论的合理成分。

第二节　资产负债管理在银行的运用之一——融资缺口模型及运用

融资缺口模型(funding gap model)是资产负债管理基本方法之一。银行运用该模型的目的，是根据对利率波动趋势的预测，相机调整利率敏感资金的配置结构，以实现利润最大化目标或扩大净利息差额率。

一、有关融资缺口模型的术语和定义

(一)利率敏感资金

利率敏感资金(rate-sensitive fund)也称浮动利率或可变利率资金，意指在一定期间内展期或根据协议按市场利率定期重新定价的资产或负债。利率敏感资产 RSA(rate-sensitive asset)和利率敏感负债 RSL(rate-sensitive liability)的定价基础是可供选择的货币市场基准利率，主要有同业拆借利率、国库券利率、银行优惠贷款利率、大银行的可转让大额存单利率等。利率敏感资金除了按上述利率定期定价的项目外，还应包括其未来现金流会随着市场利率而改变的各项资金项目。确定为利率敏感资产或负债的项目，其重新定价的频度由各银行自行掌握，如每半年一次以上或每季一次以上不等。

(二)融资缺口

融资缺口 FG(funding gap)由利率敏感资产与利率敏感负债之间的差额来表示：

即　$FG = RSA - RSL$

很显然，融资缺口有零缺口、正缺口和负缺口三种状态。

(三)敏感性比率

敏感性比率 SR(sensitive ratio)是融资缺口的另一种表达，它是利率敏感资产与利率敏感负债之间的比率关系，用公式可表达为：

$$SR = RSA \div RSL$$

敏感性比率与融资缺口有三种匹配的基本关系：当融资缺口为零时，敏感比率值为1；当融资缺口为正数时，敏感性比率值大于1；当融资缺口为负数时，敏感性比率值小于1。

(四)敏感资金缺口(或称融资缺口)对银行产生的风险

当银行资金配置处于零缺口时，利率敏感资产等于利率敏感负债，利率风险处于“免疫”状态；在正缺口时，利率敏感资产大于利率敏感负债，处于利率敞口的该部分资金使得银行在利率上升时获利，利率下降时利益受损；在负缺口时，利率敏感资产小于利率敏感负债，利率风险敞口部分使得银行在利率上升时利益受损，利率下降时获利。

二、融资缺口模型的运用

如果银行难以准确地预测利率走势，采取零缺口资金配置策略显得更为稳妥和安全。因为在利率敏感资产与利率敏感负债配平状态下，无论利率上升或下降，浮动利率资产和浮动利率负债的定价是按同一方向，并在等量金额基础上进行的。这种策略对那些中小银行来讲是适合的，但有些银行，特别是一些大银行有雄厚的技术力量和专家队伍，有能力对利率波动方向进行较为准确的预测，有能力对资产和负债的组合按意愿进行调整，这种零缺口的资金配置策略就显得过于呆板和保守。

假设银行有能力预测市场利率波动的趋势，而且预测是较准确的，银行资产负债管理人员完全可以主动利用利率敏感资金配置组合技术，在不同的阶段运用不同的缺口策略，获取更高的收益率。这一模型的运用图 12-5 来表示。在图 12-5 的上部分，纵轴表示银行资金配置敏感性比率值，横轴表示时间，曲线表示利率敏感资金的配置状态。

当预测市场利率上升时，银行应主动营造资金配置的正缺口，使利率敏感资产大于利率敏感负债，即敏感性比率大于 1，从而使更多的资产可以按照不断上升的市场利率重新定价，扩大净利息差额率。从理论上分析，当利率上升到顶点时，银行融资正缺口应最大，或敏感性比率值最高。但由于利率峰值很难精确预测，而且市场利率一旦从顶峰往下降时，降速很快，银行极有可能来不及反向操作。所以，当利率处于高峰区域时，银行就应改为反向操作，使敏感性比率逐步降到 1，或尽可能恢复到零缺口的状态。当利率开始下降时，银行应主动营造资金配置负缺口，使浮动利率负债大于浮动利率资产，即敏感性比率小于 1，这样，可以使更多的负债可以按照不断下降的市场利率重新定价，减少成本，扩大净利息差额率。

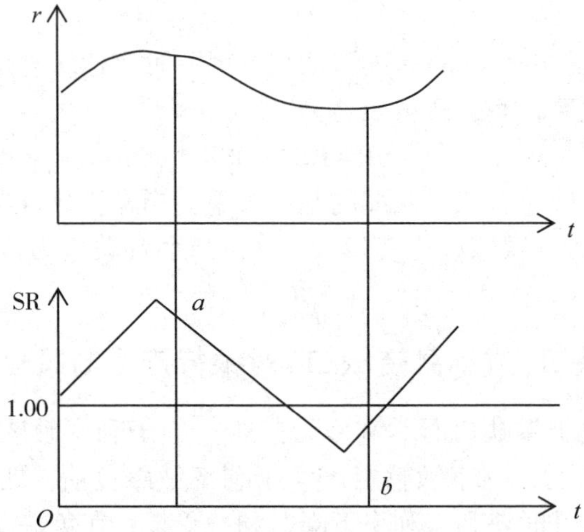

图 12-5 融资缺口模型的运用

必须强调的是，银行期望通过不断改变利率敏感资金缺口（或融资缺口）来获利并非易事。但是在遇到困难的同时，人类总是会找到解决困难的方法，银行业也是如此。首先，利率预测往往准确率不高，特别是短期利率更难预测。一旦实际利率走势与预测反向，银行有可能会发生重大损失。在经过一系列挫折后，国外部分商业银行已改用采取长时间间隔划分来提高利率预测的准确性，即尽量作长期利率预测，把对利率的上升与下降预测与经济周期相联系。其次，即使银行对利率变化预测准确，银行对利率敏感资金缺口的控制和调整也只有有限的灵活性。因为当银行大多数的客户对利率走势的预测与银行一致时，客户对金融产品的选择与银行意愿提供的正好相反。例如，当双方均预测利率上升时，银行希望增加浮动利率贷款以获利，但客户却会要求获取固定利率贷款以锁定成本，从而使银行在现有客户群中调整资金配置的空间不大。然而，随着金融衍生产品和交易的不断扩展，银行对于这个矛盾可以在金融市场上通过期货交易、远期利率协议和利率互换等手段来解决。

第三节　资产负债管理在银行的运用之二——持续期缺口模型及运用

在利率波动的环境中，对于浮动利率资产和浮动利率负债配置所带来的利率敞口风险，融资缺口模型可以对其进行控制和管理。然而，固定利率的资产和负债并非没有风险，其市场价值会随市场利率发生波动，这会使银行资产在变现时产生资产损失，在总资产和总负债两者的期限不匹配时，还会导致银行的资本净值发生变化，使股东财富受损。持续期缺口管理就是通过对银行总资产和总负债持续期缺口调整的方式，来控制和管理在利率波动中由总体资产负债配置不当给银行带来的风险。

一、持续期的含义

持续期(duration)也称久期，最初由美国经济学家弗雷得里·麦克莱(Frederick Macaulay)于1936年提出。持续期作为一种全新的概念在当时出现，使人们对固定收入金融工具的实际偿还期与风险的关系有了更深入的了解，同时被广泛地用于预测由于市场利率变动所引起的债券价格的变动。20世纪80年代以来，持续期又被金融机构运用于资产负债管理之中。

从经济含义上讲，持续期是固定收入金融工具现金流的加权平均时间，也可以理解为金融工具各期现金流抵补最初投入的加权平均时间。在计算中，麦克莱持续期的一般表达式为，金融工具各期现金流发生的相应时间乘以各期现金流现值之和与该金融工具总现值的商，即：

$$D = \sum_{t=1}^{n} \frac{C_t \cdot t}{(1+r)^t} \Big/ \sum_{t=1}^{n} \frac{C_t}{(1+r)^t} \tag{12-1}$$

式中：D——持续期；

t——各现金流发生时间；

C_t——金融工具第 t 期现金流；

r——市场利率。

设 $\frac{C_t}{(1+r)^t} = pv_t$，则有：

$$\sum_{t=1}^{n}\frac{C_t}{(1+r)^t}=\sum_{t=1}^{n}pv_t=p_0$$

公式(12-1)可写成：

$$D=\frac{\sum_{t=1}^{n}\frac{C_t\cdot t}{(1+r)^t}}{p_0} \tag{12-2}$$

如果把固定收入债券各期将收回的现金流的现值表示为金融工具总现值 p_0 的一部分，即作为一种各期将收回的现金流的现值占总现值，或最初总投入的权重，则公式可变形为：

$$D=\frac{\sum_{t=1}^{n}pv_t\cdot t}{p_0}=\sum_{t=1}^{n}\left[\frac{pv_t}{p_0}\cdot t\right]=\sum_{t=1}^{n}[w_t\cdot t] \tag{12-3}$$

公式(12-3)把各期现金流的现值表示为金融工具总现值 p_0 的一部分，即各期现金流现值占该金融工具总现值的比例，其和等于1。把这些比率作为权重(w_t)分别乘以各期现金流发生的时间，就得到该项金融工具的持续期。持续期在经济意义上还可以理解为该项金融工具各期现金流抵补最初投入的加权平均时间。

持续期还有一种近似表达：

$$D\approx-\left[\frac{\frac{\Delta p}{p}}{\frac{\Delta r}{1+r}}\right] \tag{12-4}$$

式中：p——金融工具购买时市场价格；

Δp——金融工具价格变动；

r——金融工具购入时市场利率；

Δr——市场利率变动。

公式(12-4)可以理解为金融工具的价格弹性，即市场利率变动的百分比所引起的金融工具价格变动百分比的关系。由于利率变动对固定收入的金融工具价格变动的影响是反向的，故其变动关系用负数表示。公式(12-4)经过变形，可以引出计算金融工具价格变动的近似表达式(12-5)：

$$\Delta p\approx-p\cdot D\cdot\frac{\Delta r}{1+r} \tag{12-5}$$

下面用一个例子说明持续期的计算：

设某固定收入债券的息票为每年80元人民币，偿还期为3年，面值为1 000元。该金融工具的实际收益率(市场利率)为10%，现行市场价格为950.25元，求该债券的持续期。

在持续期计算中，先计算每期现金流的现值，然后每个现值乘以相应的发生时间，再把各项乘积相加，并除以该债券的市场价格，就得到该债券的持续期为2.78年。参见表12-3。

表 12-3 **金融工具持续期的计算** （单位：元）

现金流发生时间	现金流	现值利率因子(10%)	现 值	现值×时间
1	80	0.909 1	72.73	72.73
2	80	0.826 4	66.12	132.23
3	1 080	0.751 3	811.40	2 464.21
总计			950.25	$ 2 639.17
持续期=2 639.17/950.25=2.78(年)				

二、持续期缺口模型及经济含义

在利率波动的环境下，利率风险不仅来自浮动利率资产与浮动利率负债的配置状况，也来自固定利率资产与固定利率负债的期限配置状况。就固定利率资金配置而言，当市场利率变化时，固定利率资产和负债的市场价值会发生变化，从而使银行股本净值或自有资本的市场价值上升或下降，从而对股东权益和银行按市场价值计算的资本充足率产生影响。另外，当银行资产与负债的偿还期未配平时，如果银行来自资产的现金流入先于负债的现金支付发生，银行可能面临必须按下降的利率进行重投资的风险。如果银行的债务现金流入先于资产现金流入产生，它又可能面临借入资金成本上升的风险。因此，银行不仅关心利率敏感资金配置状况，还关心来自全部资产和负债的总风险暴露。持续期缺口管理就是通过相机调整资产和负债结构，使银行控制或实现一个正的资本净值，并且降低银行重投资或融资的利率风险。

(一)持续期缺口的定义

持续期缺口(duration gap)定义为：

$$D_{Gap}=DA-\mu DL \tag{12-6}$$

式中：D_{Gap}——持续期缺口；

DA——总资产持续期；

DL——总负债持续期；

μ——银行市场价值的资产负债率，即 MVL/MVA(MVL 和 MVA 分别为银行总负债和总资产的市场价值)。

一家商业银行的总资产持续期是由它各项资产持续期总和构成，于是有：

$$DA=\sum_{i=1}^{M} W_i^A D_{Ai} \tag{12-7}$$

公式中：W_i^A——某项资产市值 A_i 与银行所有资产总市值(MVA)的权重，即

$W_i^A=A_i/MVA$；$MVA=A_1+A_2+A_3+\cdots+A_n$；$i=1, 2, \cdots, n$

A_i——银行某项资产市值；

D_{Ai}——银行第 i 项资产的持续期；

m——银行各类资产的数量。

同理，银行总负债的持续期是由它各项负债持续期总和构成：

$$DL = \sum_{j=1}^{n} W_j^L D_{Lj} \tag{12-8}$$

公式中：W_j^L ——某项负债市值 L_j 与银行所有负债总市值（MVL，market value liability）的权重，即

$$W_i^L = L_j/\text{MVL},\ \text{MVL} = L_1 + L_2 + L_3 + \cdots + L_n;\ j = 1,\ 2,\ \cdots n$$

其中：L_j——银行某项负债市值；

D_{Lj}——银行第 i 项负债的持续期；

n——银行各类负债的数量。

根据会计恒等式，总资产等于总负债与净值之和，若以 DNW 表示净值持续期，则又有：

$$DA = \mu \cdot DL + (1-\mu)DNW \tag{12-9}$$

$$(1-\mu)DNW = DA - \mu DL \tag{12-10}$$

由公式（12-10）可知，持续期缺口实际上就是净值的加权持续期，权数为市场价值表示的股本资本比率。考虑到净值在资金来源中的比重，并且净值的市场价值是由于银行资产和负债期限匹配差异所引起的市场价值变动差异所致，故定义持续期缺口 $D_{Gap} = (1-\mu)DNW$。

（二）持续期缺口所反映的银行股本市场价值与利率的关系

公式（12-5）已指出，对于固定收入金融工具而言，市场利率引起金融工具价格的反向变动。因此，当持续期缺口为正，银行的资产和负债价值随着利率上升而下降，银行资产价值的下降幅度大于负债价值的下降幅度，因此，银行股本市场价值下降，其结果为银行股本市场价值增量（ΔMVE）为负。持续期缺口为负时，银行的资产和负债价值也随着利率上升而下降，但是资产价值的下降幅度小于负债价值的下降幅度，因此，银行股本市场价值上升，银行股本市场价值增量（ΔMVE）为正。当利率下降时，持续期缺口对银行净值市场价值的影响正好相反；只有当持续期缺口为零时，银行净值的市场价值将处于“免疫”状态，基本不受到利率波动的影响。对于持续期缺口所反映的股本市场价值与利率的关系，我们可以用数学公式来表示：

$$\Delta MVE = \Delta MVA - \Delta MVL \tag{12-11}$$

运用公式（12-6 至 12-11）可以推导出：

$$\Delta A_i = -D_{Ai}[\Delta i/(1+i)]A_i$$

同理：$\Delta L_j = D_{Lj}[\Delta i/(1+i)]L_j$

因此可以得出：

$$\Delta MVE = -[DA - \mu DL] \times [\Delta i/(1+i)] \times MVA \tag{12-12}$$

根据持续期缺口的定义：$D_{Gap} = DA - \mu DL$，公式（12-12）可以进一步简化为一个根据持续期缺口来预测银行资本净值市场价值变动的公式：

$$\Delta MVE = -D_{Gap} \times [\Delta i/(1+i)] \times MVA \tag{12-13}$$

公式(12-13)是持续期缺口在银行资产负债管理中测量利率变动对股本市场价值影响的风险以及如何控制此类风险的精髓思想的体现。在计算出银行的持续期缺口，并能相对准确预测利率波动方向和强度的前提下，银行资产负债管理人员就可以较准确地了解本银行自有资本市场价值变化的情况，并作出相应的资产负债组合调整，或利用衍生工具进行避险，从而使按市场价值计算的银行自有资本比率控制在合理范围内。

三、持续期缺口模型的运用

我们已经清楚地了解到，在利率波动环境中，固定利率资产和负债的期限配置状况也会给银行带来风险，特别是对银行净值市场价格的影响很大。商业银行的自有资本是经营管理的重要内容之一，金融市场上对银行自有资本的净值极为敏感，因此，它对银行的安全性影响极大。商业银行一般采用持续期缺口管理来控制利率风险，实现维持正净值的银行绩效目标。下面用一案例来说明商业银行对持续期缺口模型的运用。①

假设在美国一家刚开业的银行，其资产项目的价值均为市场价值。为教学理解的便利，设该银行仅拥有三类资产：第一类是现金资产；第二类是收益率为 12%，最终偿还期为 3 年的商业贷款；第三类是收益率为 8%，最终偿还期为 6 年的国债券。该银行的负债则是由年利率 5%、期限为一年的定期存款和年息率 7%、偿还期为 3 年的大额存款构成。该银行股本为 80 单位美元，或为总资产的 8%。在分析中不考虑违约、预付和提前支取的情况发生，利息按年复利计算。参见表 12-4 和表 12-5。

表 12-4　　　　**假设银行资产负债表**

资　产	市场价值	利率%	持续期	净债和净值	市场价值	利率%	持续期
现　金	\$ 100			一般定期存款	\$ 620	5	1.00 年
商业贷款	\$ 700	12	2.69 年	大额存单	\$ 300	7	2.81 年
国债券	\$ 200	8	4.99 年	总负债	\$ 920		—
	—		—	股　本	\$ 80		1.59 年
总　计	\$ 1 000		2.88 年		\$ 1 000		

资产持续期 $=(\$700/\$1\ 000)\times 2.69+(\$200/\$1\ 000)\times 4.99=2.88$(年)

负债持续期 $=(\$620/\$920)\times 1+(\$300/\$920)\times 2.81=1.59$(年)

预期净利息收入 $=0.12\times\$700+0.08\times\$200-0.05\times\$620-0.07\times\$300=\$48.00$

持续期缺口 $=2.88-(\$920/\$1\ 000)\times 1.59=1.42$(年)

样本项目持续期计算：

$$\text{商业贷款}=\frac{\dfrac{84}{1.12}+\dfrac{84\times 2}{(1.12)^2}+\dfrac{784\times 3}{(1.12)^3}}{\$700}=0.107\times 1+0.096\times 2+0.793\times 3=2.68(\text{年})$$

① 本案例参考了 S. Scoot MacDonald、Timthy W. Koch 等人编著的《银行管理》第七版。

$$大额存单=\frac{\frac{21}{1.07}+\frac{21\times2}{(1.07)^2}+\frac{321\times3}{(1.07)^3}}{\$\ 300}=0.065\times1+0.061\times2+0.874\times3=2.81(年)$$

表 12-5　　　利率瞬间变化后的假设银行资产负债表(所列利率均增长 1%)

资　产	市场价值	利率%	持续期	净债和净值	市场价值	利率%	持续期
现　金	$ 100			一般定期存款	$ 614	6	1.00 年
商业贷款	$ 683	13	2.68 年	大额存单	$ 292	8	2.80 年
国债券	$ 191	9	4.97 年	总负债	$ 906		—
	—		—	股本净值	$ 68		1.58 年
总计	$ 974		3.00 年		$ 974		

资产持续期 = 0.702×2.68+0.196×4.97 = 2.68(年)

负债持续期 = 0.68×1+0.32×2.80 = 1.58(年)

预期净利息收 = $ 45.81

资产市场价值增量 = - $ 26.00

负债市场价值增量 = - $ 14.00

股本净值市场价值增量 = - $ 12.00

利用持续期近似表达式进行样本项目市场价值变动测算：

商业贷款市场价值增量：$\Delta p = 0.01/1.12\times(-2.69)\times\$\ 700 = -\$\ 16.8$

大额存单市场价值增量：$\Delta p = 0.01/1.07\times(-2.81)\times\$\ 300 = -\$\ 7.9$

表 12-4 说明了该银行资产持续期、负债持续期以及持续期缺口的最初状态，即资产加权平均持续期超过负债的加权平均持续期，缺口为 1.42 年。资金配置的利率风险是由未配平的总资产加权平均持续期与总负债的加权平均持续期之间的缺口所引起。当利率变动时，总资产和总负债的市场价值将以不同的幅度变化，从而该银行股本净值也将改变。现在假设市场利率在这家银行的各项资产项目和负债项目契约确定后又上升 1%。该银行按市场价值调整后的资产负债表表明，随着利率上升 1%，总资产市场价值下降了 26 单位美元，总负债的市场价值下降了 14 单位美元。因此，该银行净值的市场价值下降了 12 单位美元，自有资本比率按市场价值计算由 8%下降到 6.98%。

市场利率上升对银行资产和负债市场价值以及股本市场价值的影响在表 11-5 中反映。各项价值变动的近似值可以利用公式(12-5)求得。如果市场利率下降，则会产生相反的结果，该银行自有资本净值的市场价值会上升。

为了使银行股本净值市场价值免遭利率波动的影响，该银行可采取完全“免疫”的策略，让持续期缺口等于零，使总资产的加权平均持续期等于总负债的加权平均持续期与该银行的资产负债率的积。在本例中，该银行的资产的平均持续期超过负债的平均持续期。该银行可以把总资产的持续期缩短 1.42 年，或者把总负债持续期延长 1.54 年(0.92×1.54 = 1.42)，或者资产负债两边期限同时调整。在本例中，银行通过把一年期定期存款减少至 340 单位美元，并新发行年利率 8%、偿还期 6 年的大额存单 280 单位美元的组合来实现。在新的组合下，利率的任何变动都不再对该银行的资本净值市场价值产生影响。

表 12-6 上部分表明了新的组合，该银行调整后的持续期缺口为零；该表下部分是该银行实施零持续期缺口配置后，假设利率变动时对银行资本净值市场价值的“免疫”效果。表 12-6 下部分反映出，当所有利率上升 1%时，无论是资产还是负债的每一项目的市场价值都下降，但总资产的市场价值下降值与总负债的市场价值下降值一样，该银行自有资本净值 80 单位美元保持不变。

表 12-6　**银行资产和负债持续期缺口为零**

资　产	市场价值	利率(%)	持续期	负债和净值	市场价值	利率(%)	持续期
现　金	$ 100			一般定期存款	$ 340	5	1.00 年
商业贷款	$ 700	12	2.69	3 年期存单	$ 300	7	2.81 年
国债券	$ 200	8	4.99	6 年期存单	$ 280	8	6.00 年
			2.88 年	总负债	$ 920		
				净　值	$ 80		3.11 年
总　计	$ 1 000				$ 1 000		

$D_{GAP} = 2.88 - 0.92 \times 3.11 \approx 0$

利率增长 1%，$D_{GAP} = 0$

资　产	市场价值	利率(%)	持续期	负债和净值	市场价值	利率(%)	持续期
现　金	$ 100			一般定期存款	$ 337	6	1.00 年
商业贷款	$ 683	13	2.68	3 年期存单	$ 292	8	2.80 年
国债券	$ 191	9	4.97	6 年期存单	$ 265	9	6.00 年
			2.86 年	总负债	$ 894		
				股本净值	$ 80		3.07 年
总　计	$ 974				$ 974		

总之，在利率波动的环境中，银行经营风险中增加了利率风险。尽管持续期缺口模型的思想告诉我们，通过把银行持续期缺口调整为零是有效的“免疫”策略，但有时候，银行要调整资产和负债的期限是有困难的。然而，运用衍生金融工具和金融工程，有许多方法可以把该银行持续期缺口调整到零，其对银行资本净值的“免疫”效果是一样的。

银行管理作为一门科学总会是不断进步的，解决问题的方法总是伴随着困难出现。融资缺口模型和持续期缺口模型可以部分解决利率波动给银行带来的风险，但是这两种模型各有利弊，各有解决问题的侧重点，商业银行可以根据自己的需要来灵活掌握。

以上两类缺口模型均属于“免疫性”(immunization approach)管理策略。随着环境变化，资产负债管理作为银行和金融机构合理配置资金的方法和策略也在不断地发展和深化。

20 世纪 90 年代以来，更精致、更复杂的资产负债管理模型不断涌现，如资产负债管理随机规划模型(stochastic programming ALM model)、资产负债管理随机控制模型

(stochastic control ALM model)、含决策规则的多步骤随机资产负债管理规划模型(multistage stochastic ALM programming with decision rules)，它们都是假定在不同的场景下，对银行或金融机构资金进行合理配置的方法和策略。

◎小　结

1. 广义的资产负债管理指商业银行按一定的策略进行资金配置，来实现银行流动性、安全性和盈利性的目标组合。按其经历的过程，可划分为资产管理思想阶段、负债管理思想阶段和资产负债综合管理思想三个阶段。狭义的资产负债管理指前述第三个阶段，强调在利率波动环境中，通过策略性改变利率敏感资金配置状况，来实现银行目标净利息差额，或通过调整资产或负债的持续期，来维持银行正的资本净值。

2. 资产管理理论认为，银行资金来源的水平和结构是银行不可控制的外生变量，银行应主要通过资产方面项目的调整来实现银行三性原则的组合。这种理论又依次经过了商业性贷款理论、资产可转换理论、预期收入理论、资金分配方法以及线性规划方法等。

3. 负债管理理论认为，商业银行资金配置应根据既定的目标资产增长，主要通过对负债方项目的调整，即在货币市场上主动性负债或"购买"资金来实现三性原则的组合。负债管理相对于资产管理来讲更为积极和主动。

4. 资产负债联合管理策略出现于西方国家利率市场化以后。该策略有两类基本模型：第一类是融资缺口模型，银行根据对利率波动的预测，相机调整利率敏感资金的配置，以实现目标的净利息差额；第二类是持续期缺口管理，银行通过对总资产和总负债持续期缺口的调整，使银行保持一个按照市场价值计算的、正的自有资本比率。

◎重要概念

资产管理理想　负债管理思想　资产负债管理思想　一线准备　二线准备　净利息差额　利率敏感性资金　持续期　持续期缺口　融资缺口　敏感性比率

附录：中国银行业资产负债比率管理

前面已经论述过，从广义角度来讲，资产负债管理是指银行或金融机构按照一定的原则对资金进行合理的配置。商业银行是经营货币的特殊企业，流动性、安全性和盈利性是配置资金的基本原则，随着环境的变化，银行资产负债管理的针对性和方法也在不断调整。尽管从20世纪80年代中期起，中国银行业开始了现代化和市场化的进程，但是直至20世纪90年代中期，我国中央银行才正式宣布我国银行业实行商业银行制度。

在这以前，我国银行业的资金配置是与计划经济相符合，作为中央政府按计划配置资源的工具，其基本方法是中央银行按照国民经济发展水平、地区经济布局、行业政策以及国家总计划，给各国有银行分配信贷规模，或称“总盘子”，各国有银行总行再根据所辖分行的存贷款现状、中央银行分配信贷规模的原则、各地区经济发展水平，再向所属各分行分配信贷规模，或称“对总信贷盘子切块”。国有银行各分行在国家政策和所分配信贷规模的范围内，对合格企业发放贷款。为了调动基层银行工作积极性，上级银行对下级行还相应规定了存款规模，当基层银行实际存款超过存款规模时，多吸收的存款可以超过所分配信贷规模多发放贷款。在这样一种资金安排的原则下，我国各国有银行的资金配置背离了商业银行的三个经营原则，其资金配置结构按照商业银行的标准对照，完全难以解释，且风险极高。以国际上传统的、最重要的反映银行流动性和稳健性的贷存比率(贷款/存款)为参照标准，1993 年中国工商银行该比率为 115%，中国农业银行为 129%，中国银行为 149%，中国建设银行为 100%，贷差(贷款大于存款的部分)主要依靠向中央银行的借款作为资金来源。国际上同等规模的大商业银行，这一比率一般稳定在 70%～80%的水平上。我国银行资金配置的其他指标与国际上商业银行的指标均有很大差异。①

1994 年，中国人民银行正式宣布我国银行实行商业银行制度，这一重大决定推动了我国银行业从政府机构型向商业银行全面转化。我国各银行，特别是国有独资商业银行开始从组织结构、经营思维方式、资金配置、运作机制、管理制度、操作方法等各方面逐步向真正的商业银行靠拢。在资金配置方面，为了加快我国银行向商业银行标准的接轨，中国人民银行于 1994 年底以法规形式颁发了《关于对商业银行实行资产负债比例管理的通知》。这个法规的核心意图是，用规定多项财务指标上下限的方式，引导我国银行按照商业银行三性经营原则进行资金配置，它可以被理解为银行资金配置的风险极限值，或者被理解为我国金融管理当局要求商业银行按照三性经营原则进行资金配置的最起码要求。这套财务指标共分 9 类、15 项：

一、资本充足率指标

1. $\dfrac{\text{资本总额月末平均余额}}{\text{加权风险资产月末平均余额}} \geqslant 8\%$

2. $\dfrac{\text{核心资本月末平均余额}}{\text{加权风险资产月末平均余额}} \geqslant 4\%$

二、存贷款比例指标

1. 对实行余额考核的商业银行

$$\frac{\text{各项贷款旬末平均余额}}{\text{各项存款旬末平均余额}} \leqslant 75\%$$

2. 对实行增量考核的商业银行

$$\frac{\text{各项贷款旬末平均增加额}}{\text{各项存款旬末平均增加额}} \leqslant 75\%$$

① 黄宪. 中国国有银行资金配置分析研究报告. 国际金融研究，1996(5)：49-56.

三、中长期贷款比率指标

$$\frac{\text{余期 1 年以上(含 1 年期)中长期贷款月末平均余额}}{\text{余期 1 年以上(含 1 年期)存款月末平均余额}}\leqslant 120\%$$

四、流动性比例指标

$$\frac{\text{流动性资产旬末平均余额}}{\text{流动性负债旬末平均余额}}\geqslant 25\%$$

(指偿还期在 1 个月内的资产和负债)

五、备付金比例

$$\frac{\text{(在人民银行备付金存款+库存现金)}}{\text{各项存款日平均余额}}\geqslant 5\% \sim 7\%$$

六、单个贷款比例指标

1. $\frac{\text{对同一借款客户贷款余额}}{\text{资本总额}}\leqslant 15\%$

2. $\frac{\text{对最大 10 家客户发放的贷款余额}}{\text{资本总额}}\leqslant 50\%$

七、拆借资金比例

1. $\frac{\text{拆入资金旬末平均余额}}{\text{各项存款旬末平均余额}}\leqslant 4\%$

2. $\frac{\text{拆出资金旬末平均余额}}{\text{(各项存款-存款准备金-备付金-联行占款)旬末平均余额}}\leqslant 8\%$

八、对股东贷款比例

$$\frac{\text{对股东贷款余额}}{\text{该股东已缴纳股金总额}}\leqslant 100\%$$

九、贷款质量指标

1. $\frac{\text{逾期贷款月末平均余额}}{\text{各项贷款月末平均余额}}\leqslant 8\%$

2. $\frac{\text{呆滞贷款月末平均余额}}{\text{各项贷款月末平均余额}}\leqslant 5\%$

3. $\frac{\text{呆账贷款月末平均余额}}{\text{各项贷款月末平均余额}}\leqslant 2\%$

实施资产负债比例管理的要求作为中央银行的文件下发后，立即成为我国商业银行配置资金、进行自律管理和中央银行实行外部监管的依据，引起了我国商业银行各级管理者的重视。各银行从总行到一级或二级分行迅速成立了资产负债比例管理委员会，由行长牵头，以资金计划部门为主，包括信贷、财会、稽核等部门组成，各部门分工协作。在实行资产负债比例管理的初期，我国采取的是限额下的(即信贷规模下的)资产负债比例管理，待时机相对成熟后，于 1998 年底取消信贷规模的指令性计划，改为实行全额资产负债比例管理。在做法上，一般是各银行总行根据本行的具体情况，以及分行的业绩，由上级行对下级行分解各项比例指标，量化管理，层层监控，并根据比例执行情况制定了奖惩措施。经过了几年艰苦的努力，克服了许多困难和阻力，我国银行的资金配置状况得到了根本性的好转。①

尽管中国央行和监管当局已经不再强制实施《中国商业银行资产负债管理暂行条例》，该管理条例随着形势发展也暴露出自身的一些不足之处，然而，《中国商业银行资产负债管理暂行条例》在推动我国银行走向商业银行稳健资金配置方面的贡献功不可没，它除了使我国银行在发展初级阶段的资金配置与国际商业银行逐步接轨外，更重要的是，通过实行资产负债比例管理，使我国银行管理者树立了按商业银行三性原则配置资金的基本观念。因此，尽管资产负债比例管理的内容十分简单，但是却在中国银行史上有着重要的意义，它使中国的银行管理者们理解和树立了如何按商业银行的经营原则来配置资金的最基本观念。

① 黄宪. 对我国商业银行资产负债比例管理的理论分析. 经济研究，1995(12)；黄宪. 中国国有银行试行资产负债比例管理状况研究. 国际金融研究，1996(5).

第六编

银行风险管理

银行从某种角度可以说是经营和管控风险的特殊机构，它基于传统的存贷业务承担信用风险、流动性风险，也基于投资业务承担市场风险。对信用风险的承担和管理也一直是银行的社会功能所在，也是银行管理的核心功能。在长期的风险管理实践中，银行形成了系统化的风险管理框架、策略和技术。风险管理也必然影响到银行业务的行为。

第十三章　银行风险管理概述

第一节　银行风险的理解

一、银行风险的含义

金融风险被认为是未来损失发生的不确定性，或可能的后果与预定目标发生多种偏离的综合。从银行风险管理的需要出发，银行风险管理的侧重点在于经营中由于各种不确定因素而导致银行经济损失或收益率负向波动的可能性。衡量银行风险，就是衡量内外部不确定因素对银行盈利性或银行价值造成的潜在负面影响。

风险具有以下特征：

1. 客观性。风险的客观性是指风险是一种客观存在，不以人的意志为转移。客观性表明风险是时时处处都存在的，人们生存和活动的整个社会环境就是一个充满风险的世界。

2. 潜在性。风险出现损失的不确定性特征，决定了银行风险的出现只是一种可能，这一特性可称为是风险的潜在性。正是这种潜在性，使银行界长期不断探索利用科学的方法，甄别风险和控制损失的出现，使风险向不发生的可能性转换。

3. 可度量性。风险的不确定性并不是指对客观事物变化的全然不知，人们可以根据以往发生的一系列类似事件的统计资料，经过分析，对银行风险发生的频率及其造成的经济损失程度作出统计分析和主观判断，从而对银行可能发生的风险进行预测与度量。

4. 双重性。风险的双重性是指风险结果的发生既可能造成损失，也可能带来收益，风险与收益机会共存。银行就单一业务和产品而言，潜在风险与潜在收益成正比关系，即潜在风险越高，获取潜在收益的机会也随之增加。

5. 可控性。既然风险是损失发生的可能性，就应当像控制未来成本一样从金融业务发生之初就开始实施风险控制。如果银行风险被控制住，相当于未来的成本不发生，银行可能的损失就转化为现实的盈利。

二、银行风险的分类

为了有效地控制银行风险，首先需要对银行风险进行一定的识别和归类。不同类型的银行风险，其产生根源、形成机理、特征和引起的后果各不相同，需要采取不同的防范与化解措施。因此，从多个角度对银行风险进行分类，有助于全面、深刻地认识各类银行风险，并可有针对性地采取防范、化解措施，以达到风险管理的目的。

1. 按照风险的性质，可以将银行风险划分为信用风险、市场风险、流动性风险、操作风险和法律风险

(1)信用风险。信用风险是因借款人发生违约或借款人信用等级下降而使债权人的本金和利息不能完全收回或产生损失的风险。信用风险包括：违约风险、追偿风险和敞口风险。信用风险产生的原因主要在于信息不对称，即债权人对债务人的还贷能力和还贷意愿无法识别和控制。不同的债权资产具有不同的信用风险。

(2)市场风险。市场风险是指因市场价格(利率、汇率、股票价格和商品价格)的不利变动而使银行表内和表外业务发生损失的风险。市场风险存在于银行的交易和非交易业务中。市场风险可以分为利率风险、汇率风险(包括黄金)、资本市场价格风险和商品价格风险，分别指由于利率、汇率、股票价格、债券价格和商品价格的不利变动所带来的风险。

(3)流动性风险。流动性风险是指银行无法及时获得充足资金或无法以合理成本及时获得充足资金以应对资产增长或支付到期债务的风险。当一家银行缺乏流动性时，它往往会不计成本地在市场上购入资金，或者不计成本地迅速变现资产来获取所需资金，因而会影响其盈利能力。极端情况下，流动性不足能导致银行倒闭。

(4)操作风险。操作风险是指银行在运作过程中，由于经营管理不善，如决策失误、营业差错、内部欺诈及贪污盗窃给银行造成损失的风险。操作风险也可能由于技术问题，如计算机系统失灵、控制系统缺陷等引致。

(5)法律风险。法律风险是指金融交易合约的内容在法律上有缺陷或不完善而无法履约，以及法律修订使银行蒙受损失的风险。

随着银行经营环境的变化和外部约束的加强，银行越来越关注合规风险、声誉风险。合规风险是指银行因未能遵循法律法规、监管要求、规则、自律性组织制定的有关准则以及适用于银行自身业务活动的行为准则，而可能遭受法律制裁或监管处罚、重大财务损失或声誉损失的风险。声誉风险是指由银行经营、管理及其他行为或外部事件导致利益相关方对银行负面评价的风险。

2. 按照银行风险的状态，可以将银行风险划分为静态风险和动态风险两种类型。

(1)静态风险。静态风险是指只有损失可能而无获利机会的纯损失型风险，因而又

被称为纯粹风险。静态风险的产生一般与自然力的破坏和人们行为的失误有关。相对于动态风险而言，静态风险的变化较有规律，人们可利用大数法则来预测它的损失机会的大小。

(2)动态风险。动态风险是指既有收益可能，又有损失可能的风险，因而又被称为投机风险。动态风险常与经济、政治、科技和社会的运动密切相关，且多为不规则的运动，也很难用大数定律来进行预测，因而远比静态风险复杂得多。

第二节　银行风险管理基础

一、银行风险管理的目标

风险管理是通过对风险的识别、衡量和控制，以最少的成本将风险导致的各种不利后果减少到最低限度的科学管理方法。银行风险管理是指通过风险分析、风险预测、风险控制等方法，预防、回避、排除或者转移经营中的风险，从而减少或避免经济损失。它有两方面涵义：一是收益一定条件下的风险最小化；二是风险一定条件下的收益最大化。

由于银行的风险具有隐蔽性和不可预测性，主要依靠银行自身的管理，因此银行风险管理比一般的风险管理难度更大。银行风险管理是一项复杂的系统工程，牵涉到银行的各项业务。各个不同的业务部门控制风险的具体做法不同、重点也不同，但是从整个银行的总体来看，其目标是一致的，即寻求最优的风险—收益组合的过程，其目标归根到底是保证银行“三性”(即流动性、盈利性、安全性)原则的实施，以相对较小的风险获取较大的盈利。

二、银行风险管理的职能

银行风险管理对银行经营的各个层面都有重要影响，贯穿银行经营管理的前中后台，具有以下基本职能：

(一)揭示和控制风险

风险管理为银行提供明确的风险信息，从而减少管理部门和业务部门对风险过多的疑虑，反而能促进风险的承担活动。在风险情况未知的条件下，即使实际盈利与风险一致，人们也常常会变得过于谨慎，阻碍了承担风险的决策。所以，风险管理并不是限制风险的承担，而是为揭示、衡量和承担风险提供所需的信息。

(二)增强竞争优势

风险将给未来带来成本，这些成本必须通过某种方式计算或衡量出来。忽视今天的风险，就等于忽视未来的潜在损失，等于放弃现在采取纠正和回避措施的机会。如同控制当前成本一样地来控制未来成本，实际上是对当前和未来收益的贡献。因此，风险管理是增强盈利性和竞争优势的关键因素。

(三) 为定价提供依据

金融产品定价主要受资金时间价值和风险溢价影响。对风险定价是建立在对风险的了解的基础上，不了解风险，便无法比较不同交易、不同客户以及不同业务部门之间的收益情况。没有风险定价，就无法让客户承担为预防银行未来损失所需支付的代价，故而这些成本就没有收益与之对应。因此，风险管理与定价决策之间存在着密切的关系，对风险的了解是制定合适的客户价格标准必不可少的一环，而且它是唯一能够对风险不同的客户实行差别定价的基础。通过衡量风险，银行可以了解风险的成本，并将其与其他营业费用作比较，从而实现经营策略由粗放式策略向以合理搭配资本和风险为中心的策略转变。

(四) 为决策提供依据

风险管理是银行经营成功的关键因素，它对决策产生极为重要的影响。在决策过程的上游，风险管理的职责是对决策过程提供支持；而在决策过程的下游，风险管理主要负责对风险进行报告和规避。银行经营需要作出符合实际的决策，而对风险的了解是正确决策的基本要素。风险管理并非为整个决策过程设定公式化的模型，而是旨在为这一过程提供支持。

三、银行风险管理的策略

银行风险管理的策略包括风险预防、风险规避、风险分散、风险转移、风险抑制和风险补偿等。一般来说，银行对风险处置的确定，要考虑自身的风险管理水平、财务状况、决策者的经营风格和心理偏好、风险类型、损失记录以及现实风险环境等方面。

(一) 风险预防

风险预防指银行对风险设置各层预防线的办法。面对预期损失，银行设有损失准备金(拨备)；面对非预期损失，银行持有资本。银行抵御风险的最终防线是保持充足的自有资本。在《巴塞尔协议》的指导下，各国金融管理当局对银行资本充足性都有明确的规定，并将其作为金融监督的一项重要内容。

(二) 风险规避与分散

风险规避是指银行对风险明显的经营活动所采取的避重就轻的处理方式。例如，银行对于风险较大、难以控制的贷款，必须采取规避和拒绝的原则。银行的风险分散方法一般有两种：随机分散和有效分散。随机分散指单纯依靠资产组合中每种资产数量的增加来分散风险，每种资产的选取是随机性的。在业务发展正常的条件下，一般利用扩大业务规模来分散风险。有效分散指运用资产组合理论和有关的模型对各种资产选择进行分析，根据其各自的风险—收益特性和相互之间的相关性来实现风险—收益最优组合。

(三)风险转移

风险转移指利用某些合法的交易方式和业务手段将风险全部或部分地转移给他人的行为。具体方法有风险资产出售(即银行将自身不愿继续承担风险的资产出售给他人)和担保以及市场对冲交易等。

(四)风险抑制

风险抑制是指银行承担风险之后，要加强对风险的监督，发现问题及时处理，争取在损失发生之前阻止情况恶化，或提前采取措施减少风险造成的损失。风险抑制常用于信用放款过程。从放款到收回本息之间一般有一段较长的时间，从借款人财务出现问题到倒闭清算，一般有一段时间。银行可以利用这段时间，凭借自己作为债权人的有利地位，采取一些抑制风险的措施，以避免或减少损失。

(五)风险补偿

风险补偿指商业银行将违约借款人的已作抵押的各类资产进行拍卖，将其收入补偿银行遭受的损失。抵押品可以是存款、有价证券、固定资产、流动资产等多种形式。当借款人不能按照抵押贷款合同履行偿付贷款本息责任时，贷款银行有权按照协议规定接管、占有、拍卖有关抵押品，以弥补银行的呆账损失。

第三节　银行风险管理体系

一、全面风险管理的含义

银行业在长期的风险管理实践中逐渐认识到，机构内部不同部门或不同业务的风险，存在因相互叠加而放大，却没有形成交集而成为风险管理的“死角”。因此，在风险管理工作中，机构不能仅仅从某项业务或某个部门的角度来考虑风险管理，而是应该根据业务与内部组织结构的纵横关系，从整个机构的视角来分析和控制风险，即实行全面风险管理。

根据COSO委员会颁布的《全面风险管理框架》，全面风险管理(enterprise risk management)是一个过程，它由银行的董事会、管理当局和其他人员实施，应用于战略制定并贯穿于银行经营之中，旨在识别可能会影响银行的潜在事项，管理风险以使其在该银行的风险偏好之内，并为银行目标的实现提供合理保证。全面风险管理体系要求银行采取定性和定量相结合的方法，识别、计量、评估、监测、报告、控制或缓释所承担的各类风险，应当考虑风险之间的关联性，审慎评估各类风险之间的相互影响。

《新资本协议》主要从银行监管者的角度对银行的全面风险管理提出了要求，明确了银行风险管理的范围，提出银行应当将经营管理中面临的各类风险全部纳入管理体系，包括第一支柱下的信用风险、市场风险和操作风险，以及第二支柱下的信用集中度风险、流动性风险、银行账户利率风险、战略风险、声誉风险以及交叉风险等。《新资本协议》更加侧重对各类风险的计量，通过各种计量模型和评估程序，对各类风险依据统一的标准进行测量并加总，侧重对风险相关性的管理和控制，以此实现风险统一管理。《巴塞尔协议Ⅲ》进一步强化了宏观系统性风险、中观金融市场、微观个体金融机构三个层面的监管要求，更加丰富了多角度、多层次的全面风险管理内容，甚至使得全面风险管理范围超出了银行本身而扩展到整个银行业乃至金融业。

二、银行风险管理体系的模块

（一）风险管理体系模块主要内容

银行风险管理体系应由相互联系的 8 个模块（要素）组成，这 8 个模块分别是风险管理环境、风险管理目标与政策设定、风险识别、风险评估、风险应对、流程控制、风险信息处理、风险管理绩效评价。各模块具体内容如下：

1. 风险管理环境。风险管理环境是风险管理的基石，具体包括银行价值取向、管理风格、风险管理组织结构、风险管理文化等。其中，风险管理文化是风险管理的核心，它影响到目标设定、风险识别和评估、风险处置等各个层面的活动；风险管理组织结构是风险管理得以实施的组织保障和支撑，风险管理职能必须保持一定独立性。

2. 风险管理目标与政策设定。风险管理必须能为银行管理层提供一种设定目标的科学程序，银行要将风险管理的要求贯穿于银行各项目标之中，通过选定风险偏好和风险容忍度，制定明确统一的风险管理政策，以实现风险管理和银行目标的紧密结合。

3. 风险识别。对风险的识别是准确度量风险的前提，银行必须通过监测系统保持对内外部事件的敏锐性，首先做出事件“是不是风险，是什么类型的风险”的判断，才能对风险程度和大小进行分析，并在此基础上进行风险预警和处置。风险识别所要解决的核心问题，是商业银行要判明自己所承受的风险在性质上归属于何种具体形态。商业银行面临的风险往往是多种多样的、相互交织的，需要认真地加以识别，才能对其进行有的放矢的估计和处理。

4. 风险评估。风险评估可从定性和定量两个方面进行，《新资本协议》强调银行要尽量量化风险以确定风险程度。在建立风险内部评级系统的基础上，银行应同样以 VaR 为核心度量方法建立市场风险评估系统，并努力将操作风险的内部计量模型包括进来，建立统一量纲的风险管理体系，使风险分析的结果能相互比较，在不同业务或不同部门间合理配置经济资本。

5. 风险应对。对于预期损失，可通过风险定价和适度的拨备来抵御，对于非预期损失，银行应采取资本管理等手段来提供保护，而对于极端损失则运用以存款保险制度为代表的社会安全网来缓解。在技术层面，银行可以通过资产组合管理降低非系统性风险，通过银团贷款来分散风险，通过贷款出售、资产证券化等手段转移风险，通过衍生交易来对冲风险等。

6. 流程控制。银行应建立健全的流程控制体系以防范操作风险，通过制定和实施一系列制度、程序和方法，对风险进行事前防范、事中控制、事后监督和纠正，确保国家法律规定和商业银行内部规章制度的贯彻执行，确保操作的规范性和得到有效监督。

7. 风险信息处理。银行应建立包括信贷信息、操作风险损失、市场风险信息等在内的数据库，通过信息处理系统保持数据库更新，及时反映内外部风险信息等内容。银行要建立科学灵敏的风险报告制度，对银行的风险现状进行汇总、分析，对各种风险管理政策的实施效果进行分析，形成定期、不定期综合及专题报告，按照一定程序报送各级风险决策机构。

8. 风险管理绩效评价。银行风险管理部门应该对全行规章制度、信贷管理流程、风险管理流程的执行情况进行后评价，并建立相应的授权调整和问责制度，确保风险管理体系的运行。同时，风险管理部门应根据外部环境、监管当局要求以及后评价中发现的问题，对风险管理体系中有关内容提出整改意见，由银行决策层来对风险管理体系进行持续改进。

(二)风险管理体系模块定位与关系

风险管理体系的 8 个模块相互独立、相互联系又相互制约，共同构成了风险管理这一有机体系(如图 13-1)。

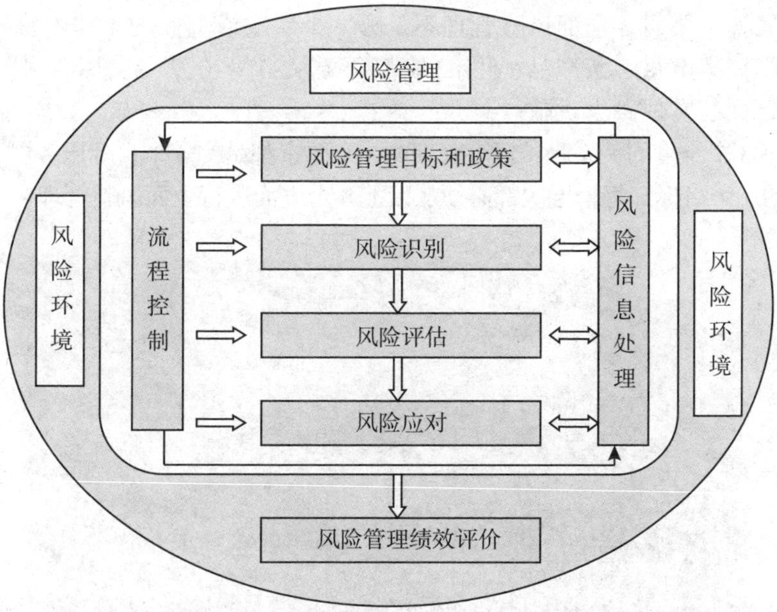

图 13-1　风险管理体系模块

风险管理环境是风险管理的保障系统，风险管理理念和风险偏好决定了风险管理目标和风险管理政策的制定；风险管理目标与政策设定是风险识别、风险评估和风险应对的前提，具体风险管理战略和流程都要符合风险管理政策的要求，实现风险管理的目标；风险识别、风险评估、风险定价与应对是风险管理的具体实施流程，是对风险管理政策的细化和执行；流程控制是风险管理目标实现和风险管理流程有效运行的保障；风险信息处理和报告是保障银行全面实施风险管理的媒介，风险管理的各项活动都要形成风险信息并通过风险报告机制传递；风险管理绩效评价是对风险管理体系进行再控制和再完善，以保持风险管理体系的科学性和适宜性。

三、银行风险管理体系的维度

根据 COSO 委员会颁布的《全面风险管理框架》，全面风险管理有 3 个维度。

第一维度——风险管理目标。风险管理的目标有 4 个，即战略目标、经营目标、报告目标和合规目标。银行通过确定目标，将从全局上决定其业务发展的方向、资源配置及风险控制活动，所以，全面风险管理必须紧紧地以银行目标为中心，通过风险控制来保障目标的实现。

第二维度——风险管理要素。风险管理活动由 8 个要素组成，即风险管理环境、风险管理目标与政策设定、风险识别、风险评估、风险应对、流程控制、风险信息处理、风险管理绩效评价。全面风险管理活动应该从这 8 个要素着手，对每一个要素制定完整的工作制度和方法，保证全面风险管理活动的实施。

第三维度——风险管理参与层次。风险管理的参与层次包括整个机构、职能部门、业务线及下属各子公司。全面风险管理不是哪一个层次或部门的工作，每一个层次、每一个职能部门，甚至每一条产品(业务)线都需要从自身出发，发挥自身的作用，为全面风险管理目标的实现做出贡献。

风险管理 3 个维度的关系是：风险管理的 8 个要素都是为 4 个目标服务的，各个层级都要坚持同样的 4 个目标，每个层次都必须从以上 8 个方面进行全面风险管理。参见图 13-2。

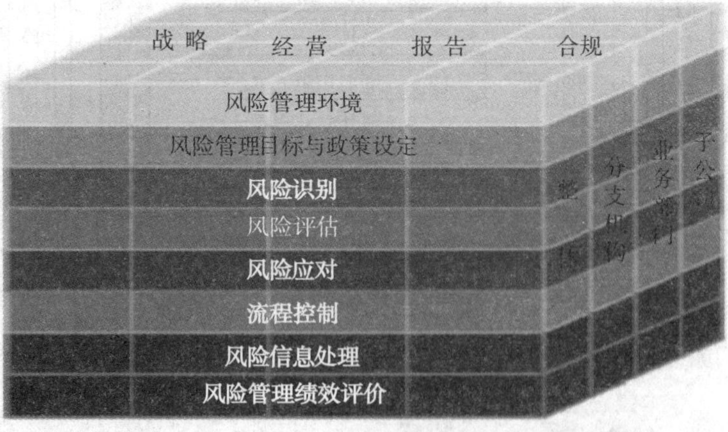

图 13-2 银行风险管理体系整体框架

◎小　结

1. 风险被认为是未来不确定性引起的可能后果与预定目标发生多种偏离的综合。这种偏离通常由两类参数描述：一是偏离的方向与大小；二是各种偏离的可能程度。

2. 银行风险管理的侧重点在于经营中由于各种不确定因素而导致银行经济损失或收益率负向波动的可能性。衡量银行风险，就是衡量内外部不确定因素对银行盈利性或银行价值造成的潜在负面影响。

3. 风险具有以下特征：客观性、潜在性、可度量性、双重性和可控性。

4. 不同类型的银行风险，其产生根源、形成机理、特征和引起的后果各不相同，需要采取不同的防范与化解措施。银行风险包括：信用风险、市场风险、操作风险、流动性风险、法律风险、合规风险、声誉风险等。

5. 风险管理是通过对风险的识别、衡量和控制，以最少的成本将风险导致的各种不利后果减少到最低限度的科学管理方法。

6. 银行风险管理是指通过风险分析、风险预测、风险控制等方法，预防、回避、排除或者转移经营中的风险，从而减少或避免经济损失。它有两方面含义：一是收益一定条件下的风险最小化；二是风险一定条件下的收益最大化。

7. 银行风险管理职能：报告和控制风险、增强竞争优势、为定价提供依据、为决策提供依据。

8. 银行风险管理的策略包括风险预防、风险规避、风险分散、风险转移、风险抑制和风险补偿等。一般来说，银行对风险处置的确定，要考虑自身的风险管理水平、财务状况、决策者的经营风格和心理偏好、风险类型、损失记录以及现实风险环境等方面。

9. 全面风险管理是一个过程，它由银行的董事会、管理当局和其他人员实施，应用于战略制定并贯穿于银行经营之中，旨在识别可能会影响银行的潜在事项，管理风险以使其在该银行的风险偏好之内，并为银行目标的实现提供合理保证。

10. 银行风险管理体系应由相互联系的8个模块(要素)组成，这8个模块分别是风险管理环境、风险管理目标与政策设定、风险识别、风险评估、风险应对、流程控制、风险信息处理、风险管理绩效评价。

11. 全面风险管理有三个维度，第一维度是风险管理目标；第二维度是风险管理要素；第三维度是风险管理参与层次。风险管理三个维度的关系是：风险管理的8个要素都是为4个目标服务的；各个层级都要坚持同样的4个目标；每个层次都必须从以上8个方面进行全面风险管理。

◎重要概念

风险　静态风险　动态风险　有形风险　无形风险　信用风险　市场风险　流动性风险　操作风险　法律风险　随机分散　有效分散　全面风险管理

第十四章 银行信用风险管理

第一节 银行信用风险概述

一、信用风险的含义

信用风险是交易对手或债务人不能正常履行合约或信用品质发生变化而导致交易另一方或债权人遭受损失的可能性。狭义的信用风险是指交易对手或债务人到期不履行合约义务的违约风险(default risk)[①]。广义的信用风险还包括交易对手或债务人信用品质变化的不确定性所引起的信用价差风险(credit spread risk)。即使合约并未到期，如果交易对手或债务人信用品质恶化，信用价差(信用风险溢价)随之上升，也会导致标的资产或债权合约的实际价值下降，从而使交易另一方或债权人面临潜在的损失。

二、银行承担的信用风险

作为信用中介，银行面临的最主要的风险无疑是信用风险。信用风险在银行运营中普遍存在，不过，各类业务的风险暴露部位不尽相同。

---

① 关于“违约”的定义，除了债务人未履行偿付本息的合约义务之外，是否应包括“技术性违约”，尚无统一定论。技术性违约是指债务人未能履行合约所载条款，例如承诺企业财务指标应达到或保持一定水平。如果债务人不能修复财务指标，可能触发债务加速清偿条款。穆迪评级公司认为债务违约不包括纯粹的技术性违约。

(一)表内授信的信用风险

表内授信是信用风险最为突出和集中的银行业务。银行的各类贷款(包括票据贴现)直接处于信用风险暴露之中，同时，银行持有的债券也包含着信用风险，债券发行人到期可能无法兑付债券，或是到期前因发行人信用降级导致债券贬值。

当债务发生违约事件后，银行最终遭受的实际损失还与抵押品流动性风险、保证人信用风险和法律风险有关①。如果银行的债权以债务人或第三方财产作为抵押，则抵押品的实际处置成本和变现价值的不确定性将影响银行优先受偿权的最终实现。倘若银行的债权有第三方的担保承诺，保证人的信用品质关系到银行能否获得第二还款来源。此外，假使银行试图通过法律手段维护自身权益，则会面临它所签署的合同因不符合法律相关规定而得不到实际履行，从而遭受损失的可能性。

(二)表外业务的信用风险

信用风险不仅渗透于银行的表内资产业务，也蕴含于表外业务之中。银行的表外授信主要有担保和承诺类业务，虽然不直接在银行与客户或第三方之间形成债权债务关系，但这些或有债权/债务项目有可能在未来转变成表内项目，故而银行也承担了一定信用风险。在担保业务中，如果客户不能履约，银行有义务代其对第三方履行债务或承担赔偿责任。在贷款承诺业务中，如果客户在合约期限内提出融资请求，银行应兑现承诺，向客户提供资金，此时表外信贷承诺即转化为表内贷款业务，银行将面临借款人的信用风险。

金融衍生工具交易是银行从事的一类重要的表外业务，银行面临着交易对手不履行合约义务的风险。在远期和期货交易中，必有一方盈利一方亏损，银行不论以买方或卖方的身份参与交易，都面临对手因亏损而恶意违约或无力履约的风险。期权交易同样也是此盈彼亏的零和游戏，不过交易双方承担的信用风险并不平衡。银行通常作为期权买方，面临期权卖方不履行义务的风险，而期权卖方则不需顾虑信用风险问题。互换交易可以设计成互利互惠的正和游戏，但并不意味着参与者无信用风险之忧。由于互换交易时间跨度较长，若某一方发现自己判断有误，市场利率或汇率变化趋向对其不利，就可能产生违约倾向。虽然金融期货和场内期权交易有保证金制度作为信用支撑，而且清算机构也可以提供信用担保，银行承受的信用风险有限，但场外衍生交易缺乏类似的保障机制，银行所负担的信用风险可能较高。

表外业务还存在因信用风险暴露规模的不确定性所产生的敞口风险。在贷款承诺业务中，敞口风险源于借款人未来信贷需求的不确定性。在担保业务中，敞口风险源于被保证人未来偿付债务的实际能力的不确定性。在金融衍生交易中，敞口风险源于银行因参与交易而拥有的或有权益大小的不确定性，其与合约标的资产的市场价格或标的市场指标的变化趋势密切相关。

---

① 追偿风险中的抵押物流动性风险、法律风险和下文提及的表外业务的敞口风险，本身并不属于信用风险，但关系到银行信用风险暴露和违约损失的大小。

第二节 银行信用风险的评估

一、信用风险的传统评估方法

长期以来，在银行信贷业务操作中，专家审贷是信用风险评估的主要模式。除了信贷专家们普遍认同的6C原则外，银行界还提出了5W原则、5P原则等贷款法则。这些审贷原则都将借款申请人的主观还款意愿和客观支付能力作为审查重点。信贷专家依据这些基本原则，通过与客户面谈、信用调查和现场参观收集信用评估所需信息，对借款人进行财务分析和非财务分析，从而对借款申请人的资信状况进行评定。在财务分析中，信贷专家对企业的资产负债表、利润表和现金流量表进行结构解析，进而对代表企业各方面财务能力的多项财务比率展开纵向趋势分析、横向对比分析和综合分析；在非财务分析中，对企业面临的外部环境中的机遇和挑战、企业自身的优势和劣势进行分析，据此作出信贷决策。①

专家评估的优点是：可以充分利用专家在长期工作中积累的丰富经验；在复杂的社会经济环境中，风险具有隐匿性和多变性，需要依赖专家对风险的敏感性和和直觉。但专家评估也存在局限性：对贷款信用风险的评定依赖于信贷专家的职业态度、专业技能和主观判断，可能缺乏严密性；专家在权衡各种因素时的主观权重可能会因人而异，缺乏风险判别标准的一致性。

二、信用风险的度量模型

信用风险与市场风险相比，具有以下特性：其一，市场风险的概率分布通常近似服从正态分布。债务合约的信用风险有所不同，若贷款能安全收回，贷款人只可获得约定的利息，一旦债务人违约，则贷款人可能会损失全部或部分本金。由于贷款具有收益、损失不对称的特点，且损失区域的概率密度高于相应的正态分布的概率密度，即存在“厚尾”(fat tail)，使得信用风险的概率分布不适合于正态分布的假设，为引入统计分析带来困难。其二，借贷双方存在显著的信息不对称。借款人较贷款人掌握了更多的信息，可能产生道德风险问题。其三，信用风险的观察数据不易获取。贷款是非公开交易，难以观察到贷款的市场价值及其波动性。由于这些特性，信用风险的量化难度较大。

20世纪60年代以来，随着风险管理技术的进步，信用风险的测度逐步实现突破，发达国家的学者和机构陆续开发出各具特色的多种信用风险度量模型，基于风险评估模型的计量分析被引入银行的实践操作中。

---

① 财务分析和非财务分析的具体内容参见第三编第七章第二节。

(一)信用风险的度量要素

根据《巴塞尔资本协议Ⅱ》，信用风险的度量包括以下要素：一是违约概率(PD)，即借款人或交易对手无法履行其合约义务的概率；二是违约损失率(LGD)，指在借款人或交易对手发生违约事件的情况下，债权人或交易另一方遭受的损失程度；三是违约风险暴露(EAD)，是指债务人违约时预期表内和表外项目的风险暴露总额，包括已使用的授信余额、应收未收利息、未使用授信额度的预期提取数量以及可能发生的相关费用等。

将信用风险度量从狭义的违约风险扩展到广义的信用价差风险，需要测度信用等级迁移概率，即债务人在特定的时间内从期初信用等级迁移到各个信用等级的概率。如果要度量信贷组合的风险，还需估算借款人之间的违约相关性或联合信用等级迁移概率，即信贷组合中借款人的违约风险或信用品质变化之间的关联程度。

(二)基于财务指标的信用风险度量模型

20世纪60年代至80年代，学术界创建了基于财务比率评估企业信用风险的若干模型，其中具有代表性的模型如下：

1. Z计分模型

Z计分模型是由美国学者阿尔特曼(Altman)于1968年创建的信用评分模型，其基本思路是：采用多元线性判别分析法，从备选的多项财务比率中筛选出对企业破产风险最具判别能力的财务比率，分别赋予这些比率在综合评分中的权重，建立一个区分破产与非破产企业的判别函数，据此计算出企业的Z分值(Z-score)，将之与临界值比较，以判别其破产的可能性。

该方法涉及三个关键环节：一是选择财务比率，二是各比率的权重分配，三是临界值的确定。Altman选取了5个财务比率，分别是：营运资本/总资产(X_1)、留存收益/总资产(X_2)、税息前利润/总资产(X_3)、权益市值/总负债(X_4)、销售收入/总资产(X_5)，分别反映企业的偿债能力、盈利能力、财务结构和营运能力，构建五变量Z值计分模型，其公式如下：

$$Z=0.012X_1+0.014X_2+0.033X_3+0.006X_4+0.999X_5$$

其后，设定判别函数的临界值，破产区域的上限值为1.81，非破产区域的下限值为2.99，中间是灰色区域。通过计算Z分值，观察其落在哪一段区域，预测企业是否会破产。如果企业的Z分值高于2.99，信用状况良好；如果Z分值低于1.81，企业发生财务危机的可能性较大；如果Z分值落在灰色区域，模型不能判别企业是否会破产。

和传统的定性分析相比，Z计分模型的优点是相对客观且量化，其局限性在于：线性判别函数可能不能充分描述各因素与违约之间的非线性关系；多元判别分析要求财务指标变量在组内服从多元正态分布，破产组和非破产组具有相同的协方差矩阵，通常与现实情况不符。

2. Logit模型

20世纪70年代以来，研究者开始运用回归分析法测算企业的违约概率。Logit模型是基于 Logistic 回归建立的企业财务预警模型，由奥尔森(Ohlson)在 1980 年最先应用。该模型将企业是否发生财务危机(违约)设为一个二值虚拟变量，企业违约记为 $Y=1$，不发生违约记为 $Y=0$。假设违约事件发生的概率服从累积 Logistic 分布，其分布函数可以表达为：

$$P_i = E(Y_i = 1 \mid X_i) = \frac{1}{1 + e^{-X_i B}}$$

其中，P 是企业的违约概率，X 是企业的财务指标向量，B 为回归系数向量。在此函数中，P 与 X 和 B 之间是非线性关系，对该等式变形后，可转换成线性函数：

$$\ln\left(\frac{P_i}{1 - P_i}\right) = X_i B$$

Logit 模型不要求自变量符合正态分布，在财务指标不满足正态分布假设的情况下，其预测准确率高于判别分析法；可以反映违约事件概率与解释变量之间的非线性关系；从模型可以直接得出企业的违约概率，因而成为主流的财务预警模型之一。

(三)现代信用风险度量模型

20 世纪 90 年代以来，欧美国家推出 KMV 模型、信用度量模型、宏观模拟模型、信用风险附加模型等新型信用风险度量模型，其建模思想和基于财务指标的判别分析和回归分析迥然相异。

1. KMV 模型

KMV 模型是由美国 KMV 公司在 1993 年开发的信用风险度量模型。KMV 公司根据默顿(Merton)在 1974 年提出的"资产价值理论"，将债权看作债权人向借款公司股东出售的对企业价值的看跌期权(卖权)，期权标的是公司资产，执行价格是企业的债务价值。企业所有者相当于购买了一项违约或不违约的选择权，在债务到期时，如果借款企业资产的市场价值超出企业的负债，企业有动力偿还债务；如果企业资产的市场价值低于其负债水平，企业的所有者将选择违约，将资产转交给债权人处置。

图 14-1 中，B 点表示债务价值。如果债务到期时企业资产价值下降到其债务价值以下，企业将对其债务违约，而债权人就会遭受损失，最为极端的情况是本息尽失。如果资产价值高于债务价值，则债权人可获得固定的本息。由此图可看出，债权人的收益分布曲线类似看跌期权卖方的盈亏分布曲线。基于该原理，KMV 模型预测的是看跌期权可能被执行的概率，也即借款企业的违约概率，取决于债务到期时企业价值低于债务价值的可能性。

由于企业资产的市场价值难以直接观测，KMV 公司采用期权定价的原理推算借款企业资产价值及其波动性。企业股东持有的股权可看作是对企业资产价值的看涨期权①，根据期权定价理论，股权价值的公式是：

$$E = f(A,\ \sigma_A,\ B,\ r,\ \tau)$$

---

① 股东购买企业股票，相当于买进了对企业价值的看涨期权，执行价格同样是企业债务价值，执行期限为企业债务的期限。

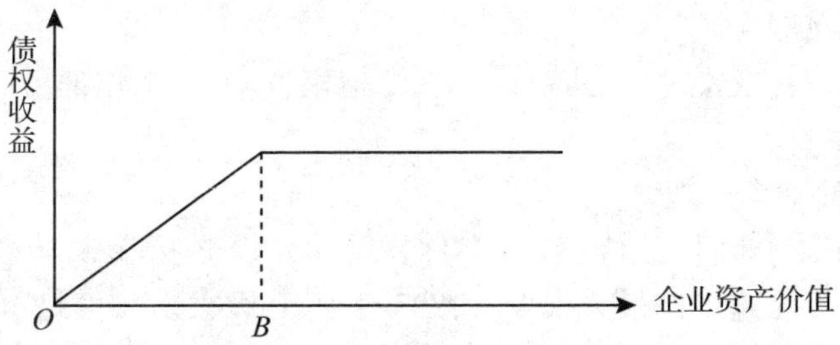

图 14-1 债权人的收益分布

E 是股权的市场价值(即看涨期权的价值)，A 是公司资产市场价值，σ_A是资产价值波动性，B 是负债价值，r 是无风险借贷利率，τ 是时间范围。

根据伊藤引理，企业股权价值波动性 σ_E与企业资产价值波动性 σ_A之间存在理论上的关系：

$$\sigma_E = g(\sigma_A)$$

在上面两个公式中，已知变量有：E，可直接观察得到；σ_E，可由历史数据估算出；B，公司的违约实施点或违约触发点，为已知常数；τ，一般设定为 1 年；r，可直接观察得到。公司资产价值 A 及其波动性 σ_A是未知数。将两个等式联立，可求出这两个未知数。

计算出 A 和 σ_A的值之后，就可以据此计算企业的违约距离。假定公司未来资产价值围绕其现值呈正态分布，均值为 A，标准差为 σ_A，可利用下面的公式计算公司在 1 年内或 $t=0$ 时(现在)距违约触发点的距离，其公式为：

$$违约距离 = \frac{A - B}{\sigma_A}$$

KMV 公司基于其拥有的企业数据库，利用历史经验数据估算企业的预期违约频率(expected default frequency，简称 EDF)的经验值。假设违约距离为 $2\sigma_A$，则经验 EDF 的计算公式为：

$$经验\ EDF = \frac{违约距离为\ 2\sigma_A\ 的\ 1\ 年内违约的企业数目}{违约距离为\ 2\sigma_A\ 的企业总数}$$

针对单个企业的 KMV 模型可以扩展到组合模型(portfolio manager 模型)。使用多因素股票收益模型，估算两家企业资产价值变化的相关性，据此推算其违约相关性；计算两家企业的资产价值同时下降到各自的违约触发点以下的概率，即得到两家企业的联合违约频率。进而，估算贷款组合的预期损失和非预期损失。

KMV 模型的优点在于：一是基于现代公司金融和期权理论的结构化模型，拥有强有力的理论支撑；二是动态模型，基于对企业股票价格变化的分析估算 EDF，对违约概率的预测更具有前瞻性，被视为“向前看”的方法。KMV 模型在实际应用中也存在局限性：不能直接运用于非上市企业，需要借助一些会计信息或其他能够反映企业特征的指标来替代模型中的一些重要变量，并通过对比分析得出企业的 EDF；对于发展中国家新兴股票市场的适用性需要验证。

2. 信用度量模型

信用度量模型(creditmetrics model)由 JP 摩根银行于 1997 年推出，旨在估算贷款信用风险的 VaR 值。

(1)VaR 方法的基本原理①

VaR(value-at-risk)即“风险价值”，亦称在险价值，是指在未来给定时期内和给定的置信度下，资产可能发生的最大损失。1993 年，JP 摩根发布度量市场风险的 VaR 方法，其后被应用于信用风险度量。例如，JP 摩根在 1994 年年报中公布其日交易 VaR 值在时间间隔为 1 天和 95% 的置信度下，平均约为 1 500 万美元。其含义是，1994 年某一特定时点上的证券组合在未来的 1 天内，由于市场价格波动而带来的损失不会超过 1 500 万美元，JP 摩根对此有 95%的把握，损失大于 1 500 万美元的概率为 5%。VaR 可以用数学公式表达为：

$$\mathrm{Prob}(\Delta W > \mathrm{VaR}) = 1 - a$$

其中，ΔW 为资产在给定的时期 Δt 内的损失，α 为置信度。由上式可知，VaR 就是对应于置信度 α 的资产损益分布的下分位数。

要估算 VaR，首先需要选择两个重要参数：一是观察期间，即计算 VaR 的时间范围。银行通常以每日间隔公布其交易账户的市场风险的 VaR，是由于投资组合规模的快速变动。监管者则会考虑监督成本和尽早发觉潜在问题的收益之间的替代关系。二是置信度，其设定并无可遵循的统一规则，若侧重于考虑 VaR 的有效性(估计精度)，需要选择较低的置信水平，而测算风险资本需求则需要选择较高的置信水平。巴塞尔委员会选择了 99% 的置信度，这一置信水平反映了监管者对确保金融体系安全有效和最低资本要求对银行的盈利产生不利影响之间的权衡。置信度越高，意味着 VaR 越大。

估算 VaR 的关键环节是估计资产收益率或资产价值变化的概率分布，据此计算出 VaR 值。假定 W_0为资产的初始价值，R 是观察期内的投资回报率。在观察期末，资产价值为 $W=W_0(1+R)$。回报率 R 的均值和标准差分别为 μ 和 σ。在给定的置信度 α 下，资产的最低价值为 $W^* = W_0(1+R^*)$，进而计算相对于资产价值均值的 VaR，即“相对 VaR”：

$$\mathrm{VaR}_R = E(W) - W^* = -W_0(R^* - \mu)$$

若为简化 VaR 的计算，也可以采用参数法，假设资产收益率或资产价值服从正态分布，但这一假设可能和现实不符合，基于正态分布假设估算 VaR 易于低估风险。

VaR 方法的主要优点是：输出的是一个明确直观的风险值，简单易懂，有助于揭示银行的风险承担水平；提供了统一的风险值测度的框架，为全面风险管理提供了工具；可用于预估金融资产组合的最大损失。

VaR 方法也存在缺陷：其一，利用历史数据度量信用风险，属于“向后看”(backward-looking)的风险度量方法；其二，忽略了极端负面冲击的尾部风险。2007 年，在经历持续的经济繁荣期之后，美国次贷危机爆发，银行业遭受了超出预期的更为频繁

① 关于 VaR 的较为详细的计算方法在“市场风险管理”中介绍。

和严重的损失，VaR 方法由于对风险评估不充分而受到质疑，银行应结合压力测试等手段对其进行补充。

(2)单项贷款的 VaR 测算

测算单项贷款的 VaR 值的具体步骤如下：

①估算债务人的信用等级迁移概率。在观察期末，债务人由期初的初始信用等级迁移到其他信用等级或维持原等级的概率即为等级迁移概率。假定实际信用等级迁移概率等于历史平均迁移概率，可以利用历史数据得到信用等级迁移概率。

②估算未来不同信用等级下的贷款远期价值。贷款的理论市场价值随信用等级变化而变化。若信用等级下降，信用风险溢价(信用价差)随之增大，贷款价值(未来各期现金流折现值之和)下降。若信用升级，则信用价差变小，贷款价值上升。贷款的估值公式如下：

$$P = R + \sum_{i=1}^{n-1} \frac{R}{(1 + r_i + s_i)^i} + \frac{R + F}{(1 + r_i + s_i)^n}$$

R 为各期固定利息，F 是贷款金额，n 是贷款剩余期限，r 为无风险利率，s 为信用价差。

③得出贷款远期价值的概率分布。将不同等级的期末贷款价值与迁移概率结合，即得到贷款价值在期末的实际分布。

④计算贷款远期价值的均值和标准差，在此基础上求出 VaR 值。假设贷款价值服从正态分布，置信度为 95%下的 VaR 值为 $1.65\times\sigma$，置信度为 99%下的 VaR 值为 $2.33\times\sigma$。若基于贷款价值的实际分布，贷款的 VaR 值的计算公式为：

贷款 VaR 值 = 贷款均值-与给定的置信度对应的贷款远期价值

例 假设一项 5 年期的固定利率贷款，年利率为 6%，金额为 1 亿元。借款企业的信用等级为 BBB。给定观察期为 1 年。借款企业在下一个年度可能向 8 种信用级别迁移，包括升级、降级和评级不变。见表 14-1。

表 14-1 **贷款信用风险的 VaR 计算**

第 1 年末信用评级	信用等级迁移的概率(%)	第 1 年末贷款的价值(亿元)	概率加权的价值(亿元)	价值对均值的偏离(亿元)	概率加权的偏离的平方
AAA	0. 02	1. 0937	0. 0002	0. 0228	0. 0010
AA	0. 33	1. 0919	0. 0036	0. 0210	0. 0146
A	5. 95	1. 0866	0. 0647	0. 0157	0. 1474
BBB	86. 93	1. 0755	0. 9349	0. 0046	0. 1853
BB	5. 30	1. 0202	0. 0541	(0. 0506)	1. 3592
B	1. 19	0. 9810	0. 0115	(0. 0899)	0. 9446
CCC	0. 12	0. 8364	0. 0110	(0. 2345)	0. 6598
D(违约)	0. 18	0. 5113	0. 0009	(0. 05596)	5. 6358

资料来源：CreditMetries™-Technical Document. J. P. Morgan. Apri1 2, 1997: 10.

第 1 年末贷款价值的均值 $\mu=10\ 709$ 万元，标准差 $\sigma=299$ 万元。假定贷款价值服从正态分布：

在 95%置信度下，$\text{VaR}=1.65\times\sigma=493$(万元)

在 99%置信度下，$\text{VaR}=2.33\times\sigma=697$(万元)

基于正态分布假设会低估实际的 VaR 值，根据贷款价值的实际分布：

在 95%置信度下，$\text{VaR}=10\ 709-10\ 202=507$(万元)

在 99%置信度下，$\text{VaR}=10\ 709-9\ 810=899$(万元)

(3)贷款组合的 VaR 测算

JP 摩根将单项资产模型加以延展，使之成为组合风险计量模型。为便于理解，假设组合由两笔贷款构成，估算组合 VaR 值的具体步骤如下：

①得出两笔贷款的联合信用等级迁移概率矩阵。首先，将借款企业资产价值的波动性与借款人信用等级变化相联系。假定企业资产价值变化幅度达到一定程度时其信用等级就会改变，由此得到等级迁移与企业资产价值变化之间的映射关系。其后，计算两企业资产价值的相关系数。然后，将相关系数代入两企业资产价值的联合正态分布密度函数中，计算两资产价值波动范围分别在一定区域内的联合概率，该概率即等于和资产价值变动区域相对应的两企业未来信用等级状态的联合迁移概率。两贷款组合应得到一个 8×8 的联合迁移概率矩阵。

两家企业的联合信用等级迁移概率为：

$$\text{Prob}(X_i,\ X_j)=\int_b^a\int_d^c f(Y_1Y_2;\ \rho)\,\mathrm{d}Y_1\mathrm{d}Y_2$$

其中，X_i 和 X_j 代表任意两个信用等级，对于有 8 个级别的评级系统，$i,\ j\in(1,\ 2,\ \cdots,\ 8)$。$Y_1$ 和 Y_2 分别表示两家企业的资产价值，$(a,\ b)$和$(c,\ d)$分别表示和两个信用等级对应的企业资产价值波动范围，$f(\cdot)$是两企业资产价值的联合正态分布密度函数，ρ 是两企业资产价值的相关系数。

②求出在不同信用等级状态下贷款组合的市场价值。计算单笔贷款在未来每种信用等级状态下的价值，再将组合中每笔贷款的价值加总，即得到组合的价值。最终得到一个 8×8 贷款组合价值矩阵。

③得出贷款组合价值的概率分布。已知贷款组合在不同信用等级状态下的价值及相应的联合转移概率，可得到组合价值的实际分布。

④求出贷款组合价值的均值与方差，进而计算贷款组合基于实际分布或正态分布的 VaR 值。

3. 宏观模拟模型

Creditmetrics 模型假定等级迁移概率在经济周期不同阶段之间是稳定的，然而等级转移对经济周期是比较敏感的。为修正这个偏差，麦肯锡公司提出宏观模拟模型(loan portfolio view，又称信贷组合观点)，试图将宏观因素与迁移概率的关系模型化，求解基于宏观条件的迁移概率模拟值，以有条件迁移矩阵取代基于历史数据的无条件迁移矩阵，以便求出对经济周期敏感的 VaR 值。

宏观因素与转移概率间的关系可用函数式描述：

$$P_t = f(y_t)$$

P_t表示时间 t 上未来 1 年内借款人从 C 级移往 D 级的概率(P_{CD})，y_t表示时间 t 上的一整套宏观因素所构成的经济状态。y_t由系统宏观因素和非系统宏观因素驱动，前者包括 GDP 增长率、失业率等，后者指经济体系受到的随机冲击或创新。系统宏观因素受其历史值影响，也对当期受到的冲击敏感。

由于历史值已知，冲击因素可以用蒙特卡罗方法模拟得到，最终，可求出 P_t的模拟值，可模拟出未来多期(t，t+1，…，t+n)的 P_{CD}的情景值。

按上述思路，同样可以对转移矩阵中所有的其他元素进行调整，估算出以宏观经济状态为条件的未来各期 t，t+1，…，t+n 的转移概率模拟值，进而得到未来各期的有条件的模拟转移矩阵，从而取代以历史数据为基础的无条件的转移矩阵，并计算出对经济周期敏感的未来各期的 VAR 值。该模型也可以计算周期影响下的违约损失率。

4. 信用风险附加模型

瑞士信贷银行开发的信用风险附加模型(Creditrisk+)借鉴了财产火险精算理论。每处房屋遭遇火灾是独立的小概率事件，同样可假定大规模信贷组合中每笔贷款的违约概率较小且违约事件相互独立，因此组合中发生违约事件的次数近似于泊松分布。房屋失火的损毁程度可能差别很大，贷款的违约损失程度同样很不确定，由于逐笔度量损失程度较困难，可按贷款风险暴露将信贷组合划分为若干频段(次级组合)，以降低不精确性。将不同频段的损失分布加总，可得到贷款组合的损失分布。

模型的具体步骤如下：

①将贷款组合按单笔贷款的风险暴露划分为若干频段。

②求出各频段的违约概率分布。首先，根据历史数据确定某频段的平均违约率。其次，将平均违约率代入泊松分布函数中，可求得频段中违约次数的概率。最后，将违约次数和相应的概率结合，可得到该频段违约次数的概率分布曲线。

③计算各频段的损失分布。将违约损失值与对应的违约概率结合，可得到该频段的损失分布曲线。

④将各频段的损失分布加总得到组合损失分布。进而，计算出未预期到的损失值，即可确定组合的经济资本要求。

三、银行的信用风险内部评级体系

巴塞尔委员会在《巴塞尔协议Ⅱ》中要求银行在内部评级法(IRB)下建立的合格的评级体系具有独立的、性质不同的两个维度，分别反映借款人违约风险和特定的交易风险。中国银监会在 2008 年发布的《商业银行信用风险内部评级体系监管指引》中，也规定银行对信用风险暴露的内部评级包括债务人评级和债项评级两个相互独立的维度。

(一)债务人信用风险评级

1. 评级依据

债务人的评级范围应覆盖所有债务人和认定的保证人。债务人评级用于评估债务人的违约风险，仅反映债务人的风险特征，一般不考虑债项风险特征。如果银行对同一债务人发放多项贷款，债务人的评级必须一致，而不论每笔贷款的交易性质是否有差异。根据巴塞尔委员会和中国银监会的要求，债务人评级应最少具备7个非违约级别、1个违约级别，并保证较高级别的风险小于较低级别的风险。在设定评级结构的基础上，银行应明确评级的定义，即描述各级别的风险程度和各级别之间风险大小的区分标准。

债务人的评级级别应按照债务人违约概率(PD)的大小排序。银行可以综合采用计量模型方法和专家判断方法进行评级。信用风险计量模型应在违约概率的估算中发挥基础作用。不过，计量模型通常只使用获得信息的一部分，尽管避免了以主观判断为主的评级体系所犯的错误，仅仅基于有限信息的技术处理也是评级错误的原因。银行应通过必要的专家判断和人工监控以保证评级考虑了模型未涉及的相关信息。在引入专家判断时，应确保评级标准清晰、透明。对于涉及不同业务线、行业和地区的债务人，评级标准应保持一致。

违约概率的估计主要包括以下环节：

(1)选取数据。银行应从历史数据中选取合格数据，建立样本数据集。数据来源可以包括内部数据、外部数据和内外部集合数据，确保违约概率的估值基于所有相关和重要的数据。样本数据应有代表性，能反映信用风险暴露特征、银行信贷政策以及当前和未来的经济状况。样本数据的选取数目和选取时间段应能够确保违约概率估计的准确性。数据观察期应涵盖一个包括经济衰退期在内的完整的经济周期，用于估计非零售风险暴露债务人的违约概率的数据观察期不得低于5年。

(2)估算参数。信用风险计量模型的构建应同时考虑影响债务人违约风险的非系统性因素和系统性因素。非系统性因素是指与单个债务人相关的特定风险因素；系统性因素是指与所有债务人相关的共同风险因素，如国内宏观经济、商业周期、国际政治经济形势等。银行应估计债务人未来一年的违约概率，监管部门鼓励银行采用长于1年的时间跨度。评级必须反映在遇到不利的经济状况或发生未预料事件时，银行对借款人按照合约履行偿债能力和愿望的评估。对任一级别的债务人，银行可以使用以违约概率预测模型得到的每个债务人违约概率的平均值作为该级别的违约概率。

2. 评级流程

银行的内部评级流程包括以下阶段①：一是评级发起，指评级人员对客户进行一次新的评级过程。二是评级认定，指评级认定人员对评级发起人员的评级建议进行最终审核认定，评级认定的岗位设置应满足独立性要求。三是评级推翻，包括评级人员对计量模型评级结果的推翻和评级认定人员对评级发起人员评级建议的否决。银行应建立明确的评级推翻政策和程序，包括评级推翻的依据和条件、权限划分、幅度等。对于以模型为基础的评级，银行必须监控人工判断推翻模型评级、变量排除和参数调整的情况。四是评级更新，银行应明确评级更新政策，包括更新的条件、频率、程序和评级有效期。银行对非零售风险暴露的债务人和保证人评级应至少每年更新一次，对风险较高的债务

① 债务人评级流程的基本框架也适用于债项的风险评级。

人，应适当提高评级更新频率。

3. 评级体系的验证

银行应对评级体系进行验证，包括对内部评级的准确性和稳定性的评估。准确性是指评级能够有效区分风险，每个级别实际的违约率和估计的违约概率应基本一致。稳定性是指在风险不变的情况下，所采用的评级政策和标准能够保持评级与估值在总体上不发生变化，但不排斥评级体系的调整。评级体系验证包括开发阶段的验证、持续监测和结果分析，银行可以采取基准测试、返回检验等不同的验证方法。

4. 评级应用

银行应将评级结果应用于信用风险管理实践。债务人的评级是授信审批和授信额度设置的重要依据。银行应根据行业、区域等组合层面的评级结果，制定差异化的信贷政策。评级结果和违约概率的估计值应作为银行构建资本计量模型的重要基础和输入参数，并作为银行确定风险偏好和制定风险战略、贷款及投资定价的重要基础。

(二)债项信用风险评级

银行应对非零售风险暴露债务人的每笔债项进行评级。对于银行的信贷资产，债项评级又称贷款评级，也即贷款的风险分类。[①] 传统的贷款分类主要依靠专家的主观判断。《巴塞尔协议Ⅱ》提出，债项的评级级别按照违约损失率(LGD)大小排序。违约损失率指某一债项违约导致的损失金额占该违约债项风险暴露的比率。债项评级必须反映交易本身特定的风险要素，包括产品类别、贷款用途、担保品、求偿权的优先性等影响违约损失率的因素。银行应设定足够的债项级别，以避免违约损失率相差大的多笔贷款进入同一评级级别。债项评级结果对应的每笔贷款的预期损失率可以为贷款定价和计提坏账准备提供依据。

1. 初级 IRB 法下违约损失率的确定

对于采用 IRB 初级法的银行，必须使用监管当局给定的违约损失率的估计值。《巴塞尔协议Ⅱ》给出了确定 LGD 的方法，其基本思想是根据抵押品和债项优先权的不同，对 LGD 进行调整。

(1)对无担保债权和非认定抵押品的处理

对于非认定的抵押品担保的公司、主权和银行的高级债权，规定 45%的 LGD。对于公司、主权和银行的全部次级债权，规定 75%的 LGD。次级贷款指还款顺序排在其他贷款之后的贷款。

(2)对有合格抵押品的处理

对有抵押品的交易，有效的违约损失率（LGD^*）表述如下：

$$LGD^* = \mathrm{Max}\{0,\ LGD \times [(E^*/E)]\}$$

LGD 是指在考虑抵押品之前，无担保贷款的基准违约损失率(45%)，E 是贷款的风险暴露的当前值，E^* 是使用风险缓释后的贷款的风险暴露值。抵押品的信用风险缓释作用体现为对基准违约损失率的调整。

① 关于贷款风险分类的介绍，参见第三编第七章第二节。

银行利用合格的抵押品对公司暴露进行担保，确定有效违约损失率的方法如下：

其一，满足最低合格抵押品要求，但是抵押品当前值(C)和贷款的当前值(E)的比率低于标准水平 C^*(即贷款要求的最低抵押水平)的贷款，对无担保的部分或是由不合格的金融抵押或其他不合格抵押品担保的部分，采用适当的违约损失率。

其二，C 和 E 的比率超过了另一个较高的标准水平 C^{**}(即要求对全部违约损失率超额抵押的水平)的贷款，根据表 14-2 确定其违约损失率。

表 14-2 **对高级暴露已担保部分的最低违约损失率**

	最低违约损失率	贷款的最低抵押水平(C^*)	对全部违约损失率要求的超额抵押水平(C^{**})
合格的金融抵押品	0%	0%	n. a.
应收账款	35%	0%	125%
商用房地产/居住用房地产	35%	30%	140%
其他抵押品*	40%	30%	140%

* 其他抵押不包括银行由于贷款违约获得的实物资产。

高级暴露被分为全额抵押和无抵押部分。暴露全额抵押的部分(C/C^{**})可获得此类抵押品的最低违约损失率。暴露的剩余部分被认为是无担保的，获得 45%的违约损失率。

(3)对抵押品池的处理

按照初级法的规定，银行已经获得金融抵押和 IRB 法的其他合格抵押的，确定此类交易有效违约损失率的方法是标准法的处理方式，并建立在下列指导原则基础之上：

其一，要求银行在已经得到多种形式信用风险缓释工具的情况下，将贷款的调整值(合格的金融抵押品折扣之后)分成若干部分，每一部分由一种信用风险缓释工具覆盖。也即银行必须将贷款分成由合格的金融抵押品抵押的部分、由应收账款抵押的部分、由商用房地产/居住用房地产抵押的部分，及由其他抵押品抵押的部分和相关的无担保部分。

其二，商用房地产/居住用房地产和其他抵押品价值的总和(在确认合格金融抵押和应收账款抵押之后)与扣减后贷款的比率低于标准水平(即贷款抵押的最低水平)，贷款未担保部分的违约损失率是 45%。

其三，贷款的全额担保部分的风险加权资产必须分别计算。

2. 高级 IRB 法下违约损失率的估算

采用 IRB 高级法的银行可以采用自己估计的违约损失率。违约损失率不仅与借款企业的整体资信状况相关，还受到宏观经济周期、借款企业的行业类型、债项的清偿优先性、抵押品、担保效力等因素的影响。银行必须估计每笔贷款的长期平均违约损失率。用于估计非零售风险暴露和零售风险暴露违约损失率的数据观察期分别不得低于7年和5年。

违约损失率的估算方法主要有：

(1)历史数据平均法。根据实际损失率的历史数据进行加权平均，计算出某一类资产的LGD的历史平均值，再将该债项等级的LGD平均值作为某一债项的违约损失率。该方法比较简单，未考虑环境因素和借款人信用状况的变化。

(2)资产估值法。基于债务资产在无违约和违约状态下价值的变化估算LGD，具体包括三种方法。一是市价LGD法：在违约发生时，以市场上直接观察到的债务市场价格来计算违约损失率；二是清算LGD法：估算违约发生后清算过程中的预期现金流扣除各种费用支出后的现值，将之与违约发生时的风险暴露比较，估算LGD值；三是是市场隐含LGD法：通过获得最近交易的无违约风险债券的信用差价状况，利用资产定价模型得出无违约风险债券的价格，进而估计LGD。

(3)回归分析法。根据债项实际损失率的历史数据，将影响LGD的多项因素作为解释变量，建立回归模型，然后将特定债项的相关数据输入模型中，得出LGD的预测值。穆迪评级公司在2002年开发的LossCalc模型就属于这一类型。

第三节　信贷组合的风险分散与管理

在准确评估和严密监控信用风险的基础上，银行可以遵循风险管理的基本策略，采取多种手段控制和调整信用风险暴露。

一、信用风险分散与信贷组合管理

信用风险分散是指通过构造多样化的贷款组合，避免信贷过度集中于单一客户和特定行业、地区、期限，使银行降低所持有的风险的目标和过程。其基本原理源于20世纪50年代马柯维茨(Markowitz)提出的现代资产组合理论，投资者可利用收益负相关的资产相互抵消非系统风险，调整资产组合，使之移向“有效边界”。

传统的银行信贷模式表现出两个特征：一是侧重“一对一”的客户关系管理，银行通常只考虑单项贷款的盈利与风险，忽略从信贷组合的视角进行风险收益分析和决策；二是银行对客户发放贷款后，就持有贷款直至到期，而不主动对信贷组合结构进行调整。20世纪90年代以来，从“放贷—持有到期”的单项贷款管理向积极的信贷组合管理转变，是现代银行业的重要革新举措之一。银行不再是消极地持有贷款，而是积极地调整和优化信贷组合结构，减少边际风险较高而相对收益较低的信用暴露，增加对组合风险回报率产生正面贡献的信用头寸，改善信贷组合的风险收益状况。要实施有效的信贷组合管理，银行需要拥有灵活多样的管理工具，除了授信限额等传统手段之外，贷款证券化、信用衍生工具的创新为银行调整信贷组合提供了便利。

二、授信限额

授信限额是银行在事前控制信用风险集中度的传统方法，基本思路是针对单一信用风险敞口(特定客户或关联集团，特定行业、国家、区域、授信品种等)设定授信限额，以控制信用风险的集中度。

银行在实践操作中，建立"统一授信制度"，在对客户的财务状况和信用风险进行综合评估的基础上，结合银行的风险偏好，确定银行能够和愿意承担的风险总量，设定对客户的最高授信额度，并加以集中统一控制。银行对同一客户的不同形式的信用(表内/表外)发放均纳入最高授信限额以内。

在现实中，信贷限额的实施面临客观制约：一是银行所在地区有限的客户多样性。银行开拓业务受"自然市场"限制，在区域经济结构单一的情形下，贷款难免集中于当地支柱产业。二是银行顺行业周期的信贷取向。银行倾向于集中信贷资源投入处于上升期和成熟期的产业，发挥信贷业务的规模效应。三是信贷部门通常追求目标市场集中化，以便保持对特定客户的信息优势和管理专长。单纯依靠信贷限额并不足以避免信贷集中。

三、贷款出售

银行可以在贷款二级市场上出售过度集中的贷款头寸，在事后对现有信贷组合分散化。贷款出售可以采取三种形式，其一是债务更新；其二是从属参与；其三是债务转让。债务更新的法律关系明晰，但合约替换成本较高，只适用于涉及少数债务人的情况。从属参与的法律手续简捷，但若买方保留对卖方的追索权，银行实际上没有真正地出售资产，仍需承担风险。债务转让是国际贷款市场常见的交易方式。20 世纪 80 年代，欧美银行业的贷款二级交易发展较为迅速，尤其是辛迪加贷款份额的转让，形成相当可观的规模。

贷款出售的交易技术较简便，但运作中也面临一些障碍。首先是信贷合约非标准化的交易障碍。标准化程度低是贷款合约有别于证券的天然特质。贷款结构安排灵活性较强，利率、期限、金额、偿还方式等合约要素具有定制化的特点。其次是与银行维持客户关系的矛盾。贷款出售也可能导致客户关系受损，使银行面临"信贷悖论"(paradox of credit)。

四、贷款证券化

贷款证券化是将多项贷款配成基础资产池，并以其产生的现金流作为担保在市场上发行证券。贷款证券化的实质就是将缺乏流动性的、非标准化的贷款转换成为可转让的、标准化的证券，并转售于市场投资者。证券化增进了贷款的流动性，银行可以更加便利地分散和转移信用风险。自 20 世纪 80 年代以来，发达国家银行业利用期限层化、利息层化和风险层化等结构化技术重组基础贷款池的现金流，开发出多种证券化创新品种，吸引了广泛的投资者。①2005年，中国启动贷款证券化试点，建设银行和国家开发银行分别推出了“建元”住房抵押贷款证券和“开元”信贷资产支持证券。2012年，贷款证券化试点重启，并在2014年之后步入常态化发行。

不过，贷款证券化也存在局限。贷款证券化要在法律上认可为真实销售，银行要将贷款彻底转让给SPV，仍然面临客户关系受损问题；证券化交易成本较高，适于大规模信贷组合整体风险出售，而非对局部风险暴露特别处理；证券化虽可对基础贷款池的现金流进行风险分层，但难以对贷款池的风险暴露作更细致的分解和重塑。此外，非标准化、单笔规模较大的企业贷款进行证券化相对困难。

五、信用衍生工具

信用衍生工具是价值基于参考实体信用品质变化的金融衍生合约，其实质功能是将信用风险与基础参考资产的其他风险剥离，将之向交易对手转移。不同于贷款合约的二级交易，纯粹风险转移不涉及贷款现金流的转让，而是将风险暴露作为独立的“商品”在市场上买卖。②

1993年，信孚银行和瑞士信贷银行发行和贷款质量关联的债券，成为信用衍生品交易的开端。1995年，JP摩根开发出信用违约互换合约。此后，信用衍生品逐步从零散交易形成初具规模的市场。自2001年至2006年，信用衍生工具交易持续扩张，成为增长最快的场外金融衍生品。中国也逐步建立了信用衍生品市场。2010年，银行间市场推出信用风险缓释合约（credit risk mitigation agreement，简称CRMA）和信用风险缓释凭证（credit risk mitigation warrant，简称CRMW），并于2016年推出信用违约互换（CDS）和信用联结票据（CLN）。

作为新型信用风险管理工具，信用衍生工具的优点在于：其一，债权人可以利用信用衍生工具进行表外交易，保留信贷资产而出售信用风险暴露，从而避免损害客户关系；其二，债权人可以更加便捷地与各类交易对手达成信用衍生合约，提高交易效率，节约交易成本；基三，信用衍生工具独立于参考资产，有较大的设计弹性空间，为银行重塑信贷组合风险敞口提供了更为灵活的方式。

以贷款证券化和信用衍生工具为代表的风险转移机制创新提高了信用风险配置的效率，增进了金融市场的完备性。同时，风险转移对风险出让方具有“激励稀释效应”，可能诱使风险暴露的卖方银行产生机会主义倾向和道德危害。次贷危机发生后，监管部门强化了对贷款证券化的监管。美国在2010年颁布的《华尔街改革和消费者保护法》中规定了贷款证券化的风险自留监管要求，证券化发起人必须至少保留基础资产5%的信用风险，旨在促使银行履行严格筛选借款人并对其进行监督的职能。

---

① 关于贷款证券化的具体介绍，参见第十章第七节。

② 关于信用衍生工具的具体介绍，参见第十章第六节。

◎小　结

1. 信用风险是交易对手或债务人不能正常履行合约或信用品质发生变化而导致交易另一方或债权人遭受损失的可能性。狭义的信用风险是指交易对手或债务人到期不履行合约义务的违约风险，广义的信用风险还包括交易对手或债务人信用品质变化的不确定性所引起的信用价差风险。

2. 信用风险在银行运营中普遍存在，银行的各类贷款和债券投资等表内资产业务的信用风险最为突出和集中，表外授信和金融衍生工具交易也面临信用风险。

3. 传统的信用风险评估方法主要是专家审贷，对借款人进行财务分析和非财务分析，判断借款申请人的还款意愿和支付能力。

4. 信用风险的度量要素包括违约概率、违约损失率、违约风险暴露、信用等级迁移概率、违约相关性或联合信用等级迁移概率等。

5. 20世纪60年代至20世纪80年代，学术界创建了基于财务比率评估企业违约风险的Z计分模型和Logit模型。前者采用多元线性判别分析法，通过估测企业的Z值计分判断其破产的可能性。后者基于Logistic回归，估算企业的违约概率。

6. 20世纪90年代以来，发达国家开发出KMV模型、信用度量模型、宏观模拟模型、信用风险附加模型等新型信用风险度量模型。

7. KMV模型将债权看作债权人向借款公司股东出售的对企业价值的看跌期权。当债务到期时，如果借款企业的资产市场价值超出负债，企业会偿还债务；否则，企业所有者将选择违约，将资产转交给债权人处置。企业的违约概率取决于企业价值低于债务价值的可能性。KMV模型利用期权定价理论，基于企业股票价格变化估算预期违约频率，属于“向前看”的风险评估方法。针对单个企业的KMV模型可以扩展到组合模型。

8. 信用度量模型旨在估算贷款信用风险的VaR值，即在未来给定时期内和给定的置信度下，贷款可能发生的最大损失。该模型可以用于单项贷款和贷款组合的VaR值测算。VaR法的优点是明确直观，提供了统一的风险值测度框架，缺陷是属于“向后看”的风险度量方法，忽略了极端负面冲击的尾部风险。

9. 宏观模拟模型试图将宏观因素与转移概率的关系模型化，求解基于宏观条件的转移概率模拟值，以有条件转移矩阵取代基于历史数据的无条件转移矩阵，以便求出对经济周期敏感的VaR值。

10. 信用风险附加模型假定信贷组合中发生违约事件的次数近似于泊松分布，可按贷款风险暴露将信贷组合划分为若干频段，将不同频段的损失分布加总，得到贷款组合的损失分布。

11. 根据巴塞尔委员会和中国监管部门的要求，银行应建立包括债务人评级和债项评级两个维度的内部评级体系。

12. 债务人的评级级别应按照债务人的违约概率排序。银行可以综合采用计量模型方法和专家判断方法进行评级。银行的内部评级流程包括评级发起、评级认定、评级推翻、评级更新。银行应对内部评级的准确性和稳定性进行验证。银行应将债务人评级的结果应用于授信审批、授信额度设置、信贷政策制定、资本计量、贷款定价等信用风险管理实践。

13. 债项的评级级别按照违约损失率排序。对于采用 IRB 初级法的银行，必须使用监管当局给定的违约损失率的估计值。采用 IRB 高级法的银行可以采用自己估计的违约损失率。违约损失率不仅与借款企业资信状况相关，还受到经济周期、行业类型、清偿优先性、抵押品、担保效力等因素的影响。违约损失率的估算方法主要有历史数据平均法、资产估值法、回归分析法等。

14. 银行可以遵循风险管理的基本策略，采取多种手段控制和调整信用风险暴露。信用风险分散是指银行通过构造多样化的贷款组合，避免信贷过度集中于单一客户和特定行业、地区、期限，使银行降低所持有的风险的目标和过程。从“放贷—持有到期”的单项贷款管理向积极的信贷组合管理转变，是现代银行业的重要革新举措之一。

15. 授信限额管理是银行控制信用风险集中度的传统方法，银行也可以通过贷款出售、贷款证券化和信用衍生工具，灵活地调整信贷组合的风险敞口，实现风险分散化。

16. 贷款证券化的实质是将缺乏流动性的、非标准化的贷款转换成为可转让的、标准化的证券，并转售于市场投资者。信用衍生工具属于“纯粹风险转移”，不涉及贷款现金流的转让，其功能是将信用风险与基础参考资产的其他风险剥离，将之向交易对手转移。

◎重要概念

违约风险　信用价差风险　违约概率　违约损失率　违约风险暴露　信用等级迁移概率　Z 计分模型　Logit 模型　KMV 模型　信用度量模型　宏观模拟模型　信用风险附加模型　债务人评级　债项评级　信用风险分散　信贷组合管理　授信限额　贷款出售　贷款证券化　信用衍生工具

第十五章　银行市场风险管理

第一节　银行市场风险概述

一、银行市场风险的含义

按照巴塞尔协议的界定，银行市场风险是因市场价格的不利变动而使银行表内和表外业务发生损失的风险。

从国际角度看，1988年《巴塞尔协议》偏重信用风险而忽视市场风险，以致市场风险缺乏管理。20世纪90年代巴林银行、大和银行等国际银行倒闭事件的发生凸显了忽视市场风险的重大恶果，于是催生了1996年对《巴塞尔协议》的重大调整，将市场风险和操作风险、信用风险置于同一高度。

随着20世纪末金融服务的全球化进程和金融产品的不断创新，银行在迅速扩大经营规模和盈利空间的同时面临着日益加剧的市场风险，特别是2008年美国次贷危机的爆发，国际先进银行开始更加关注市场风险，市场风险已成为现代银行面临的主要风险之一。

相比较于信用风险和操作风险，银行市场风险具有以下特点：

1. 风险与收益的对称性。从本质上说，市场风险属于投机风险，既有带来损失的可能，也有带来收益的可能，风险与收益具有相对的对称性，银行基于不同程度风险的承担可以获取相应的风险收益。为此，银行实施市场风险管理的目标是通过将市场风险控制在银行可以承受的合理范围内，实现经风险调整收益率的最大化。

2. 杠杆性。由于银行面临的市场风险大多与衍生交易相关，衍生交易具有的杠杆性也反映为银行市场风险管理的杠杆性。杠杆性的存在使得市场风险管理对银行损益的影响更为复杂。

3. 系统性。市场风险主要来自整个经济体系而不是交易对手或内部体系，因而具有系统性风险的特征，尤其是利率风险和汇率风险，其系统性风险的特征更为明显。市场风险的这种系统性特点，使得银行无法通过分散化来管理，一般主要运用套期保值或保险的方法进行管理。

4. 相对可测性。由于市场交易具有连续的数据基础，相比较于其他风险而言，市场风险的历史规律更容易被把握，相关量化技术手段的采用也更科学。

二、银行市场风险的种类

基于风险产生的诱因的差异，银行市场风险可分为以下四类：

(一)利率风险

利率风险是指市场利率变动的不确定性给银行造成损失的可能性。巴塞尔委员会在1997年发布的《利率风险管理原则》中将利率风险定义为：利率变化使银行的实际收益与预期收益或实际成本与预期成本发生背离，使其实际收益低于预期收益，或实际成本高于预期成本，从而使银行遭受损失的可能性。利率风险是现代银行面临的基本风险之一。

对于银行，利率风险的产生取决于两个条件：(1)市场利率发生波动；(2)银行的资产和负债期限匹配不一致。只要这两个条件同时存在，银行就存在利率风险。利率风险的大小取决于市场利率波幅的大小及银行资产和负债匹配不一致的程度。在市场经济条件下，由于资金供给和需求的相互作用，市场利率总是在不断的波动中。利率风险使银行的财务状况暴露在利率的不利变化之中，过高的利率风险可以对银行的收益和资本造成很大的威胁。利率的变动通过影响银行的净利息收入和其他一些利率敏感性收益和经营费用，最终影响到银行的收益。利率的变动也会影响银行的资产、负债和表外业务工具的价值。

从性质来看，银行利率风险包括以下风险：

1. 重新定价风险(repricing risk)。重新定价风险是主要的和最经常遇到的利率风险，来自银行的资产、负债和表外业务头寸的到期日在时间上的不同(固定利率)和重新定价(浮动利率)。由于这些重新定价的不匹配性，当利率发生变化时，它们可以使银行的收益和主要品种的市场价值暴露于不可预测的风险中。通常把某一时间段内对利率敏感的资产和对利率敏感的负债之间的差额称为“重新定价缺口”。只要该缺口不为零，则利率变动会使银行面临利率风险。

2. 收益曲线风险(yield curve risk)。收益曲线是将各种期限债券的收益率连接起来而得到的一条曲线。当银行的存贷款利率都以国库券收益率为基准来制定时，收益曲线的意外位移或斜率的突然变化而对银行净利差收入和资产内在价值造成的不利影响就是收益曲线风险。收益曲线的斜率会随着经济周期的不同阶段而发生变化，使收益曲线呈现出不同的形状。正收益曲线一般表示长期债券的收益率高于短期债券的收益率，这时没有收益率曲线风险；而负收益率曲线则表示长期债券的收益率低于短期债券的收益率，这时有收益率曲线风险。

3. 基差风险(basis risk)。当一般利率水平的变化引起不同种类的金融工具的利率发生程度不等的变动时，银行就会面临基差风险。即使银行资产和负债的重新定价时间相同，但是只要存款利率与贷款利率的调整幅度不完全一致，银行就会面临风险。例如，用一个一年期的存款作为资金来源，其利息率每月按 LIBOR 浮动，将此存款用于一笔一年期的贷款，其利息是每月按国债的发行利率浮动，这两个指标之间的差额会使银行资金配置暴露于风险之中。

4. 选择权风险(option risk)。选择权风险是指利率变化时，银行客户行使隐含在银行资产负债表内业务中的期权给银行造成损失的可能性。即在客户提前归还贷款本息和提前支取存款的潜在选择中产生的利率风险。银行在交易和非交易账户中都有选择权存在。

(二)汇率风险

汇率风险是指汇率变动特别是汇率出现与预测方向相反的大幅波动，而给银行造成损失的可能性。汇率风险也是一种典型的市场风险。汇率的波动受到多方面因素的影响，主要有：国际收支状况、通货膨胀率、利率政策、关税政策、对外贸易政策、外汇管理措施、各国政治经济局势以及外汇市场的投机活动等。

从性质来看，银行汇率风险包括以下风险：

1. 交易风险。交易风险是指运用外币进行计价收付的交易中，银行因外汇汇率的变动而蒙受损失的可能性。交易风险主要源自银行所持有的外汇头寸。

2. 折算风险。折算风险又称会计风险，指银行对资产负债表的会计处理中，将功能货币转换成记账货币时，因汇率变动而导致账面损失的可能性。

3. 经济风险。经济风险又称经营风险，指意料之外的汇率变动通过影响银行的业务行为引起银行未来一定期间收益或现金流量减少的一种潜在损失。

(三)资本市场价格风险

以股票、债券为代表的资本市场价格风险是指资本市场各类产品价格变动造成投资收益的不确定性风险。随着银行业务的不断创新，银行更多地参与国内外资本市场，或将某种银行产品的收益率与资本市场价格挂钩。随着股票、债券价格的波动，必将影响银行头寸价值，从而形成对银行投资收益的影响。

(四)商品价格风险

商品的广义定义是可以在有组织市场上进行交易的实物产品，如农产品、石油、天然气、电力和贵金属(黄金除外，黄金视同外汇)。这些实物产品价格的变动造成银行资产面临损失的风险称为商品价格风险。商品价格风险通常比其他金融工具的风险更难测量，因为该市场缺乏流动性，商品价格受季节性供需变化影响较大。商品价格的变化直接影响着企业的收益，也就关系到银行的贷款能否按期收回，影响存款和贷款的规模，而且还改变了银行固定资产和贷款抵押品的价值，影响利率和股指的变化及银行的营业成本，进而影响银行的收益。

第二节　银行市场风险的评估

由于具有良好的数据基础，市场风险可以采用多种量化技术进行测度。常用的银行市场风险评估主要有以下四种方法：

一、灵敏度方法

灵敏度方法，是利用金融资产市值对其风险因子的敏感性来测量金融资产风险的方法。标准的风险因子包括利率、汇率、股票指数和商品价格等。

假定金融资产的市值为 P，其风险因子为 x_1，x_2，…，x_n，市值 P 为风险因子 x_1，x_2，…，x_n的函数，因此风险因子的变化将导致金融资产市值的变化，即：

$$\frac{\Delta P}{P} = \sum^{n} D_i \Delta x_i \tag{15-1}$$

其中，D_1，D_2，…，D_n为资产市值对相应风险因子的敏感性，称为灵敏度。灵敏度表示当风险因子变化 1 个百分数单位时金融资产市值变化的百分数。灵敏度越大的金融资产，受风险因子变化的影响越大，风险越大。

公式(15-1)是灵敏度方法测量银行风险的基础。但只有金融资产市值变化与其市场因子变化呈线性关系时，公式(15-1)才成立。金融市场中，许多金融资产具有非线性动态行为，所以只有在假设市场因子仅发生微小变化时，金融资产市值的变化与市场因子的变化才近似呈公式(15-1)所示的线性关系式。因此，灵敏度是一种对风险线性的近似测量。

针对不同的金融资产、不同的风险因子，存在不同类型的灵敏度。实际中常用的灵敏度包括：针对债券(或固定利率性金融工具)的久期(duration)和凸性(convexity)，针对股票的 β 系数，针对衍生工具的 Delta、Gamma、Theta、Vega、Rho 等。例如，期权的 Delta 反映了标的资产变化 1 个百分点所导致的期权价值变化的百分点。

灵敏度方法的优点在于概念上的简明和直观性，使用上的简单性。但其缺点在于：(1)近似性，只是一种局部性测量方法；(2)对产品类型的高度依赖性，一方面无法测量包含不同市场因子、不同金融产品的证券组合的风险，另一方面也无法比较不同资产的风险程度；(3)对于复杂金融产品的难理解性，如对于衍生证券，Gamma、Vega 等概念很难理解；(4)相对性，并没有回答某一证券组合的风险—损失到底是多大。灵敏度方法主要适用于简单金融市场环境下(单一产品、单一风险)的风险测量，或复杂金融环境下的前台业务。

随着金融市场的规模增大、交易方式的动态性和复杂性的增加，灵敏度方法存在的主要缺陷在于其测量风险的单一性——不同的风险因子对应不同的灵敏度。这就导致以下几个问题：(1) 无法测量交易中极为普遍的、由类型不同的证券构成的证券组合的风险；(2) 由于不能汇总不同市场因子、不同金融工具的风险暴露，灵敏度方法无法满足市场风险管理和控制的中台、后台全面了解业务部门和机构面临的整体风险的需要，以致无法展开有效的风险控制和风险限额设定；(3) 灵敏度方法在测量风险时，没有考虑证券组合的风险分散效应；(4) 机构高层无法比较各种不同类型的交易头寸间的风险大小，并依此作出绩效评估和资本分配。

二、波动性方法

波动性估计实际回报与预期回报之间可能的偏离。波动性可以通过规范的统计方法量化，其中，方差或标准差是最为常用的方法，它估计了实际回报与预期回报之间可能的偏离。人们在使用中通常把波动性与标准差等同起来。

单一资产方差的计算公式如下：

$$\sigma^2(\widetilde{R}_i) = \sum_{i=1}^{n} P_i[R_i - E(\widetilde{R}_i)]^2 \tag{15-2}$$

资产组合方差的计算公式如下：

$$\sigma(\widetilde{R}_p) = [x_A^2\sigma^2(\widetilde{R}_A) + x_B^2\sigma^2(\widetilde{R}_B) + 2x_A x_B \mathrm{Cov}(\widetilde{R}_A, \widetilde{R}_B)]^{1/2} \tag{15-3}$$

其中：

$$\rho_{ij} = \frac{\mathrm{Cov}(\widetilde{R}_i, \widetilde{R}_j)}{\sigma(\widetilde{R}_i)\sigma(\widetilde{R}_j)} \tag{15-4}$$

$$\mathrm{Cov}(\widetilde{R}_i, \widetilde{R}_j) = \frac{1}{T}\sum_{i=1}^{T}[\widetilde{R}_{it} - E(\widetilde{R}_i)][\widetilde{R}_{jt} - E(\widetilde{R}_j)] \tag{15-5}$$

在以上公式中，$E(\widetilde{R}_i)$ 和 $E(\widetilde{R}_j)$ 表示资产 i 与 j 的预期收益，$\sigma(\widetilde{R}_i)$ 与 $\sigma(\widetilde{R}_j)$ 表示资产 i 与资产 j 的标准差。

波动性描述了收益偏离其平均值的程度，在一定程度上测量了金融资产市值的变化程度。但波动性方法主要存在两个缺点：(1)只描述了收益的偏离程度，却没有描述偏离的方向，而实际中最为关心的是负偏离(损失)；(2)波动性并没有反映证券组合的损失到底是多大，对于随机变量统计特性的完整描述需要引入概率分布，而不仅仅是方差。所以，波动性方法一般用于事后的绩效评价，很少用于事前的投资决策。

三、VaR 方法

VaR(Value at Riak)是在一定置信水平和一定持有期内，某一金融资产或组合在正常的市场条件下所面临的最大损失额。从数学和统计的意义上看，VaR 就是在某个既定的损益预期分布中，对应一定置信水平的分位数。

可表示为：

$$\text{Prob}(\Delta P > \text{VaR}) = 1-c \tag{15-6}$$

其中，ΔP 为证券组合在持有期 Δt 内的损失；VaR 为置信水平 c 下处于风险中的价值。

在 VaR 定义中，有两个重要参数——持有期和置信水平。任何 VaR 只有在给定这两个参数的情况下才有意义。持有期是计算 VaR 的时间范围。由于波动性与时间长度呈正相关，所以 VaR 随持有期的增加而增加。通常的持有期是一天或一个月，但某些金融机构也选取更长的持有期如一个季度或一年。巴塞尔委员会对商业银行内部风险模型计算的 VaR 要求的考察期限为 10 个工作日，置信区间为 99%；花旗银行等多数大银行则选用 1 个工作日、99%的置信度作为模型参数。选择持有期时，往往需要考虑四种因素：流动性、正态性、头寸调整、数据约束。置信水平的选择依赖于对 VaR 验证的需要、内部风险资本需求、监管要求以及在不同机构之间进行比较的需要。同时，正态分布或其他一些具有较好分布特征的分布形式（如 t 分布）也会影响置信水平的选择。

考虑一种金融资产，假定 P_0 为金融资产的初始价值，R 是持有期内的投资回报率，则在持有期末，金融资产的价值可以表示为：

$$P = P_0(1 + R) \tag{15-7}$$

假定回报率 R 的期望回报和其波动性分别为 μ 和 σ。如果在某一置信水平 c 下，金融资产的最低价值为 $P^* = P_0(1+R^*)$，则根据 VaR 的定义，在一定的置信水平下，金融资产在未来特定的一段时间内的最大可能损失 VaR 为：

$$\text{VaR} = E(P) - P^* = -P_0(R^* - \mu) \tag{15-8}$$

根据以上定义，计算 VaR 就相当于计算最小值 P^* 或最低的回报率 R^*。

在标准正态分布下，当给定一个置信水平如 95%，则对应 $\alpha = 1.65$，于是就可以计算出相应的最小回报 R^* 和 VaR。由公式（15-8），最小回报可以表示为：

$$R^* = -\alpha\sigma + \mu \tag{15-9}$$

$$\text{VaR} = -P_0(R^* - \mu) = P_0\alpha\sigma \tag{15-10}$$

因此，VaR 是分布的标准差与由置信水平确定的乘子的乘积。

VaR 的计算方法通常分为三种：参数法（parametric modeling）、历史模拟法（historical simulation）和蒙特卡罗模拟法（monte carlo simulation）。见表 15-1。

表 15-1　**VaR 的计算方法的比较**

	前提条件	优　势	不　足
参数法	服从正态分布。	易计算，逻辑性强； 无需大量的数据； 可用于组合分析。	依赖于对参数的估计； 实际分布与正态分布存在不一致性。
历史模拟法	历史可以复制未来。	适用性强； 直观，易理解。	依赖于历史数据； 很难用于组合分析。
蒙特卡罗法	价格变动服从随机过程。	无需大量的数据，也无需参数估计； 适用面广。	计算过程不透明，难于理解； 计算量较大。

例　投资组合 VaR 的计算

假设将 100 万美元投资于两种资产，要计算该投资组合在 95%置信水平下的 VaR。表 15-2 给出的是该投资组合 VaR 计算的有关数据。

表 15-2　　**投资组合 VaR 计算**

	资产 1	资产 2
标准差	25%	26%
权数	30%	70%
相关系数	0.70	
具体计算：		
投资组合的方差	0.057 86	
标准差	24.05%	
标准差乘数	1.644 853	
VaR(%)	39.565 126%	
VaR(美元)	395 651(美元)	

VaR 的优点：(1) VaR 可以测量不同市场因子、不同金融工具构成的复杂证券组合和不同业务部门的总体市场风险暴露；(2)由于 VaR 提供了一个统一的方法来测量风险，为比较不同业务部门的风险暴露大小、基于风险调整的绩效评估、资本配置、风险限额设置等，提供了一个简单可行的方法；(3)VaR 概念简单，理解容易；(4)VaR 充分考虑了不同资产价格变化之间的相关性，这可以体现出投资组合分散化对降低风险的贡献；(5)特别适合监管部门的风险监管。但 VaR 也存在一些缺陷：(1)它是一种向后看的方法(backward-looking)，对未来的损失估计是基于历史数据，并假定变量间过去的关系在未来保持不变，显然，许多情况下，这并不符合实际；(2)VaR 的计算是在特定的假设条件下进行的，如数据分布的正态性等，有时这些假定与现实可能不符；(3) VaR 的计算有时非常复杂；(4)VaR 只是市场处于正常变动下市场风险的有效测量，它不能处理金融市场处于极端价格变动的情形，如股市崩盘等。理论上讲，这些缺陷的根源不在 VaR 自身，而在于其所依据的统计方法。

金融市场中，常常出现一些极端情形，经济变量间、金融市场因子间的一些稳定关系就会遭到破坏，市场因子之间、市场风险和信用风险之间的因果关系也会出现较大变化，其他一些原本不该出现的意外联系在极端市场情况下也会出现，市场因子和组合价值之间的关系也会发生根本改变。在这些极端情况下，VaR 赖以成立的假定和计算的参数发生巨大变化，而导致用 VaR 方法估计的结果出现极大误差。为了测量极端市场状况下的金融市场风险，人们引入了压力试验方法。

四、压力测试

压力测试通过测算银行在遇到假定的小概率事件等极端不利情况下可能发生的损失，分析这些损失对银行盈利能力和资本金带来的负面影响，进而对单家银行、银行集团和银行体系的脆弱性作出评估和判断，并采取必要措施。作为 VaR 方法的重要补充，压力测试能够帮助银行充分了解潜在风险因素与银行财务状况之间的关系，深入分析银行抵御风险的能力，形成供董事会和高级管理层讨论并决定实施的应对措施，预防极端事件可能对银行带来的冲击。压力测试也能够帮助监管者充分了解单家银行和银行业体系的风险状况和风险抵御能力。

如图 15-1 所示，VaR 能有效估计正常环境下资产的损失风险，但当金融市场处于极端价格变动的情形时则无能为力，而压力测试则能有效评估一些小概率极端事件冲击的影响，它可以对一定置信度以外的突发事件的发生对金融资产损失或金融机构脆弱性的影响进行测试。压力测试与 VaR 的区别表现为以下几方面：(1)就市场环境而言，VaR 衡量正常市场环境下的市场风险，而压力测试衡量异常市场环境下的市场风险；(2)就分布假设而言，VaR 方法假设风险因子的变化是正态分布，因此它对信用风险中所涉及的“肥尾”现象无法把握，也就无法度量极端背景下的损失情况，而压力测试不对风险分布进行任何假设，能度量极端情况下的损失情况；(3)就损失发生的可能性而言，VaR 把对预期的未来损失大小和该损失发生的可能性结合起来，不仅让投资者知道发生损失的规模，而且知道其发生的可能性，压力测试只能说明事件的影响程度，却很难说明事件发生的可能性。

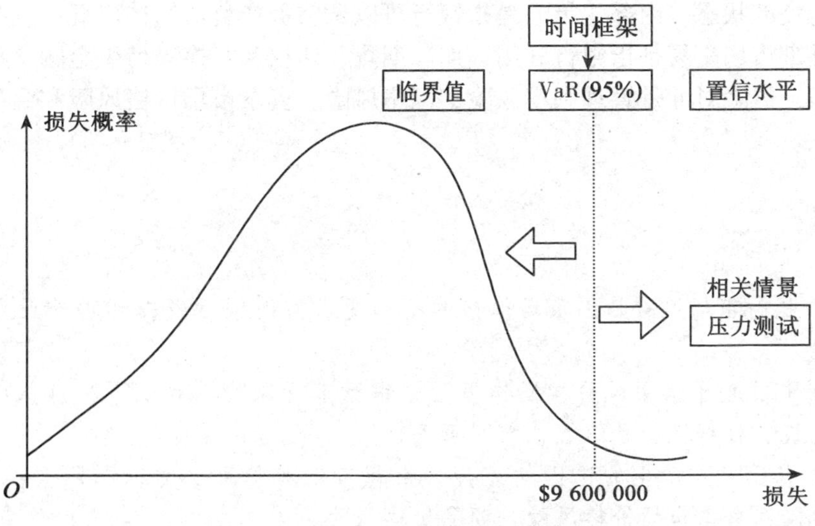

图 15-1 压力测试与 VaR 的关系

第三节　银行市场风险的管理策略

银行市场风险的应对，除了遵循银行风险管理的风险分散、风险转移、风险控制等一般性策略，还有些具体的策略，主要包括：

一、限额管理

银行市场风险限额管理的目的是确保将所承担的市场风险控制在银行可以承受的合理范围内。市场风险限额包括交易限额、风险限额及止损限额等，并可按地区、业务经营部门、资产组合、金融工具和风险类别进行分解。银行应当根据不同限额控制风险的不同作用及其局限性，建立不同类型和不同层次的限额相互补充的合理限额体系，有效控制市场风险。设定限额时应考虑的因素包括：(1)业务性质、规模和复杂程度；(2)银行能够承担的市场风险；(3)业务经营部门的既往业绩；(4)工作人员的专业水平和经验；(5)定价、估值和市场风险度量系统；(6)压力测试结果；(7)内部控制水平；(8)资本实力；(9)外部市场的发展变化情况。商业银行应当确保不同市场风险限额之间的一致性，并将市场风险限额与流动性风险限额等其他风险类别的限额管理相协调。

二、风险对冲

银行市场风险对冲是指银行通过内部化策略或外部市场交易对冲市场风险，使银行处于风险免疫的状态。内部化策略是指银行可以调整资产负债结构以规避利率风险或汇率风险。外部市场交易是指银行利用远期、期货、期权和互换等衍生金融交易将市场风险转移出去。风险对冲是管理利率风险、汇率风险、资本市场价格风险和商品风险非常有效的办法。

◎小　结

1. 银行市场风险是因市场价格的不利变动而使银行表内和表外业务发生损失的风险。

2. 相比较于信用风险和操作风险，银行市场风险具有以下特点：风险与收益的对称性、杠杆性、系统性、相对可测性。

3. 基于风险产生的诱因的差异，银行市场风险可分为以下四类：利率风险、汇率风险、资本市场价格风险、商品价格风险。

4. 利率风险是指银行的财务状况在利率出现不利的波动时所面临的风险，它不仅影响银行的盈利水平，也影响其资产、负债和表外金融工具的经济价值。从性质来看，银行利率风险包括重新定价风险、收益率曲线风险、基差风险和选择权风险。

5. 汇率风险是指汇率变动特别是汇率出现与预测方向相反的大幅波动，而给银行造成损失的可能性。从性质来看，银行汇率风险包括交易风险、折算风险和经济风险。

6. 常用的银行市场风险评估主要有以下四种方法：灵敏度方法、波动性方法、VaR 方法和压力测试。

7. VaR 是在一定置信水平和一定持有期内，某一金融资产或组合在正常的市场条件下所面临的最大损失额。从数学和统计的意义上看，VaR 就是在某个既定的损益预期分布中，对应一定置信水平的分位数。

8. 压力测试是一种以定量分析为主的风险分析方法，通过测算银行在遇到假定的小概率事件等极端不利情况下可能发生的损失，分析这些损失对银行盈利能力和资本金带来的负面影响，进而对单家银行、银行集团和银行体系的脆弱性作出评估和判断，并采取必要措施。

9. 银行市场风险的管理策略，除了遵循银行风险管理的风险分散、风险转移、风险控制等一般性策略，还包括限额管理和风险对冲。

◎重要概念

市场风险　利率风险　压力测试　重新定价风险　收益率曲线风险　基差风险　选择权风险　汇率风险　灵敏度方法　波动性方法　VaR 方法　压力测试

附录：巴林银行（Barings）破产的 VaR 分析①

1995 年 2 月 26 日，具有 233 年悠久历史的英国巴林银行宣布破产。导致这一结果的直接原因是巴林银行新加坡分行期货交易负责人理森（N. Leeson）在其衍生金融交易中损失了 13 亿美元。

一、理森的操作策略

理森为了获取超额利润，同时卖空了大约 35 000 份日经指数（Nikkei225 指数）期货的看涨和看跌期权，采用了所谓的空头“等价对敲”（straddle）。理森采用的这种策略实际上是在和市场打赌，他认为日本经济将逐步摆脱衰退而稳定发展，因此他赌日经指数在 1995 年 3 月份（其卖空的期权合约的到期月份）将会稳定或徘徊在目前的 19 000 点附近，这样他就可获得巨额的期权费（premium）。事实上，日经指数的确一直徘徊在 19 000点左右，如果市场继续维持平衡，理森的等价对敲策略将实现其投机目的。但

① 本案例参考了：王春峰. 金融市场风险管理. 天津：天津大学出版社，2001.

1995年1月17日日本神户地震给日本经济造成巨大冲击，日经指数暴跌，理森的等价对敲策略失败。这时理森又赌日经指数将会出现反弹，于是买入日经指数期货，还卖空了日本10年期国债(JGB)期货。如果市场如理森所预计，则日经指数期货将获利。同时，由于日经指数与日本国债负相关，他还会从国债价格下降中获利。但日经指数在小幅反弹后一路下跌，理森的如意算盘再一次落空，他的期权组合和期货组合同时亏损。随着损失的不断增加。理森继续增加其头寸试图补偿这些损失，但没有起到任何作用。2月27日，日经指数下降到了17 000点以下，巴林银行终于因巨额亏损，无法满足交易所账户的保证金要求，而不得不宣布破产。

二、理森资产组合的VaR

在前后不到两个月时间里，理森构建了两个巨额的资产组合：第一个组合是由日经指数期货的看涨和看跌期权空头构成的期权组合，约为35 000份；第二个组合由77亿美元的日经指数期货多头和160亿美元日本国债期货空头构成的期货组合。下面我们分别分析这两个组合的VaR。

(一)理森期权组合的VaR

理森的空头等价对敲策略的组合为Delta风险中性，即看涨期权正的Delta风险与看跌期权负的Delta风险实现了完全对冲，从而达到组合的Delta风险中性。因此，理森认为该组合已实现对冲，不存在风险。

但事实上在测量期权组合的风险时，Delta模型精确性很差。在日经指数在19 000点附近时，组合损失为0，与Delta估计一致，因此组合的VaR为0。但当日经指数下跌时，该策略的风险巨大。例如当日经指数下降到17 000点时，损失约为1.4亿美元。

下面采用Delta-Gamma模型计算理森等价对敲策略的VaR。对于该等价对敲策略，一个看涨期权和看跌期权头寸的净Gamma值为$\gamma=0.000\ 422$，整个组合的Gamma值为：$35\ 000\times0.000\ 422=0.007\ 39$万美元，Delta值为0；日经指数日波动性为1.26%，因此，在95%的置信度下组合的日VaR值为：

$$\mathrm{VaR}=\alpha\sqrt{\Delta^2S^2\sigma^2+(\gamma S^2\sigma^2)^2/2}=\alpha\sqrt{(\gamma S^2\sigma^2)^2/2}$$

$$=1.65\times\sqrt{\frac{1}{2}\times(0.007\ 39\times19\ 000^2\times0.012\ 6^2)^2}=490(\text{万美元})$$

换算为月VaR约为2 200万美元。显然，VaR低估了组合的市场暴露(实际该组合在一个月内的损失为1.4亿美元)，但采用Delta-Gamma模型估计该组合的风险仍具有重大意义。因为Delta-Gamma模型估计能够反映期权组合的市场风险状况。该模型与Delta模型有根本区别：Delta模型下理森策略的风险为0，这与Delta-Gamma模型估计的差别决不是在数量上，而在于Delta模型完全掩盖了风险暴露——Delta模型下即使市场大幅度波动，理森的等价对敲策略风险也为0；而采用Delta-Gamma估计，可以估计出市场大幅度下跌的风险。根据由Delta-Gamma估计的收益曲线，可以得出在日经指数下降到17 000点以下时的损失为1.5亿美元，与巴林银行在期权组合上的实际损失相当。上述 Delta-Gamma 模型给出的 VaR 之所以低估是由于考虑的是市场的正常波动。

(二)理森的期货组合的风险暴露

在巴林银行的官方报告中，其日经指数期货与国债期货组合的风险为 0。下面利用 *VaR* 计算其市场风险暴露。

表 15-3 中给出了 10 年期零息 JGB 头寸和日经指数的月波动性和相关性、协方差矩阵和组合中各头寸的数量。

表 15-3　　**日经指数和国债的月波动性及相关性**

	风险(%)σ	相关性矩阵	协方差矩阵 Q	头寸(百万美元)X
10 年期 JGB 日经指数组合	1.18 5.83	1(0.114) (0.114)1	0.000 139 (0.000 078) (0.000 078) 0.003 397	(16 000) 7 700 (8 300)

注：()内数据为负值。

通过计算，投资组合方差为 256 193.8，投资组合的变动性为 $\sqrt{256\ 194}=506$(百万美元)。在置信水平为 95%时，巴林银行的 VaR 是 1.65×＄506，即 835 百万美元。

以上组合的 VaR 值(8.35 亿美元)反映了正常市场状况下该组合在 95%置信度下的每月最大损失，理森的实际总共损失为 13 亿美元。导致不一致的原因有两点，即理森的空头等价对敲策略损失和市场的意外波动。

首先看市场的意外波动。1995 年 1 月 23 日，神户地震后的一个星期，日经指数下跌了 6.4%，而正常情况下的市场月波动性仅为 5.83%。因此，市场突然出现的这一非正常波动导致了估计出的 VaR 值小于实际情况。就该组合而言，尽管 VaR 低估了期货组合的风险，但其反映的市场风险暴露的状况，也本应引起巴林银行高层的高度注意，但巴林银行并没有采用 VaR 测量风险，其官方报告中的风险竟为 0。

三、评述

从技术角度看，巴林银行破产的重要原因在于风险测量出现严重错误，错误的风险测量方法无法反映理森持有的两个组合的实际风险状况(官方报告竟均为 0 风险)：期货组合中实际没有进行风险测量，而期权组合中采用了错误的 Delta 模型。巴林银行的风险暴露还说明，即使采用 VaR 测量风险，也无法准确反映市场极端状况下的风险暴露，此时就必须进行压力试验。

第十六章 银行操作风险管理

第一节 银行操作风险概述

一、银行操作风险的含义

随着操作风险的影响不断增大，国际银行界将巴塞尔银行委员会的定义作为标准化的界定："操作风险就是指由于内部程序、人员、系统不充足或者运行失当以及因为外部事件的冲击等导致直接或者间接损失的可能性的风险"。巴塞尔委员会同时指出，这一界定包含了法律风险，但是并不包含策略性风险和声誉风险。

当前，操作风险已经成为全球银行业风险管理日趋重要的领域之一。实际上，操作风险并不仅仅与银行的"操作"（如后台支持、信息系统出现故障、业务流程上的问题等）相关，而且也与银行业务操作之外的领域相关，如欺诈交易、模型风险、报告和会计体系出现问题等。

与信用风险、市场风险相比，操作风险具有其显著的特征：

1. 具体性。每个银行都有其自身、独立的和独特的操作环境，必须考虑银行具体情况来对操作风险进行分析。这是操作风险的关键特征。

2. 内生性。操作风险大多是在银行可控范围内的内生风险，而信用风险和市场风险则不然，它们更多的是一种外生风险。

3. 不对称性。对于信用风险和市场风险来说，存在风险与报酬的一一对应关系，但这种关系并不一定适用于操作风险，因为我们不能保证长时间、持续地获得回报，而且操作上引起的损失很多情况下与回报的产生没有任何关系。

4. 模糊性。银行经常很难将操作风险从日常信用风险或市场风险中区分出来。如一个客户不能正常还款，那么它是由于客户信用状况导致的呢，还是归因于信贷人员违规发放贷款或接受贿赂造成的呢？这需要银行进行仔细调查和分析。

5. 多样性。操作风险包括许多不同的种类，如控制风险、信息技术风险、欺诈风险以及法律和商誉风险等。

6. 不易分散性。操作风险很难通过其自身机构内部来对冲和分散。因为操作风险一般不直接与特定产品相联系，而是产生于服务和经营过程之中，与不同的区域文化、素质不同的员工队伍、特定的经营机构等因素有关。

二、银行操作风险的分类树

操作风险可分为两个部分：操作失败风险和操作战略风险。操作失败风险来自操作业务过程中发生失败的可能。一个银行要使用人、流程和技术来实现业务计划，由于人、流程和技术的失败导致的存在于业务单元内部的风险就是操作失败风险。操作战略风险来自一些环境因素，例如竞争对手改变经营模式、相关监管制度发生变化等，它也可能来自自身新的战略，如进入一个新的业务领域或对未来的业务流程进行再造等。操作战略风险往往来自银行外部，这类风险具有明显外部依赖特征。

操作风险可具体表现为经营混乱、失控、出差错、不当行为或外部事件，但是，根据国际清算银行的分析，总结来看，它不外乎来自以下七个方面：

1. 内部欺诈。由于有意违约、不当取得或规避监管，法律或公司政策类行为导致的损失，不包括与多样性/歧视有关的事件，因为此类事件至少牵涉一个内部当事人。

2. 外部欺诈。由于第三方有意违约、采取不当或规避法律的行为而导致的损失。

3. 雇用关系。由于不符合雇用、保健或安全方面的法律规定而导致的人身伤害，多样性/歧视方面的诉讼或索赔而造成的损失。

4. 客户关系、产品及业务操作。由于在履行对特定客户的职责(包括受托和适宜性要求)的过程中由于非主观故意的失误或由于自然因素或由于产品设计而造成的损失。

5. 对物理资产的损害。由于自然灾害或其他事件造成的对实物资产的损失或损害。

6. 业务中断及系统失灵。由于业务流程被中断或系统失效造成的损失。

7. 实施、交付及流程管理。由于交易过程失效或对交易过程的管理失效造成的损失，以及由于与交易对手和供应商的关系而造成的损失。

虽然以上这 7 类风险为解决操作风险管理问题提供了有效的依据，但是，7 类风险需要根据其定义进一步细分，增设次级分类，使操作风险诱因更加具体化。巴塞尔委员会对操作风险进行了三个层次的划分，形成了操作风险树，见表 16-1。

表 16-1　　巴塞尔委员会的操作风险分类树

分类(第一层)	分类(第二层)	行为举例(第三层)
内部欺诈	未经授权的行为	未经汇报的交易(信息类)
内部欺诈	未经授权的行为	未经授权的交易类型(造成损失)
内部欺诈	未经授权的行为	头寸的错误标价(故意的)
内部欺诈	偷窃及欺诈	欺诈/信用欺诈/虚假储蓄
内部欺诈	偷窃及欺诈	偷窃/勒索/贪污/抢劫
内部欺诈	偷窃及欺诈	不当挪用资产
内部欺诈	偷窃及欺诈	恶意破坏资产
内部欺诈	偷窃及欺诈	伪造
内部欺诈	偷窃及欺诈	开空头支票
内部欺诈	偷窃及欺诈	走私盗用他人账户或身份等
内部欺诈	偷窃及欺诈	税收不合规/逃税(故意行为)
内部欺诈	偷窃及欺诈	贿赂/回扣
内部欺诈	偷窃及欺诈	知情者交易(使用非行内账户)
外部欺诈	偷窃及欺诈	偷窃/抢劫
外部欺诈	偷窃及欺诈	伪造
外部欺诈	偷窃及欺诈	开空头支票
外部欺诈	系统安全	黑客损失
外部欺诈	系统安全	偷窃信息(造成金额损失)
雇用关系	员工关系	薪酬、福利、解聘纠纷
雇用关系	员工关系	有组织的劳工活动
雇用关系	安全的环境	一般设施
雇用关系	安全的环境	员工健康及安全规定、事件
雇用关系	安全的环境	工人补贴
雇用关系	种族、性别或其他歧视	所有类型的歧视

续表

分类(第一层)	分类(第二层)	行为举例(第三层)
客户关系、产品及业务操作	适合性，披露及信托	违反信托/指导原则
		适合性/披露问题
		违反零售客户披露
		侵犯隐私权
		强制性销售
		客户流失
		保密信息的滥用
		借款方的义务
	不适当的业务或市场做法	行业垄断
		不恰当的交易/市场做法
		市场操纵知情者交易(使用行内账户)
		未获营业执照的业务
		洗钱
	产品缺点	产品缺陷(未授权等)
		模型错误
		挑选和维护客户及风险敞口
		未能针对指导原则对客户进行调查
		超过客户敞口限额
	咨询业务	在咨询业务的成果上产生的纠纷
对物理资产的损害	灾难和其他事件	自然灾害损失
		来自外部人为造成的损失(恐怖主义、破坏行为)
业务中断及系统失灵	系统	硬件
		软件
		电信
		设备故障/中断

续表

分类(第一层)	分类(第二层)	行为举例(第三层)
实施、交付及流程管理	交易的获取、执行及维护	沟通失误
		数据录入、维护或加载错误
		错过截止时间或未完成职责
		模型/系统操作失误
		会计记账错误/数据属性错误
		其他任务执行错误
		交付失败
		抵押管理失误
		参考数据维护
	监督及汇报	未履行规定的报告义务
		外部报告不准确(发生损失)
	客户引入和规定文件签署	缺失客户签署同意的文件
		法律文件缺失/不完整
	客户账户管理	进入账户权限未批准
		客户记录不正确(发生了损失)
		对客户财产造成的损失或玩忽职守
	交易对方	非客户的交易对方操作错误
		其他非客户的交易对方引起的纠纷
	供应商和供货商	外包
		供应商引起的纠纷

第二节　操作风险的测度

操作风险的特殊性决定了对其计量也不同于市场风险和信贷风险。首先是操作风险发生的突发性和不可预测性，没有可以据以预测其发生的客观指标对其发生进行判断；其次是操作风险损失的不可预测性，不同的事件发生造成的损失是不一样的，即使同样的事件发生造成的损失也通常是不一样的；最后是操作风险分布的不平衡性，在不同的部门、不同的分支机构中分布是不同的，在业务规模大、交易量大、结构变化迅速的业务领域操作风险的损失也较大。由于巴塞尔委员会的推动，随着金融风险管理技术的进步，操作风险度量技术和模型不断产生。总体来看，操作风险度量的方法主要有基本指标法、标准化方法、内部衡量法和损失分布法等。

一、基本指标法

基本指标法(basic indicator approach，BIA)是指以单一的指标作为衡量银行整体操作风险的尺度，并以此为基础配置操作风险资本的方法。

根据基本指标法，银行持有的操作风险资本等于其前3年总收入的平均值乘上一个固定比例(α)，α 为固定值15%。计算公式如下：

$$操作风险资本 = \alpha \times 总收入 \tag{16-1}$$

巴塞尔委员会指出，基本指标法的适用范围是小型的、业务范围限于某一国的银行。它可以直接把操作风险资本同银行业务指标相联系，而不考虑银行具体业务范围。其中总收入指标具有易于获取、可以校验、连续性、可比较性和反周期性的特点。总收入反映的是业务规模，后者与操作风险暴露相关，但二者之间的相关性是不确定的，总收入并不反映操作风险管理质量。

二、标准化方法

标准化方法(standardised approach，SA)将银行业务活动分为标准业务单位和业务类别，能更好地体现特定银行业务的特定风险层面。监管者通过与各行业部门的讨论，将银行的业务活动分解成不同的业务单位和业务类别，使得每一个银行将自身的业务结构对应到监管框架中。在这种分解过程中，每一个业务单位都有几个不同的业务类别，对每一个业务类别，监管者都会规定一个能充分体现该业务规模和风险特性的指标，这样单个业务类别的操作风险资本要求就可以通过各指标与一个固定百分比(β)的乘积得出。整个银行的操作风险资本要求就是将各个业务类别的风险资本要求加总。在现有数据基础和最小监管资本约束下，β 值定为20%。

$$操作风险资本 = \sum [\beta_i \cdot EI_i] \tag{16-2}$$

其中，β_i 表示巴塞尔委员会设定的固定百分比，EI_i 表示各业务类别过去3年的平均总收入。

与基本指标法相比，标准化法细化了银行的业务部门，不同的业务部门被赋予不同的操作风险权重，但并不意味标准化方法具有更高的风险敏感度。

三、高级计量法

(一)内部衡量法

内部衡量法(internal measurement approach，IMA)是银行采用监管者规定的方法，自己收集整理损失数据，自己估算风险资本的一种方法。内部衡量法假定预期损失和意外损失之间具有固定和稳定的关系。这种关系既可能是线性的，即资本配置要求是预期损失的简单倍数，也可能是非线性的，即资本配置要求是预期损失的复杂函数。内部衡量法在标准化方法的基础上进一步对每一个业务类别划分为7个损失事故类型，对每一个业务类别/事故类型组合(共56个组合)，银行可以使用自己的损失数据来计算组合的期望损失值(EL)。与标准法相同，巴塞尔委员会把金融机构的业务分为不同的类型并对组合类型规定一个风险暴露指标(EI)，该指标表示业务类型操作风险暴露的规模或数量。金融机构通过内部损失数据计算出给定损失事件下操作风险的发生概率(PE)以及该事件的损失程度(LGE)。然后监管者根据全行业的损失分布，为每个业务类型组合确定一个将预期损失转换成资本要求的转换因子，利用该因子计算出每个业务单位的资本要求，其计算公式为：

$$\text{风险资本} = \sum_i \sum_j Y_{ij} \times EL_{ij} \times PE_{ij} \times LGE_{ij} \times RPI_{ij} \quad (16\text{-}3)$$

其中，i=银行的8大业务类型；j=操作风险的7大事件类型；Y=将预期损失转换成资本要求的转换因子；EL=操作风险的预期损失；EJ=操作风险的损失风险暴露；PE=损失事件发生的概率；LGE=给定事件概率下每个损失事件的平均损失比例率；RPI=各银行的风险特征指数。操作风险需要的总资本是每个产品线和损失类型组合所要求的资本的加总。

与基本指标法和标准化方法相比，内部衡量法允许银行使用内部损失数据估计预期损失，并作为计算资本要求的关键指标。内部衡量法为银行提供了一种用内部损失数据度量操作风险状况的选择。然而，由于模型所隐含假设的本质和复杂程度的不同，不同银行所采用的模型有很大差异。最大的问题在于模型的建立没有一个统一的标准，不同银行对不同的操作风险的定义和衡量方法不一致，导致了相对之间难以比较。

(二)损失分布法

损失分布法(loss distribution approach，LDA)是使用银行内部数据，为每个业务类别和风险类型估计两个随机变量——损失程度和损失概率的概率分布。在这两个估计的概率分布的基础上，银行计算累积的操作风险的概率分布，风险资本要求就是每个业务类别和风险类型VaR的简单加总。与内部衡量法相比，损失分布法的特别之处在于需要使用蒙特卡罗模拟等方法或者假设具体的概率分布形式。

在一定的置信水平下，操作风险损失分布$F(x)$的风险值VaR直接度量了最大可能损失。设x表示操作风险损失的独立同分布的随机变量，其分布函数为：

$$F(x) = P\{X_i \leqslant x\} \leqslant q \quad (16\text{-}4)$$

其中，q为一定的置信水平，给定q，对于分布函数$F(x)$，则可以确定其VaR值，即：

$$\text{VaR}q = F^{-1}(q) \quad (16\text{-}5)$$

其中，F^{-1}为分布函数F的反函数。相应的，监管资本要求就是每个业务类别/事故类型组合VaR值的简单加总。

损失分布法与内部衡量法的区别主要在于：(1)内部衡量法是通过估计总体损失分布的预期损失入手，假定预期损失与非预期损失之间的关系是固定的，而不考虑相同预期损失水平下损失幅度和损失频率之间的可能存在的不同组合方式，直接估计出非预期损失即操作风险的大小，损失分布法则是直接估计出非预期损失；(2)在内部衡量法中，监管当局为每一业务/损失类型规定一个系数 Y，这个系数可以将预期损失转换成资本要求，它由监管当局按照行业数据确定，在损失分布法中，业务类型和事故类型的结构由银行自定，监管当局无须确定乘数因子 Y，能较好地体现银行的业务类型；(3)损失分布法强调建立模型，而不像内部衡量法是运用统计原理将历史数据作为未来预期的无偏估计，更具有前瞻性。

综上所述，基本指标法、标准化方法、内部衡量法和损失分布法作为衡量银行操作性风险的方法都能将操作风险资本要求加以量化，从而给实际风险管理提供一种可以参照的标准，但这些方法又各有其自身的特点。结合各种方法的特点与银行自身的操作风险实际状况是选择具体衡量方法的立足点。具体而言，基本指标法一般适用于中小银行，操作简单但太过于呆板；标准化方法计算出来的风险资本金较高，往往超过了必要的风险准备，过于保守；损失分布法对数据要求过高，而且对数据连续或离散的要求在现实中都很难以完全满足，对估计参数的设定也有一定的任意性，很多假设情况下得出的结论往往适用性较差；而内部衡量法能很好地结合银行自身业务状况(如业务规模、范围，业务类别等)，对风险的衡量有较强的针对性。

第三节　银行操作风险的应对策略

由于操作风险独有的特性和管理难度，银行面对操作风险可以采取如下措施：

一、操作风险的缓释

银行应该设计并实施具有成本效益的风险缓释工具，使操作风险降低到能够接受的水平。在操作风险管理和缓释的步骤中，重要的一点是要将实施措施的责任明确地分配下去，并确保责任人有实施措施的动力。操作风险管理和内部控制程序应该由各个业务单元建立，但可能需要风险管理职能部门的指导。

尽管对每一家银行来说，适用的缓释措施的范围和性质可能有所不同，但适当的缓释措施都需要考虑以下领域：(1)外部责任(例如外部监管、法律或其他要求)；(2)变革管理；(3)新的交易对手和客户；(4)内部控制；(5)责任的界定；(6)协调；(7)信息系统管理；(8)对附属或参股的第三方提供服务；(9)专业人员和人力资源；(10)业务连续性规划；(11)内部审计和风险管理职能部门的责任。

二、为操作风险分配经济资本

同信用风险一样，操作风险的损失也可分为预期损失、非预期损失和极端损失。操作风险的预期损失是指在日常的业务过程中，银行知道特定操作行为可能失败，因此会存在一个“平均”操作损失水平，这一水平就是操作风险预期损失。操作风险非预期损失是在一定容忍度内，非预期的严重操作失败带来的最大损失。极端损失是超过银行容忍度的小概率操作失败带来的可能导致银行破产的损失。见图 16-1。

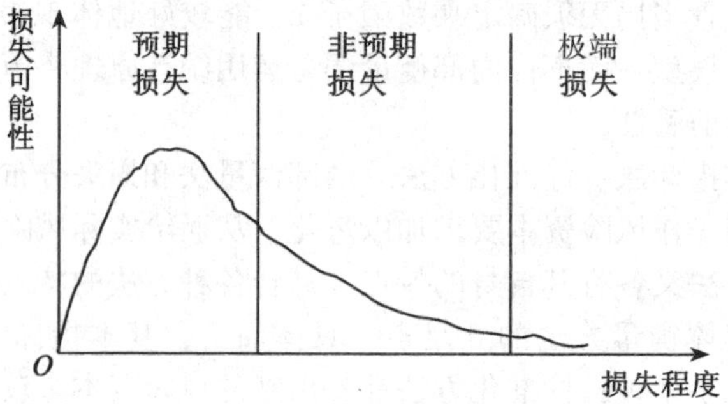

图 16-1　操作风险损失的分布

操作风险的预期损失在年度业务计划中会或明确或隐含地编进预算之中，并在产品或服务的定价中包含在内。操作风险的极端损失银行无法计量，往往寻求套期保值或保险的方式寻求保护，避免银行被摧毁。

但是，为了吸收操作风险的非预期损失，银行则应该为操作风险分配合适的经济资本。多家国际活跃银行已经开始建立历史操作风险事件的数据库，目的就是量化各类的非预期损失，希望使用这一数据库来建立统计上称为“最坏情形”估计，并通过计量非预期损失得到应分配的经济资本，通过资本抵御和约束操作风险。

三、操作风险转移——保险

如前所述，操作风险依据不同的标准可以划分为不同的种类，针对不同的操作风险会有不同的保险产品与之相对应。实际上，长期以来保险一直在为银行操作风险提供保障。传统的保险产品，如 BBB（银行一揽子保险）、E&O（错误与遗漏保险）和 D&O（经理与高级职员责任险），等已经被证明是比较成熟的保险产品，而且得到了广泛的采用。银行一揽子保险主要承保的是盗窃、欺诈、敲诈、贪污、空头支票、财产，以及伪造、变造货币等外部欺诈、内部计算机犯罪、盗窃、欺诈风险。错误与遗漏保险则承保无法为客户提供专业服务或在提供服务过程中出现过失的风险。经理与高级职员责任险承保的是银行经理与高级职员操纵市场、洗钱、未对敏感问题进行披露、不当利用重要信息等的风险。

随着新的操作风险的出现以及人们对操作风险认识的加深，操作风险保险也表现出这样的发展趋势：操作风险保险承保范围继续扩大，新出现的操作风险将不断纳入保险的考虑范畴，以及使用保险作为银行操作风险管理工具。

◎小　结

1. 操作风险就是指由于内部程序、人员、系统不充足或者运行失当以及因为外部事件的冲击等导致直接或者间接损失的可能性的风险。

2. 与信用风险、市场风险相比，操作风险具有其显著的特征：具体性、内生性、不对称性、模糊性、多样性和不易分散性。

3. 操作风险可分为两个部分：操作失败风险和操作战略风险。操作失败风险来自操作业务过程中发生失败的可能。操作战略风险往往来自银行外部，这类风险具有明显外部依赖特征。

4. 操作风险来自以下7个方面：内部欺诈、外部欺诈、雇用关系、客户关系、产品及业务操作、对物理资产的损害、业务中断及系统失灵和实施、交付及流程管理。

5. 操作风险度量的方法主要有基本指标法、标准化方法和高级计量法(内部衡量法和损失分布法)。

6. 基本指标法是指以单一的指标作为衡量银行整体操作风险的尺度，并以此为基础配置操作风险资本的方法。基本指标法易于实施，适用于各个银行。

7. 标准化方法将银行业务活动分为标准业务单位和业务类别，中心问题是决定每个业务类别的β值。

8. 内部衡量法是银行采用监管者规定的方法，自己收集整理损失数据，自己估算风险资本的一种方法。

9. 损失分布法是使用银行内部数据，为每个业务类别和风险类型估计两个随机变量——损失程度和损失概率的概率分布。在这两个估计的概率分布的基础上，银行计算累积的操作风险的概率分布，风险资本要求就是每个业务类别和风险类型VaR的简单加总。

10. 由于操作风险独有的特性和管理难度，银行面对操作风险可以采取如下措施：操作风险的缓释、为操作风险分配经济资本、操作风险转移。

◎重要概念

操作风险　基本指标法　标准化方法　内部衡量法　损失分布法

第七编

银行绩效评估

银行的绩效是指在一定时期之内，银行的经营成果和盈利性的综合反映。如何正确地评价银行绩效，是银行经营管理的重要内容。只有准确评价银行的绩效，才能实现对银行经营现状的准确把握，满足各方面利益主体对银行经营信息的需要，发现银行的经营管理中存在的问题和不足，实现对银行经营管理者的有效激励和约束。现代商业银行经历了从粗放型经营模式向集约型模式的转变过程，其绩效考核评价体制总体上也呈现出从以利润最大化为核心的盈利能力考核，逐步转变为以价值管理为核心的综合效益考核。商业银行绩效考核体系是一个非常复杂的系统，各家商业银行各个层级的绩效考核可能存在差异，但基本原理、基本方法还是一致的，其中最重要的是科学构建指标体系和选择核心指标。

第十七章　传统银行绩效评估

传统银行绩效评估指银行运用一组财务指标和一定的评估方法，对其经营目标实现程度进行考核、评价。绩效评价指标体系的设计是进行评估的关键，必须服从银行经营总目标。处于不同的发展阶段和经营环境的银行在经营中所追求的具体目标有所不同，但传统银行绩效评估一般以实现股东财富最大化或利润最大化为目标。同时，基于银行业的经营特点，也必须考虑“三性”原则的合理搭配。

第一节　财务比率方法

财务比率方法是银行用一组财务指标来衡量银行的经营效率。财务比率按实现银行经营总目标的影响力因素分为四类，即盈利性指标、流动性指标、风险指标和清偿力指标。

一、盈利性指标

盈利性指标衡量银行运用资金赚取收益的同时控制成本费用支出的能力。盈利性指标的核心是资产收益率和股本回报率，利用这两个财务指标及其他派生财务比率指标可较准确地认识银行的获利能力。

（一）资产收益率（return on assets，ROA）

资产收益率是银行纯利润与全部总资产之比，其计算公式为：

$$资产收益率=\frac{净利润}{资产总额}\times 100\%$$

资产收益率指标将资产负债表、损益表中相关信息有机结合起来，是银行运用其全部资金获取利润能力的集中体现。

（二）银行净利息差额率（net interest margin，NIM）

银行利息收入是其主要收入来源，利息支出是其主要成本支出项目，因此净利息差额率是影响银行经营业绩的关键因素。其计算公式为：

$$\text{银行净利差率}=\frac{\text{利息收入}-\text{利息支出}}{\text{总盈利资产}}$$

银行盈利资产指那些能带来利息收入的资产。银行总资产中，除去现金资产、固定资产外，均可看作盈利资产。一般情况下，银行经营规模的扩大，盈利资产的增多会引起相应利息收入的增加，但银行净利息差额率较大的提高表明银行利差收入的增长幅度大于盈利资产增长幅度，即银行在扩大资金运用的同时，资产运用效率较高，而且较好地控制了相应的融资成本（利息支出），因而该指标可有效地反映银行在融资放款等主要业务中的效率。

（三）非利息收入率（non-interest income Ratio，NIIR）

非利息收入率不仅反映银行多元化经营的能力，同时也反映出银行的经营管理效率，计算表达式为：

$$\text{非利息收入率}=\frac{\text{非利息收入}-\text{非利息支出}}{\text{资产总额}}$$

由损益表中可知，银行非利息收入来自中间业务收入和其他表外经营性收入。获得这类收入一般不需要相应增加资产规模，但会明显提高银行资产收益率；非利息支出包括提取贷款损失准备、员工薪金、折旧等间接费用，同银行管理效率直接相关。较高的非利息收入率意味着相对较低的各类间接费用开支，表明银行管理效率良好。

（四）银行利润率（profit ratio）

计算表达式为：

$$\text{银行利润率}=\frac{\text{净利润}}{\text{总收入}}\times 100\%$$

由计算公式可以看出，该指标表面上反映了银行收入中有多大比例被作为可以发放股利或再投资的利润保留下来，但是在银行绩效分析中，该指标更多被用来分析银行成本控制状况。因为，在收入一定的情况下，成本控制得越低，银行的利润越高。

（五）权益报酬率（return on equity，ROE）

它又称净值收益率、股东投资收益报酬率等，计算表达式为：

$$\text{权益报酬率}=\frac{\text{净利润}}{\text{资本总额}}\times 100\%$$

该指标反映了银行资本的获利程度，同股东财富直接相关，受到银行股东的格外重视，由于体现了银行经济人理性假设，它也是绩效分析中一个综合性极强的逻辑源头指标。

二、流动性指标

在任何企业经营中，流动性都是盈利性和安全性之间的平衡杠杆。银行由于自身不寻常的资产负债结构，更易受到流动性危机的威胁，这也是银行将流动性指标从一般风险指标中分离出来的原因。流动性指标反映了银行的流动性供给与各种实际的或潜在的流动性需求之间的关系。银行流动性供给在资产方和负债方均可存在，银行流动性需求也可通过资产负债两个方面发生，流动性指标在设计时应综合考虑银行资产和负债两方面情况。流动性指标分为监管指标和监测指标，监管指标包括流动性覆盖率、净稳定资金比例、流动性比例、流动性匹配率和优质流动性；监测指标包括流动性缺口、流动性缺口率、核心负债比例、同业市场负债比例、最大十户存款比例、最大十家同业融入比例、超额备付金率、重要币种的流动性覆盖率、存贷比。下面主要介绍流动性监管指标。

（一）流动性覆盖率（liquidity coverage ratio，LCR）

$$流动性覆盖率=\frac{合格优质流动性资产}{未来30天现金净流出量}$$

流动性覆盖率旨在确保银行具有充足的合格优质流动性资产，能够在规定的流动性压力情景下，通过变现这些资产满足未来至少30天的流动性需求。银行的流动性覆盖率应当不低于100%。

（二）净稳定资金比例（net stable funding ratio，NSFR）

$$净稳定资金比例=\frac{可用的稳定资金}{所需的稳定资金}$$

净稳定资金比例旨在确保银行具有充足的稳定资金来源，以满足各类资产和表外风险敞口对稳定资金的需求。银行的净稳定资金比例应当不低于100%。

（三）流动性比例（liquidity ratio，LR）

$$流动性比例=\frac{流动性资产余额}{流动性负债余额}$$

银行的流动性比例应当不低于25%。

（四）流动性匹配率（liquidity matching rate，LMR）

$$流动性匹配率=\frac{加权资金来源}{加权资金运用}$$

流动性匹配率衡量银行主要资产与负债的期限配置结构，旨在引导银行合理配置长期稳定负债、高流动性或短期资产，避免过度依赖短期资金支持长期业务发展，提高流动性风险抵御能力。银行的流动性匹配率应当不低于 100%。

(五)优质流动性(high-quality liquidity asset adequacy ratio，HQLAAR)

$$优质流动性资产充足率=\frac{优质流动性资产}{短期现金净流出}$$

优质流动性资产充足率旨在确保银行保持充足的、无变现障碍的优质流动性资产，在压力情况下，银行可通过变现这些资产来满足未来 30 天内的流动性需求。银行的优质流动性资产充足率应当不低于 100%。

三、风险指标

银行面临复杂多变的经营环境，收益水平受多种因素的干扰，风险指标将这些因素作了分类，并定量反映了银行面临的风险程度和抗风险能力。

(一)利率风险

市场利率的波动往往会引发银行净利差收入以至全部营业收入的波动，这就是利率风险。资金配置不同的银行面对相同的利率波动所受影响是不同的，即利率风险暴露不同，这种差别可以通过以下两个利率风险指标度量：

1. 利率风险缺口=利率敏感性资产-利率敏感性负债；

2. $利率敏感比例=\frac{利率敏感性资产}{利率敏感性负债}$。

指标 1、指标 2 在含义上是一致的。当缺口为 0 或比值为 1 时，银行不存在利率风险暴露，利差收益不受利率波动影响，其他指标值均意味着存在利率风险暴露。

(二)信用风险

银行的信用风险指银行贷款或投资的本金、利息不能按约定得到偿付的风险。银行的主要资产和收入来源是各类金融债权，信用风险对其经营业绩影响很大。以下几个指标反映了银行面临的实际和潜在的信用风险程度：

1. 贷款总损失/贷款余额。该指标衡量了银行贷款资产的质量状况，比值越大，说明银行贷款资产质量越差，信用风险程度越高。

2. 贷款净损失/贷款余额。贷款净损失是已被银行确认并冲销的贷款损失与其后经一定的收账工作重新收回部分的差额，反映了信用风险造成的贷款资产真实损失情况。

3. 低质量贷款/贷款总量。低质量贷款由三部分组成：一是逾期贷款，一般指超过偿还期 90 天尚未收回的贷款；其次是可疑贷款，确认标志是债务人未能按约支付利息，这往往是债务人财务状况恶化、最终无力偿还本息的先兆；最后是重组贷款资产，当债务人财务状况恶化，银行为避免贷款债权的最终落空，有时会采用延长期限、降低利率等方式同借款人进行债务重组协商。低质量贷款的信用风险程度很高，是产生未来贷款损失的主要根源。该指标估计了潜在的贷款损失，比值越高，银行贷款中信用风险越大，未来发生的可能的贷款损失越大。

4. 贷款损失准备/贷款损失净值。贷款损失准备来自银行税前利润，它建立在对历史贷款损失的记录基础上，是对未来可能出现的贷款损失的平均预期。该项指标比值越高，表明银行抗信用风险的能力越强。

5. 贷款损失保障倍数。该指标是当期利润加上贷款损失准备金后与贷款净损失之比，比值越大，说明银行越有充分的实力应付贷款资产损失，可以减少贷款损失对银行造成的不利影响。

上述指标集中考察了银行贷款资产的风险状况，并未对证券投资进行信用风险评估，这是因为银行所持有的证券以政府债券为主，违约风险程度较低。

四、清偿力指标

银行清偿力是指银行运用其有效资产偿付债务的能力，反映了银行债权人所受保障的程度。清偿力充足程度极大地影响了银行的信誉。从恒等式“净值＝资产－负债”来看，银行清偿力不足或者资不抵债的直接原因是资产损失过大，致使净值小于零，负债不能得到完全保障。主要清偿力指标有：

（一）净值/资产总额

净值是银行全部资金来源中属于银行所有者的部分，具有保护债权人利益的功能。净值比例将资本量与资产总量结合起来，简单地反映出银行动用自有资金，在不损害债权人的利益的前提下应付资产损失的能力。该项比值越高，表明银行清偿能力越强。

（二）净值/风险资产

在早期，风险资产是总资产扣除现金资产、政府债券、同业拆借后剩余的部分。这种风险资产的划分极为简单，没有反映资产组合的内在风险。然而，它把资本金与风险资产相联系的思想无疑极大地推动了风险管理。

（三）资产增长率和核心资本增长率

该指标是一项补充性参考指标，在一般情况下，当银行资产质量稳定、核心资本的增长与银行总资产增长的增长速度相吻合，那么，银行市场份额的快速扩张就是健康的。反之，银行资产规模扩张较快往往意味着较大的潜在风险，资产增长基础也不牢固，是银行清偿力下降的标志。

（四）现金股利/利润

银行净值中比重较大的构成部分之一是未分配利润项目，它来自历年累积的利润留存，而现金股利是银行利润的净流出。较高的现金股利分配率，降低了银行内部积累资本的能力，因而现金股利/利润指标值太高，意味着银行清偿力降低。

比率分析法的核心是其绩效评价指标，但孤立的指标意义不大，并不能说明银行业绩的好坏，必须在比较中才能发挥作用。绩效比较的形式主要有银行同业横向比较和纵向趋势比较。将一家银行的绩效评价指标值与同业平均水平进行横向比较，可以对该银行经营中的优势与不足进行定位。利用连续期间指标历史数据对银行自身进行比较，可以看出该银行的经营发展轨迹，并对未来情况作出预测。在实际分析中，同业横向比较和纵向趋势比较应结合起来使用。在利用财务比率分析时，还应注意非财务因素的影响，如经济环境的变化、利率走势等外部因素。

第二节　净值收益率评价——杜邦分析法

银行的经营业绩是一个包括多个因素的完整体系，其内部因素相互依存、相互影响。比率分析方法将银行业绩分为四个方面，割裂了相互间联系。综合分析法弥补了这种不足，将银行盈利能力和风险状况结合起来对银行业绩作出评价。杜邦(DuPont)分析法是一种典型的综合分析法，考核的核心是净值收益率(ROE)，该指标被认为有极强的综合性。

一、两因素杜邦分析

两因素杜邦分析是杜邦分析的基本方法，集中体现了其分析思想，其基本分析理念为：

$$净值收益率=\frac{税后净利润}{净值}=\frac{税后净利润}{总资产}\times\frac{总资产}{净值}$$

即

$$ROE=ROA\times EM$$

其中 ROE 为净值收益率或股本收益率，ROA 为资产收益率(税后净利润/总资产)，EM 称为股本乘数(总资产/净值)。

分析中假定，ROE 是银行股东和管理层所关心的最重要指标，是经营业绩的综合反映。杜邦两因素模型显示，ROE 受资产收益率、股本乘数的共同影响。资产收益率是银行盈利能力的集中体现，它的提高会带来股本收益率的提高，这也就是说，ROE 指标间接反映了银行的盈利能力。股本收益率指标也可体现银行的风险状况，即提高股本乘数，也可以改善股本收益率水平，但同时带来更大风险。因为，股本乘数加大，银行净值比重降低，清偿力风险加大，而且股本乘数还会放大资产收益率的波动幅度。

杜邦两因素模型以 ROE 为核心，揭示了银行盈利性和风险之间的制约关系，从这两个角度可以对银行绩效进行分析和评价。

二、三因素杜邦分析

银行资产收益率取决于多个因素，将其分解可以扩展为三因素分析模型，能更好地从 ROE 指标出发分析评价银行业绩。三因素分析法的表达为：

$$ROE=\frac{税后净利润}{总收入}\times\frac{总收入}{总资产}\times\frac{总资产}{净值}$$

即　　　股本收益率=银行利润率(PM)×资产利用率(AU)×股本乘数(EM)

在这里，银行资产收益率被分解为银行利润率和资产利用率。其中，银行利润率(PM)为税后净利润/总收入，资产利用率(AU)为总收入[①]/总资产，股本乘数 EM 为总资产/净值。

杜邦三因素模型显示，银行资产收益率(ROA)可以进一步分解为银行利润率和资产利用率两个指标，它们也包含着丰富的内容：

银行利润率(PM)被规定用来主要分析银行对成本和费用的控制能力。在银行总收入确定的情况下，经营成本和费用越低，银行的利润率就越高，最后可以落实到 ROA 指标的上升，因而该指标是银行成本和费用管理效益率的体现。资产利用率被规定用来分析银行对资产运用能力和管理的效率。银行各类资产在经营中都起一定作用，不可或缺。银行良好的资产运用和管理能力可以促进银行提高其资产利用率和盈利水平，也会导致 ROA 指标的上升。两个指标的分解分析，使得银行源头的股东回报率 ROE 既可以有逻辑地向外扩展分析，也可以使得几乎任何一个层级的财务指标分析可以向 ROE 进行有逻辑的集中。

三、四因素杜邦分析

近来一些财务专家又将杜邦分析的核心因素再细分，得出更多分析视角。比如将银行利润率(PM)分解，得到四因素的杜邦分析模型。在这里，银行利润率(税后净利润/总收入)又被分解成两部分：(1)赋税管理效率比率(税后净利润/税前收入)，它反映银行利用避税策略工具，以使赋税最小化的效果；(2)成本和费用控制比率(税前收入/总收入)，是一项反映营运效率与费用控制的比率。

$$股本收益率=\frac{税后净利润}{税前收入}\times\frac{税前收入}{总收入}\times资产利用率\times股本乘数$$

例　杜邦分析法的运用

设某银行最新资产负债表与损益表显示以下数据：

税后净利润=100 万元

税前利润=130 万元

总收入=3 930 万元

总资产=12 200 万元

总股本=730 万元

则其 ROE 为：

---

① 此处总收入为利息收入加非利息收入和证券投资损益。

$$ROE=\frac{100\text{ 万}}{130\text{ 万}}\times\frac{130\text{ 万}}{3\ 930\text{ 万}}\times\frac{3\ 930\text{ 万}}{12\ 200\text{ 万}}\times\frac{12\ 200\text{ 万}}{130\text{ 万}}$$

即

$$ROE=0.769\times0.033\times0.322\times16.71=0.137\text{ 或 }13.7\%$$

显然，银行管理层在将这些指标与同行业进行横向比较或进行自我纵向历史比较时，例如，如果当年税后净利润与税前利润比率比前一年大幅下降，管理层就应该密切注意银行的赋税管理及成本控制情况；如果税后净利润与总收入之比下降较大，银行控制营业费用的有效性就需要改进；如果营业投入与总资产之比下降，银行就必须仔细审查银行的资产投资组合政策和定价政策，了解资产收益的下降是不是由于管理控制上的因素造成的。

概括而言，股本收益率指标涉及了银行经营中的众多方面，杜邦分析法透过对综合性极强的这项指标的分析，可以较全面地反映银行经营中的情况及其相互间的制约关系，并以此对银行业绩作出客观评价。见图 17-1。

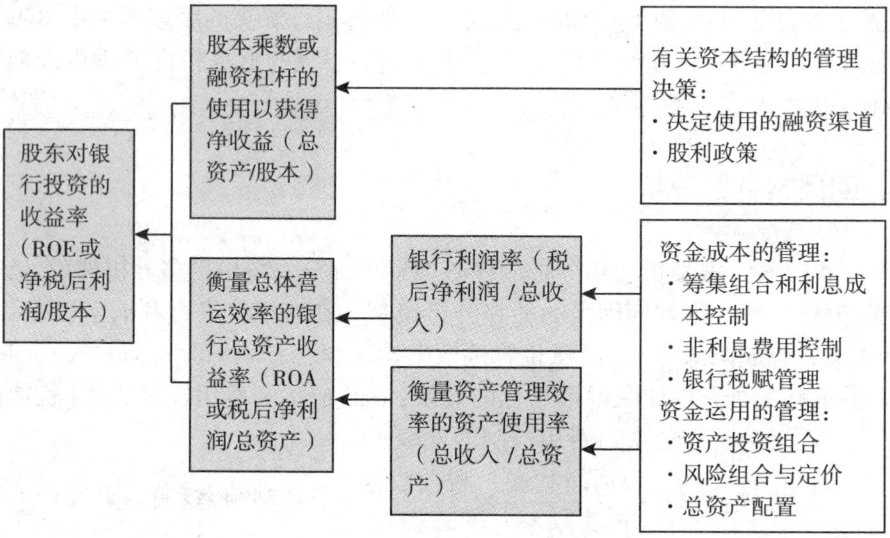

图 17-1　银行杜邦分析模型的决定因素

第三节　内部转移定价

当前大型银行越来越成为一系列各不相同的、相对拥有较大自主权的业务单元的组合，但这些业务单元的资产与负债的数量并不相对应，因而它们或者成为净资金提供者(负债大于资产)，或者成为净资金使用者(资产大于负债)，于是就产生了利润贡献在不同业务单元进行分配的问题。大多数银行开始建立和实行资金转移定价体系，以解决银行各业务单元的绩效评估问题。内部资金转移定价体系(funds transfer pricing system，简称 FTP)是商业银行内部资金中心与业务经营单位按照一定规则全额有偿转移资金，达到核算业务资金成本或收益等目的的一种内部经营管理模式。资金中心与业务经营单位全额转移资金的价格称为内部资金转移价格(以下简称 FTP 价格)。

一、内部资金转移定价体系的基本原理

在 FTP 体系的管理模式下，资金中心负责管理全行的营运资金，业务经营单位每办理一笔业务(涉及资金的业务)均需通过 FTP 价格与资金中心进行全额资金转移。具体地讲，业务经营单位每笔负债业务所筹集的资金，均以该业务的 FTP 价格全额转移给资金中心；每笔资产业务所需要的资金，均以该业务的 FTP 价格全额向资金管理部门购买。对于资产业务，FTP 价格代表其资金成本，业务经营单位需要支付 FTP 利息；对于负债业务，FTP 代表其资金收益，业务经营单位从中获取 FTP 利息收入，不同业务单位的联系如图 17-2 所示。

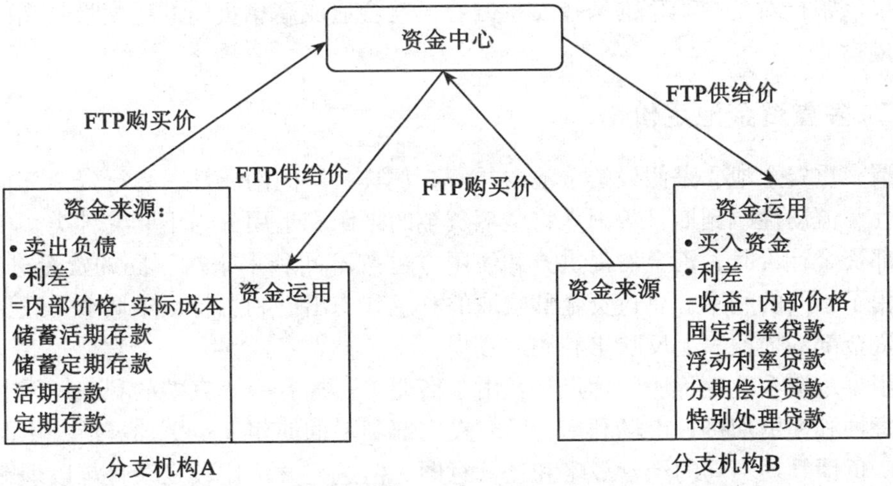

图 17-2　FTP 的运作原理

在 FTP 模式下，分支机构利润来源主要有：(1)借出资金收益。按 FTP 借出价格确定的应得收益与其筹集资金的实际成本之间形成的收益。(2)资金运用收益。贷款收入与按 FTP 借入价格确定的应付成本之间形成的收益。

二、内部资金转移定价体系的定价方法

FTP 存在和应用必须以银行内部存在资金的有偿流动为前提条件。银行可通过设立资金管理部门，集中管理资金来实现内部资金的有偿流动。FTP 价格的合理确定，有利于资金的集中、配置、计价，理顺全行产品、部门和地区收益线，为管理层进一步的经营决策提供科学有力的参考。同时通过对全行资金集中和配置期限结构的分析，FTP 可

以更真实地掌握全行的流动性风险和利率风险分布状况，为科学、有效地管理流动性风险和利率风险提供依据。FTP 的有效运用还有利于基层营业机构增强成本意识，提高在产品和客户营销、市场拓展、产品创新过程中的议价能力。

(一)单一资金池定价法

所谓单一资金池，是假设资金池中所有资金都具有相同的属性，其利率敏感性、流动性都是完全相同的，所以，在进行内部资金计价时，资金的提供方和使用方也按同一利率进行计价，这一利率可以通过在该银行实际资金成本的基础上加点生成，也可以按照外部市场的某一利率水平确定。在这种方法下，内部资金转移价格体系中不存在需要调节的项目，各部门和机构总的利息支出应该等于总的利息收入，总行资金部只是起到一个中介作用，其本身并不反映任何资金利润。

采用单一资金池定价法的优点是简单易懂，比较容易操作，而且不需要大量的人力资源和科技资源，同时还可以为吸收存款提供一定的动力。这一方法的缺点是，银行面临的利率风险没有集中到总行管理，资金的提供方和使用方都面临着较大的利率风险，同时如果该银行对基准利率的选择发生偏差，就会造成高息负债的过度吸收或低收益资产的大量投放。

(二)多重资金池定价法

所谓多重资金池，是假设资金池中的资金都具有不同的属性，总行资金部根据其利率敏感性、流动性、到期日等因素将全部资金的来源和运用分为不同的种类。所以，在进行内部资金计价时，资金的提供方和使用方也按不同利率来对不同的资金进行计价。由于使用了不同的利率，总行资金部收取的利息和支出的利息将很难调节一致，最终将在总行资金部的损益表上反映出利润或亏损。

采用多重资金池定价法的优点是：由于商业银行拥有一套完整的利率体系，这样就可以使每种利率更加接近市场利率，同时在内部利率的使用上也更加灵活，更能准确地反映资产负债管理当局的经营战略和经营意图。但这一方法比较复杂且难以理解，在制定和调整内部资金转移价格时会有一定的困难，同时在日常操作中也需要更多的人力和科技力量的投入，一般情况下需要一套复杂的管理系统才能实现内部资金转移价格体系的所有目标。

(三)配比筹资定价法

在配比筹资情况下，总行资金部将会进入资金市场为新的资产业务筹措资金，所筹措的资金在期限和计息方式上与对应的资产项目完全一致，其目的就是将筹措资金的利率进行锁定，并在贷款期限内保持一个稳定的资金来源和一个稳定的利差，消除所有的风险敞口，从而完全规避商业银行所面临的利率风险和流动性风险。

实际操作中，一个商业银行既有资产业务又有负债业务，如果完全采用配比筹资定价法，为每一项资产业务筹集相对应的债务资金，同时又为每一项负债寻找相对应的资产，虽然可以完全规避利率风险和流动性风险，但其交易成本非常巨大，很容易造成资金的闲置和商机的浪费，并最终导致全行的利润下降。所以在实务操作过程中，大部分商业银行采用模拟配比筹资的方式，即按照配比筹资过程中的市场价格进行资金定价，但并不实际融入或融出资金。

例　假设某家银行的贷款平均收益和存款如下所示：

贷款平均收益＊	8.5%
存款成本＊＊	4.5%
净利差	4%

其中：＊平均期限为 9 年，融资成本为 7%；＊＊平均期限为 3 年融资成本为 6%。

基于 FTP 的运用，我们可以看到相应业务的利差贡献，具体数据如下：

贷款平均收益	8.5%	存款 FTP	6%
贷款 FTP	7%	存款平均成本	4.5%
贷款平均收益与 FTP 的利差	1.5%	存款 FTP 与平均成本间的利差	1.5%

由上可见，4%的净利差由三部分组成：贷款的净利差收入 8.5%−7%＝1.5%，存款的净利差收入 6%−4.5%＝1.5%，利率错配要求的溢价 1%＝7%−6%。由此可见，如此分割的利差实现了风险的转移。由于用平均期限为三年的存款来支撑平均期限为 9 年的贷款业务，所以导致了利率错配。虽然利率错配创造了额外收益，但是也带来了风险。

(四) 期限匹配定价法

期限匹配定价法是当前银行业运用最广泛的内部资金定价模式，此模式中最为核心的部分是 FTP 曲线的构建。

1. FTP 曲线的构建

FTP 曲线表现为资金的转移价格及其期限间的数量关系，银行建立 FTP 曲线的步骤为：(1) 选用合适的基准利率曲线；(2) 按照内外部环境的具体状况作调整。

在选取基准收益率曲线的时候，有如下三种方法：(1) 以市场价格为基准；(2) 以银行自身平均成本为基准；(3) 以银行自身的边际成本为基准。在 FTP 曲线的实际运作中，不能仅根据基准利率直接使用，需要视具体的内外部环境情况作适当调整。

2. 根据产品与 FTP 曲线确定价格

(1) 原始期限匹配法

原始期限匹配法是针对有明确期限，且利率固定的业务，根据其期限确定 FTP 价格的一种方法。在业务发生当天，将业务的原始期限所对应 FTP 收益率曲线上的利率作为该业务的 FTP 价格，此价格一经确定在业务到期之前都保持不变。

例　A分行受理了一笔贷款业务，该业务的原始期限为2年，到期还本付息，固定利率为5%，起息日为2018年6月1日。当日银行内部FTP收益率曲线上，2年期贷款对应的利率为3.7%，因此该笔业务的FTP价格为3.7%，FTP利差为1.3%。

从案例中可以看出，通过原始期限匹配法，A分行该笔业务FTP利差被提前锁定，不再承担利率风险。

(2)重定价期限匹配法

重定价期限匹配法是针对有明确期限，但是为浮动利率的业务，根据其重新定价期限确定FTP价格的一种方式。重定价期限匹配法的FTP价格由两部分构成，分别为期限基础价格和期限流动性溢价，其中期限流动性溢价主要用来衡量业务资金实际占用期限(原始期限)超过重新定价期限所对应的流动性成本。因此在确定该业务的FTP价格时，需要先根据业务的原始期限确定其在FTP收益率曲线上的FTP价格，作为期限基础价格。随后根据业务的原始期限与重新定价期限确定其期限流动性溢价，通常重新定价周期越短期限流动性溢价越高。在获得以上两部分价格后，相加得到重定价期限匹配法下的FTP价格。

例　A分行一笔贷款业务原始期限为1年，到期一次还本付息，起息日为2018年6月1日，重定价周期为6个月，贷款发放利率为5%。业务发生时FTP收益率曲线上6个月的利率为3.8%，即为该笔贷款的期限基础价格，同时根据该笔贷款的原始期限1年以及重定价周期6个月确定的流动性溢价为0.40%。因此，该笔贷款的最终FTP价格=3.8%+0.40%=4.20%。FTP利差=5%−4.20%=0.80%。在重定价周期内(即下次重定价前)，该笔贷款业务的FTP利差保持不变。

(3)现金流定价法

在原始期限匹配法与重定价期限匹配法中适用的贷款都不涉及到期日之前的本金偿还情况，而现金流法是专门针对分期偿付业务的一种定价方法，可以将其理解为把本金分解为若干部分，针对每一部分的本金都使用原始期限匹配法或重定价期限匹配法确定其FTP价格，然后再将所有本金的FTP价格加权平均得到该笔业务的FTP价格，这个价格在重定价周期内(浮动利率业务)或者原始期限内(固定利率业务)保持不变。

$$\text{FTP 价格} = \sum(\text{每份资金} \times \text{期限} \times \text{对应期限 FTP 价格}) / \sum(\text{每份资金} \times \text{期限})$$

例　A分行一笔1年期按揭贷款，本金为1 200万元，按月等额偿还本金，起息日2018年6月1日，固定利率5%。在计算这笔的FTP价格时先确定每次偿还的本金期限所对应的FTP收益率曲线上的利率，作为该本金的FTP价格。以每份资金×期限/Σ(每份资金×期限)为权重，对所有本金进行加权平均得到平均的FTP价格。因此，该笔贷款的FTP价格=305.82/7 800=3.92%。

表 17-1 基于现金流定价法的 FTP 价格计算

期限(月)	还款金额	FTP 价格	还款金额×期限	还款金额×期限×FTP 价格
1	100	3.17%	100	3.17
2	100	3.36%	200	6.72
3	100	3.55%	300	10.65
4	100	3.67%	400	14.68
5	100	3.78%	500	18.9
6	100	3.80%	600	22.8
7	100	3.85%	700	26.95
8	100	3.90%	800	31.2
9	100	3.95%	900	35.55
10	100	4.01%	1 000	40.1
11	100	4.06%	1 100	44.66
12	100	4.12%	1 200	49.44
合计	1 200	—	7 800	304.82

◎小　结

1. 现代商业银行经历了从粗放型经营模式向集约型模式的转变过程，其绩效考核评价体制总体上也呈现出从以利润最大化为核心的盈利能力考核，逐步转变为以价值管理为核心的综合效益考核。商业银行绩效考核体系中最重要的是科学构建指标体系和选择核心指标。

2. 财务比率方法是银行用一组财务比率指标来衡量银行的经营效率。财务比率按实现银行经营总目标过程中所受的制约因素分为四类，即盈利性指标、流动性指标、风险指标和清偿力指标。

3. 杜邦分析法是一种典型的综合分析法，其核心是净值收益率(ROE)，该指标有极强的综合性，间接体现了银行经营中各方面情况及其间的制约关系。

4. 内部资金转移定价体系是商业银行内部资金中心与业务经营单位按照一定规则全额有偿转移资金，达到核算业务资金成本或收益等目的的一种内部经营管理模式。

◎重要概念

资产收益率　营业利润率　银行净利差率　非利息净收入率　银行利润率　权益报酬率　杜邦分析法　内部资金转移定价　单一资金池定价法　多重资金池定价法　配比筹资定价法　期限匹配定价法

第十八章　基于风险的银行绩效评估

为了更好地反映银行的经营绩效与对应的风险，现在许多大的银行都开始对银行的经营绩效进行风险调整，将风险因素考虑进银行的经营绩效评价体系。经济资本作为当今国际银行业的先进管理工具，不仅可以衡量一家商业银行的整体抗风险能力，而且还可以成为评价商业银行分支机构或业务经营绩效的标尺。实施经济资本管理的商业银行，通过以经济增加值(EVA)和风险调整后资本收益率(RAROC)作为业绩评估和考核激励的核心指标，解决了追求利润与控制风险之间的矛盾，真正将风险与收益指标有机结合起来，从而使得绩效考核体系更加科学合理。

第一节　经济资本

一、经济资本的理解

银行的损失划分为：预期损失、非预期损失和极端损失。其中，预期损失(expected loss，EL)是商业银行预期在特定时期内资产可能遭受的平均损失。非预期损失(unexpected loss，UL)是一定条件下的最大损失值超过平均损失值的部分。这里的一定条件下，对应的是置信水平。如在99%可能性的条件下，最大损失值不会超过 x，也就是在99%置信度下最大损失值是 x。极端损失是一定置信水平下的最大损失值所没有包括的损失。这部分的损失无法封口，在损失分布图上表现为向右边不断延伸的部分，在风险管理上是无法完全解决的一个缺口。预期损失是平均损失值，与置信水平的设定无关，而非预期损失和极端损失是通过置信度来划分的。异常损失通常有发生概率极小，但具有一旦发生损失巨大的特点。如美国“9·11事件”或突发灾难等。这部分损失银行一般无法作出有效准备，一旦发生意味着银行面临倒闭的风险。银行通常通过压力测试和情景模拟等手段予以关注，并制订相应的应急计划谋求生存。见图 18-1。

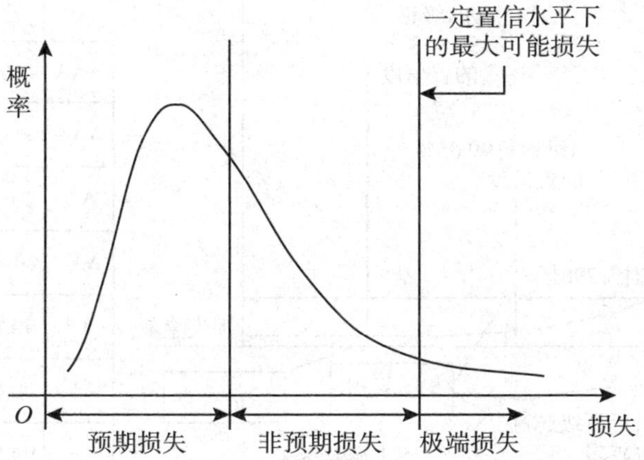

图 18-1　银行损失分布图

巴塞尔委员会将预期损失和非预期损失分开处理。对一定置信水平下的非预期损失，用资本来缓冲；对预期损失，通过计提一般准备金来缓冲；极端损失无法用资本覆盖(具体见图 18-2)。

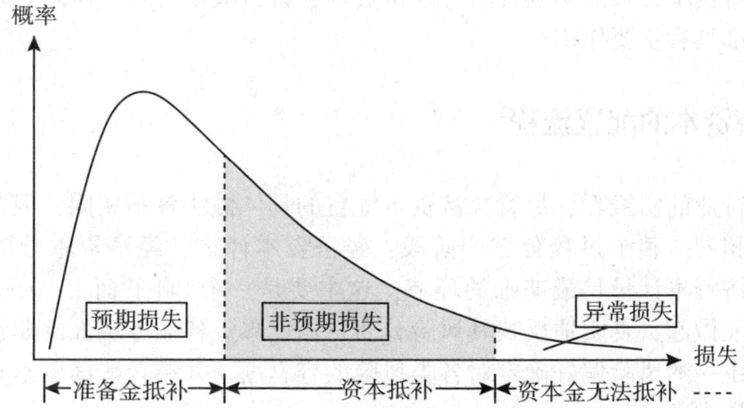

图 18-2　银行应对损失的手段

经济资本(economic capital，EC)，又称风险资本(capital at risk，CaR)，是指商业银行管理层内部评估的、在一定置信水平下用来缓冲资产或业务非预期损失的资本。经济资本是随着现代商业银行风险管理的发展而出现的新概念，它并不一定等同于真实的账面资本，而是作为银行风险管理的一种工具。经济资本作为测度值，没有在银行财务报表上体现，具有虚拟性；但精确计量出的商业银行非预期损失又是有科学依据的，具有客观性。一般来说，置信水平越高，经济资本越大(见图 18-3)。

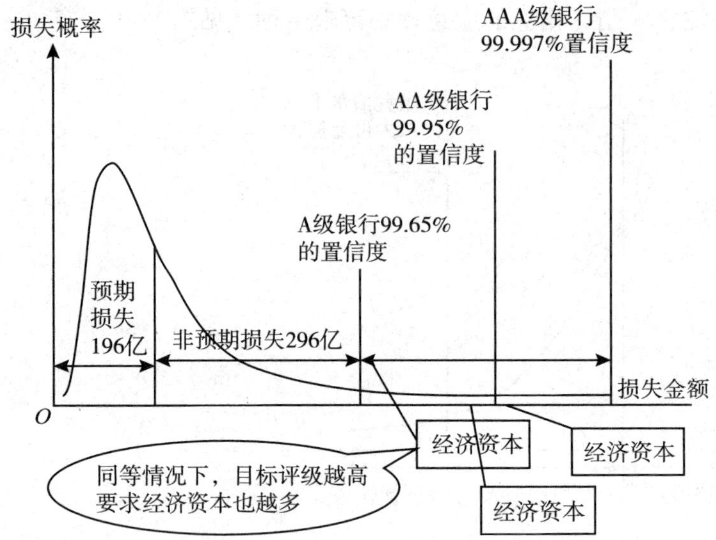

	置信水平	隐含违约概率	经济资本(亿)
AAA	99.997%	0.003%	706
AA+	99.98%	0.020%	546
AA	99.95%	0.050%	455
AA−	99.89%	0.110%	376
A+	99.76%	0.240%	323
A	99.65%	0.350%	298
A−	99.53%	0.470%	267

图 18-3　经济资本与置信水平的关系

银行必须在价值最大化目标与具体的经营管理活动之间建立适当的关系及其运行机制，这就是银行的经济资本管理制度。经济资本管理的核心是体现经济资本对风险资产增长的约束和对资本回报的明确要求。经济资本在银行战略管理、风险管理、产品定价和绩效管理中都具有重要作用。

二、经济资本的配置流程

从国际银行业的实践看，尽管经济资本配置的具体做法各不相同，但归纳起来，其基本流程大致相同。整个过程分三个阶段：经济资本计量、经济资本分配、应用与调试。其中，经济资本计量是最基础的环节，这主要是一个“自下而上”的过程。银行要从每个业务单元做起，真实地反映其风险分布，据此界定各业务层面的非预期损失；同时，根据银行统一的风险偏好确定对各类风险的容忍度，并结合账面资本状况，确定实际可用的经济资本总量。

（一）风险计量——资本配置的首要环节

根据等额配置原则，经济资本在数量上等于风险敞口的非预期损失。不同类别风险的经济资本要分别进行计量。信用风险计量主要依托银行的内部评级系统，而市场风险和操作风险的计量也都有相应的管理系统和数据库。对于一个特定的资产组合，其经济资本的计算步骤如下（以信用风险为例）：

第一步，计算资产组合中单笔资产的非预期损失（UL）。首先，假设风险服从单尾分布，通过交易对手的违约概率（PD）、违约损失率（LGD）和风险敞口（EAD）等指标，计算该笔资产损失的标准差和数学期望；再通过联立方程组反推该笔资产的损失分布函数；最后，在损失标准差上乘以经济资本乘数。

第二步，利用历史数据，计算资产损失变化的相关系数矩阵。

第三步，应用蒙特卡罗法模拟整个资产组合的风险分布函数，并计算整个资产组合的标准差和数学期望。

第四步，确定整个资产组合的经济资本乘数。该乘数取决于银行的风险偏好和容忍度，风险偏好越大，经济资本乘数越小。

上述过程中，难度最大的是第二步——确定相关系数矩阵，其原因是多数银行缺乏7年以上的历史数据，而且如果数据质量不高，相关矩阵就会缺乏稳定性，进而降低资本计量的准确性。另外，相关系数矩阵涉及债务人两两配对分析，计算量庞大，工作成本较高。

(二)存量配置与增量配置

资本存量分配的任务是按照一定比例，将资产组合对应的经济资本总量分配到单笔敞口上去。增量配置是将超额资本，即银行可用资本与实际非预期损失的差额部分在各业务单元之间进行再分配，目的是提供下一步银行业务发展的政策导向。

经济资本增量分配的一般步骤如下：第一，总行根据盈利能力和融资情况，预测全行下一年度经济资本的增长目标；第二，在已知经济资本存量分布的基础上，分别计算各业务单元的 RAROC；第三，将 EVA 最大化设定为目标函数，应用运筹学最优化模型，确定下一年度分配给各业务单元的资本数量；第四，发起计算之前，要与各业务部门和分支机构充分协商，确定经济资本分配模型中的约束条件和参数。实际上，这是一个各部门相互博弈的过程，也是银行将发展战略付诸实施的必经阶段。

(三)实际应用与动态调试

经济资本管理的目标是引导所属机构和部门尽可能发展风险调整后资本收益率(RAROC)较高的业务，以实现全行经济增加值(EVA)最大化。经济资本一旦分配到每个业务单元，就可以在贷款定价、限额设定、资产组合管理、绩效考核等方面发挥作用。银行必须建立一个有效的反馈机制，有计划、有步骤地对经济资本的分配与应用进行调试。这一调试过程通常会持续数年，它既包括对定量参数的修正，也包括引入业务部门的经验判断。只有切实地应用和不断调试，才能使经济资本的分配方案逐步趋于完善，满足风险管理战略的要求。

三、经济资本配置方法

(一) 独立分配模式

独立分配模式是最简单的模式。将各个业务单元作为互不相关的孤立经济资本配置单位，完全不考虑业务单元之间、业务单元和机构整体之间收益的相关性，由每一业务单元的风险决定初始经济资本配置。

公式为：

$$EC_{总} = EC_1 + EC_2 + EC_3 + \cdots \quad (18\text{-}1)$$

（二）按系数分配模式

为了克服独立分配模式未考虑相关性的缺陷，使得经济资本配置不至于夸大机构整体的经济资本需求，可采用按系数分配的模式对业务单元进行资本配置。用公式表示为：

$$EC = a_1 \cdot EC_1 + a_2 \cdot EC_2 + \cdots + a_n \cdot EC_n \quad (18\text{-}2)$$

（三）按边际风险贡献分配模式

这种配置模式既考虑了各业务单元之间的相关性，也考虑了各业务单元风险特性。具体地说，某个业务单元的边际风险贡献是指增加或减少该业务单元给机构带来的风险增量或减量。用EC_j表示第j个业务单元的边际风险贡献，EC_{-j}表示除j以外的其他业务单元所需经济资本，则有：

$$EC_j = EC - EC_{-j} \quad (18\text{-}3)$$

（四）按绝对风险贡献分配模式

该模式以资产组合理论为基础，明确承认各业务单元之间相关性对计算经济资本总量和各业务单元经济资本量的作用。它在对单个业务单元配置经济资本时，以该业务单元对机构整体和其他业务单元的“绝对风险贡献ARC_i”为基础。

$$EC_i = \frac{ARC_i}{\sigma_P} \cdot EC = \frac{\rho_i \sigma_i}{\sigma_P} \cdot EC \quad (18\text{-}4)$$

其中：

$$ARC_i = \frac{\mathrm{cov}(L_i,\ L)}{\sigma_p} \quad (18\text{-}5)$$

例　假设某银行有三个业务单元A、B、C，经测算，三个业务单元的风险值分别为VaRA=50，VaRB=60，VaRC=70，已知单元A和B之间存在系数为0.2的相关性，其他单元之间的相关性为0。

1. 独立分配

按三个业务单元的风险值进行配置，即分配给单元A、B、C的经济资本分别为：ECA=50，ECB=60，ECC=70。

2. 按系数分配

这里我们仅考虑统一系数法。

首先运用资产组合原理求出整个银行的经济资本：

$$EC = \sqrt{80^2 + 90^2 + 48^2 + 2 \times 0.2 \times 80 \times 90} = 140.3 \quad (18\text{-}6)$$

然后求出分配比例，

$$\alpha = \frac{EC}{\sum EC_j} = \frac{140.3}{80 + 90 + 48} = 0.643\ 578 \tag{18-7}$$

进而得出分配给单元A、B、C的EC分别为：

$$EC_A = 80 \times 0.643\ 578 = 51.49$$

$$EC_B = 90 \times 0.643\ 578 = 57.92$$

$$EC_C = 48 \times 0.643\ 578 = 30.89$$

3. 按边际风险贡献分配

假设该银行按重要性考虑的业务单元顺序依次为C→B→A，不考虑A，由B和C组合的风险为：

$$VaR_{B+C} = \sqrt{90^2 + 48^2} = 102 = EC_{B+C} \tag{18-8}$$

则分配给单元A的经济资本为：

$$EC_A = EC - EC_{B+C} = 140.3 - 102 = 38.3$$

接下来，考虑单元B的经济资本分配：

$$EC_B = EC_{B+C} - EC_C = 102 - 48 = 54$$

那么，分配给单元C的经济资本：

$$EC_C = 48$$

4. 按绝对风险贡献分配

单元A的风险贡献为：　$$ARC_A = \frac{80^2 + 0.2 \times 80 \times 90}{140.3^2} = 0.398\ 3 \tag{18-9}$$

单元B的风险贡献为：　$$ARC_B = \frac{90^2 + 0.2 \times 90 \times 80}{140.3^2} = 0.484\ 7 \tag{18-10}$$

单元C的风险贡献为：　$$ARC_C = \frac{48^2}{140.3^2} = 0.117\ 0 \tag{18-11}$$

由此可得分配给三个单元的经济资本分别为：

$$EC_A = 140.3 \times 0.398\ 3 = 55.88$$

$$EC_B = 140.3 \times 0.484\ 7 = 68.00$$

$$EC_C = 140.3 \times 0.117\ 0 = 16.42$$

5. 结果及比较

	总EC	分散效应	单元A VaR=80	单元B VaR=90	单元C VaR=48
独立分配	218	0	80	90	48
按系数分配	140.3	77.7	51.49	57.92	30.89
按边际风险贡献分配	140.3	77.7	38.3	54	48
按绝对风险贡献分配	140.3	77.7	55.88	68	16.42

经济资本在银行业的推广已经比较广泛，它比较清晰地指明了银行利润、业务、风险三者之间平衡发展的方向，为银行在制定计划和绩效考核中，如何科学地将利润与风险同时分配打下了良好的基础。由于各行风险计量的方法和思路的差异，经济资本配置的具体计算差别很大。在中型银行，大多数还是按照巴塞尔协议标准法的风险系数转换法来测算和分配经济资本，而对于少数大银行，已经部分采取计量模型对市场风险和信用风险测算非预期损失，对承担其业务的部门和下级机构配置经济资本。

第二节 经济增加值评价

一、经济增加值的产生

以建立在会计收益基础之上的净利润指标作为银行经营绩效评价系统，忽略了对权益资本成本的确认和计量，容易使银行经营者形成“资本免费”幻觉。现行的财务会计只确认和计量债务资本的成本，而对于权益分红则作为收益分派处理。这样权益资本的隐含成本——占用权益资本收益的机会成本——就未加以揭示。因此，银行对外报告的净收益实际应包括两部分：权益资本成本和真实利润。如果银行报告的净收益为零，报告阅读者就会认为所有资本成本都得到了补偿，但实际上此时获得补偿的只是债务资本成本，而权益资本成本并未得到补偿，这容易误导财务决策。更为重要的是，它使得资本的使用者形成“免费资本”幻觉，误认为权益资本是一种免费资本，可以不计成本、随心所欲地使用，这会造成银行的经营者不重视资本的有效使用。

为了改变传统经营绩效评价的上述缺陷，经济增加值评价(economic value added, EVA)应运而生。经济增加值(EVA)是一种新的绩效评定方法，它的提出为评价银行经营绩效提供了一个新的思路和新的解决方案。EVA 是指资本收益与资本成本之间的差额。更具体地说，EVA 就是指银行税后营业净利润与全部投入资本(借入资本和自有资本之和)成本之间的差额。如果这一差额是正数，说明银行创造了价值，反之，则表示银行发生价值损失。如果差额为零，说明银行的利润仅能满足债权人和投资者预期获得的收益。

二、经济增加值的计算

经济增加值的计算是应用 EVA 指标的第一步。

经济增加值的计算结果取决于三个基本变量：税后净营业利润、经济资本占用和资本成本率，其表达式为：

$$经济增加值=税后净营业利润-经济资本占用\times资本成本率。$$

其中：税后净营业利润指税后净利润加上利息支出部分，经济资本占用是基于经济资本分配的结果，资本成本率是银行对经济资本的战略期望。

根据公式可知，当该指标小于零时，说明银行经营没有达到正常利润水平，资本所有者投入资本不但未得到保值，而且遭到损失，经营业绩较差；当该指标为零时，说明资本所有者投入资本基本实现了保值，经营业绩一般；当该指标大于零时，说明资本所有者投入资本获得增值，经营业绩较好。

在实践中，经济增加值的计算要相对复杂一些，这主要是由两方面因素决定的：一是在计算税后净营业利润和投入资金总额时需要对某些银行报表科目的处理方法进行调整，以消除根据会计准则编制的财务报表对银行真实情况的扭曲；二是资本成本的确定需要参考资本市场的历史数据。由于各国的会计制度和资本市场现状存在差异，经济增加值指标的计算方法也不尽相同。

除经总 EVA 外，实践中经常使用的概念还有单位资本 EVA 和每股 EVA，这 3 个指标组成了 EVA 指标体系。

三、经济增加值评价的运用

1. 真实反映企业经营业绩。考虑了资金成本是 EVA 指标最具特点和最重要的方面。只有在考虑了权益资本成本后，才能反映企业的真实盈利能力。那些盈利少于权益资本成本的企业的股东财富实际上是在减少。只有银行的收益超过银行的所有资金来源的成本，才能说明经营者为企业增加了价值，为股东创造了财富。

2. 尽量剔除会计失真的影响。由于传统的评价指标如会计收益、剩余收益是在标准化会计准则下计算而来的，因此都存在某种程度的会计失真，从而歪曲了企业的真实经营业绩。而对于 EVA 来说，尽管传统的财务报表依然是进行计算的主要信息来源，但是它要求在计算之前对银行信息来源进行必要的调整，以尽量消除标准会计准则所造成的扭曲性影响，从而能够更加真实、更加完整地评价银行的经营业绩。

3. 将股本财富与银行决策联系在一起。EVA 指标有助于管理者将财务的两个基本原则融入到经营决策中：第一，银行的主要财务目标是股东财富最大化；第二，银行的价值依赖于投资者预期的未来利润能否超过资金成本。根据 EVA 的定义可知，银行 EVA 业绩持续地增长意味着公司市场价值的不断增加和股东财富的持续增长。所以，应用 EVA 有助于银行进行符合股东利益的决策。

但是，我们也要注意到 EVA 指标是一个绝对数指标，不利于不同规模银行间的横向比较。由于 EVA 计算的结果是绝对数，在银行资产规模未发生变化的情况下，该指标能够反映银行不同时期的经营业绩。但对于资产规模不相同的银行或同一银行资产规模发生变动的情况下，它就无法对银行的业绩进行比较。另外，EVA 指标仅仅反映的是银行经营的最终结果，因此不利于分析银行经营中存在的问题。我们对银行业绩进行评价，一方面可以将其作为激励相关人员的依据，另一更为重要的方面是为了找出银行经营当中存在的问题，以便对经营活动进行改进。在这一点上，与传统财务评价指标相比，EVA 就显得有些不足。

第三节　风险调整的资本收益评价

一、风险调整的资本收益的含义和计算

风险调整的资本收益（risk adjusted return on capital，RAROC）是国际先进银行用于评价经营管理绩效的改进型技术手段。早在20世纪70年代末，美国信孚银行首创了风险调整的资本收益技术，改变了传统上银行主要以净值收益率（ROE）为中心来考察经营业绩的模式。它的特点是更深入、更明确地考虑了风险对银行这类特殊企业的影响。20世纪90年代后半期，该项技术在不断完善的过程中得到国际先进银行广泛认可，逐渐成为当今银行理论界和实践中公认的最有效的绩效考核方法之一。

风险调整的资本收益的基本表达式是：

$$\text{RAROC}=\frac{\text{收益}(R)-\text{预期损失}(\text{EL})}{\text{风险资本 CAR}(\text{或 UL})}$$

公式中，收益可以包括利息收益和非利息收益（如业务收费等），公式中风险资本（CAR，capital at risk）是根据银行所承担的风险计算的最低资本需要，用以衡量和防御银行超出预计损失的那部分损失。

风险资本的经济学原理在于：银行业务发展所带来的风险可以分解为三个层次的损失，即预期损失（expected loss，EL）、超出预期平均水平的非预期损失（un-expected loss，UEL）以及超出银行正常承受能力以外的异常损失（catastrophe loss）

考虑纳税因素，资本是企业最为稀缺和最为昂贵的资金资源（与股东账面资本回报要求相联系，国际上通常以税前25%或税后15%为标准作为股东对正常回报的要求）。因此，银行管理者必须对风险资本进行管理，既要保证有充足的风险资本覆盖风险，又要保证风险资本的使用是经济的、有效的，即在最大程度防范风险的前提下，使资本量最小。

例　计算RAROC

表18-1详述了单笔贷款的RAROC计算，这里假设：贷款额为1 000单位元，偿还期为1年，利率设定为敞口额的3%，预期损失为1%，而非预期损失是3%。通过计算，我们可以发现该笔贷款的RAROC为66.7%，高于一般要求的股本成本率（税前）25.0%，表明该笔贷款是有利的。如果不计算RAROC而仅考虑3%的利差，将不能确定该笔贷款给银行带来的潜在风险。

表 18-1 **1 年期贷款风险调整的资本收益率计算**

	年份 1
敞口	1 000
预期违约率	1%
非预期违约率	3%
利率	3%
股本成本(税前)	25.0%
RAROC 计算:	
预期损失	10
CAR	30
利息	30
-预期损失	-10
=净利息	20
RAROC=(30-10)/30	66.7%

例 基于 RAROC 的绩效比较

假设银行内部有三个业务部门，考察后发现银行内部不同业务单位的 RAROC 在表 18-2 中反映。通过计算，我们可以发现如果单纯比较利润，业务部门 A 是最高的，达到了 60 单位元，其次为业务部门 B，达到了 36 单位元，业务部门 C 则只有 30 单位元。但比较 RAROC，我们可以发现业务部门 C 是绩效最好的。为什么会有这样的差别呢？主要是由于各业务部门给银行带来的风险不同，从而按风险调整计算的资本收益率自然不同。

表 18-2 **银行不同业务单位按风险调整的资本收益率的比较**

	业务部门		
	A	B	C
资金敞口	2 000	900	600
日常管理费用(%)	2%	2%	2%
预期损失(%)	1%	1%	1%
非预期损失(%)	5%	4%	3%
利率(%)	5%	6%	7%
RAROC 计算:			

续表

	业务部门		
	A	B	C
日常管理费用	40	18	12
预期损失(值)	20	9	6
利息(值)	100	54	42
净利息	40	27	24
CAR	100	36	18
RAROC	40%	75%	133%
资本金成本	25%	25%	25%
与资本金成本比较的超出部分	15%	50%	108%

二、风险调整的资本收益率在银行绩效评价中的应用

风险调整的资本收益率评价方法贯穿国际先进银行的各类风险、各个层面和各种业务，对银行整个经营发展发挥着重要的作用。

1. 在银行总体层面，RAROC是进行资本分配和设定经营目标的手段。银行最高管理层在确定了银行对风险的最大可承受能力的基础上，计算出银行总体需要的风险资本并将之与监管资本和账面资本比较，评价自身资本充足状况；同时，它要求将有限的风险资本在银行内各类部门、各个层面和各种业务上，按照风险进行分配，对银行的总体风险和各类风险进行总量控制；它还将股东回报要求转化为对银行总体和各个业务线的明确目标，用于业务的审批和绩效的考核。

2. 在单个业务层面，RAROC是业务决策的依据，可以衡量一笔业务的风险与收益是否匹配，决定该笔业务做与不做，同时以此为据对业务和产品进行定价。

3. 在资产组合层面，RAROC是组合管理的坐标和有力工具。银行在考虑单个业务的风险和组合效应之后，可以依据对组合资产的RAROC测算和动态检测，衡量各类组合的风险收益是否平衡，并对RAROC指标恶化的项目，或有明显不利变化趋势的组合资产及时采取处置措施。例如，可通过资产出售、证券化或其他信用衍生工具等方法进行积极的处理，从而为高收益的新业务腾出空间，谋求该银行总体在可接受风险下收益的最大化。

4. 通过对各项业务、产品，甚至每一笔具体交易用共同的RAROC基础进行比较，管理者可以采取有效的奖罚措施鼓励员工的正确行为，激励他们自觉追求风险可接受情况下盈利最大化的目标，同时，通过这种比较，管理者可以明确做出哪种业务应该扩张、哪种业务应该收缩的战略调整。

◎小　结

1. 为了更好地反映银行的经营绩效与对应的风险，现在许多大银行都开始对银行的经营绩效进行风险调整，将风险因素考虑进银行的经营绩效评价体系。基于经济资本分配的经济增加值(EVA)和风险调整的资本收益率(RAROC)成为现代商业银行绩效评估的核心指标。

2. 银行的损失划分为：预期损失、非预期损失和极端损失。

3. 对一定置信水平下的非预期损失，用资本来缓冲；对预期损失，通过计提一般准备金来缓冲；极端损失无法用资本覆盖。

4. 从国际银行业的实践看，经济资本配置基本流程分三个阶段：经济资本计量、经济资本分配、应用与调试。其中，经济资本计量是最基础的环节。

5. 经济资本配置方法包括：独立配置模式、按系数分配模式、按边际风险贡献分配模式、按绝对风险贡献分配模式。

6. 经济增加值(EVA)是一种新的绩效评定方法，它的提出为评价银行经营绩效提供了一个新的思路和新的解决方案。EVA是指资本收益与资本成本之间的差额。

7. 风险调整的资本收益(RAROC)改变了传统上银行主要以净值收益率(ROE)为中心来考察经营业绩的模式。它更明确地考虑了风险对银行这类特殊企业的影响，逐渐成为当今银行理论界和实践中公认的最有效的绩效考核方法之一。

◎重要概念

预期损失　非预期损失　极端损失　经济资本　经济增加值　风险调整的资本收益率

参考文献

英文论文

Aebi Vincent, Sabato Gabriele, Markus S. Risk management, corporate governance, and bank performance in the financial crisis. Journal of Banking & Finance, Elsevier, 2012, Vol. 36(12):3213-3226.

Agénor Pierre-Richard, Roy Z. Loan Loss Provisioning Rules, Procyclicality, and Financial Volatility. Journal of Banking & Finance, Elsevier, 2015, Vol.61(C):301-315.

Allen F, Santomero M. The theory of financial intermediation, 1998.

Alistair M. Bank capital regulation as an incentive mechanism: Implications for portfolio choice. Journal of Banking & Finance, 2002, Volume 26, Issue 1:1-23.

Allen N. Berger, William C. Hunter, Timme S G. The Efficiency of Financial Institutions. Journal of Baking And Finance, 1993(17):221-249.

Andrew H. Chen et al. Monitoring and bank loan pricing. Pacific-Basin Finance Journal. 2000, Volume 8, Issue 1:1-24.

Saunders A. Comments on "The macroeconomic impact of bank capital requirements in emerging economies: Past evidence to assess the future". Journal of Banking & Finance, 2002, Volume 26, Issue 5:905-907.

Esty B C. The impact of contingent liability on commercial bank risk taking. Journal of Financial Economics, 1998, Volume 47, Issue 2:189-218.

Berger, Hunter, Timme. The Efficiency of Financial Instituion. Journal of Banking and Finance. 1993: 221-249.

Berger A N, Udell G F. The Economics of Small Business Finance. Journal of Banking and Finance, 1998, 22:613-673.

Bouvatier Vincent, Lepetit Laetitia, Frank S. Bank income smoothing, ownership concentration and the regulatory environment. Journal of Banking & Finance, Elsevier, 2014, vol.41(C):253-270.

Bouvatier Vincent, Laetitia L. Banks' procyclical behavior: Does provisioning matter? Journal of International Financial Markets, Institutions and Money, Elsevier, 2008, Vol. 18 (5):513-526, December.

Christopher O'Leary. Money market funds set to become top investor in ABCP. The Investment Dealer' Digest, 1999.

Israelsen C L. Investments-We are not the world. Financial Planning, 1999, Dec 1.

Diamond D W. Financial intermediation and delegated monitering. Review of Economic Studies, 1984:51.

Domenico Curcio, Hasan I. Earnings and capital management and signaling: the use of loan-loss provisions by European banks. The European Journal of Finance, Taylor & Francis Journals, 2015, Vol.21(1):26-50, January.

Dwight B Crane, Bodie Z. Form follows function: the transformation of banking. Readings in Financial Institution Management, 1999, Allen & Unwin.

Blount E. New basel accord: Sound regulation or crushing complexity? American Bankers Association. ABA Banking Journal., 2003, Volume 95, Issue 4:7-8.

Edward I. Altman et al. Credit Risk Measurement: Development over the Last 20 Years. Journal of Banking & Finance, 1998, Volume 21.

Edward Gardener, Barry Howcroft, Williams J. The retail banking revolution. The Service Industries Journal, 1999, Apr.

Elijah Brewer, Evanoff Douglas D. Changing financial industry structure and regulation. Chicago Fed Letter, US, 2000:1-4.

Simon E. Wealthy? The banks want you. The Sunday Telegraph, UK, 2000, November 19.

Eric D. Roiter, Llartman M. Fed Proposes to Ease Bank Holding Companies Entry into Nonbanking Activities and Banking Acquisitions. The Bankers Magazine, 1996:37-43.

Kara G. Bank Capital Regulations Around the World: What Explains the Differences? Finance and Economics Discussion Series 2016-057, Board of Governors of the Federal Reserve System (US), 2016.

Benston George J. Economies of Scale and Marginal Cost in Banking operation. National Banking Review, 1965, June.

George J. Benston, Gerald A. Hanweck, Humphrey David B. Scale Economies in Banking. Journal of Money, Credit and Banking, 1982, No. 4:436-454.

Gorton Gary B et al. Banks and loan sales Marketing Nonmarketable Assets. Journal of Monetary Economics, 1995, Volume 35, Issue 3:389-411.

Field G. Europe falls for money market funds. Global Investor, London, 1995, Jul/Aug.

Hanweck, Berger, Humphrey. Competitive Viability in Banking: Scale, Scope and Product Mix Economics. Journal of Monetary Economics, 1987:502-514.

Leibenstein H. Allocative efficiency vs X-efficiency. The American Economic Review, 1966:392-413.

Howcroft J B. Contemporary issues in UK bank delivery channels. International Journal of service industry management, 1992, Vol. 3, No. 1.

Jean Dermine et al. Credit risk and the deposit insurance premium: a note. Journal of Economics and Business, 2001, Volume53, Issue5:497-508.

Jean-Pierre Gueyie et al. Bank moral hazard and the introduction of official deposit insurance in Canada. International Review of Economics and Finance, 2003, Volume 12, Issue 2:247-273.

John H.Boydt, Gerlter M. The Role of Large Banks in the Recent U.S Banking Crisis. Quarterly Review Winter, 1994:2-21.

Jonathan Batten et al. A perspective on credit derivatives. International Review of Financial Analysis, 2002, 11:251-278.

Joseph F. Sinkey Jr et al. Evidence on the financial characteristics of banks that do and do not use derivatives. The Quarterly Review of Economics and Finance, 2000, Volume 40, Issue 4:431-449.

Wall Larry D. Too-Big-to-Fail after FDICIA. Economic Review Federal Reserve Bank of Atlanta, 1993, Jan-Feb:1-14.

Lawrence G. Goldberg, Rai A. The structure-Performance Relationship for European Banking. Journal of Banking & Finance, 1996:745-771.

Angbazo L. Commercial bank net interest margins, default risk, interest-rate risk, and off-balance sheet banking. Journal of Banking & Finance, 1997, Volume 21, Issue 1.

Nakamura Leonard I. Small Borrowers and the Survival of the Small Banks. Business Review, 1994, Nov-Dec:3-14.

Mester Loretta J. How Efficient are Third District Banks. Business Review Federal Reserve Bank of Philadelphia, 1994, Jan /Feb.

Michel Crouhy et al. A Comparative Analysis of Current Credit Risk Models. Journal of Banking & Finance, 2002, Volume 24.

Paul Van der M. Active Loan Portfolio Management Through the Use of Credit Derivatives. Balance Sheet, 2001.

Rafael Repullo, Suarez J. The Procyclical Effects of Bank Capital Regulation. Review of Financial Studies. Society for Financial Studies, 2013, Vol. 26(2):452-490.

Abuzarqa R. Banking Risk Management According To The Requirements Of The Basel Agreements. SEA-Practical Application of Science, Fundatia Română pentru Inteligenta Afacerii, Editorial Department, 2019, issue 19:29-38, May.

Schniepe R. Capital Allocation and Solvency Testing. Insurance: Mathematics and

Economics, 1997, Volume20, Issue 3:261-262.

Seung H. Kim, Singer Robert A. US and Japaness Banks: A comparative and Evaluative Analysis. The Banker Magazine, 1997, Mar/Apr:56-61.

Simon H Kwan, Eisenbeis Robert A. An Analysis of Inefficiencies in Banking: A Stochatic Cost Frontier Approach. Economic Review, Fed' Bank of San Fraancisco, 1996, No. 2:16-25.

Greenbaum Stuart I. A Study of Banking Cost. National Banking Review, 1967, June.

Sclafane S. Insurers offer coverage to money market funds. National Underwriter, Cincinnat, 1990:30-32.

Hoenig Thomas M. Rethinking Financial Regulation. Economic Review Federal Reserve Bank of Kansas, 1996(2):5-12.

Kenji T. Bank capital regulation, diversification loss and the probability of bank failure. Japan and the World Economy, 1999, Volume 11, Issue 4:485-495.

Barrois Victor E. The effectiveness of bank capital adequacy regulation: A theoretical and empirical approach. Journal of Banking & Finance, 2003, Volume 27, Issue 10:1935-1958.

Vincent Bouvatier, Lepetit L. Effects of Loan Loss Provisions on Growth in Bank Lending: Some International Comparisons. International Economics, CEPII research center, issue 2012, 132:91-116.

Viral V. Acharya, Ryan Stephen G. Banks' Financial Reporting and Financial System Stability. Journal of Accounting Research, Wiley Blackwell, 2016, Vol. 54(2):277-340, May.

Treacy William F. Credit risk rating systems at large US banks. Journal of Banking & Finance, 2000, volume 24:167-201.

Keeton William R. Do Bank Mergers Reduce Lending to Businesses and Farmers? Economic Review Federal Reserve Bank of Kansas, 1996(3).

Wollenberg Yvonne C. Get good interest rates online for your savings and checking accounts. Medical Economics, Oradell, 2000, Sep 4.

英文书目

Saunders A. Financial Institutions Management. McGraw-Hill, 2000.

Viner A. The Emerging Power of Japanese Money. Dow Jones &Company, Inc, 1998.

Timothy W. Koch, Macdonald S S. Bank Management. 4th Edition. The Dryden Press, 2000.

Charless Goodhart etc. Financial Regulation. London: Routledge, 1998.

Alhadeff D. Monopoly and Competition in Banking. California: University of California Press, 1954.

David Palfreman, Ford P. Elements of Banking. Macdonald &Evans Ltd, 1984.

Donald R. Fraser, Fraser Lyn M. Valuating Commercial Bank Performance. Bankers Publishing Company, 1990.

Domenico Curcio, Douglas Dyer, Angela Gallo, Gianfrancesco I. Determinants of banks' provisioning policies during the crisis: Evidence from the Chinese banking system. Managerial Finance, Emerald Group Publishing, 2004.

Edward P. Gardener, Molyneux P. Changes in Western European Baking. Academic Division of Uniwin Hyman Press, 1990.

Frank J. Fabozzi, Konishi A. Asset/Liability Management. Probus Publishing Company, 1991.

Hempel George H. Bank Management. 4th. JOHN WILEY& SONS, 1994.

Crane D. B et al. The Global Financial System. Harvard University Press, 1995.

Gurley J. and Shaw E. Money in a Theory of Finance. Brookings Institutions, 1960.

Dermine J. European Banking in the 1990s. Blackwell Publishers, 1993.

Bessis J. Risk Management in Banking. JOHN WILEY& SONS, 1998.

George K. The U. S Financial System: Money, Markets, and Institution. 6th Edition. Prentice Hall, 1995.

Kolari James W. Bank cost, Structure, and performance. Heath and Company, 1987.

Lawrence S Ritter, Silber William L. Money, Banking and Financial Markets. Basic Books Inc, 2001.

Llewellyn D T. Regulation and supervision of Financial institutions. London: Institute of bankers, 2001.

Mike Buckle, Thompson J. The UK Financial System-Theory and Practice. 3th. Manchester University Press, 1998.

Michael Firth, Keane Simon M. The Efficient Markets Theory. Philip Allan Publishers Limited, 1986.

Heffernan S. Modern Banking in Theory and Practice. John Wiley & Sons Ltd, 1996.

Tom Valentine, Ford G. Readings in Fnancial Institution Management-Modern Techniques for a global Industry. ALLEN & UNMIN, 1999.

中文书目

彼德 · S. 罗斯. 商业银行管理. 刘园，等，译. 北京：机械工业出版社，2001.

唐纳德 · R. 弗雷泽. 商业银行业务——对风险的管理. 北京：中国金融出版社，2002.

简 · E. 胡夫，苏高 · B. 迈克唐纳. 国际银行管理教程与案例. 北京：清华大学出版社，2003.

D. B · 格拉迪. 商业银行经营管理. 北京：中国金融出版社，1989.

大卫 · H. 弗里德曼. 存款经营. 北京：中国计划出版社，2001.

乔治 · E. 鲁斯. 贷款管理. 北京：中国计划出版社，2001.

安东尼 · 桑德斯. 信用风险度量：风险估值的新方法与其他范式. 北京：机械工业出版社，2001.

布赖恩·科伊尔. 信用风险管理. 北京：中信出版社，2003.

约翰·B. 考埃特，等. 演进着的信用风险管理. 北京：机械工业出版社，2001.

约翰·赫尔. 期权、期货和衍生证券. 北京：华夏出版社，1997.

利奥·高夫. 离岸金融业务指南. 北京：经济科学出版社，2000.

哈维尔. 弗雷克斯，等. 微观银行学. 成都：西南财经大学出版社，2000.

本杰明·M. 弗里德曼，等. 货币经济学手册. 第一卷，第二卷. 北京：经济科学出版社，2002.

巴曙松，金玲玲. 巴塞尔协议三的实施——基于金融结构视角. 北京：中国人民大学出版社，2014.

戴国强. 商业银行经营学. 北京：高等教育出版社，1999.

黄宪. 市场经济中的银行效率与社会成本. 武汉：湖北人民出版社，2000.

李曜. 资产证券化——基本理论与案例分析. 上海：上海财经大学出版社，2001.

李志辉. 银行管理学. 北京：中国金融出版社，2015.

郑沈芳. 商业银行业务. 上海：上海财经大学出版社，2002.

肖祖珽. 巴塞尔资本协议与银行全面风险管理. 北京：中国人民大学出版社，2014.

叶永刚，熊和平，等. 衍生金融工具概论. 武汉：武汉大学出版社，2002.

王建国，刘锡良. 衍生金融商品. 成都：西南财经大学出版社，1997.

胡继之. 金融衍生产品及其风险管理. 北京：中国金融出版社，1997.

张超英，翟祥辉. 资产证券化：理论·实务·实例. 北京：经济科学出版社，1998.

杨明生. 商业银行中间业务产品实用手册. 北京：中国金融出版社，2002.

王金贤. 商业银行中间业务. 北京：中国金融出版社，1996.

沈瑞年，等. 国际结算. 北京：中国人民大学出版社，1999.

史建平. 银行管理. 北京：机械工业出版社，2014.

周浩明，等. 银行经营与管理. 上海：上海交通大学出版社，2014.

周宏亮，穆文全. 信用卡风险管理. 北京：中国金融出版社，2002.

周小明. 信托制度比较法研究. 北京：法律出版社，1996.

金志编. 国际金融信托概论. 上海：华东师范大学出版社，1999.

凌宗诠. 金融租赁理论与实务. 北京：立信会计出版社，1998.

武捷思. 中国国有商业银行行为研究. 北京. 中国金融出版社，1996.

谭燕芝. 银行管理. 湘潭：湘潭大学出版社，2012.

张守川. 银行风险策略管理研究. 北京：中国金融出版社，2013.